# 无师自通

# 学 Windows XP

无师自通编委会　编著

电子科技大学出版社

## 内容提要

本书主要介绍了 Windows XP 操作系统的方方面面，内容从初识 Windows XP 入手，详细介绍了 Windows XP 的基本操作、文件和文件夹的管理、Windows XP 个性化设置、软、硬件的管理、Windows XP 中的管理工具、汉字的输入、使用 Windows XP 自带的工具、Internet 应用、配置和使用局域网、系统管理与维护、系统安全防护、Windows 注册表等 Windows XP 的常用操作和知识。

本书讲解由浅入深、循序渐进、内容丰富，注重实际操作与应用。同时在创作的过程中，充分考虑知识的先进性、实用性；强调内容的易学性，运用大量的图片及相关注释，使学习过程更加直观明了，非常适合广大电脑新手阅读。

**图书在版编目（CIP）数据**

无师自通学 Windows XP/无师自通编委会编著．一成都：电子科技大学出版社，2007.1

ISBN 978-7-81114-355-3

Ⅰ．无...　Ⅱ．无...　Ⅲ．窗口软件，Windows XP－基本知识　Ⅳ．TP316.7

中国版本图书馆 CIP 数据核字（2007）第 007333 号

无师自通学 Windows XP

无师自通编委会　编著

出　　版：电子科技大学出版社（成都市一环路东一段 159 号电子信息产业大厦　邮编：610051）

责任编辑：江进优

发　　行：新华书店经销

印　　刷：四川墨池印务有限公司

成品尺寸：185mm×260mm　　印张　16.75　　字数　429 千字

版　　次：2007 年 1 月第一版

印　　次：2007 年 1 月第一次印刷

书　　号：ISBN 978-7-81114-355-3

定　　价：29.00 元

# 无师自通

## 丛书介绍

无师自通系列丛书让你“自己动手学会电脑”成为现实。只要你能识字，没有年龄大小、文化水平的限制，拥有“无师自通”，你将不再是“电脑盲”。本丛书坚持易学、易懂、易会的创作宗旨，与传统的电脑图书不同，本丛书的编创过程完全从初学者的角度量身订制，充分考虑初学者学习过程中容易遇到的疑难问题，第一时间给出疑难解答及操作提示，让初学者迅速解决问题，完全独立地学懂相关知识。精简的文字讲解、直观的图片标注、醒目的提示内容、随书附赠的双格式高清光盘等，都有助于你轻松掌握电脑知识，无需请教他人，完全无师自通。

● **阅读提示**

**勤加练习**

按照本书内容讲解，多进行上机实战练习，就能逐步掌握电脑知识。

**步骤图解法**

本书操作步骤的讲解采用直观的步骤图解法，每一步都有操作提示符号。

**实用小栏目**

本书专门设计了丰富实用的小栏目，营造一种轻松有趣的学习环境。

**疑难解答**

学习过程中如果遇到问题，可参看书中相应提示或通过光盘互动学习。

**VCD 格式教学节目**

通过 VCD 机、DVD 机播放光盘中的“电视课堂”节目，读者就像看电视一样学电脑。

**多媒体格式学习模块**

通过电脑进入光盘中的“多媒体课堂”教学内容，可以动手体验操作，就像玩游戏一样学电脑。

● **适用范围**

本丛书适合电脑初学者和想全面提高电脑水平的用户，也适合各企事业单位的电脑普及培训，使用本书对员工进行培训，相当于把员工送进了电脑培训班。

无师自通

# 前 言

对没有接触过 Windows XP 系统的人来说，Windows XP 系统总显得那么神秘和难以掌握。为了消除初学者对 Windows XP 系统的神秘感，让读者在最短的时间内掌握 Windows XP 系统的基本操作方法和技巧，我们精心编写了本书。相信这将会成为广大电脑初学者的良师益友，它将使您从一个不懂电脑的新手变成一个能熟练操作电脑的高手。

本书是“无师自通”系列丛书之一。全书通俗易懂，由浅入深地讲解了电脑初学者必须掌握的 Windows XP 系统基本知识和操作，融实用性、知识性、趣味性于一体，是一本颇具新意的电脑入门图书。

通过本书，读者将学习以下知识：

- ◆ 初识 Windows XP
- ◆ 汉字的输入
- ◆ Windows XP 的基本操作
- ◆ 使用 Windows XP 自带的工具
- ◆ 文件和文件夹的管理
- ◆ Internet 应用、配置和使用局域网
- ◆ Windows XP 个性化设置
- ◆ 系统管理、维护与安全防护
- ◆ Windows XP 软、硬件的管理
- ◆ Windows 注册表的常用操作
- ◆ Windows XP 中的管理工具

本书充分考虑到初学者对电脑的认知能力，为了让初学者快速地掌握 Windows XP 系统的基本操作，本书安排了“内容导读”、“你问我答”、“小测试”、“动手练习”、“融会贯通”等栏目。你可以通过“内容导读”来了解本章即将学习的内容，做到了然于胸；通过“你问我答”解决学习过程中遇到的问题；通过“小测试”与“动手练习”锻炼实际操作能力和自测学习效果；通过“融会贯通”拓展掌握更多的实用知识，达到举一反三的目的。另外，本书的操作步骤都是全程“图”解，看“图”操作，学习起来将非常轻松、容易。

本书由无师自通编委会编著，参加本书编写的有喻晓、徐万涛、向宏伟、于昕杰、冯梅、杨仁毅、罗凤华、李敏、唐莉、李彪等，在此向所有参与本书编创工作的人员表示由衷的感谢，更要感谢购买本书的读者，我们将不断努力，为你奉献更多、更优秀的电脑图书。

无论你在阅读和使用过程中遇到什么样的问题，可以登录 www.21pcedu.com（21 世纪电脑教育网）或通过 xuwantao11@163.com 得到我们的技术支持，我们将竭诚为你排忧解难。

无师自通编委会

# 无师自通

## 双格式高清光盘使用说明

电视 / 电脑都能学

双格式高清光盘是一种融合电视与多媒体技术的新一代产品，兼容普通的VCD/DVD机与电脑光驱播放，操作十分简单。通过VCD/DVD机播放光盘中的“电视课堂”节目（VCD格式），读者在主持人小菊的带领下，跟随电视画面的讲解学电脑；通过电脑进入光盘中的“多媒体课堂”教学内容（多媒体格式），在语音讲解、动画演示、互动操作的环境下，读者可以按照光盘的讲解动手体验操作，更加生动有趣。

双格式高清光盘从多角度出发，不管你目前的水平高低、不管你有没有电脑、哪怕你连鼠标都不会用，都可以通过本光盘开始学习，轻松快速地掌握电脑知识。

### VCD 格式 VCD/DVD 机播放 电视课堂

·电视课堂·

·主持人 小菊·

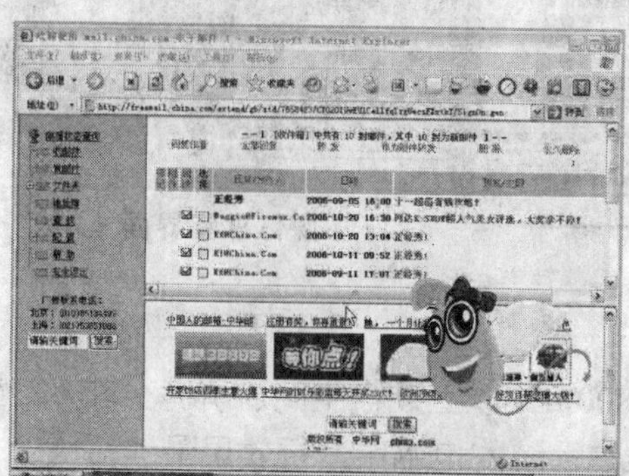

·动漫小精灵·

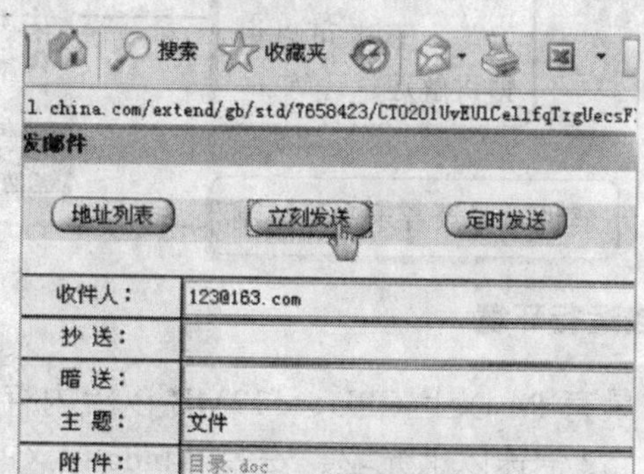


·局部放大讲解·

## 多媒体格式 电脑播放　多媒体课堂

● **启动方法**

将本光盘放入光驱，几秒钟后光盘将自动运行。如果没有自动运行，可在桌面双击【我的电脑】图标，在打开的窗口中双击光驱所在盘符，或者右击光盘所在盘符，在弹出的快捷菜单中选择“自动播放”命令，即可启动并进入“多媒体课堂”。

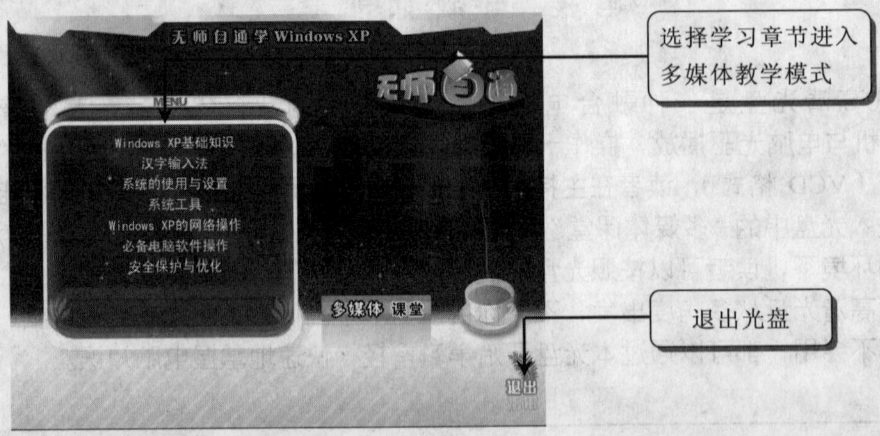


· 光盘主界面 ·

● **多媒体课堂**

单击光盘主界面上的学习章节按钮，即可进入相应的章节进行学习。本光盘收录了本书主要知识点的多媒体教学内容，同时提供了部分知识点的模拟操作练习。

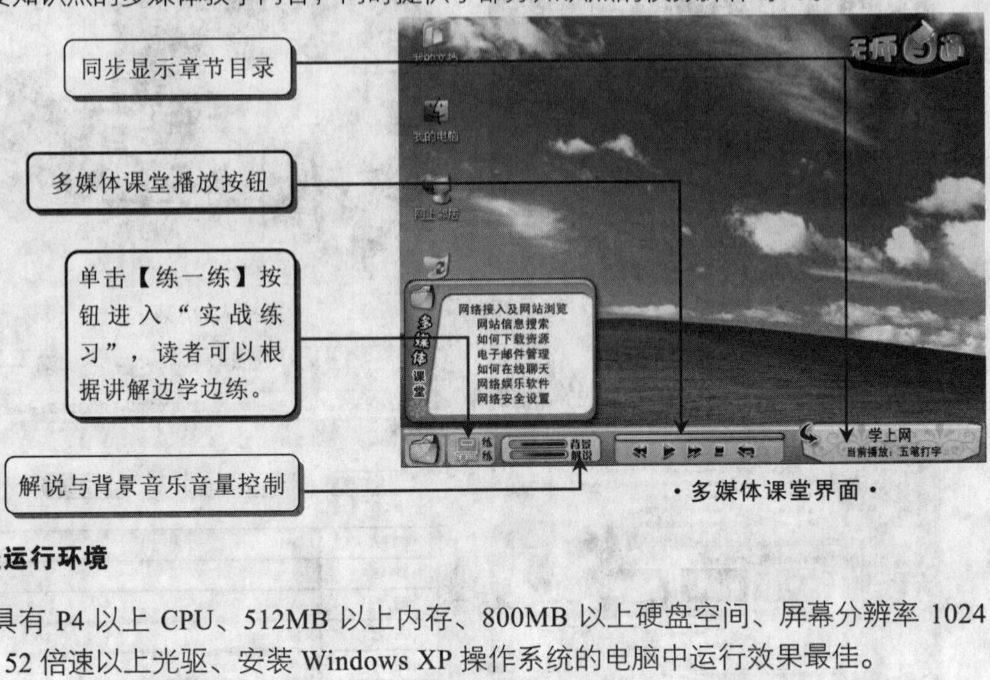


· 多媒体课堂界面 ·

● **最佳运行环境**

在具有 P4 以上 CPU、512MB 以上内存、800MB 以上硬盘空间、屏幕分辨率 1024×768、52 倍速以上光驱、安装 Windows XP 操作系统的电脑中运行效果最佳。

# 目 录

Contents

Study

CHAPTER

【第 1 章】

# 初识 Windows XP

**→内容导读**

1．本章需要了解的概念：

Windows XP

2．本章需要掌握的操作：

安装 Windows XP

3．本章需要提高的内容：

升级安装 Windows XP

01

# 1.1 中文 Windows XP 概述

Windows XP 号称是微软公司历史上最出色的操作系统，由于它具有超强的功能、简易的操作及友好的界面等特点，所以一经推出，就立即在业界赢得一片赞扬之声。本节将对 Windows XP 的特点进行详细介绍。

## 1.1.1 Windows XP 简介

Windows XP 中的“XP”是英文“Experience”的缩写，中文翻译为“体验”，寓意这个全新的操作系统将会带给用户全新的数字化体验，引领大家进入更加自由的数字世界。

微软（Microsoft）公司从 1985 年开始推出 Windows 操作系统至今，所开发的主流操作系统版本包括 Windows 3.1、Windows 95、Windows NT4.0、Windows 98、Windows 98 SE、Windows 2000、Windows ME、Windows XP 和 Windows 2003。

中文版 Windows XP 于 2001 年正式发布，根据用户的不同，微软公司提供了几种不同的产品版本：Windows XP Home Edition（家庭版）、Windows XP Professional（商用专业版）、64 bit 版、Media Center Edition 版以及中文版本的 Tablet PC Edition 版。Windows XP Home Edition 主要是针对家庭用户而开发的，它的升级安装只能在 Windows 98/ME 上进行，是针对数字媒体的最佳平台。

- Windows XP Professional 针对的是商业领域的高级用户，Windows XP Professional 在多用户策略、安全管理、多国语言支持、系统配置和网络管理等一些高级性能上显示了更强大的功能。Windows XP Professional 能同时支持双 CPU 和 9 个显示器输出，并可以在除 Windows 95 以外的任一 Windows 操作系统上升级安装。在 Windows XP Home Edition 中能实现的功能在 Windows XP Professional 中都能实现。本书主要讲的就是这个版本。
- 64 bit 版在中国台湾地区比较常见，主要是应用在电脑特效、3D 动画、工程设计和科学应用程序等方面。
- Media Center Edition 版是为专用 PC 开发的集电视、音乐、图片、视频、DVD 等娱乐功能为一体的操作系统。
- Tablet PC Edition 版是微软专为一种名为平板电脑（Tablet PC）的产品所开发的，是 Professional 版本的扩展。

目前最常见的版本是 Professional 版和 Home Edition 版。

**01 小 测 试**

Windows XP 中的“XP”是英文（　　）的缩写。

A. Experiential　　B. Expert　　C. Experience

## 1.1.2 Windows XP 的特点

Windows XP 将是微软自从发布视窗 95 软件以来所推出的意义最为重大的一个操作系统软件，它将彻底改变许多人对电脑的看法，尤其是那些现在还迟迟没有购买电脑的人们。Windows XP 有以下一些特点。

### 1．驱动恢复

Windows XP 中集成了一项独特 Roll Back 功能，能保持电脑正确的驱动信息。在写入任何内容之前，它会先自动备份准备操作的文件，操作时如果有问题不能正常使用，只需使用此功能就可以快速的将驱动信息还原到之前的状态。

### 2．强大的文件关联处理

在 Windows 中，每个文件都有其相应的程序关联方式，如果相应的文件缺少关联，那么当双击它时就会弹出一个窗口，让用户自己选择与之相应的打开方式。但是，电脑中有那么多的文件类型，用户不可能全部都知道，什么文件该用什么样的应用程序打开。Windows XP 就能很好的帮助我们解决这个问题，对于没有进行关联处理的文件，当双击它的时候，系统会自动对其进行分析，然后打开相应的应用程序列表以供选择，基本上该列表中的程序都可以打开该文件。经过分析，如果在电脑中找不到相应的程序，用户还可以通过网络，到 Internet 上去查找与其相应的关联方式。

### 3．32 位 DOS 模式

Windows XP 采用了纯 32 位模式，DOS 已被彻底抛弃，但它提供了一个类似于 DOS 的命令行输入界面。当电脑不能正常启动时，也可以启用该功能进入 Recovery Console（恢复控制台）进行修复与更正。

### 4．功能强大的 NetMeeting

Windows XP 采用了 NetMeeting 3.1 版本，更新的多媒体解码器让用户在进行影音交流时获得更好的效果，对 Direct Sound 技术的支持使其混音功能更为强大，同时，还能自动对回音、音量平衡、环绕音等进行设置。

### 5．支持双 CPU、双屏显示和 4GB 内存

Windows XP 支持双 CPU，能通过一块显卡连接两个显示器，并将一个桌面的画面进行分屏显示。它最大支持高达 4GB 的内存容量。

### 6．减少重新启动次数

在 Windows XP 以前的版本中，进行一些操作后经常都会需要用户重新启动电脑。Windows XP 也针对这个问题进行了优化和省略。最典型的就是当要从当前用户快速切换到其他用户界面。

7．强大的防毒功能

随着网络的普及，很多病毒都是通过电子邮件来传播的，为此，Windows XP 取消了电子邮件附件直接执行的功能，以保证电脑的安全。同时，赋予系统管理员更高的权限，让其可以控制其他用户的操作权限。

8．支持多语言的公用平台

Windows XP 操作系统对多语言提供了全面的支持，甚至不同的用户可以将系统设置成不同的语言版本，在实际使用中，发现其对中文的支持很好，除了显示中文宋体字略微偏黑外，其他显示与中文 Windows 98 一样。

9．无线网络连接

随着无线互联网络的出现，Windows XP 操作系统也对该服务提供了支持。

10．更为简捷的局域网安装向导

在 Windows XP 下组建局域网，用户可以直接在安装向导的提示下完成。包括网络参数设置、文件共享等都可以根据提示进行设置。同时，它还支持组建与以前版本兼容的对等网络。

**02 小　测　试**

Windows XP 采用了纯（　　）位模式。

A. 32　　　B. 64　　　C. 16

## 1.1.3 Windows XP 的新特性

既然是全新体验，那究竟应该从哪些地方去体验 Windows XP 带给我们的新感受呢？当然是 Windows XP 提供的最新功能特性。

1．强大的开始菜单

与以往版本不同的是 Windows XP 中的开始菜单增加了许多内容，它使用户对常用程序的操作更加简便，在“开始”菜单中首先显示 5 个最常用的程序和默认的电子邮件及 Web 浏览器。而以往显示于桌面的“我的电脑”、“我的文档”等内容也加入到开始菜单中。不难看出，开始菜单将最常使用的文件和应用程序放置在一起，提高了用户的访问速度，同时也使桌面显得更加整洁、漂亮，充分体现了 Windows XP 人性化设计思想的一面，其界面如图 1-1 所示。

图 1-1　“开始”菜单

### 2. 全新的 Web View 技术

当用户选择了一个文件或打开一个文件夹，就会在文件窗口的左边看到一个选项列表，列表中的选项使用户可以对文件进行重命名、移动、复制等操作。这个功能由些类似于以往版本的 Windows 操作系统中用鼠标右键单击文件后弹出的快捷菜单，只不过新的 Web View 功能使这些选项被更加直观地呈现在文件窗口中，便于用户选择操作，如图 1-2 所示。

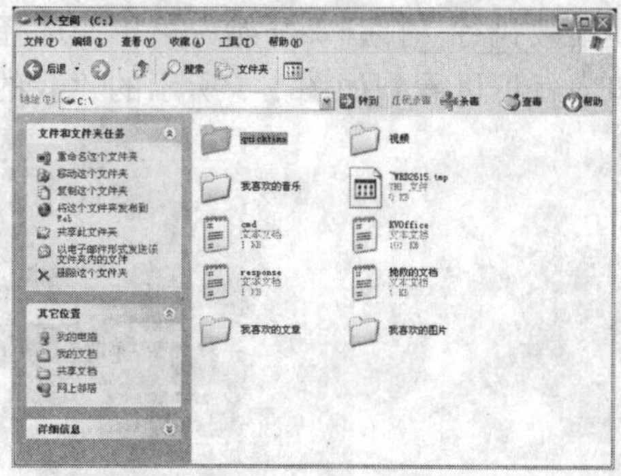

图 1-2 Web View 功能

### 3. 全新的数字媒体支持

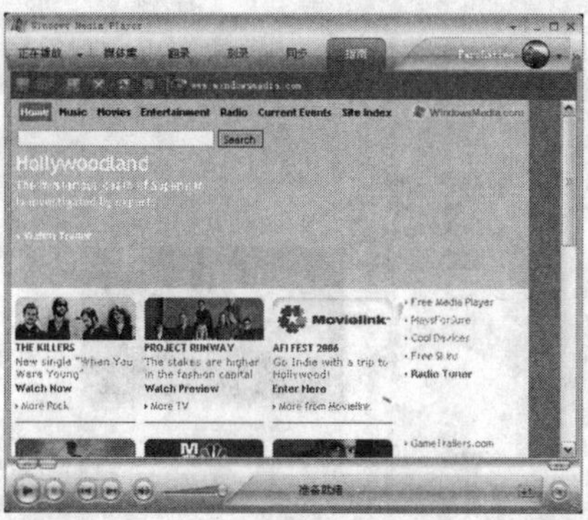

图 1-3 Windows Media Player 主界面

Windows Media Player 是 Windows XP 自带的媒体播放工具。它可以实现 CD 和 DVD 的回放、歌曲集的管理和录制、音频 CD 的创建、网络音频回放以及与便携设备的媒体传输等功能。Windows Media Player 还包括一些新的功能，如带有丰富媒体信息和全屏控制的 DVD 视频回放、将音乐从 CD 复制到 PC 上并能自动将其转换为 MP3 文件。Windows Media Player 默认的音频文件格式 Windows Media Audio（WMA）提供了几乎三倍于 MP3 格式文件的存储能力，并且能更快地进行音频 CD 的烧录，智能媒体跟踪功能为数字媒体提供了更多的控制。Windows Media Player 主界面如图 1-3 所示。

在被管理的网络上，可以对 Windows Media Player 的特性进行锁定和限制。Windows Media Player 具有多种“皮肤”，更换“皮肤”后的 Windows Media Player 可以充分张扬你的个性。

Windows Media Player 自带的“Compact”播放界面、“Corporate”播放界面以及自带的“Revert”播放界面，如图 1-4、图 1-5、图 1-6 所示。

图 1-4 “Compact”播放界面

图 1-5 “Corporate”播放界面

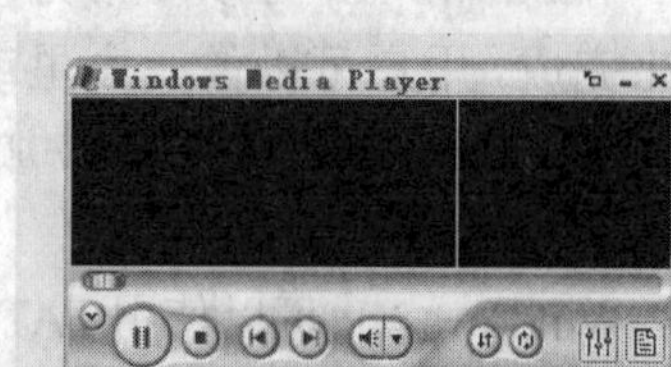


图 1-6 “Revert”播放界面

如果对所提供的“皮肤”不满意，还可以在网络上下载甚至自己设计。

此外，在 Windows XP 中，新的“My Music”文件夹使常用的音乐播放工作可以更方便地被执行。打开“开始”菜单，选择“我的文档”命令，在随后弹出的“我的文档”窗口中就可以看到如图 1-7 所示的“我的音乐”文件夹。

图 1-7　“我的音乐”文件夹

4．强大的多媒体编辑功能

Windows XP 附带的 Windows Movie Maker Version 提供了媒体捕捉、视频和音频编辑以及 Windows Media 文件的保存和发布这样一些基本的功能。

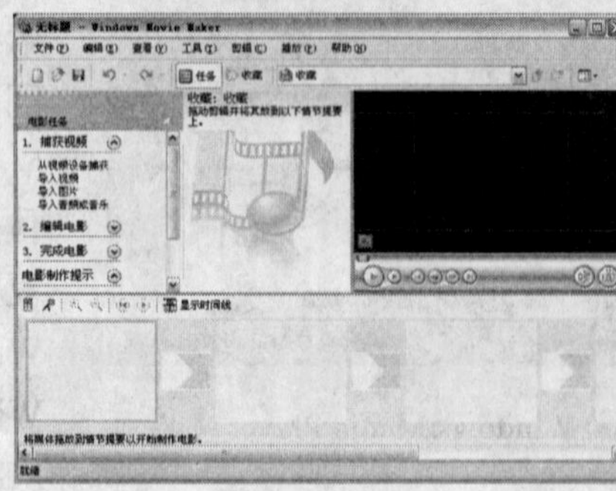

图 1-8　Windows Movie Maker 界面

虽然 Windows Movie Maker 只能将文件输出为 Windows Media 格式，但它可以导入 Directshow 支持的所有文件格式和压缩类型。Windows Movie Maker 具有很多特别的用途。如果用户使用电脑的硬盘保存家庭影像库，可以在电脑上记录、编辑、组织并且共享这个家庭影像库。用户还可通过 E-mail 或者网络与朋友、亲人共享家庭影像。通过 Windows Movie Maker，还可以把静态的图像组合在一起，然后将其发布为一个 Windows Media 格式的文件。Windows Movie Maker 的界面如图 1-8 所示。

5．增强的文件与打印服务功能

Windows XP 可以非常方便地将文档发布到 Internet 服务器上，它通过 Web DAV 技术来完成，用户可以像在家里或公司进入文件共享一样访问 Internet 服务器。在 Windows 2000 里，缓存文件是不能被加密的，而在 Windows XP 中，用户可以加密离线文件数据库（客户端高速缓存）。

Windows XP 可以使用 FAT32 格式的 DVD-RAM 磁盘，Windows XP 会以超软盘格式对 DVD-RAM 磁盘上的 FAT32 卷进行识别、加载和格式化。FAT32 格式提供了对 DVD-RAM 介质的可靠支持，并且允许这些设备在插入 Windows XP 时可以立刻开始工作。这也就使用户可以在任何常用的活动介质驱动器上使用 FAT32 格式的 DVD-RAM 磁盘。

Windows XP 支持 Net Crawler 的打印访问，使用 Net Crawler 来发现并自动安装家庭网络或公司网络上所有共享的打印机，如图 1-9 所示。Net Crawler 使不熟悉网络的用户可以轻松地配置工作组中计算机和相关设备间的访问。

Windows XP 的传真共享使您能通过传真硬件（可收发传真的调制解调器或者传真卡）在提供传真共享服务的网络上发送和接收传真，如图 1-10 所示。

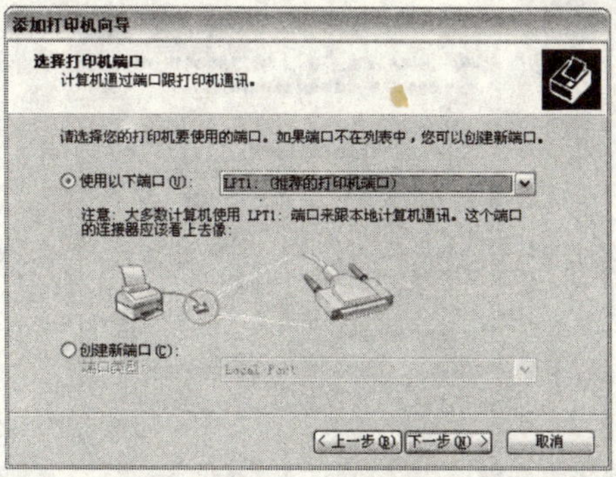


图 1-9　添加打印机向导

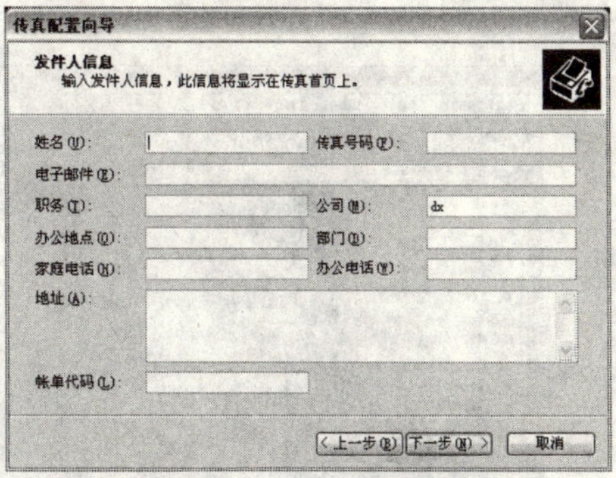


图 1-10　传真配置向导

## 6. 更加强大的安全性保护

Windows XP 提供 Internet 连接防火墙功能，它是通过一种专为家庭用户和小型企业而设计的称为 Internet Connection Firewall 的内建特性来提供 Internet 安全性。Internet Connection Firewall 是一种动态数据包过滤器。它能够保护直接连接到 Internet 上的计算机，或者连接到运行 Internet Connection Firewall 的 Internet 连接共享主机的计算机。当处于启用状态时，Internet Connection Firewall 阻挡所有从 Internet 上发出的未经请求的连接。为实现这一功能，该防火墙通过 Network Address Translator（网络地址转换器，NAT）逻辑来验证访问网络或主机的进入请求。如果网络通信并非由受保护的网络发起，或者并未创建端口映射，那么进入的数据将被丢弃。Internet 连接防火墙配置界面如图 1-11 所示。

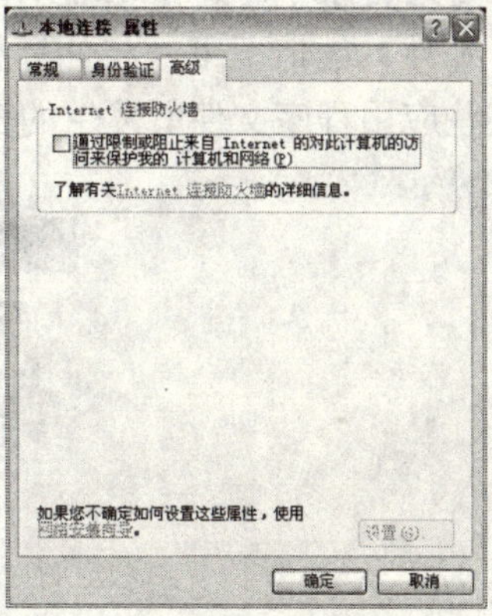


图 1-11　Internet 连接防火墙

## 7. 改进的网络与通信功能

Windows XP 的即插即用功能可以使用户非常方便地添加网络外设，Windows XP 提供的家庭网络向导可以自动进行网络配置和 Internet 连接共享配置，如图 1-12 所示。因此用户可以并不了解网络协议和网络组建而轻松地搭建一个局域网（LAN）。

## 8. 增强的移动计算功能和系统可靠性

Windows XP 的远程桌面功能使用户可以通过任意一台运行 Microsoft Windows 操作系统的客户端，在使用 Windows XP Professional 操作系统的远程计算机上运行应用程序。

应用程序实际上是在基于 Windows XP Professional 的计算机上运行，只有键盘输入、鼠标输入及显示输出数据通过网络传输到远程客户端上。借助远程桌面功能，用户可以在家中与办公室的计算机建立连接，并像亲自坐在办公室计算机前那样，访问所有的应用程序、文件及网络资源，如图 1-13 所示。

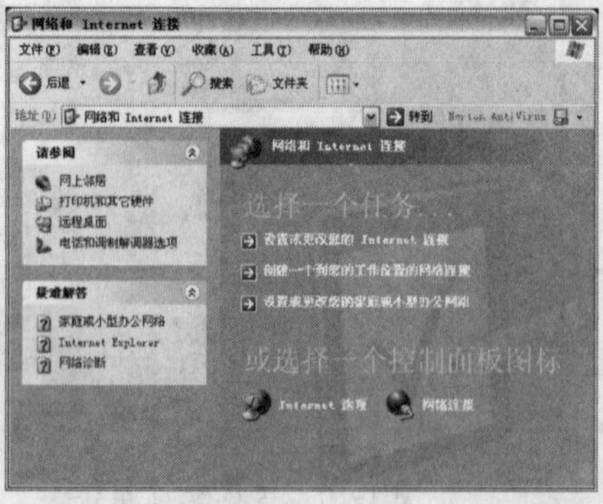


图 1-12 “网络和 Internet 连接”窗口

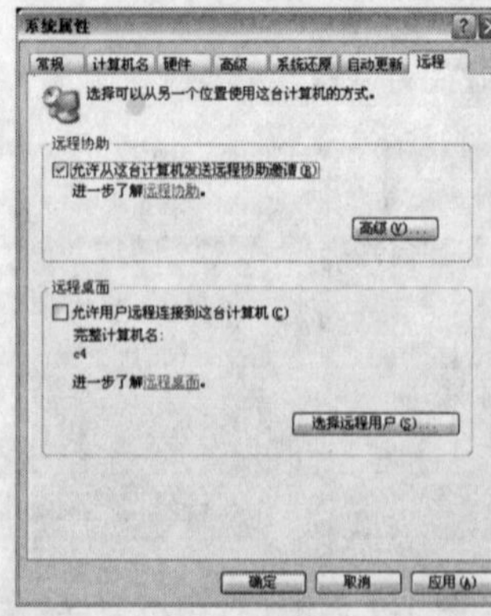


图 1-13 远程协助功能

当用户更新一个驱动程序时，原先驱动程序包的一份拷贝将自动保存在系统文件夹的一个专用目录中。Windows XP 系统恢复特性允许在不丢失个人数据文件（如文档、图纸或电子邮件）的情况下，将计算机恢复到发生问题之前的状态。系统恢复特性主动监视系统及某些应用程序文件所发生的变化，并自动创建易于识别的恢复点，如图 1-14 所示。

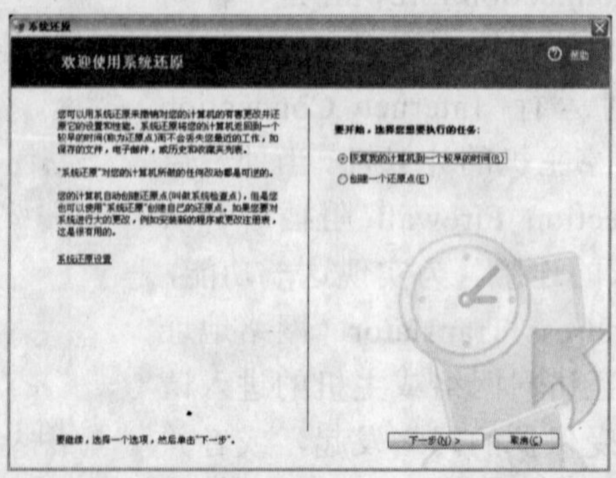


图 1-14 系统还原功能

### 9. 集成化帮助与支持服务

Windows XP 提供远程协助功能，用户可以利用 MSN Messenger Service，通过即时消息来进行使用，如图 1-15 所示；还可以通过 E-mail 来初始化远程协助会话；或者可以填写一张表格，然后把它保存为一个文件，然后利用 Hotmail 这种基于 Web 的邮件服务商将它发送出去。

在收到远程协助请求后，帮助人员可以远程地连接到有问题的计算机上，然后直接查看计算机并解决问题。当初始化一个帮助请求时，远程协助的客户计算机公司向帮助人员发送一个基于 XML 的、经过加密的验证卡，帮助人员被提示接受帮助邀请。

Windows XP 的搜索功能可以使用户从远程或联机提供者那里获得需要的内容。当遇到问题时，只需输入相应的关键词进行搜索，然后用户就会得到本地帮助文件的链接、来自 Microsoft 知识库的文章或者来自制造商 Web 站点的文档。

在 Windows XP 中，还可以利用 Help and Support Center（帮助和支持中心）的系统信息了解操作系统的相关功能和操作，如图 1-16 所示。

图 1-15　利用 MSN 获得远程支持

图 1-16　帮助和支持中心

### 10. 更出色的应用程序与设备兼容性

Windows XP 具有出色的应用程序与设备兼容性，大多数应用程序都可以运行在 Windows XP 之上，而且 Windows XP 改进了对设备和硬件的支持。Windows XP 简化了硬件的安装、配置和管理过程，它为几百种硬件提供了“即插即用（PnP）”的支持，并且提供和增强了对 USB、IEEE1394、PCI 以及其他总线结构的支持。

在 Windows XP 中，当用户连接了一个新的设备或插入了媒体光盘时，它能够立即使用该设备或该介质，它可以判断新设备或媒体介质的内容是图片、音乐或者是视频文件，然后调用相应的程序来运行或打开它。Windows XP 支持多种新的硬件技术，其中包括扩展的 PS\2 和 USB 接口键盘；新出现 IEEE1394 接口的音频\视频设备；新的 USB 阵列麦克风（用于会议程序和 Internet 电话上）；对最大可达 200dpi 高解析度显示器的支持。针对 Intel 公司的 64 位处理器“Itanium”，Microsoft 已经开发出了 Windows XP 的 64 位版本，支持多功能设备，如扫描仪－传真机－打印机三合一产品等。

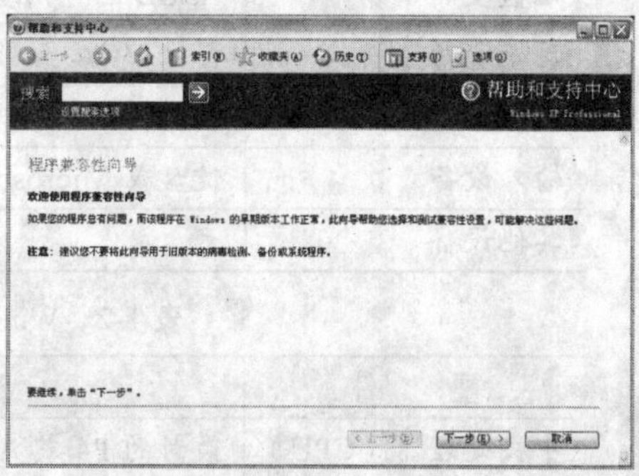

图 1-17　程序兼容性向导

在应用程序兼容方面，Windows XP 操作系统对第三方的家用和商用应用程序都提供了广泛的支持，它几乎兼容了 Windows 下运行的所有程序。对于那些不能在 Windows XP 下运行的、为 Windows 的先前版本设计的程序，可以利用应用程序兼容模式，它通过模拟先前 OS 的环境（最多可以模拟至 Windows 95 的环境），使这些程序可以运行在 Windows XP 下，图 1-17 所示是程序兼容性向导界面。

## 1.2 中文 Windows XP 的安装

要使用 Windows XP，首先必须为计算机安装 Windows XP 操作系统。本章将介绍如何安装 Windows XP。

### 1.2.1 安装 Windows XP 的系统要求

作为新一代的操作系统，Windows XP 能适应更多新的硬件设备和技术，这样才能最为充分地发挥它的功能。因此，Windows XP 对运行环境的要求是比较严格的，只有在一定的硬件环境中，Windows XP 才能够正常运行，Windows XP 的徽标如图 1-18 所示。

图 1-18 Windows XP 的徽标

表 1-1 和表 1-2 所示为 Windows XP 的基本运行环境和推荐运行环境。

表 1-1 Windows XP 的基本运行环境

| 硬　件 | 基 本 配 置 |
|---|---|
| 中央处理器（CPU） | 233MHz 以上时钟频率 |
| 内存 | 64MB |
| 磁盘空间 | 1.5GB 的可用空间 |
| 显示卡与监视器 | 标准 VGA 卡彩色显示器 |
| 光驱 | CD-ROM |
| 输入设备 | 键盘或 Microsoft 兼容鼠标 |
| 其他设备 | 无 |

表 1-2 Windows XP 的推荐运行环境

| 硬　件 | 推 荐 配 置 |
|---|---|
| 中央处理器（CPU） | 最新的 P4 或 Athlon XP 处理器 |
| 内存 | 256MB 以上 |
| 磁盘空间 | 1.5GB 以上的可用空间 |
| 显示卡与监视器 | 更高解析度的视频适配器（32 位真彩显示卡）和更高分辨率显示器 |
| 光驱 | CD-ROM 或 DVD 驱动器（有条件的话还可以使用刻录机） |
| 输入设备 | 键盘或 Microsoft 兼容鼠标 |
| 其他设备 | 网卡（如要从网络安装）、Modem（上网使用） |

安装 Windows XP 的实际硬件需求将根据系统配置和应用程序的安装情况而发生变化。不可否认的一点是：使用较高的硬件配置，能更好地发挥 Windows XP 的优越性能。

## 1.2.2 Windows XP 安装方式

针对用户的不同需求，Windows XP 提供了三种不同的安装方式：全新安装、升级安装、多系统共存安装。

### 1. 全新安装

对于购置了新机器的用户来说，这是最常见也是最完整的安装方式。因为升级安装仅仅是将原来的 Windows 操作系统进行了升级，并不能完全保证原来的应用程序能顺利进行。作为功能强大的新一代操作系统，相信计算机用户都希望能够完整的拥有它，本章将重点对全新安装进行讲解，如图 1-19 所示是选择的“全新安装”类型。

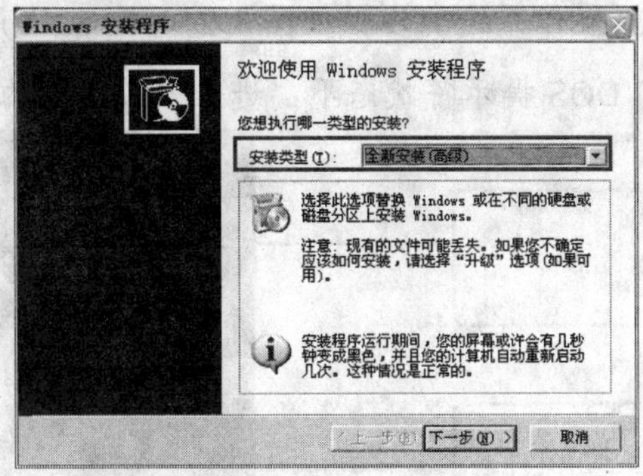


图 1-19　选择“全新安装”类型

### 2. 在原有系统上升级安装

用户可以在以往版本的操作系统，如：Windows 98/2000/ME/NT 4.0 的基础上直接升级到 Windows XP。由于 Windows XP 的核心代码是基于 Windows 2000 的，所以在 Windows 2000 基础上升级安装 Windows XP 最为简单。

在 Windows 98/ME 下进行升级安装时，由于安装前会先备份原有的重要系统文件，所以用户可以从升级的 Windows 98 上卸载 Windows XP，而这种方法在 Windows 2000 中是不可能实现的，如图 1-20 所示是选择的“升级安装”类型。

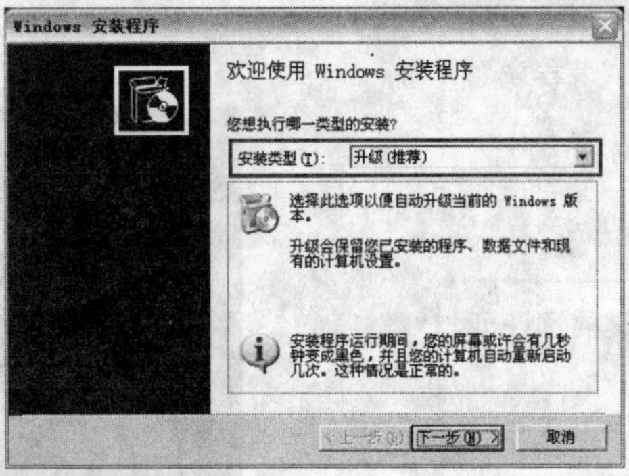


图 1-20　选择“升级安装”类型

### 3. 多系统共存安装

有些用户由于已长期使用老版本的操作系统，在短时间内还不能完全适应新的操作系统，为了保证正常的学习和工作不至于受到适应新系统周期的影响，可以选择多系统共存的安装方式。这种安装的原理是保留原有的操作系统，将 Windows XP 安装在一个独立的硬盘分区中，与机器中原来的操作系统共存而又互不干扰。用户在安装时最好将一个新的硬盘分区分配给 Windows XP。多操作系统安装完成后，会自动生成一个开机时的操作系统选择菜单，用户可以选择需要进入的操作系统。

## 1.2.3 Windows XP 全新安装

全新安装 Windows XP 操作系统的步骤如图 1-21～图 1-44 所示。

**01** 将计算机启动到 DOS 提示符状态下，进入安装光盘的 I386 目录中。

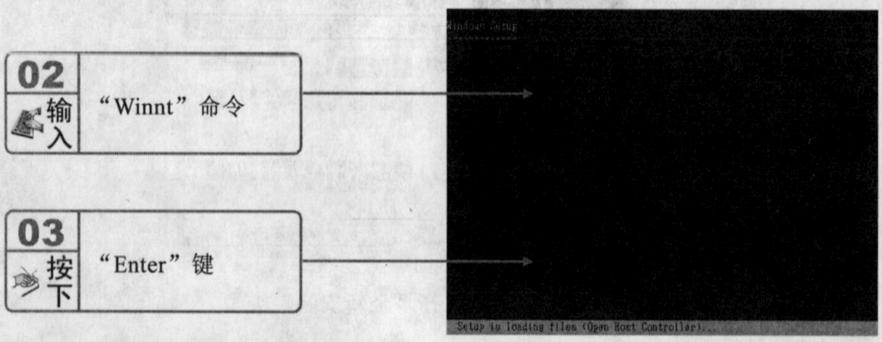


图 1-21 检测设备

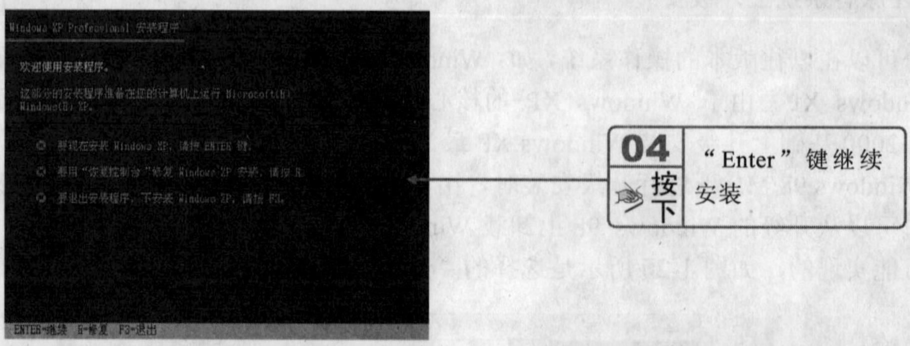


图 1-22 “欢迎使用安装程序”界面

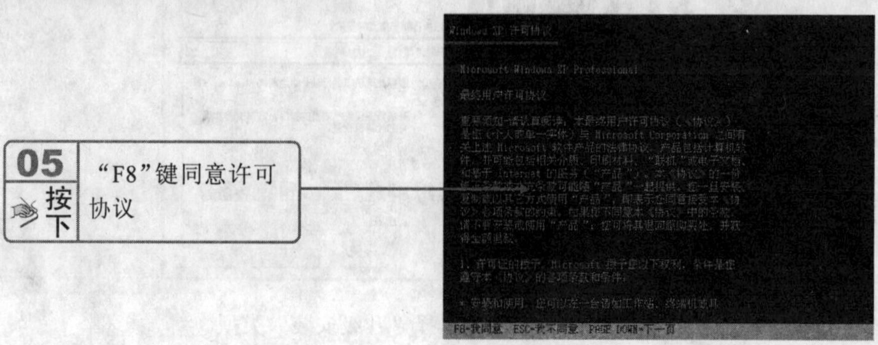


图 1-23 “Windows XP 许可协议”界面

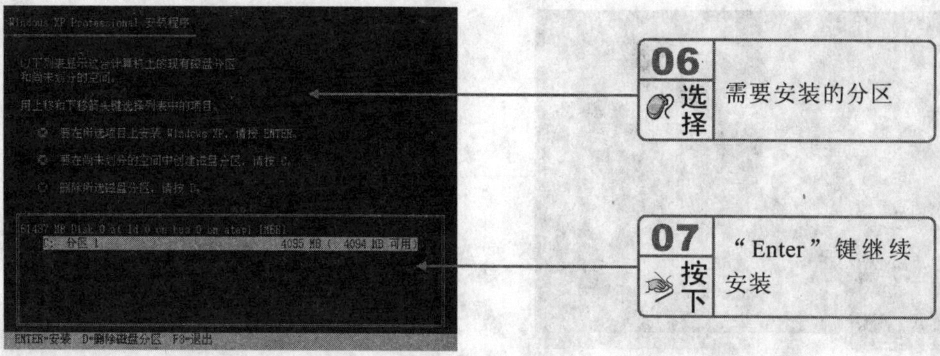


图 1-24 选择需要安装的分区

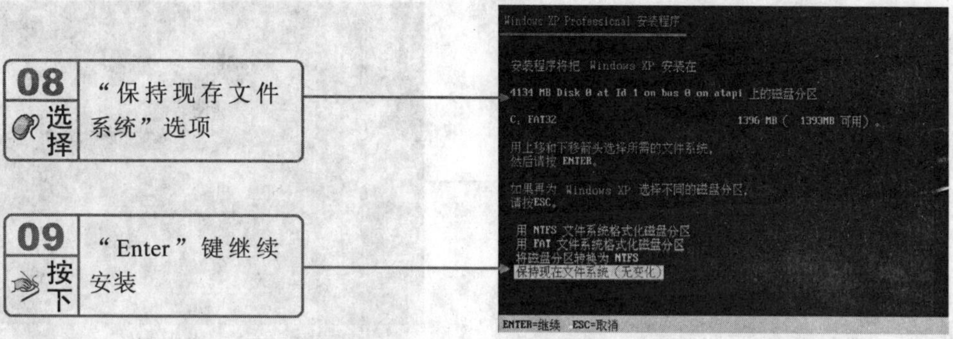


图 1-25 选择分区格式

图 1-26 检查磁盘驱动器

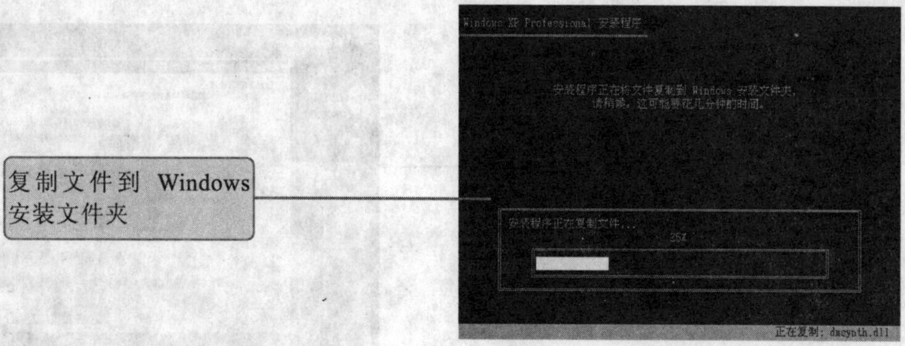


图 1-27 复制安装文件

开始初始化 Windows XP 配置

图 1-28　初始化配置

| 10 按下 | “Enter”键或者15秒以后，计算机重新启动 |
| --- | --- |

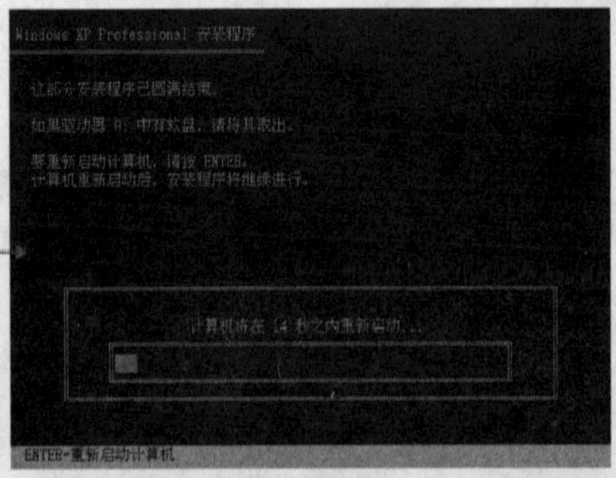


图 1-29　重新启动计算机

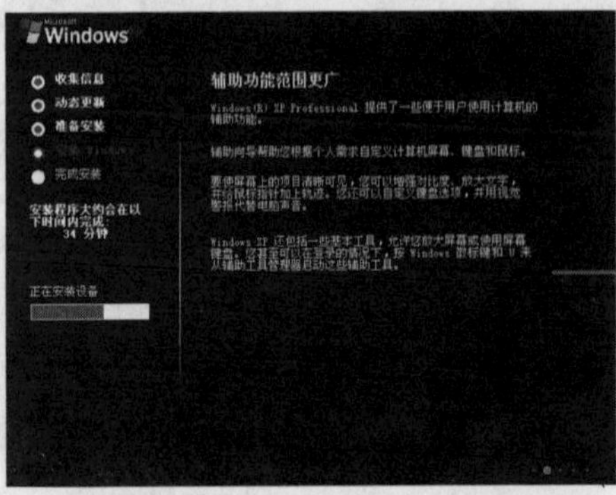


进行设备安装

图 1-30　设备安装

| 11 单击 | “下一步”按钮 |
| --- | --- |

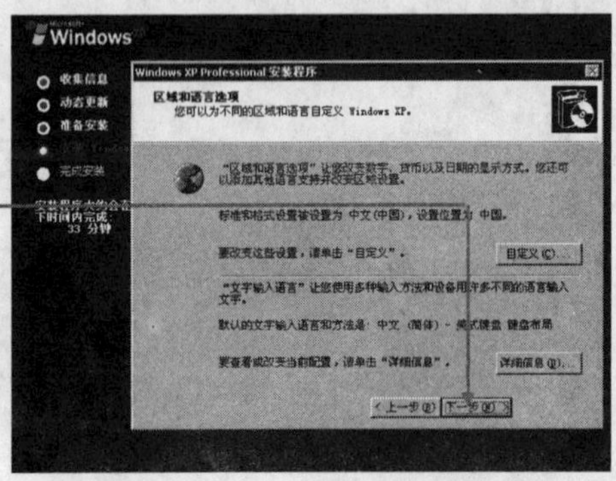


图 1-31　保持默认设置

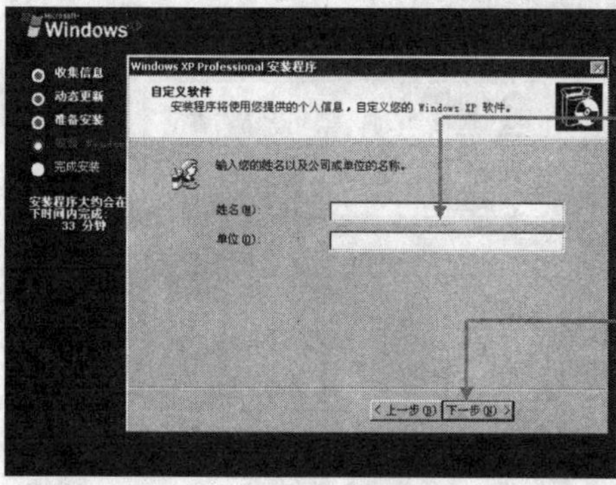


**12 输入** 名字和单位名称

**13 单击** “下一步”按钮

图 1-32　输入姓名和单位

**14 输入** 序列号

**15 单击** “下一步”按钮

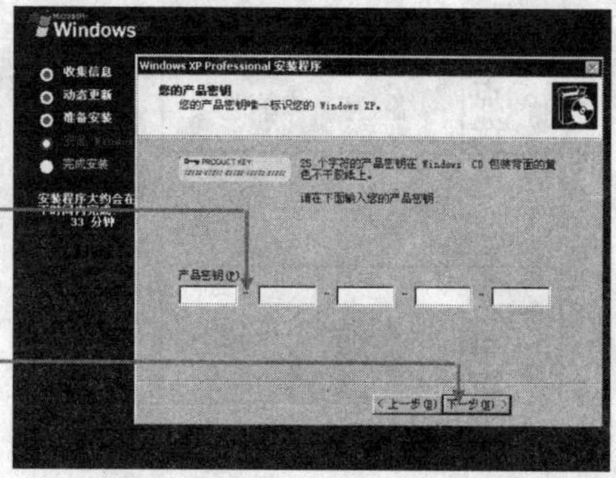


图 1-33　输入序列号

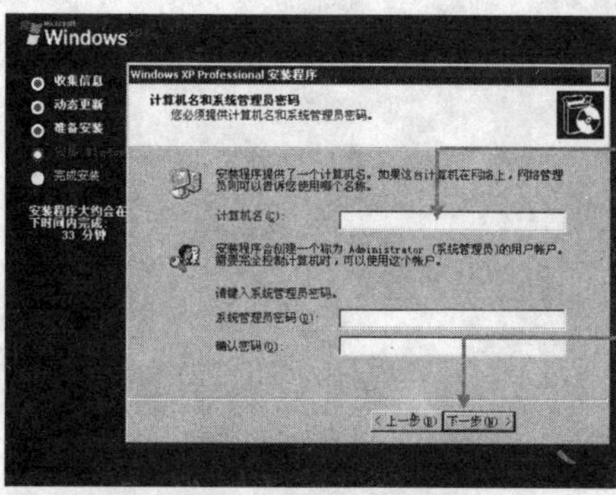


图 1-34　输入计算机名及密码

**16 输入** 计算机名和系统管理员密码

**17 单击** “下一步”按钮

**18 设置** 时间和时区

**19 单击** “下一步”按钮

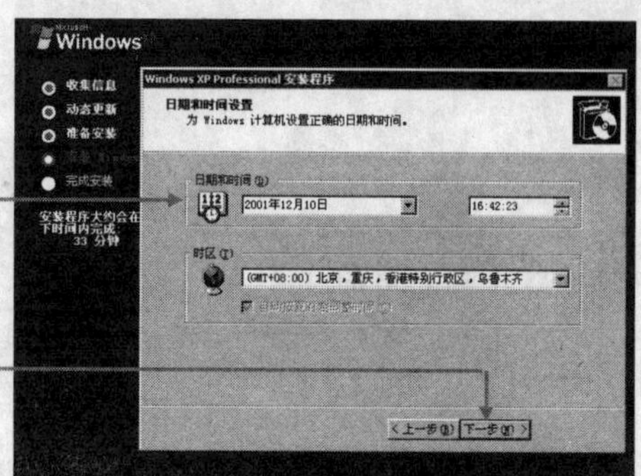


图 1-35　设置时间、日期和时区

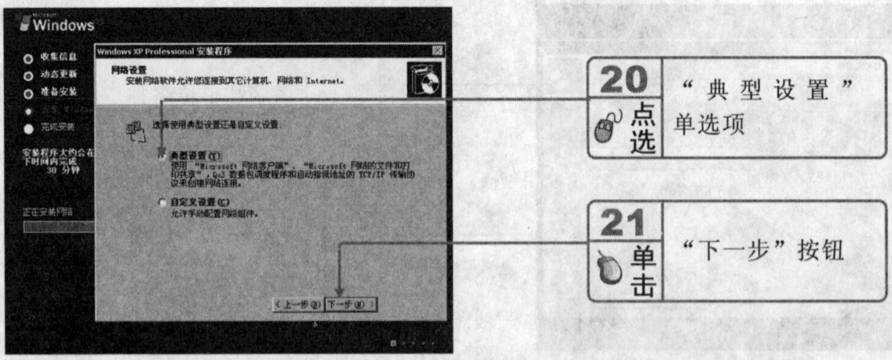


图 1-36　网络设置

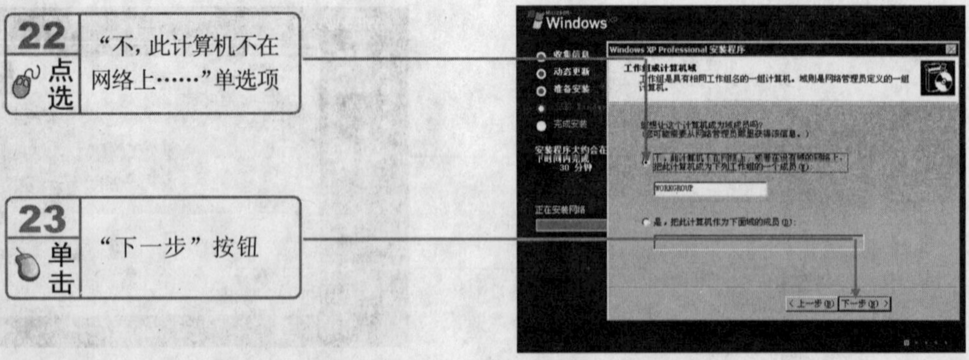


图 1-37　选择网络类型

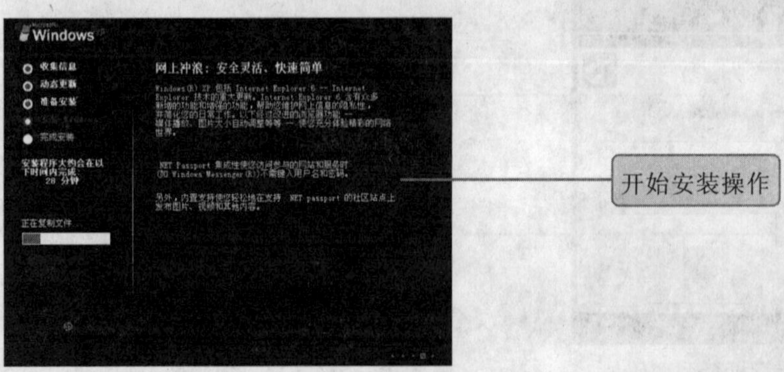


图 1-38　开始安装

图 1-39　欢迎界面

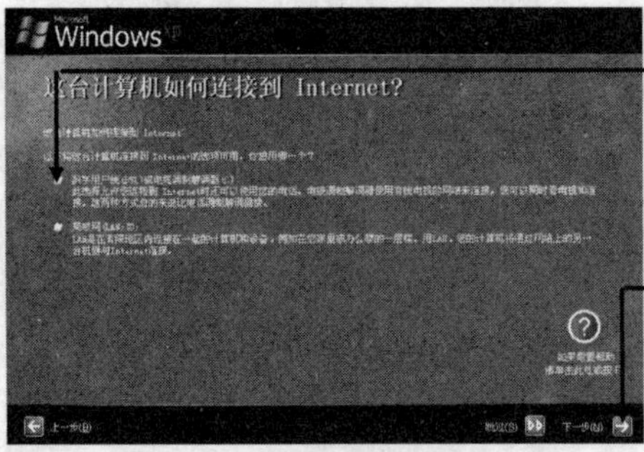


图 1-40　选择网络连接方式

25 点选 "数字用户线……"单选项

26 单击 "下一步"按钮

27 点选 "否，请每隔几天提醒我"单选项

28 单击 "下一步"按钮

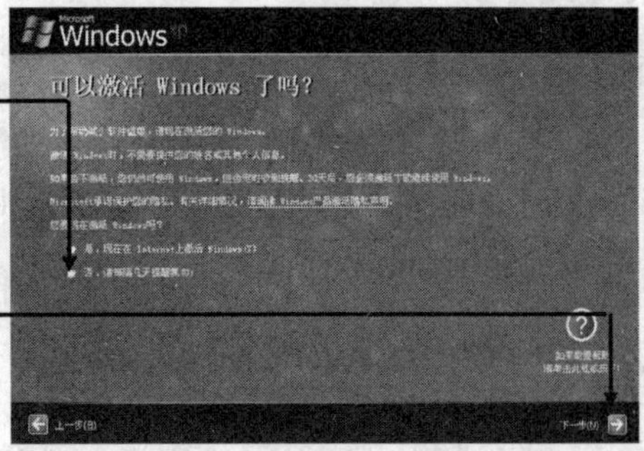


图 1-41　是否激活 Windows XP

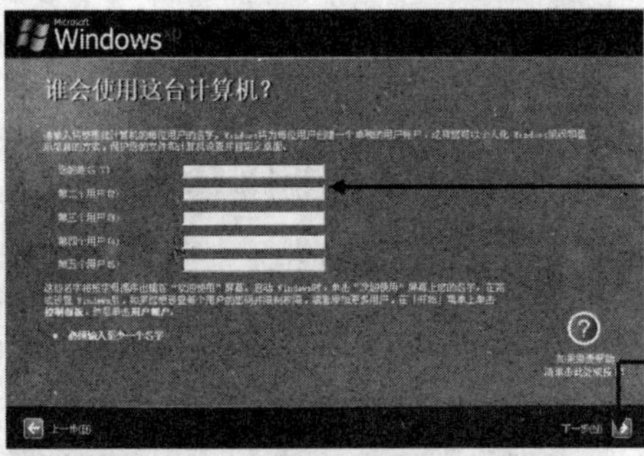


图 1-42　输入用户信息

29 输入 用户名

30 单击 "下一步"按钮

31 单击 "下一步"按钮进行操作

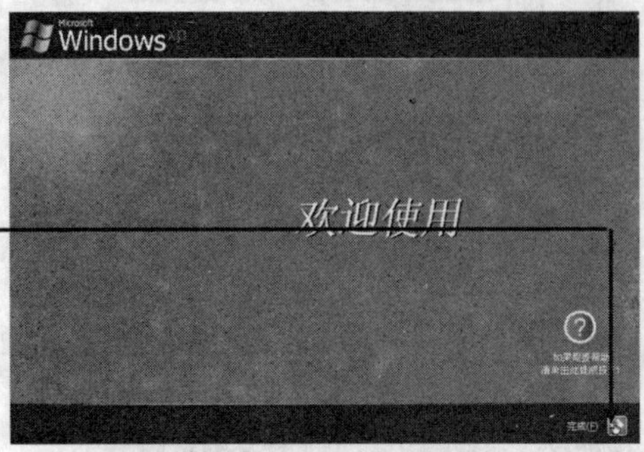


图 1-43　"欢迎使用"界面

图 1-44　Windows XP 系统桌面

**你问我答**　**是否一定要在安装的时候激活 Windows XP？**

激活 Windows XP 是可以先跳过的，没有激活的 Windows XP 可以使用 30 天，之后便必须激活才能继续使用。

**动手练习 dongshoulianxi**　在自己的电脑中安装 Windows XP 系统。

## 1.2.4 Windows XP 的激活

如果在安装时没有对操作系统进行激活，那么必须在系统安装完成后进行激活，否则在给定的试用期限到了之后系统将不能再使用。

激活 Windows XP 的具体操作步骤如图 1-45～图 1-48 所示。

**01** 单击桌面左下角的“开始”按钮，打开“开始”菜单，选择“所有程序”，在弹出的菜单中选择“激活 Windows”命令，进入 Windows XP 的激活界面。

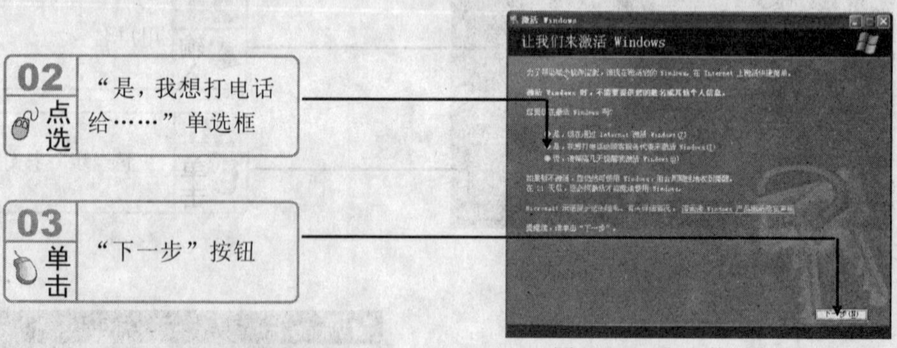


图 1-45　进入激活向导界面

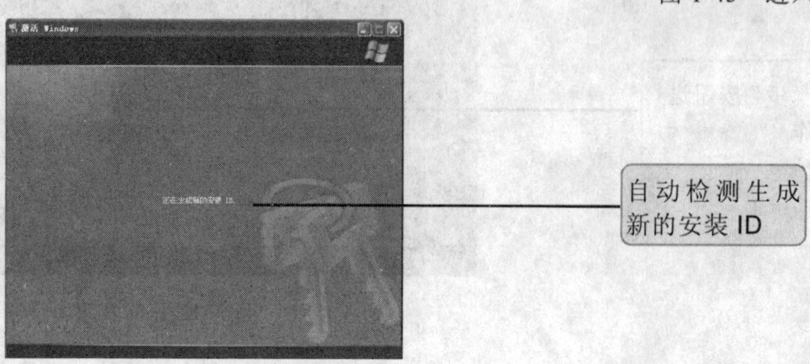


图 1-46　生成 ID

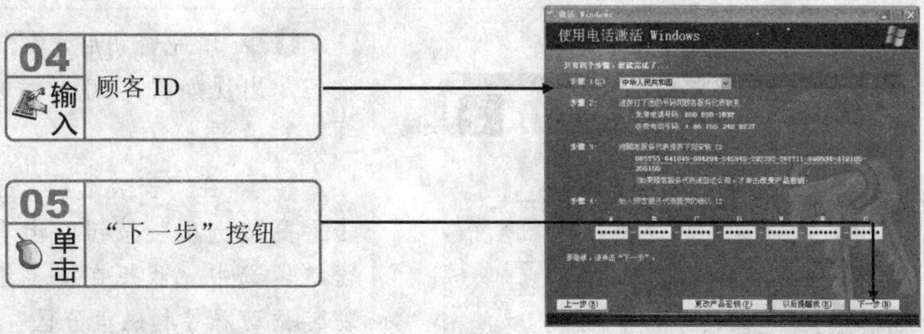

图 1-47 输入注册码

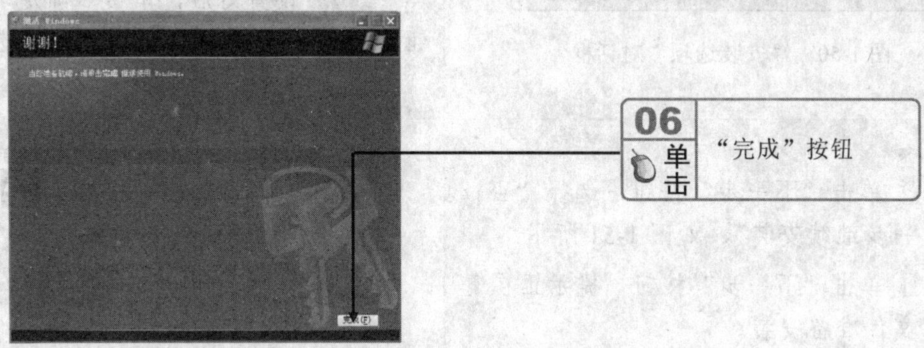

图 1-48 激活成功

**你问我答** 什么时候需要输入 ID?

激活 Windows 是必需的，而注册则不是。安装 Windows XP 时，会生成一个唯一的产品 ID 号，这个 ID 和计算机的硬件配置有关，可以从“我的电脑”属性中看到。

## 融会贯通—升级安装 Windows XP

用户可以在以往版本的操作系统，如：Windows 98/2000/ME/NT 4.0 的基础上直接升级到 Windows XP。以在 Windows 98 操作系统下升级安装 Windows XP 为例，具体的操作步骤如下：

**01** 在现有的操作系统中（如 Windows 98），将 Windows XP 安装光盘放入光驱，安装程序会自动运行，出现欢迎界面。

**02** 在安装界面中选择第一个，即“安装 Microsoft Windows XP”，就会出现安装界面。

**03** 选择“升级安装”，然后单击“下一步”，进入安装许可协议的画面。

**04** 选择“我接受这个协议”。然后按“下一步”，进入安装界面。在“产品密钥”窗口中输入 Windows XP 的密钥，如图 1-49 所示。

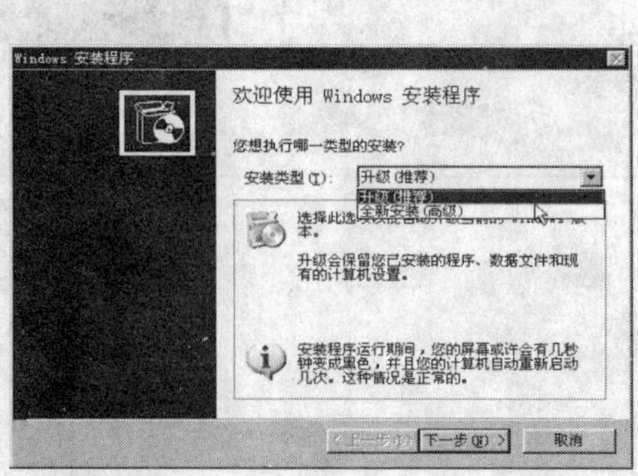

图 1-49 选择安装类型

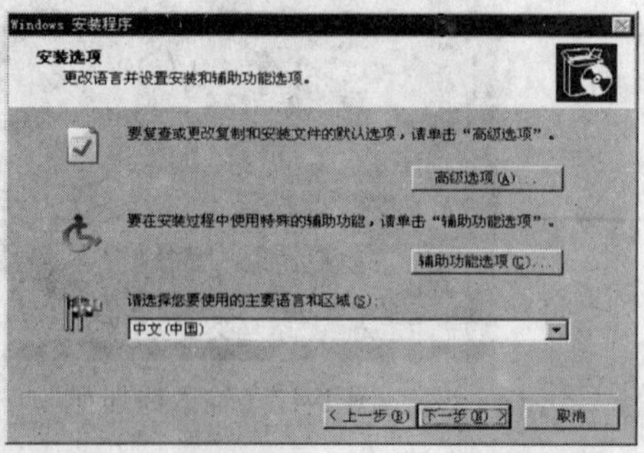


图 1-50 “安装选项”对话框

**05** 填完密钥后，单击“下一步”按钮，出现如图 1-50 所示的“安装选项”对话框。

**06** 在“安装选项”窗口中，单击“高级选项”按钮，出现高级选项窗口，选中“我想在安装过程中选择安装驱动器号和磁盘分区”复选项。

**07** 设置好后，单击“确定”按钮回到“安装选项”窗口，然后选择“中文（中国）”选项。

**08** 单击“下一步”按钮，选择“否，跳过这一步继续安装”，如图 1-51 所示。

**09** 单击“下一步”按钮，提示正在复制安装文件准备安装。

**10** 复制完文件后，系统将会重新启动。在出现的多系统选择菜单中，选择“Windows XP Professional 安装程序”启动 Windows XP。

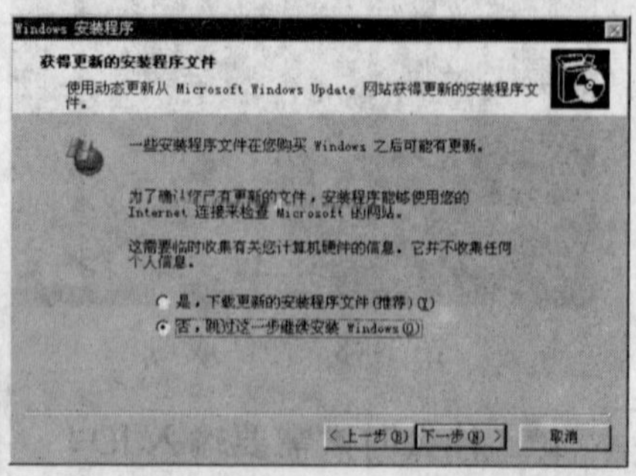


图 1-51 获得安装程序文件

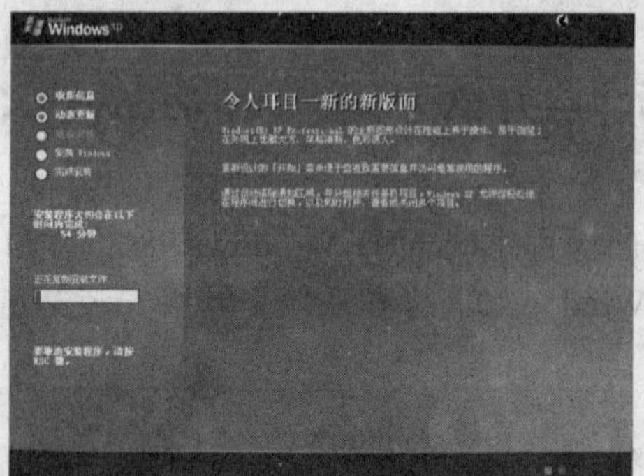


图 1-52 开始安装

小测试答案 • • • • • （请翻转阅读答案）

1. C 2. B

Study

CHAPTER

【第 2 章】

# Windows XP 的基本操作

**内容导读**

1．本章需要了解的概念：

键盘的基本分区

2．本章需要掌握的操作：

启动和退出 Windows XP

3．本章需要提高的内容：

设置快速启动栏

02

## 2.1 Windows XP 的启动与退出

电脑最基本的操作就是启动和关闭，这看似很简单，其实有很多学问。

### 2.1.1 启动 Windows XP

启动和关闭电脑有一定的方法，按照科学的方法开机关机才能减少对电脑的损害。正确的启动电脑的顺序是：

**01** 检查电脑的电源线是否与电源插座连接好，然后打开外部电源插线板的开关。

**02** 依次打开所有的附属设备，如显示器、打印机、音箱等。

**03** 按一下主机箱的电源（标有“POWER”）开关，接通主机箱的电源。

这样按照顺序操作就可以安全启动电脑。稍等片刻电脑就会进入 Windows XP 的欢迎界面，如图 2-1 所示。

图 2-1 Windows XP 欢迎登录画面

这是 Windows XP 的欢迎登录画面，中间有一条白线将其分为两个部分，左边部分是 Windows XP 图标和相关的提示信息，右边部分显示出用户图标和登录名。

如果设置了用户登录密码，则可以根据左边的提示信息，用鼠标左键单击相应的用户名图标，便会出现一个密码输入框，输入正确的密码，单击➔按钮即可进入系统，如图 2-2 所示。

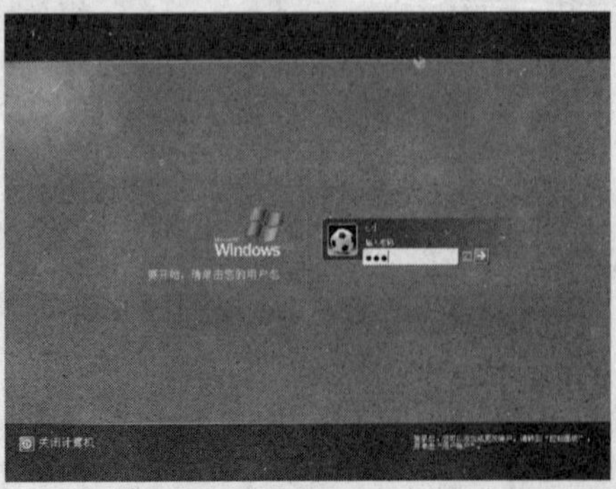


图 2-2 输入密码

**你问我答**

**如果没有设置用户登录密码，如何进入操作系统？**

如果没有设置用户登录密码，想进入操作系统，则直接用鼠标左键单击用户名图标，便可以进入 Windows XP 操作系统了。

进入 Windows XP 系统后，可看到如图 2-3 所示的画面，称为 Windows XP 的“桌面”。由于用户对系统的设置不同，不同用户的桌面也有所不同。

图 2-3　Windows XP 桌面

## 2.1.2 退出 Windows XP

退出 Windows XP 操作系统一定要按正常程序进行，非正常关闭可能造成数据的丢失和资源的浪费，严重时还将造成系统的损坏。

退出 Windows XP 之前应关闭所有的应用程序，然后按照下面的步骤来正常关闭 Windows XP 系统。

**01** 先关闭桌面上打开的所有应用程序。

**02** 单击“开始”按钮，执行“关闭计算机”命令，如图 2-4 所示。

**03** 再在弹出的如图 2-5 所示的提示框中单击“关闭”按钮。

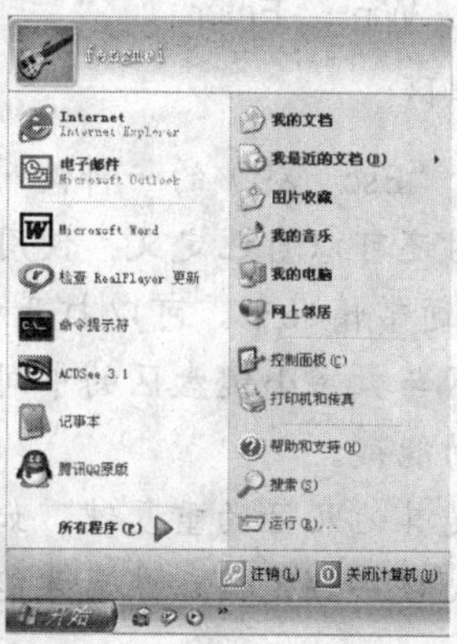


图 2-4　“开始”菜单

图 2-5　“关闭计算机”提示框

# 2.2 键盘操作

键盘是计算机的基本输入设备之一。键盘的功能是由用户直接操作向计算机内部输入数值、字符等类型的数据，并且在相应的软件和硬件设备的支持下也能输入一些图形、表格等类型的多媒体数据。

## 2.2.1 键盘的基本分区

键盘可以分为主键盘区、功能键区、光标控制键区和数字小键盘区五个区域，各区域的分布如图 2-6 所示。

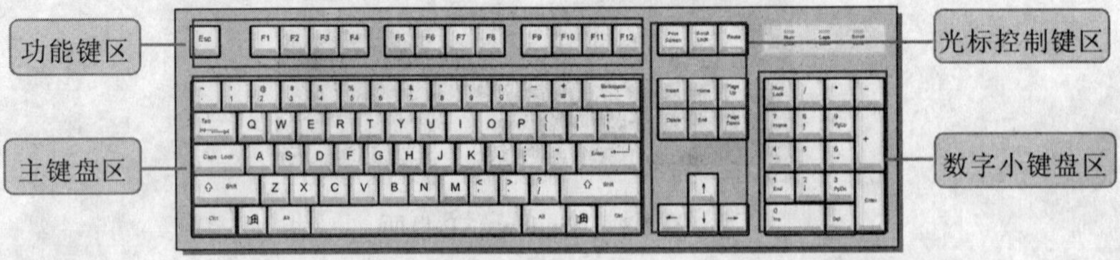


图 2-6　键盘分区

- 主键盘区：主键盘区是键盘操作的主要区域，也是操作者的主要操作对象，各种字符、数字和符号等都是通过该键区的操作输入到电脑中，如图 2-7 所示为主键盘控制键区。

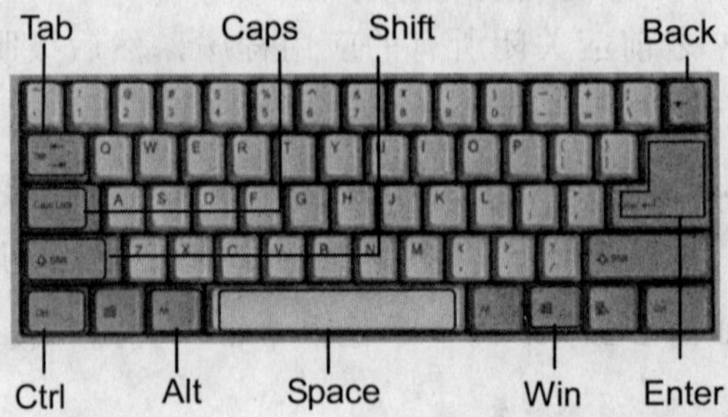


图 2-7　主键盘控制键区

- 功能键区：主键盘区上面标有 F1 ~ F12（包括“Esc”键）的一排键叫功能键，在不同的软件应用环境下，各键的功能不同，有时还可以自己定义。使用功能键可以快速完成一些操作，节省时间。如按下 F1 键，通常情况下，可以打开帮助文档。
- 光标控制键区：光标控制区的位置在主键盘区与数字小键盘区的中间，它集合了所有对光标进行操作的键位以及一些页面操作功能键。
- 数字小键盘区：小键盘区中所有的键几乎都是其他几区的重复键，如果要用小键盘区中各键盘录入数字，必须先启动 Num Lock 数字锁定键，然后才能使用小键盘输入数字。

## 2.2.2 手指的分工

键盘上有这么多键位，怎样才能敲准呢？首先应将手放在指定的位置。为了规范操作，计算机的主键盘区划分了一个区域，称为基准键位区。基准键位区包括（A、S、D、F、G、H、J、K、L）10 个键位。准备操作键盘时，第 1 步就是将双手放在基准键位区，具体放法如图 2-8 所示。

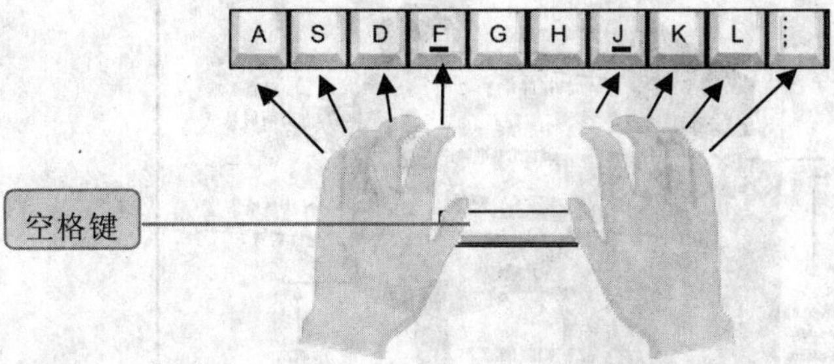


图 2-8　基准键位区

| 你 | 问 |
| --- | --- |
| 我 | 答 |

**什么是基准键位区？**

基准键位区是指在键盘中间位置的 F 键和 J 键上各有一个突起的小横杠，这是两个定位点，主要是为了方便寻找到基准键位。

当要敲其他键位时，手指从基准键位出发，击完键后马上返回基准键位上。请注意，双手十指每个手指都分配了自己的“势力范围”，每个手指只能在自己的范围内活动，不能越界，手指击键范围具体分布如表 2-1 所示。

**表 2-1　击键范围**

| 手　　指 | 击键范围 |
| --- | --- |
| 左食指 | 4　5　R　T　F　G　V　B |
| 右食指 | 6　7　Y　U　H　J　N　M |
| 左中指 | 3　E　D　C |
| 右中指 | 8　I　K　, |
| 左无名指 | 2　W　S　X |
| 右无名指 | 9　O　L　。 |
| 左小指 | 1　~　Q　A　Z　Tab　Caps　Shift |
| 右小指 | 0　P　;　/ |
| 左、右拇指 | 空格键 |

## 2.2.3　击键方法

在键盘操作中，必须从最开始就坚持盲打，即眼睛不看键盘也不看屏幕，只看稿件，通过大脑来控制要击键的位置，手指击键时应遵守如下规则：

- 击键前，将双手轻放于基准键位上，左右拇指轻放于空格键位上。
- 手掌以腕为支点略向上抬起，手指保持弯曲，略微抬起，以指腹击键。注意一定不要以指尖击键。击键动作应轻快、干脆，不可用力过猛。
- 敲键盘时，只有击键手指做动作，其他不相关手指放在基准键位不动。
- 手指击完键后，马上回到基准键位区相应位置，准备下一次击键。

如图 2-9 所示为正确的操作姿势。

图 2-9　正确姿势

## 2.3 鼠标操作

鼠标也是计算机的输入设备之一，因其体积小、操作方便、控制灵活等优点而受到广大用户的喜爱，特别是受到图形处理者、网迷和游戏迷的青睐。

### 2.3.1 认识鼠标

随着 Windows 的推广，鼠标已经成为一种不可缺少的输入设备，用它可以进行光标定位、选择输入、绘图等操作，其使用比键盘方便、直观，而且还具有一些键盘所没有的功能。

鼠标按其结构不同，可分为机械式和光电式两种。通常我们使用的是机械式鼠标，它的底部有一个橡胶小球，当水平移动鼠标时，小球会以相应的转动来控制光标的移动，光标的移动方向与鼠标移动方向一致，移动的距离也互成比例。

光电式鼠标，它的底部没有橡胶小球，对光标进行控制的是鼠标底部的两个平行光源。如图 2-10 和图 2-11 所示分别是机械鼠标和光电鼠标。

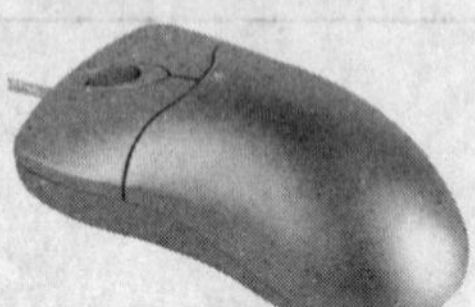

图 2-10　机械鼠标

图 2-11　光电鼠标

### 2.3.2 鼠标的基本操作

大多数情况下电脑中的操作都是通过使用鼠标来进行的，所以熟练掌握鼠标的使用相当重要。

- 右键单击：按一次右键。

- 单击：按一次左键。
- 双击：连续按两次左键。
- 拖动：按下左键并移动鼠标。

其基本操作方式如图 2-12 所示。

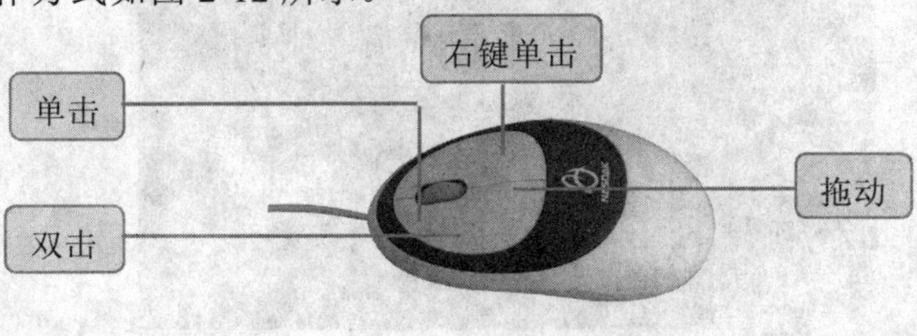


图 2-12　鼠标基本操作

### 2.3.3 鼠标的状态

使用鼠标时，会发现鼠标指针有时会变成其他形状，这些形状的含义如表 2-2 所示。

**表 2-2　Windows XP 中常见的鼠标形态**

| 形　状 | 名　称 | 用　途 |
|---|---|---|
| | 正常选择 | 表示 Windows XP 准备接受用户输入命令 |
| | 帮助选择 | 这是按下了联机帮助键或帮助菜单时出现的光标 |
| | 后台操作 | Windows XP 处于忙碌状态 |
| | 系统繁忙 | 系统处于忙碌状态，系统在处理较大的任务，用户需等待 |
| | 精度选择 | 在某些应用程序中系统准备画一个新的对象 |
| | 文字选择 | 此指针出现在文件（文书）编辑区，此处可输入文本内容 |
| | 手写 | 此处可手写输入 |
| | 不可用 | 鼠标所在的按钮或某些功能不能使用 |
| | 水平和垂直调整 | 指标处于窗口的上边或下边，拖动鼠标即可改变窗口大小 |
| | 对角线调整 | 出现在窗口的四个角上，拖动可改变窗口的高度和宽度 |
| | 移动 | 这种光标在移动窗口的位置出现，使用它可以移动整个窗口 |
| | 链接选择 | 鼠标指针所在的位置是一个超级链接 |

了解了鼠标的各种状态之后，用户就可以根据各种状态的含义进行准确的操作了。

## 2.4 认识 Windows XP 的桌面

Windows XP 是可视化图形工作界面的操作系统，用户进入系统后，首先看到的就是桌面。桌面是用户与系统交流的平台，Windows XP 的所有操作都从桌面开始，如图 2-13 所示。桌面主要由桌面图标、桌面背景、任务栏、“开始”按钮、通知区域五个部分组成。

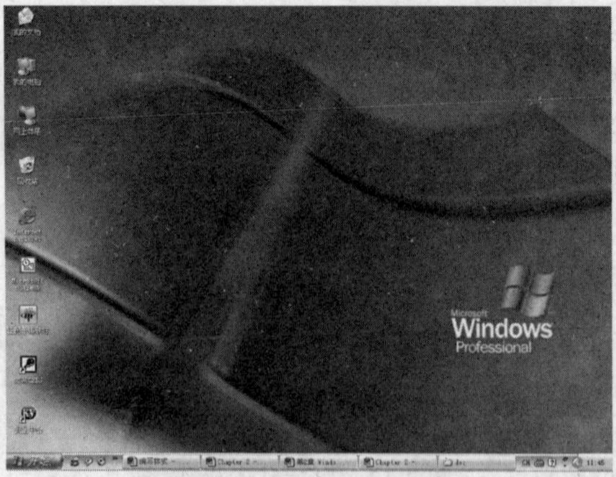

图 2-13　Windows XP 桌面

## 2.4.1 快捷方式图标

桌面图标是 Windows XP 中系统资源的一种重要表示方式，由图形和文字两部分组成。桌面图标的排列位置和图标样式用户都可以按照自己的意愿来设置。

在桌面的空白区域单击鼠标右键，桌面快捷菜单，用户可以将桌面图标按照名称、大小、类型、修改时间四种方式排列。

如果想将桌面图标换成自己喜欢的图标，可以按照如图 2-14～图 2-17 所示的方法设置。

**01** 在桌面上单击鼠标右键，打开桌面快捷菜单。

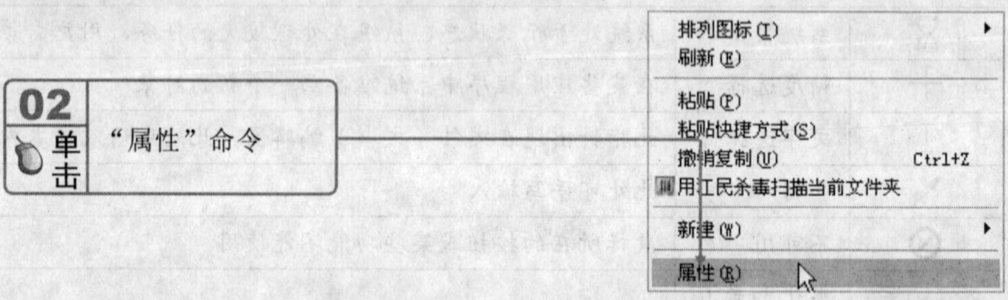


图 2-14　桌面快捷菜单

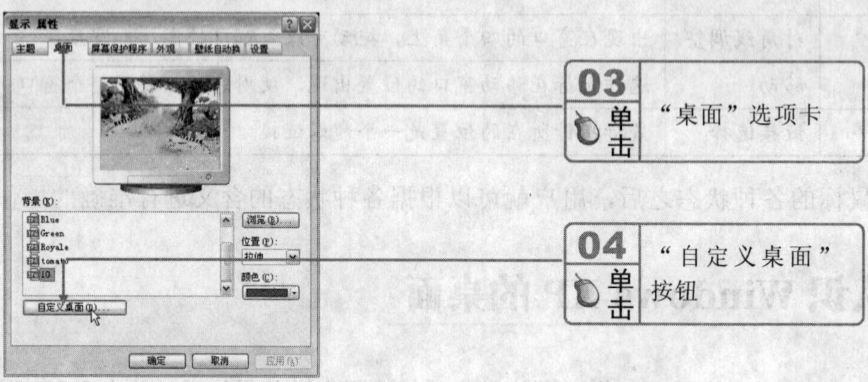


图 2-15　“桌面”选项卡

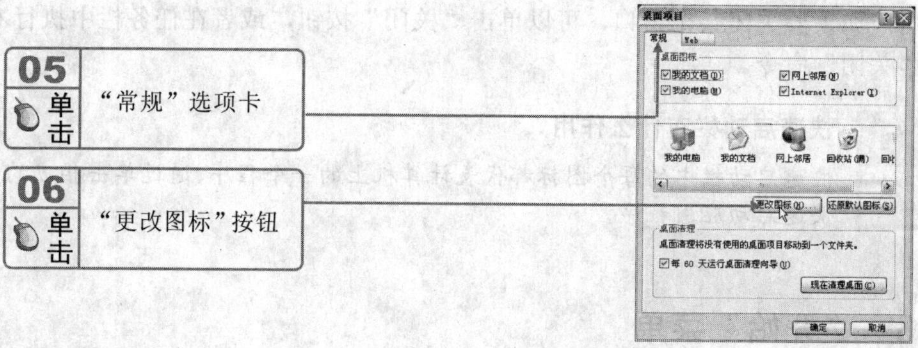


图 2-16 “桌面项目”对话框

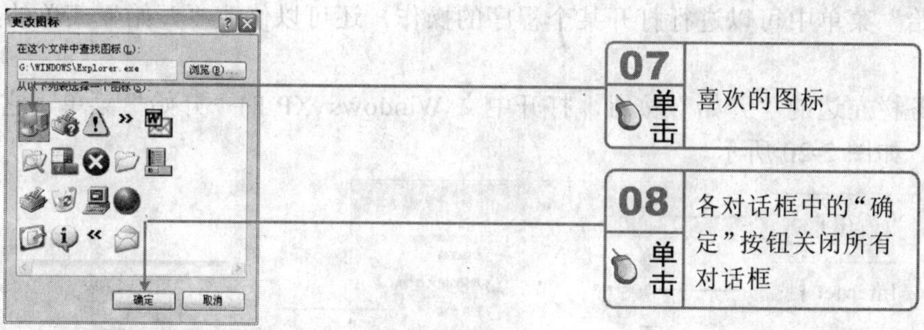


图 2-17 “更改图标”对话框

有些图标的左下角带有一个很小的箭头，这种图标就是快捷方式图标。快捷方式指向具体的程序、文件夹或者文件，启动的实际文件保存在另外的位置，快捷方式只是访问这个文件的一种很方便的手段而已，如图 2-18 所示是 RealPlayer 程序的桌面图标。

图 2-18 RealPlayer 的桌面图标

## 2.4.2 任务栏

在默认情况下，任务栏位于桌面的下方，主要用于显示 Windows 所启动的任务。同时，从任务栏上还可以启动一些程序以及查看程序的运行状态，如图 2-19 所示就是一个标准的 Windows XP 任务栏。任务栏一般分为四个部分，“开始”按钮、快速启动栏、程序按钮、通知区域。

每一个打开的窗口或者正在运行的程序其标题都会显示在任务栏中；如果此时没有窗口打开，那么任务栏就是空的。如图 2-20 所示的任务栏中有三个标题，包括“Doc”、“第 2 章 Microsoft Word”和“文档 1”。鼠标单击在任务栏想要显示的窗口，那么对应的窗口就会显示出来。

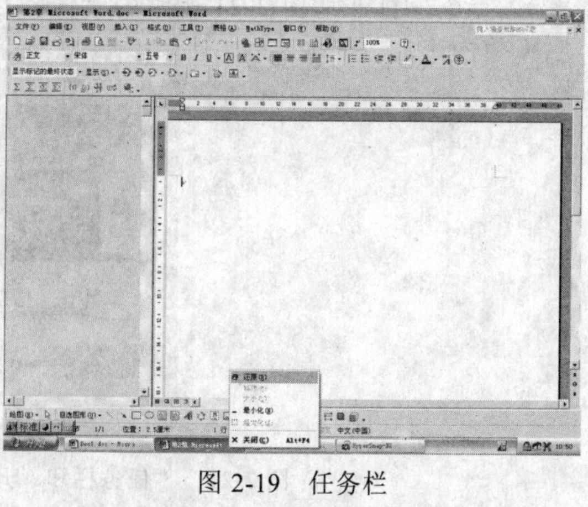

图 2-19 任务栏

用户如果要关闭某个窗口，可以单击“关闭”按钮，或者在任务栏中执行右键菜单中的“关闭”命令。

你问我答

**快速启动栏有什么作用？**

快速启动栏中的每个图标都代表计算机上的一个程序，通过单击相应的图标可以快速启动应用程序。

## 2.4.3 “开始”菜单

在“开始”菜单中可以进行打开某个程序的操作，还可以修改“开始”菜单的显示样式。

单击任务栏左边的“开始”按钮，打开中文 Windows XP 的“开始”菜单，它由 8 个部分组成，如图 2-20 所示。

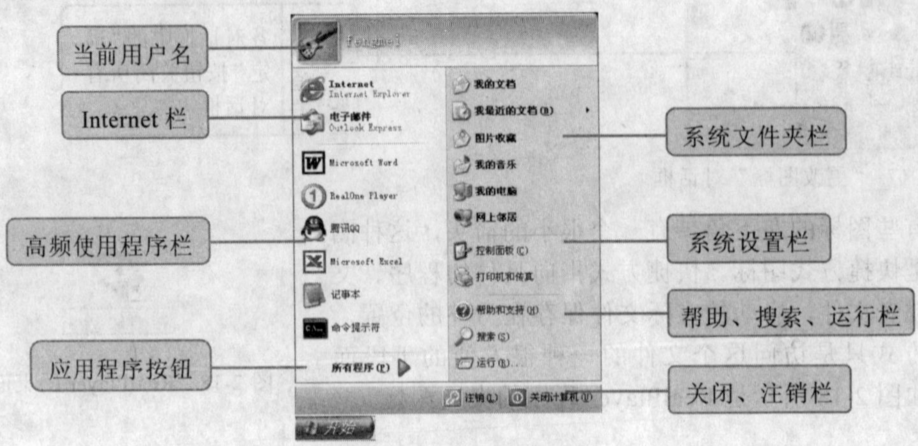


图 2-20 “开始”菜单

除了系统默认的“开始”菜单样式外，Windows XP 还提供了经典“开始”菜单样式。用户可以根据自己的喜好进行设置。设置“开始”菜单样式的方法如下所述。

**01** 将鼠标光标移动到任务栏上，单击鼠标右键，执行右键菜单中的“属性”命令，打开如图 2-21 所示的“任务栏和「开始」菜单属性”对话框。

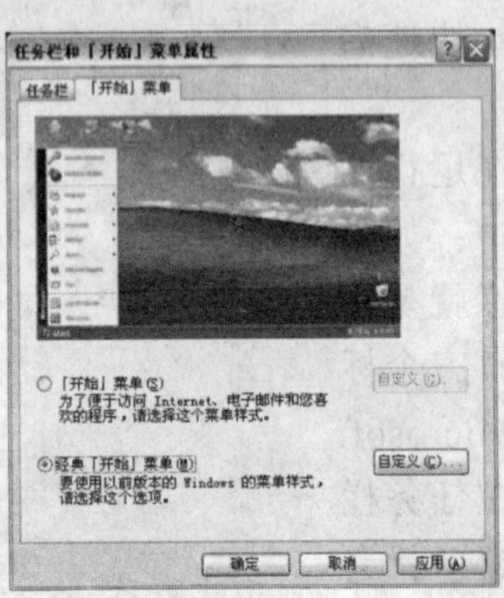

图 2-21 “任务栏和「开始」菜单属性”对话框

**02** 如果用户觉得系统提供的两种菜单样式已经能满足自己的需要，就可以在点选了需要的样式后，单击“确定”按钮，菜单即可变成预览框中的样式。

如果还要对菜单做进一步的设置，可以进行以下自定义操作：

**01** 单击图 2-21 中“「开始」菜单”后的“自定义”按钮，打开如图 2-22 所示的“自定义「开始」菜单”对话框，用如图 2-23 所示的设置。

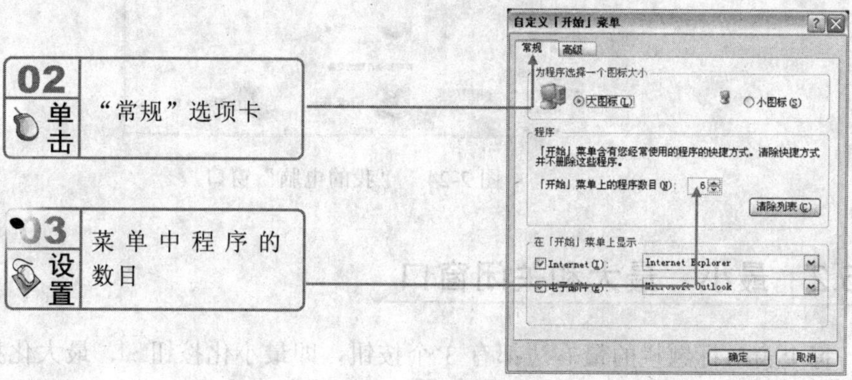


图 2-22 “自定义「开始」菜单”对话框

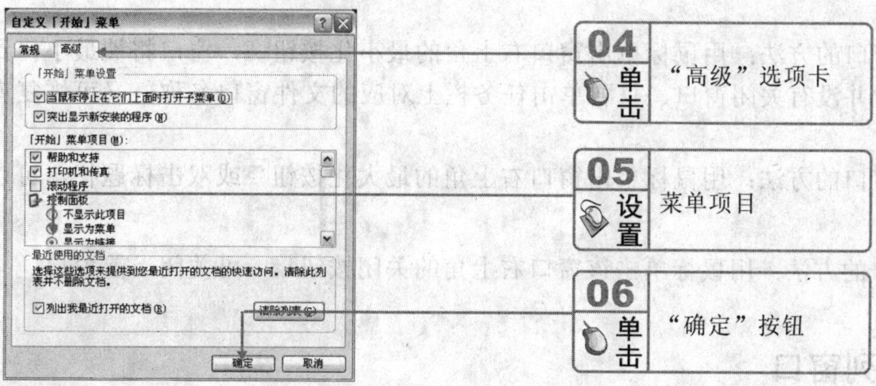


图 2-23 “高级”选项卡

## 2.5 窗口的基本操作

用户要和电脑进行交流，窗口是必不可少的平台。为了方便用户的操作，系统大都支持多任务操作，用户既可打开单一窗口，也可以同时打开多个任务窗口。下面就以 Windows XP 的窗口操作为例，详细介绍用户如何通过窗口平台与电脑进行交流。

### 2.5.1 认识窗口的结构

在介绍窗口的具体操作之前，用户需要对窗口构成有全面的认识。以“我的电脑”窗口为例，在“开始”菜单中执行“我的电脑”命令，打开如图 2-24 所示的“我的电脑”窗口，窗口中包括标题栏、菜单栏、工具栏、地址栏、属性区和窗口内容六个部分。

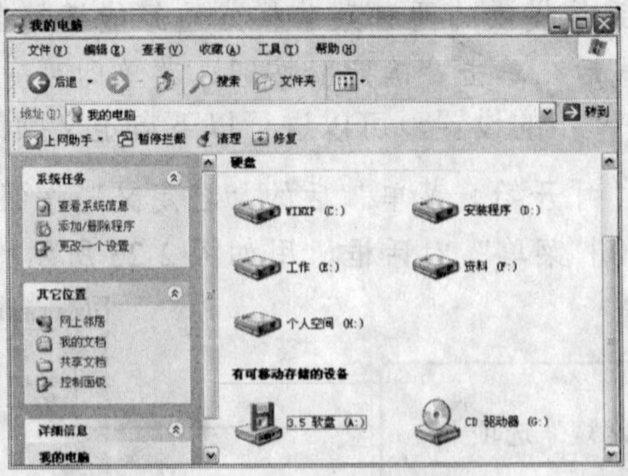

图 2-24 “我的电脑”窗口

## 2.5.2 最小、最大和关闭窗口

每个窗口标题栏的最右边都有 3 个按钮，即最小化按钮、最大化按钮（最大化时转换成还原按钮）以及关闭按钮。这些按钮用于进行最小化窗口、最大化窗口、关闭窗口操作。

最小化窗口的方法：用鼠标单击窗口右上角的最小化按钮，窗口将被最小化到任务栏上，此时并没有关闭窗口，只要单击任务栏上对应的文件窗口名称，又可恢复窗口的显示。

最大化窗口的方法：用鼠标单击窗口右上角的最大化按钮或双击标题栏，可以最大化窗口。

关闭窗口的方法：用鼠标单击该窗口右上角的关闭按钮，可关闭当前窗口。

## 2.5.3 排列窗口

排列窗口方法非常简单，只需在任务栏上单击鼠标右键，然后根据需要执行快捷菜单中的命令即可。

快捷菜单中有三个调整窗口布局的命令：层叠窗口、横向平铺窗口、纵向平铺窗口，如图 2-25、图 2-26 和图 2-27 所示。

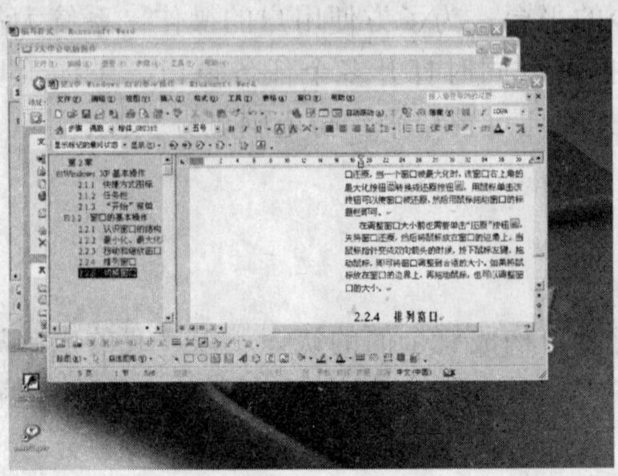

图 2-25 层叠窗口

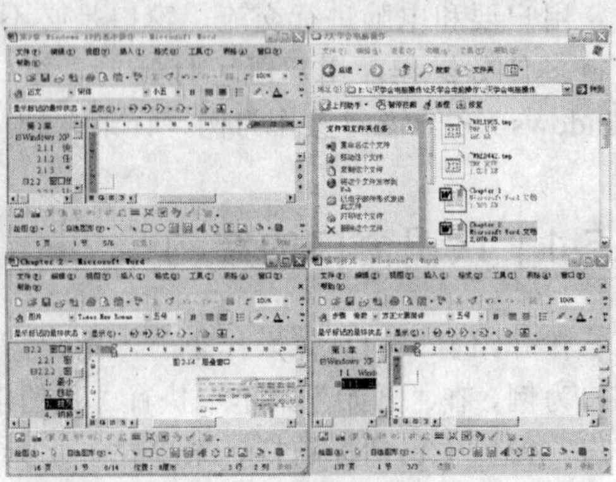

图 2-26 横向平铺窗口

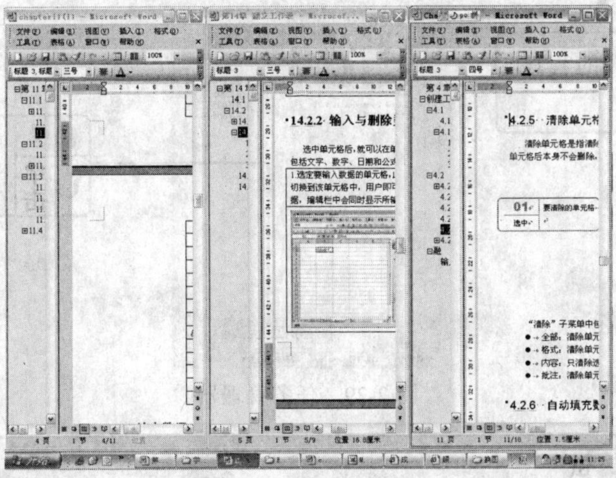

图 2-27　纵向平铺窗口

## 2.5.4 移动和缩放窗口

当用户随意打开一个窗口时，窗口大小和位置是默认的，但是这样很可能挡住桌面上的图标，或者两个窗口重叠在一起。为了使要查看的内容都能正常显示，通常需要移动窗口或者改变窗口的大小。

移动窗口很简单，首先需要将当前最大化的窗口还原，当一个窗口被最大化时，该窗口右上角的最大化按钮转换成还原按钮，用鼠标单击该按钮可以使窗口被还原，然后用鼠标拖动窗口的标题栏即可。

在调整窗口大小前也需要单击还原按钮，先将窗口还原，然后将鼠标放在窗口的边角上，当鼠标指针变成双向箭头的时候，按下鼠标左键，拖动鼠标，即可将窗口调整到合适的大小。如果将鼠标放在窗口的边界上，再拖动鼠标，也可以调整窗口的大小。

## 2.5.5 切换窗口

用户在操作时经常需要在不同窗口之间进行切换，其方法如下：

**01** 使用“任务栏”切换窗口。在“任务栏”上单击要打开的窗口的名称，即可将后台窗口切换成为前台窗口。

**02** 使用组合键。要快捷地切换窗口，可使用“Alt+Tab”组合键。按下该组合键后，屏幕上会出现如图 2-28 所示的任务切换栏，系统当前打开的程序都以图标的形式显示出来，文本框中的文字显示当前启用程序的简短说明。在此任务切换栏中，按住“Alt”键的同时，按下“Tab”键再释放，则当前选定程序的下一个程序被转为前台程序。

图 2-28　任务切换栏

**03** 使用任务管理器。按下“Ctrl+Alt+Del”组合键，打开如图 2-29 所示的“Windows 任务管理器”对话框。

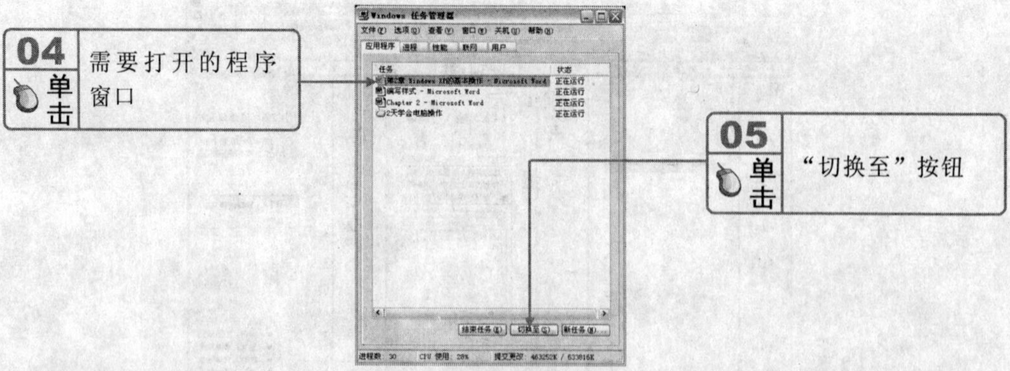


图 2-29　任务管理器

**01 小 测 试**

按下什么组合键可以打开任务管理器（　　）。

A. Ctrl+Alt+Del　　B. Ctrl+Alt　　C. Ctrl+Shift+Del

## 2.6 对话框的结构

对话框是程序与用户进行交流的窗口。对话框中包含有很多选项，Word 文档中的“页面设置”对话框比较全面地包含了这些选项。下面就以“页面设置”对话框中的“文档网格”选项卡为例，详细介绍对话框的结构，如图 2-30 所示。打开“页面设置”对话框，选择“文档网格”选项卡。

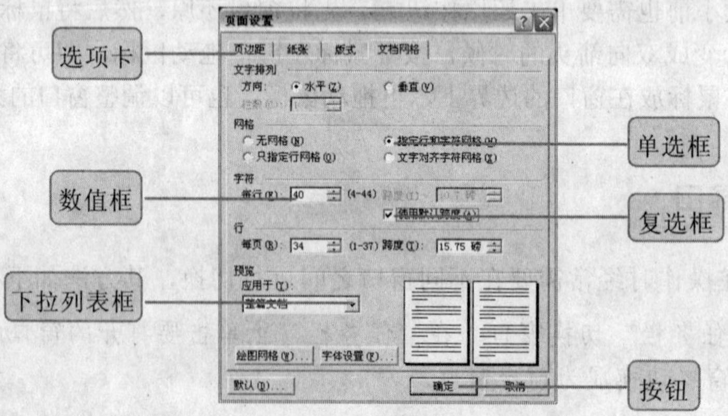


图 2-30　“页面设置”对话框

- 选项卡（标签）：某些复杂的对话框按选项卡的方式分为多个页，单击不同的选项卡可以显示对话框的不同页面。
- 单选框：标记为一个圆点，一般成组出现，一个单选框组中只能同时选中一个单选框。
- 复选框：与单选框相似，同一时刻可以选中多个复选框。
- 数值框：供用户输入数据的矩形框，将光标定位到框中后可以输入或修改数据。
- 下拉列表框：作用与固定列表框相同，但平时列表隐藏，单击列表框右端的下拉箭头按钮可以弹出列表。

你问
我答

**什么是固定列表框？**

固定列表框列出关于某个设置的有效选择供用户选择，列表框的大小固定，单击列表框中的某个选项可以选中该项。

- 按钮：用于在对话框中执行某种功能，单击按钮可以执行其对应的功能。

有的对话框中还包括文本框，如图 2-31 所示的“打印”对话框中的页码设置栏。文本框是对话框中供用户输入文本信息的矩形框，单击文本框可将光标定位到文本框中，然后可在其中输入文本或对其中的文本进行编辑修改。

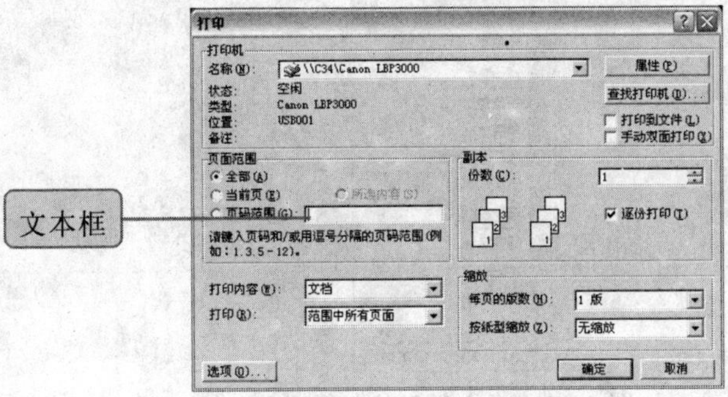


图 2-31 “打印”对话框

## 2.7 认识“菜单”

Windows 里面的“菜单”可不是餐馆里点菜用的“菜单”。不过既然它们名字相同，那肯定会有相同的地方，下面就跟着我来认识“菜单”。

### 2.7.1 菜单的类型

我们通常用到的菜单可以分为两类，主菜单和快捷菜单。

**1．主菜单**

主菜单在程序窗口的顶部，通常包括了该应用程序几乎所有的操作命令，常见的主菜单包括“文件”“编辑”“插入”“格式”等。如图 2-32 所示是“文件”主菜单。

主菜单的使用方法是：单击主菜单名称，弹出该菜单的子菜单，然后将鼠标指针移到各级子菜单，找到需要的菜单命令后，单击该命令即可实现对应的功能。

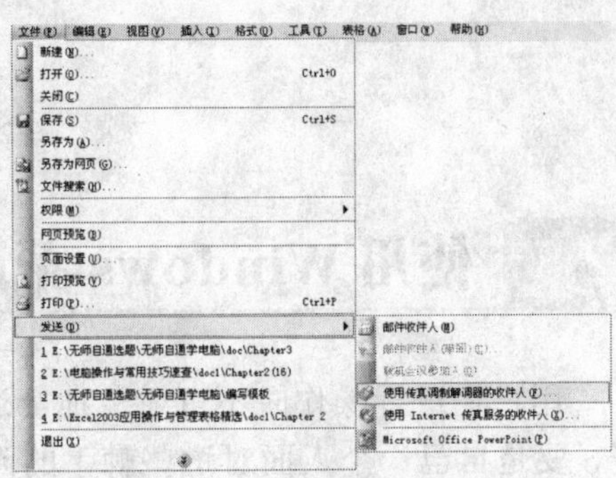

图 2-32 “文件”主菜单

### 2. 快捷菜单

快捷菜单是用鼠标右键单击特定的目标时，系统在单击的位置弹出的针对被单击目标的功能菜单，菜单中通常包含与被单击目标有关的各种操作命令。如图 2-33 所示是用鼠标右键单击 Word 文档的空白部分弹出的快捷菜单。

因为主菜单中命令非常多，不方便我们快速找到需要的菜单命令。而快捷菜单只有与被单击对象有关的命令，用户就能很快找到自己需要的命令。其方法和主菜单的操作方法相似，用鼠标单击需要的命令即可。

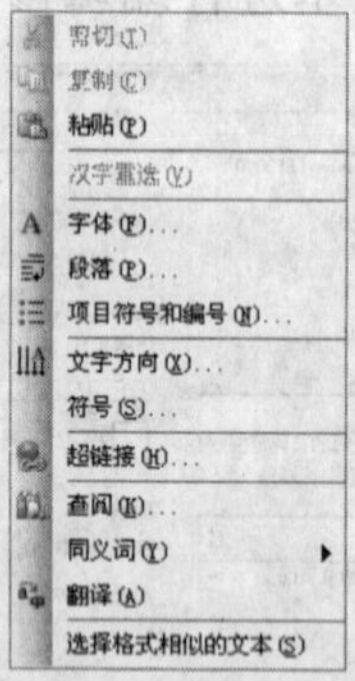


图 2-33 “文件”快捷菜单

## 2.7.2 菜单命令的约定

打开 Word 窗口中如图 2-34 所示的“视图”菜单，就会发现菜单中的很多命令上有特殊的符号，比如“Ctrl+Z”、对号 ✓、箭头 ▸ 等。有的菜单命令后面有省略号“…”，表示该命令将产生一个对话框，要求用户进一步输入信息。

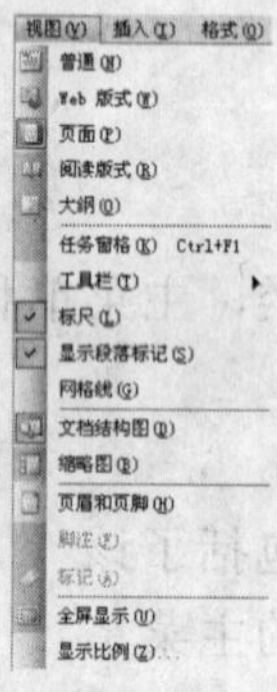


图 2-34 “视图”菜单

# 2.8 使用 Windows 帮助

用户在进行操作时不可避免地会遇到自己不能解决的问题，如果旁边有高人指点还好，要是自己一个人面对这些棘手的问题，那怎么办呢？学会利用 Windows 自带的帮助文件是一个很好的途径。下面介绍怎样使用 Windows 帮助系统，如图 2-35～2-37 所示。

**01** 在桌面上双击“我的电脑”图标，打开“我的电脑”窗口。

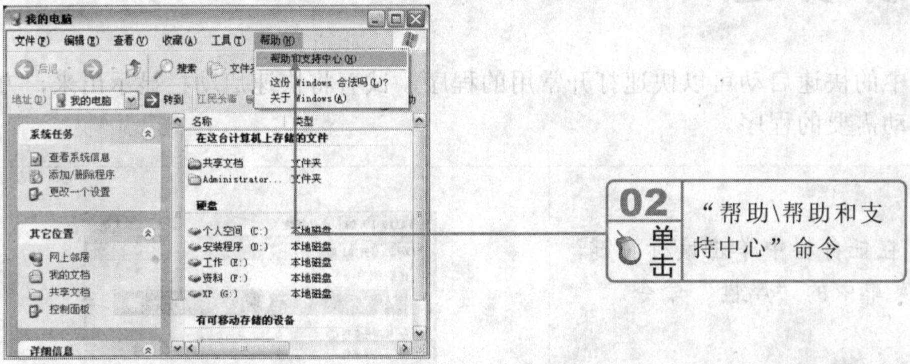


图 2-35 “我的电脑”窗口

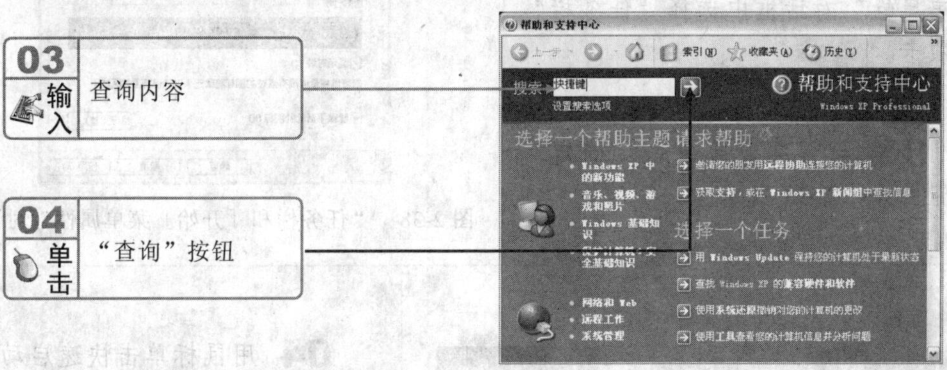


图 2-36 “帮助与支持中心”窗口

图 2-37 搜索结果

**02 小 测 试**

按下（　　）键可以快速打开帮助窗口。

A. F1　　B. F2　　C. F3　　D. F4

搜索其他内容方法与上面所讲到的方法类似，只需要输入问题的关键字即可方便地查找到所需要的内容。

## 融会贯通 — 设置快速启动栏

任务栏中的快速启动可以快速打开常用的程序，试着将快速启动栏显示出来，方便以后快速启动需要的程序。

**01** 在任务栏中单击鼠标右键，执行右键菜单中的“属性”命令。

**02** 在打开的“任务栏和「开始」菜单属性”对话框中选择“任务栏”选项卡。

**03** 设置完成后单击“确定”按钮，如图 2-38 所示。

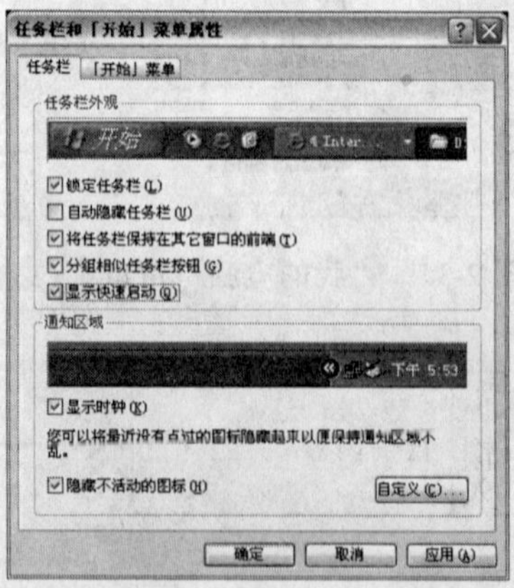


图 2-38 “任务栏和「开始」菜单属性”对话框

**04** 用鼠标单击快速启动栏中的项目即可启动对应的程序，如图 2-39 所示。

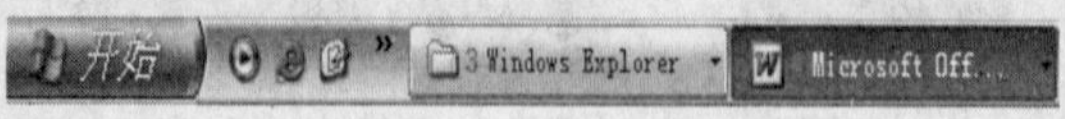


图 2-39 快速启动栏

**小测试答案** ●●●●● （请翻转阅读答案）

1. A 2. A

Study

CHAPTER

【第 3 章】

# 文件和文件夹的管理

→内容导读

1．本章需要了解的概念：

文件和文件夹

2．本章需要掌握的操作：

文件和文件夹的基本操作

3．本章需要提高的内容：

创建并搜索文件

03

# 3.1 文件和文件夹的概念和类型

在进一步学习 Windows 的各种文件操作方法之前，必须了解“文件”的概念。所谓“文件”，是计算机中软件的储存形式，目前绝大部分软件资源都是以文件形式储存、管理和利用。

## 3.1.1 文件的概念和特征

我们使用的各种程序以及使用这些程序制作的各种文档实际上都是以一个文件的形式存放在计算机的磁盘中。

文件中可以包括各种各样的信息，除了用于运行的程序外，还可以保存数据、文本、图像、影音片段等。所以，我们所提到的“文件”并不一定是一篇报告或表格，也可能是一部书稿、一个用于计算家庭收支的小程序、一幅图片、一首 MP3 格式的歌曲、一部电影……不同的文件分类在文件名中体现在扩展名上。为了便于识别，不同类型的文件还采用不同的图标进行区分。如图 3-1 所示的文件夹中包含了几种主要的文件类型。

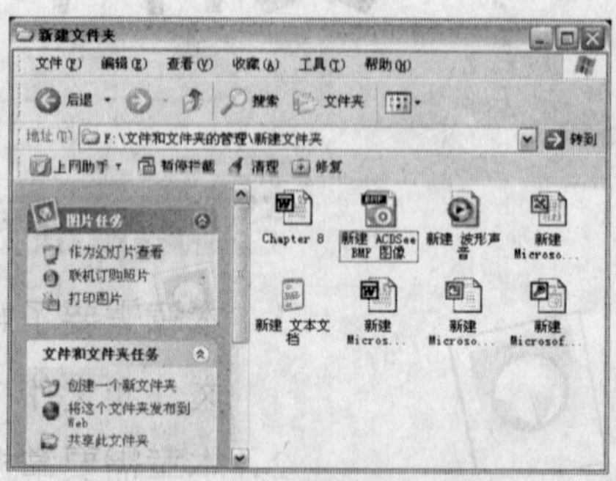

图 3-1　主要文件类型

**你问我答**

**什么是文件的扩展名？**

文件的名称由文件名和扩展名两部分组成，如“blue.bmp”，它由文件名“blue”加扩展名“bmp”，中间用符号“.”分隔。

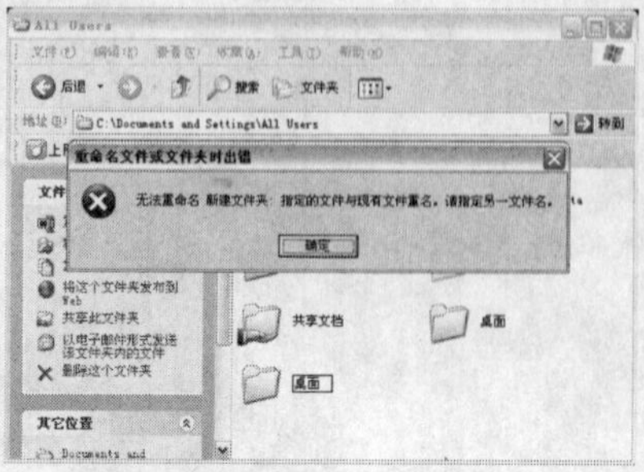

图 3-2　命名错误

一个文件是一组信息的集合，文件具有以下特性：

文件标识唯一性。在同一个磁盘的同一个文件夹内不能有名称相同的文件和子文件夹。如图 3-2 所示是将新建一个与原文件夹名称相同的文件。

文件类型多样性。文件中可存放字母、数字、图片、声音、视频等各种信息。

文件具有可移动性。文件可以从一张磁盘上复制到另外一张磁盘上，或者从一台计算机上复制到另外一台计算机上。

文件具有可修改性。文件并非固定不变的，文件容量可以缩小、扩大，甚至可以完全删除。

**01 小 测 试**

Word 文件的扩展名是（　　）。

A. .doc　　B. .xls　　C. .bmp　　D. .ppt

## 3.1.2 文件夹的概念及特征

计算机中的文件类型繁多，数量庞大，Windows 操作系统利用“文件夹”来对文件进行有效地管理。

文件夹是文件的容器，是在磁盘上组织程序和文档的一种手段，其中可以包含文件，也可以再包含下一级文件夹。在计算机中管理文件的方法：把同类的文件放置在同一个文件夹中，同类的文件夹和文件放置在一个更大的文件夹中。下面就给大家一个规划电脑的范例，如图 3-3 所示。

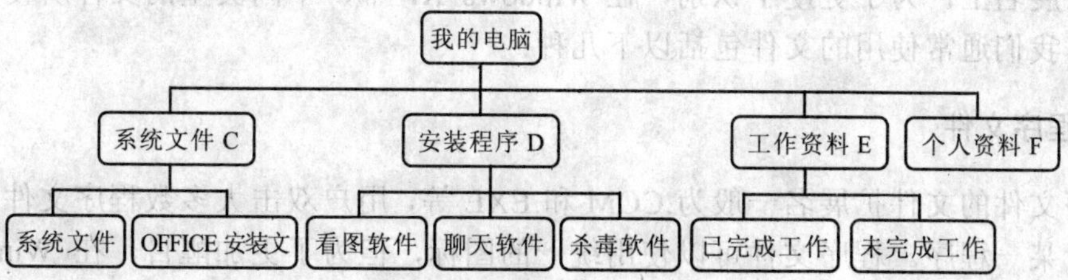


图 3-3　规划电脑文件

在计算机系统中，文件夹具有以下特点：

- 文件夹可以嵌套，也就是文件夹中可以包括其他的文件夹，如图 3-4 所示。

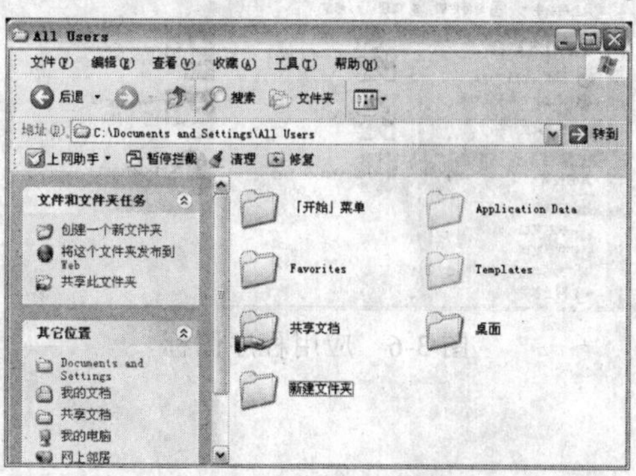


图 3-4　嵌套文件

- 只要存储空间不受限制，一个文件夹中可以放置任意多的内容。
- 对文件夹可进行删除和移动等各种操作。如图 3-5 所示为对文件夹进行删除操作时弹出的提示框。

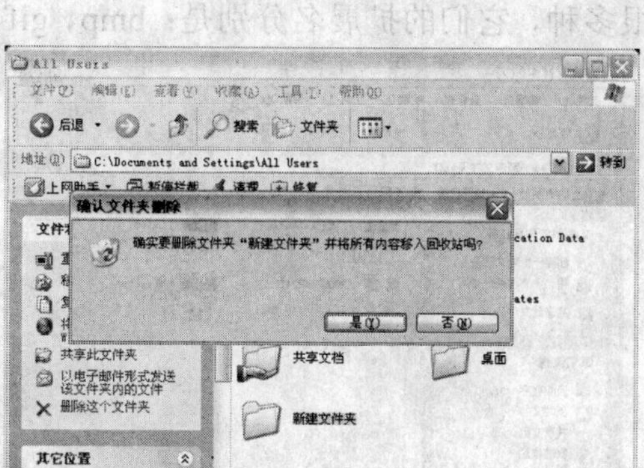


图 3-5　删除文件夹提示框

**你问我答** **对文件夹进行删除、移动等操作，对文件夹中的全部内容都有效吗？**

对文件夹进行删除、移动等操作时，文件夹中的全部内容也会同时被删除或移动。

### 3.1.3 文件和文件夹的分类

在 Windows XP 中文版中，文件可以划分为很多类型。不同的文件分类在文件名中体现在扩展名上，为了更便于识别，在 Windows XP 中，不同类型的文件所使用的图标也不同。我们通常使用的文件包括以下几种：

#### 1. 程序文件

程序文件的文件扩展名一般为.COM 和.EXE 等，用户双击大多数程序文件都可以启动或执行某一程序。程序文件可以使用统一的图标，但为了更加醒目，在 Windows XP 中，许多应用程序都使用了自己特有的图标，如图 3-6 所示为应用程序的不同图标。

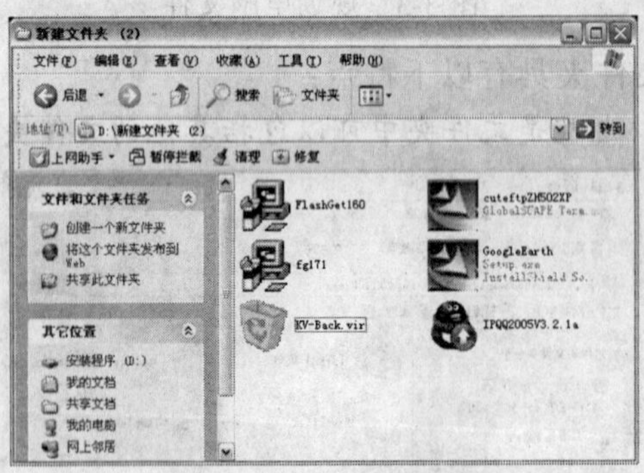


图 3-6　应用程序图标

#### 2. 文本文件

文本文件的扩展名均为.TXT，图标为 。

#### 3. 图像文件

图像文件的格式有很多种，它们的扩展名分别是：bmp、gif、jpg 等，如图 3-7 所示。

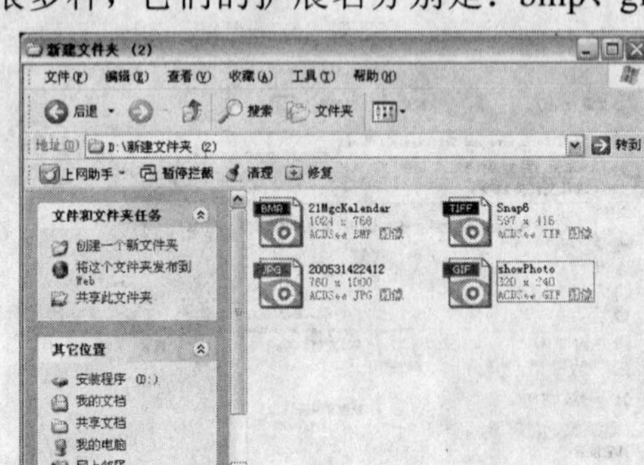


图 3-7　图像文件

#### 4. 多媒体文件

多媒体文件有许多种，如波形文件.wav、视频文件等，如图 3-8 所示。

图 3-8　多媒体文件

#### 5. 字体文件

字体文件主要有：.TTF 文件和.FON 文件。一般用户文件的文件类型与创建它的应用程序密切相关，大多数文件在存盘时，若不特别指出文件的扩展名，应用程序都会自动为其添加本应用程序文件所应有的扩展名。

#### 6. 文件夹图标

文件夹在屏幕上一般用统一图标表示，一些特殊的文件夹有一些特殊的图标，例如“我的文档”文件夹、“我的音乐”文件夹、“图片收藏”文件夹等。

## 3.2 文件和文件夹的浏览和搜索

当我们需要查找一个不知道具体位置的文件或文件夹的时候，若是在每个磁盘的文件夹中一一查找，不但会浪费很多时间，而且还不能保证准确查找到。Windows XP 解决了这一问题，它提供了多种查找文件和文件夹的方法，能够方便快捷地查找到所需要的文件或文件夹。

### 3.2.1 文件和文件夹的浏览

在计算机中，浏览文件和文件夹主要用“我的电脑”和“资源管理器”两种方法，以下将分别介绍这两种途径：

#### 1. 使用“我的电脑”浏览文件和文件夹

“我的电脑”的使用比较简便，只需要双击桌面上的“我的电脑”图标，就可以看到当前计算机上的一些基本信息。

此外，也可以搜索或打开文件和文件夹，修改计算机的设置，下面以查看磁盘 D 中的文件，并来回切换所显示的内容为例，简述利用“我的电脑”的方法来浏览文件和文件夹的方法，查看磁盘 D 中的文件的步骤如下：

**01** 单击任务栏中的“开始”按钮，执行“我的电脑”命令，打开“我的电脑”文件列表。

**02** 双击“本地磁盘 D”图标，即可打开该存储设备并显示出保存在其中的文件和文件夹，如图 3-9 所示。

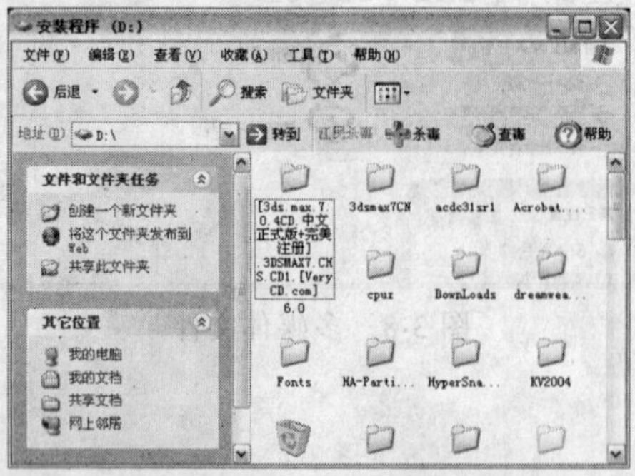


图 3-9　本地磁盘 D

**03** 若想进入上一级文件夹，只须单击工具栏中的“向上”按钮即可。

“我的电脑”还记忆了一部分曾经访问过的文件夹路径，利用工具栏中的“前进”和“后退”按钮，可将这些路径按照打开的先后顺序快速调出。若在步骤三的界面上单击“后退”按钮，则会出现如图 3-10 所示的窗口。

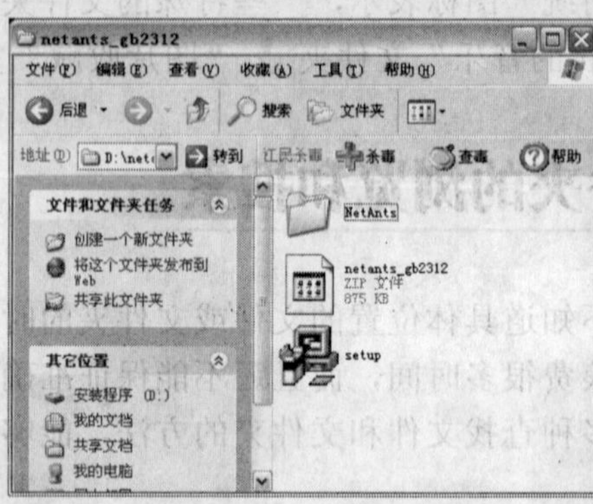


图 3-10　下一级文件夹

### 2. 使用“资源管理器”浏览文件和文件夹

资源管理器是 Windows XP 中另外一个重要的文件管理工具，它能同时显示文件夹列表和文件列表，便于用户同时参照两个列表以便对文件的位置有一个清晰的认识。通常打开资源管理器的方法有五种：

（1）执行“开始\所有程序\附件\Windows 资源管理器”命令即可打开资源管理器。

（2）用鼠标右键单击“开始”按钮，在弹出的菜单中选中“资源管理器”即可打开，如图 3-11 所示。

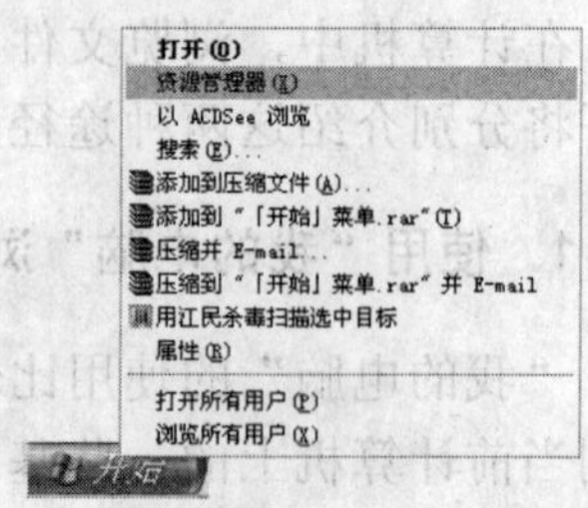


图 3-11　打开“资源管理器”

（3）用鼠标右键单击桌面上“我的电脑”图标，在出现的菜单中选中“资源管理器”即可。

（4）用鼠标左键单击“开始”按钮，选择“运行”命令，在出现的对话框中输入资源管理器程序 Explorer.exe 在计算机中的位置，默认的位置为 C：\WINDOWS\EXPLORER.EXE。

（5）对配置 104 标准键盘的计算机，可以按下位于 Ctrl 和 Alt 之间的⊞键＋E 键即可代开资源管理器。

## 3.2.2 资源管理器窗口

资源管理器的窗口形式如图 3-12 所示，这种形式有利于对文件及文件夹的查找，左边为文件夹窗口，显示用户计算机上的文件目录结构。

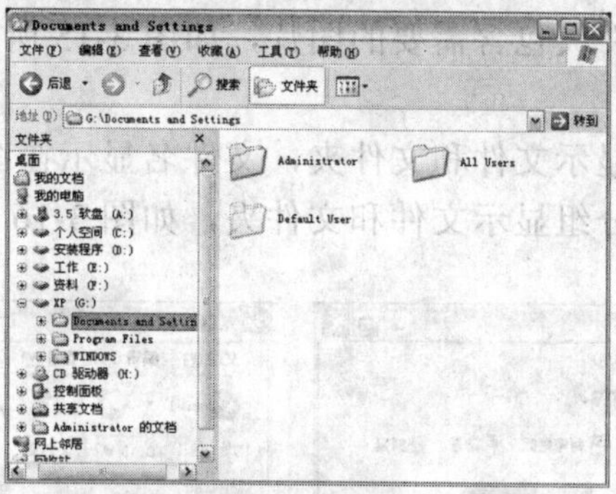

图 3-12 “资源管理器”窗口

有的文件夹或驱动器图标前面，有一个带“＋”“—”标记的小方框，如图 3-13 所示，这是树型控件标记，可以用于扩展和收缩文件或文件夹。有方框的文件夹表示有子文件，无方框的文件夹则表示没有子文件，但有普通文件。“＋”号表示该文件夹的子文件夹没有显示在左窗格中，“—”号则表示其所有子文件夹都已经显示在左窗格中。

若在资源管理器的左窗格中单击文件夹图标，该文件图标会呈现打开的样子，其所包含的内容会显示在右边的窗格中，例如单击左窗格中的“共享图片”图标，会在其右窗格中出现如图 3-14 所示的内容。

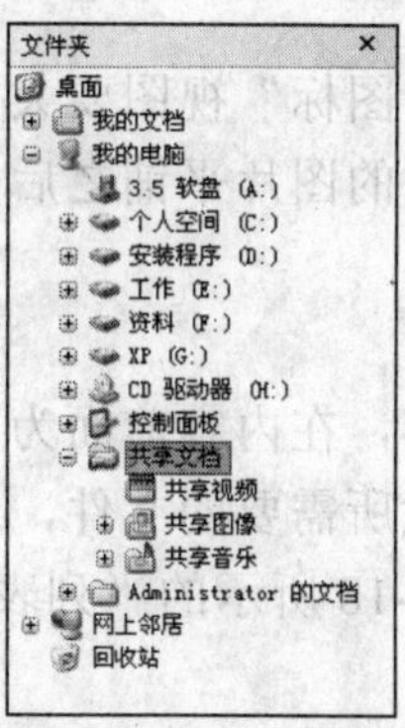


图 3-13 树型目录

图 3-14 “共享图片”窗口

## 3.2.3 查看文件和文件夹

查看文件和文件夹有很多种方式，以下将详细介绍如何查看文件和文件夹，以及如何改变文件和文件夹的排列方式。

### 1. 查看文件和文件夹

在资源管理器窗口中查看文件和文件夹有很多种方式，我们通常采用单击“我的电脑”窗口中菜单栏上的“查看”按钮，在弹出的菜单中选择查看的方式。

选择“查看”菜单，有缩略图、图标、平铺、列表和详细信息五种方式可供选择。

（1）缩略图

“缩略图”视图将文件夹所包含的图像显示在文件夹图标上，因而可以快速识别该文件夹的内容。例如，如果将图片存储在几个不同的文件夹种，通过“缩略图”视图，则可以迅速分辨出哪个文件夹包含需要的图片，如图 3-15 所示。

（2）图标

“图标”视图以图标显示文件和文件夹，文件名显示在图标下，但是不显示分类信息，在这种视图中，可以分组显示文件和文件夹，如图 3-16 所示。

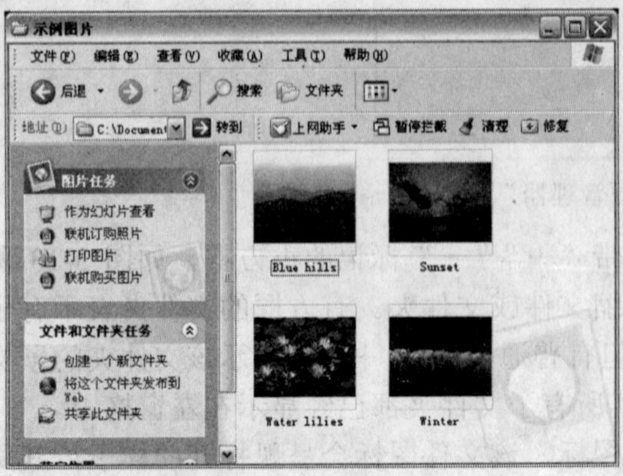


图 3-15 “缩略图”视图

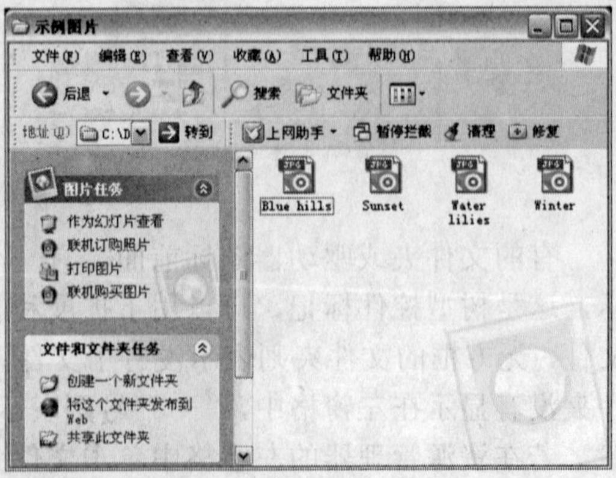


图 3-16 “图标”视图

（3）平铺

“平铺”视图以图标显示文件和文件夹，这种图标比“图标”视图要大，并且将所选的分类信息显示在文件或文件夹名称下面。例如将上例中的图片平铺之后会出现如图 3-17 所示的“平铺”视图。

（4）列表

“列表”视图以文件或文件夹名列表显示文件夹的内容，在内容前面为小图标，但文件夹中包含有很多的文件，若想要在众多文件中迅速查找所需要的文件，这种视图就非常有用。例如窗口内选择“列表”视图，即会出现如图 3-18 所示的“列表”视图。

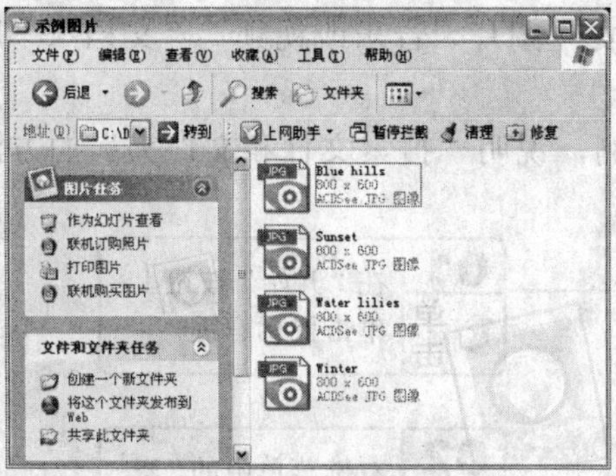


图 3-17 “平铺”视图

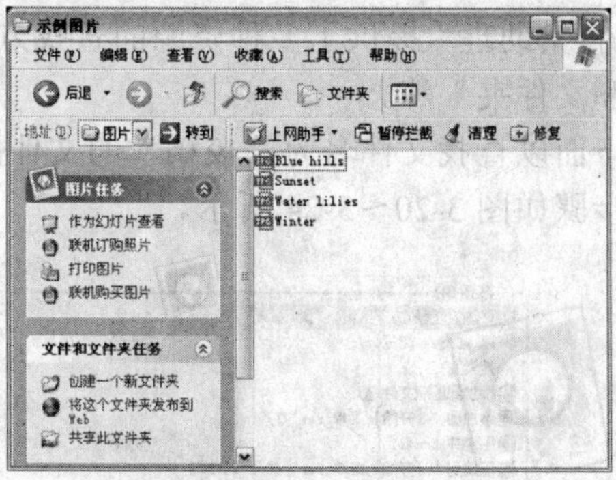


图 3-18 “列表”视图

（5）详细信息

在“详细信息”视图中，Windows XP 列出已打开文件夹的内容，并列出“名称”“大小”“类型”“修改日期”等详细信息，如图 3-19 所示，为图片文件夹的详细信息。

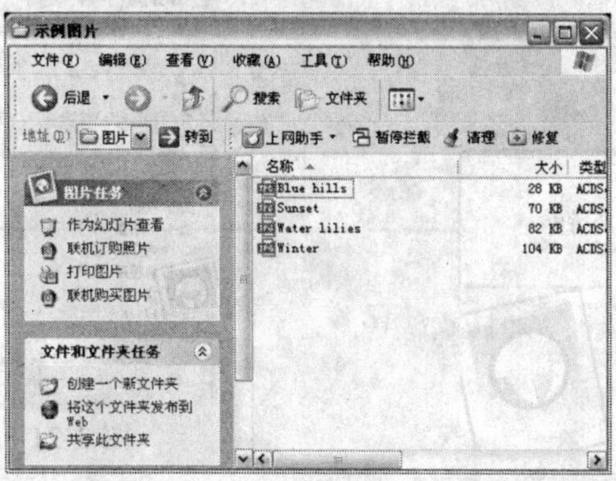


图 3-19 “详细信息”视图

**2. 改变文件和文件夹的排列方式**

为了更方便地浏览文件和文件夹，在资源管理器中，用户可以根据自己的需要以不同的方式排列文件和文件夹。在窗口中单击鼠标右键，再弹出的右键菜单中执行“排列图标”命令；或在窗口的菜单栏上单击“查看”按钮，再在其菜单中选择“排列图标”选项。

可以看到排列的方式包括按名称、类型、时间、大小、自动排序，按组排序、对齐到网格等，根据对象的不同，选项有所差异。

**你问我答**

**为什么说根据对象的不同，选项有所差异？**

例如需要排列的文件为图片，“排列图标”选项中就包括“相片拍照时间”，“对齐到网格”选项则为不可用状态。

## 3.2.4 文件和文件夹的搜索

Windows XP 提供了多种查找文件和文件夹的方法，“搜索助理”提供了查找文件的最直接的方法。执行“资源管理器”中“工具栏”上的“搜索”命令，出现“搜索”界面。“搜索助理”提供了多种资源的查找方式，如“图片、音乐或视频”、“文档”、“所有文件和文件夹”等。

下面以查找文件名为“校稿”的文件夹为例，说明“搜索文件和文件夹”的方法，具体步骤如图 3-20～3-24 所示。

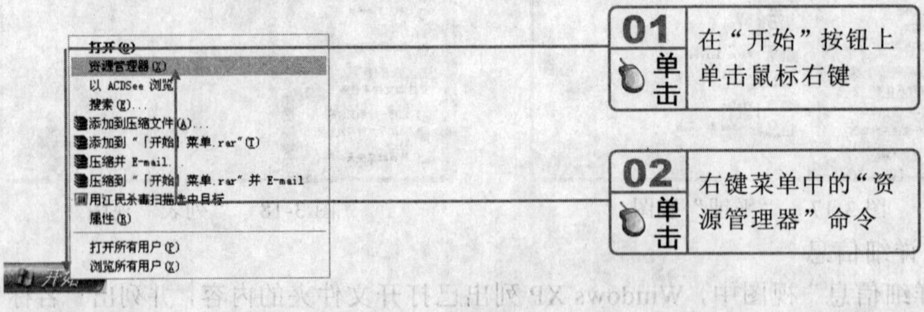


图 3-20　启动“资源管理器”

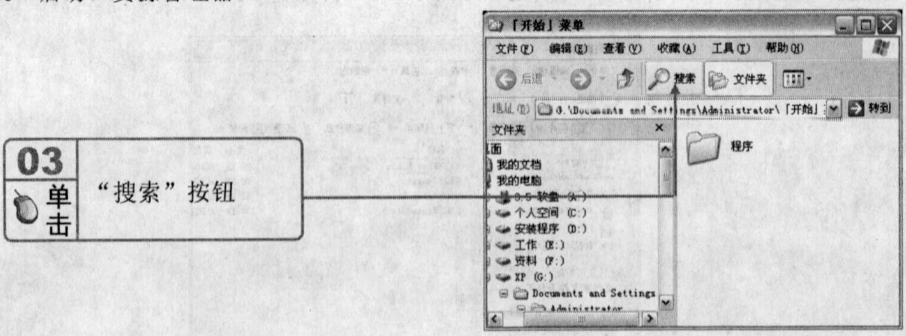


图 3-21　单击“搜索”按钮

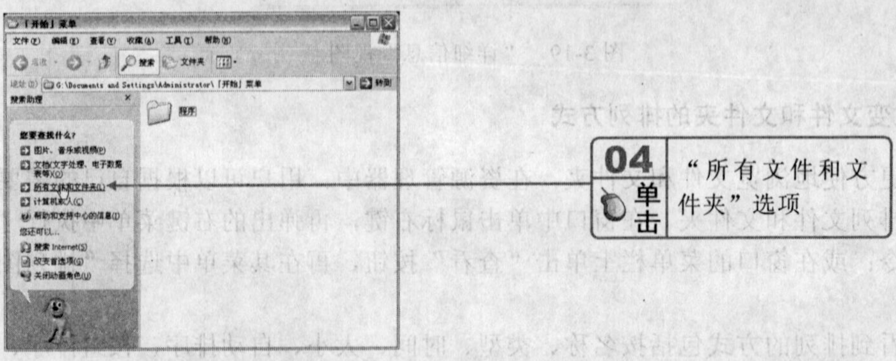


图 3-22　“搜索”界面

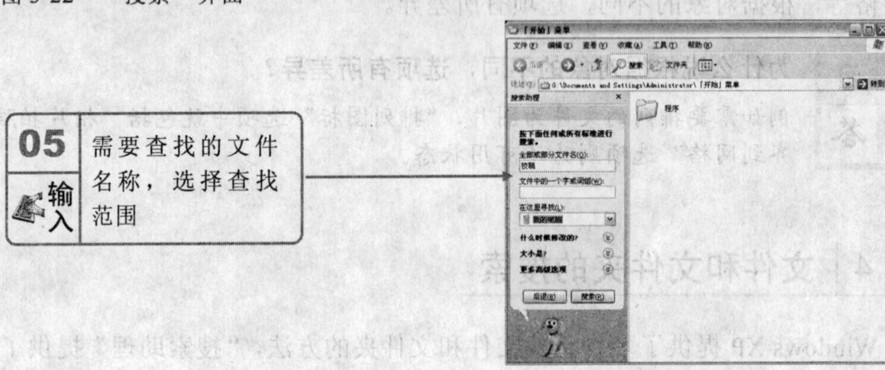


图 3-23 搜索文件

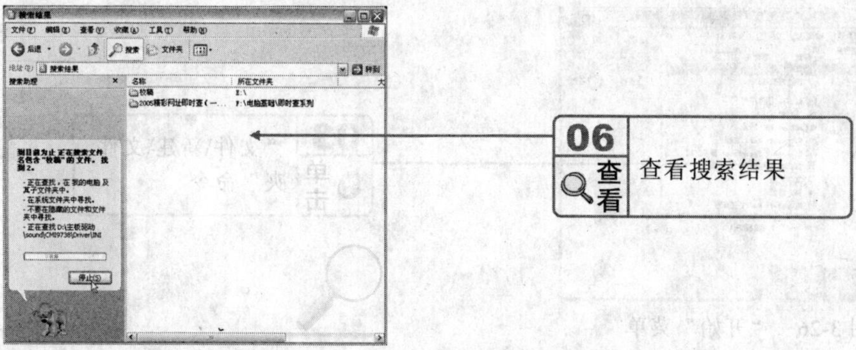


图 3-24　查看搜索结果

**你问我答**

**如果搜索过程还没有完毕，但是搜索结果中已经出现了需要的文件或文件夹，可否停止搜索？**

可以单击左侧的“停止”按钮，即可完成搜索。

以上操作方法是知道文件名的搜索方法，如果知道文件的其他信息，也可以通过和上述操作相似的方法来完成文件或文件夹的搜索。

# 3.3 文件和文件夹的使用

在 Windows XP 中文版中，我们常常要用到文件夹来管理文件，所以会涉及文件及文件夹的操作，如创建、命名、移动、复制等。

## 3.3.1 文件和文件夹的创建与命名

在各级文件夹窗口中，可以创建新的空文件夹或新的空文件，并且为它们命名。也可以为原有的文件或文件夹重新命名。

### 1．创建文件和文件夹

下面以在“我的文档”文件夹中创建一个新的文件夹为例，简述创建的步骤如图 3-25～图 3-27 所示。

图 3-25　“开始”菜单

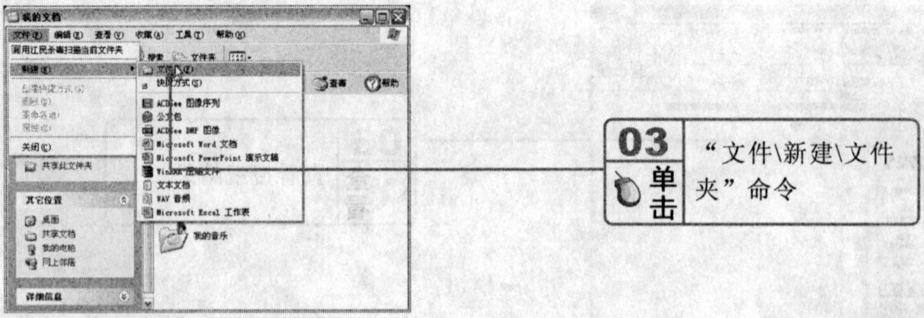


图 3-26　“开始”菜单

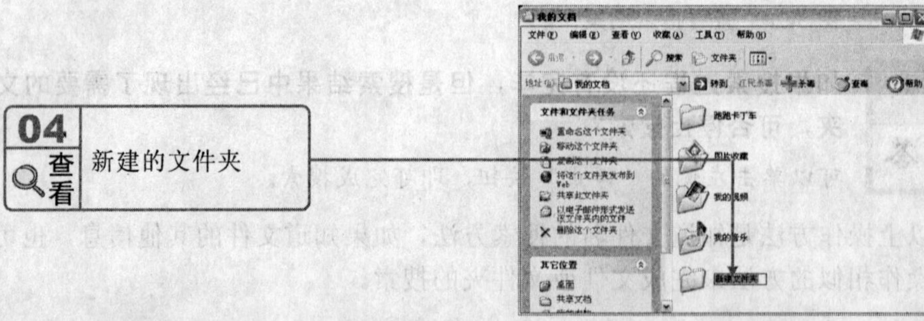


图 3-27　“开始”菜单

**05** 输入所需的文件夹的名称，然后按“Enter”键。

创建一个新文件的操作方法和创建一个新文件夹相同，创建的时候可以在如图 3-26 的菜单命令项列表中选择新建文件的类型。不同的文件类型将对应不同的应用程序。

### 2．更改文件和文件夹的名称

为文件和文件夹重命名的操作步骤如图 3-28～图 3-29 所示。

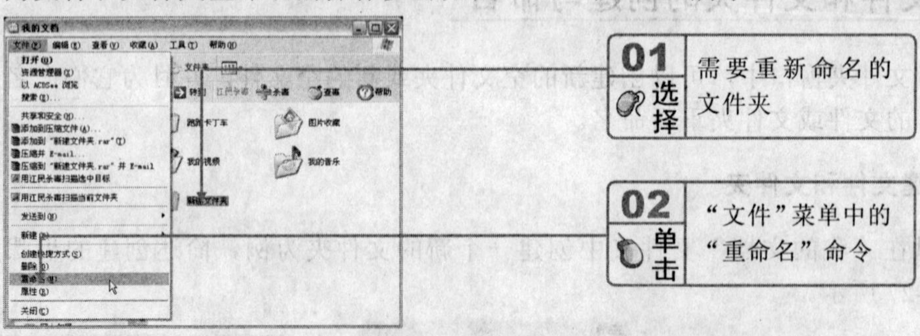


图 3-28　选中文件夹

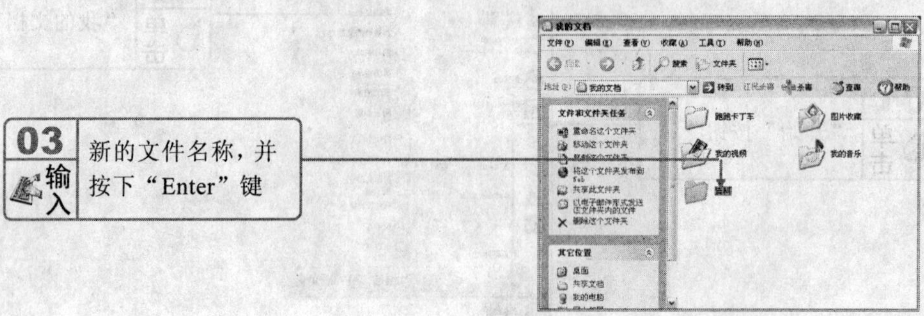


图 3-29　重命名文件夹

| 你问 我答 | **给文件重新命名与给文件夹重新命名有什么不同？** |
|---|---|
| | 若更改文件名中的扩展名部分则会改变文件的类型。给文件夹命名则不存在这种情况。 |

## 3.3.2 文件和文件夹的基本操作

文件和文件夹的基本操作主要包括移动、复制、删除和恢复等，下面介绍这几种操作的具体方法。

### 1. 文件和文件夹的移动和复制

移动、复制文件和文件夹的方法有两种：一种是利用任务列表中的各项命令；一种是直接利用鼠标拖动文件和文件夹来完成。

我们通常使用鼠标拖动来复制、移动文件或文件夹，具体步骤如图 3-30～图 3-31 所示。

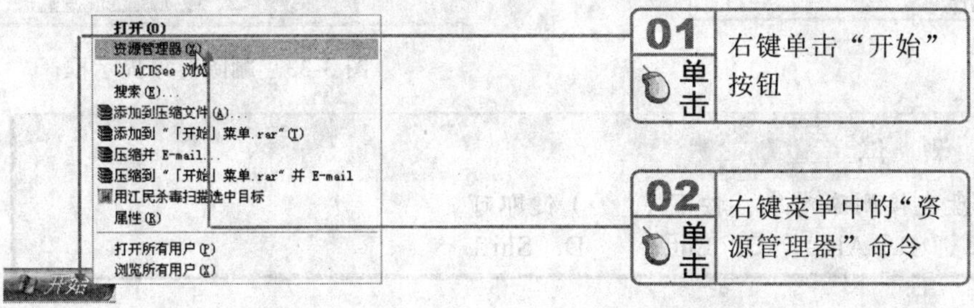


图 3-30 打开“资源管理器”

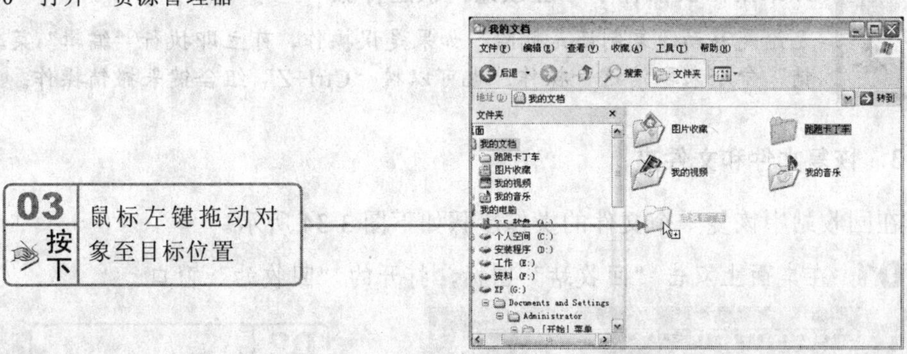


图 3-31 移动对象

**02 小 测 试**

如果要复制对象，应该按住那个键（　　）。

A. Ctrl　B. Alt　C. Enter　D. Shift

### 2. 删除文件和文件夹

删除文件和文件夹以释放磁盘空间是经常要做的事情，进行这一操作十分方便。步骤如图 3-32、图 3-33 所示。

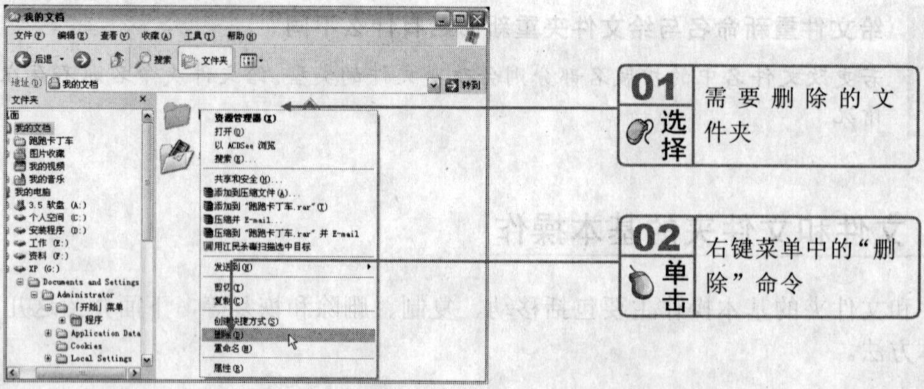


图 3-32 删除对象

图 3-33 删除对象提示框

> **03 小 测 试**
>
> 要使用键盘直接删除对象，按下（　　）键即可。
>
> A. Delete　B. Alt　C. Enter　D. Shift

**你问我答**

**如果用户误操作了，应该如何快速补救？**

无论是移动、复制还是删除，如果是误操作，可立即执行"编辑"菜单中的"撤销"命令来取消这一操作；也可以按"Ctrl+Z"组合键来撤销操作。

### 3. 恢复文件和文件夹

在回收站中恢复一个文件的操作步骤如下图 3-34 所示。

**01** 在桌面上双击"回收站"图标，打开的"回收站"窗口。

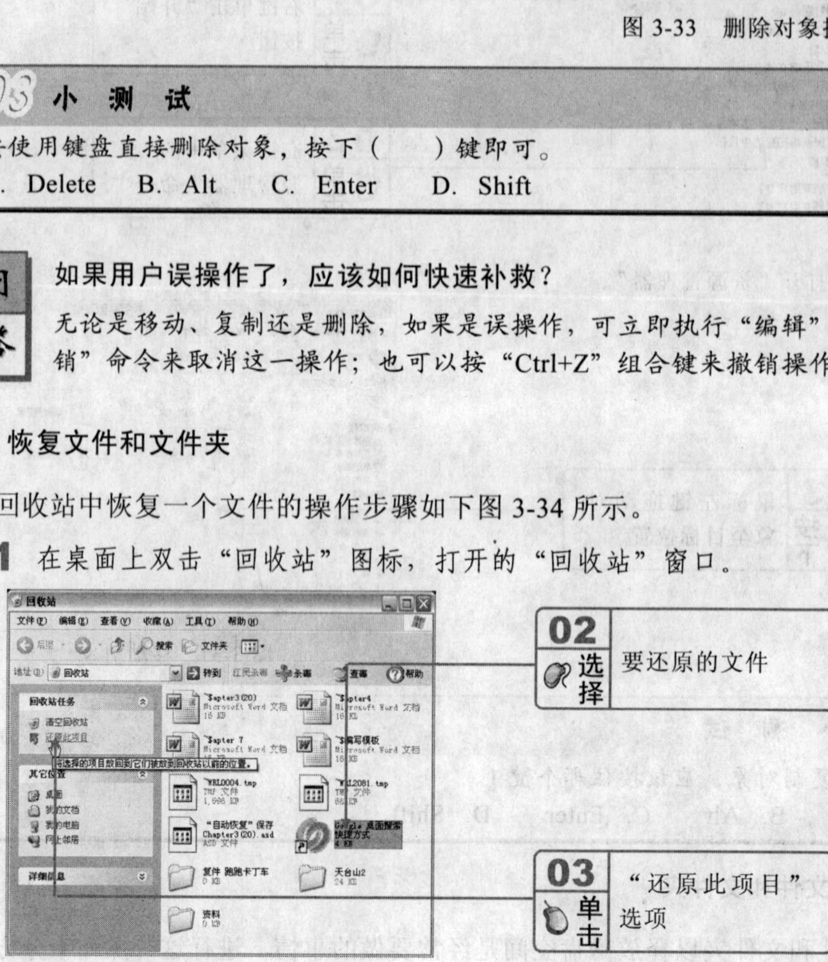


图 3-34 还原对象

## 3.3.3 设置文件和文件夹的属性

在 Windows XP 中，用户可以查看文件或文件夹的属性信息；可以将文件设为共享，使局域网内的用户能够共享该资源；也可以查看文件或文件夹的大小、修改时间和设置文件属性……下面我们就来看看怎样设置文件和文件夹的属性。

### 1. 设置常规属性

设置文件或文件夹的常规属性，可以按如图 3-35～图 3-37 的操作步骤进行：

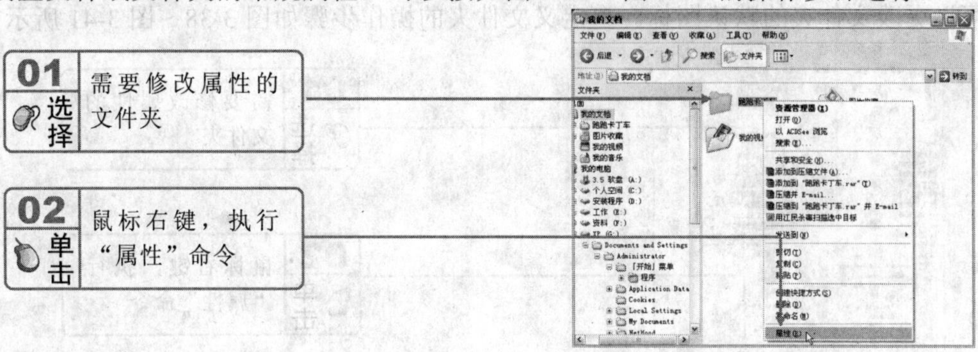


图 3-35　查看属性

系统默认打开的是“常规”选项卡，用户可以查看到文件夹的类型、位置、大小和创建时间等信息。如果要在窗口中隐藏该文件图标，可以勾选“隐藏”复选框。

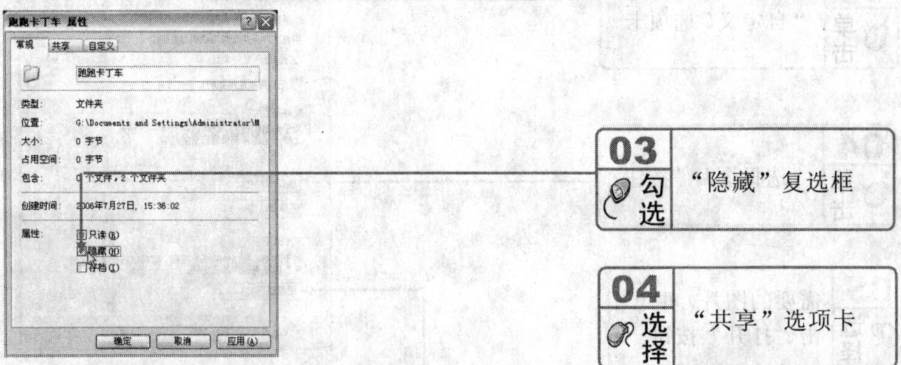


图 3-36　“常规”选项卡

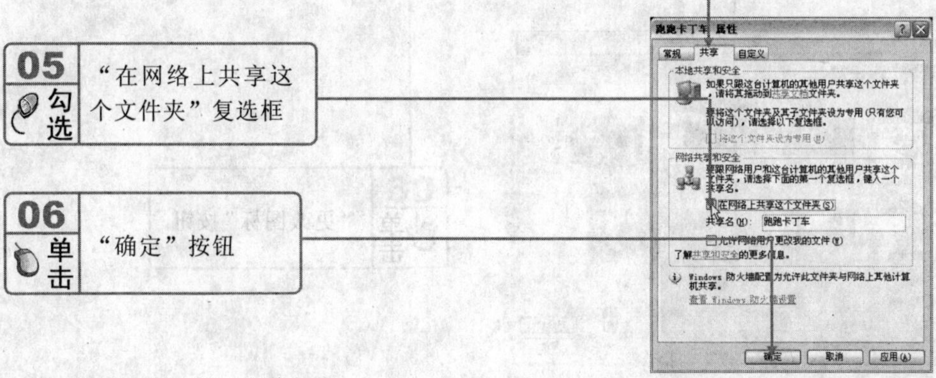


图 3-37　“共享”选项卡

**你问我答** 如果不想让别人看到自己某些重要的文件，要如何设置呢？

可以将文件属性设置为“隐藏”，这样的话，别人在使用你的电脑的时候就不会看见你隐藏的文件了。

### 2. 自定义文件夹

通过自定义文件夹，用户可以为文件选择显示类型，也可以为文件添加提示性图片，还可以更改文件夹的默认图标。自定义文件夹的操作步骤如图 3-38～图 3-41 所示。

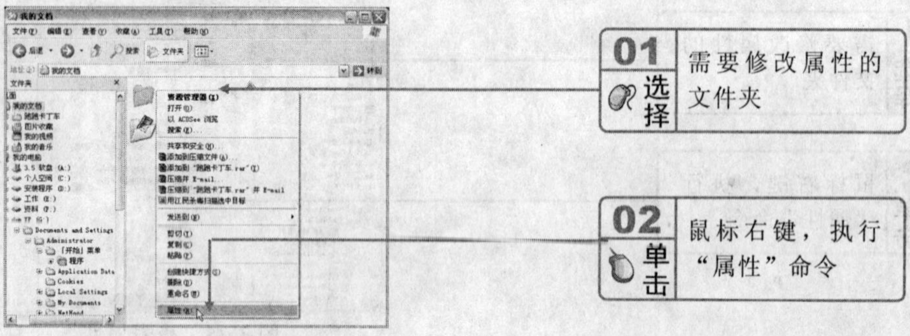


图 3-38　查看属性

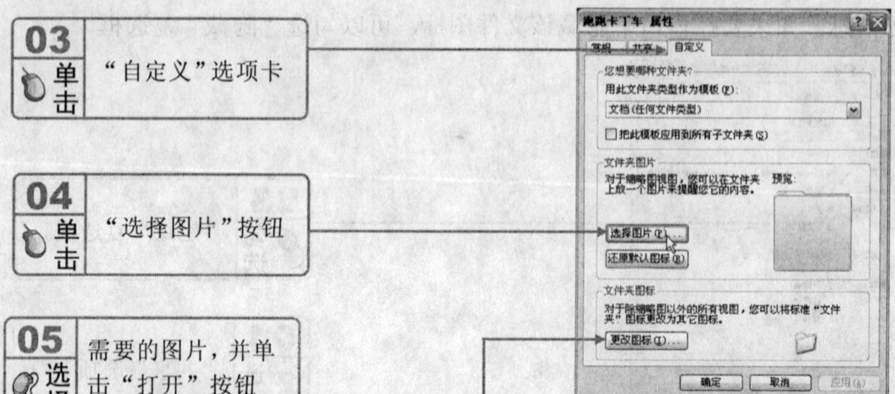


图 3-39　“自定义”对话框

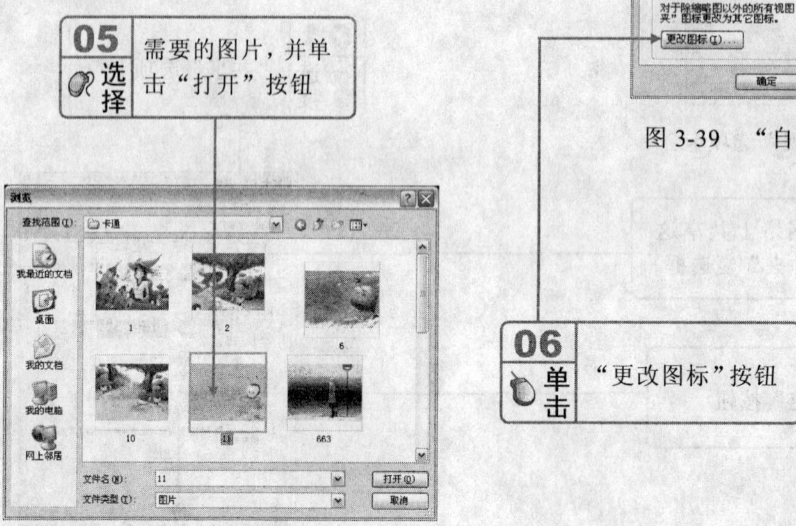


图 3-40　“浏览”对话框

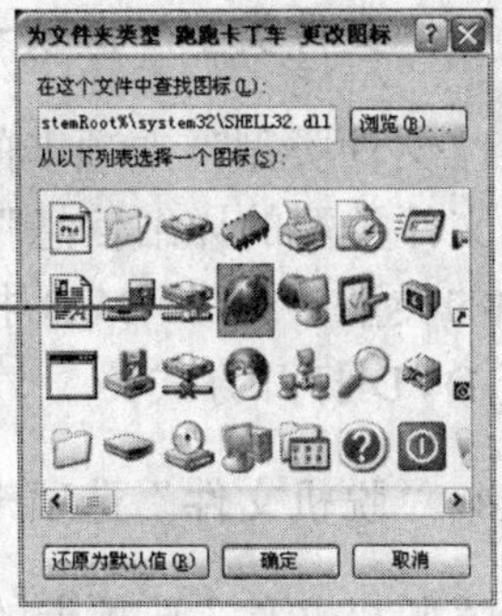


图 3-41 “更改图标”对话框

**07** 选择 需要的图标，并单击“确定”按钮

**08** 单击“自定义”选项卡中的“确定”按钮，使相关设置生效。

## 3.3.4 文件夹选项

执行“工具”菜单中的“文件夹选项”命令，可打开“文件夹选项”对话框，在“文件夹选项”对话框中，可以对文件及文件夹的更多属性进行设置。

“文件夹选项”对话框中包括“常规”“查看”“文件类型”“脱机文件”四个选项卡，下面将详细叙述每个选项卡的内容：

### 1.“常规”选项卡

“常规”选项卡的内容如图 3-42 所示，包括“任务”“浏览文件夹”“打开项目的方式”三个选项。这三个选项的内容在没有特殊需要的情况下一般不做修改，按照系统默认的选择。

### 2.“查看”选项卡

“查看”选项卡的内容如图 3-43 所示，包括“文件夹视图”和“高级设置”两个选项。“文件夹视图”可以将正在为此文件夹使用的视图应用到所有文件，也可以选择“重置所有文件”；“高级设置”中可以对文件和文件夹的隐藏、显示等内容做设置，勾选选项对应的复选框即可完成设置。

一般来说，隐藏的文件和系统文件都是一些重要的文件，如果删除这些文件，则可能出现错误，因此一般不要让这些文件显示出来，以免误删。

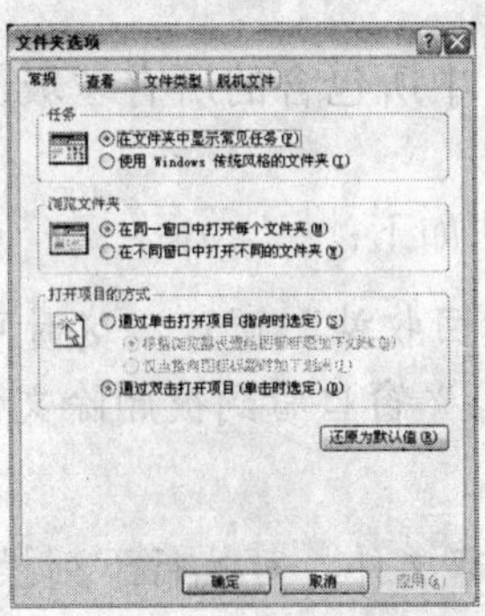

图 3-42 “常规”选项卡

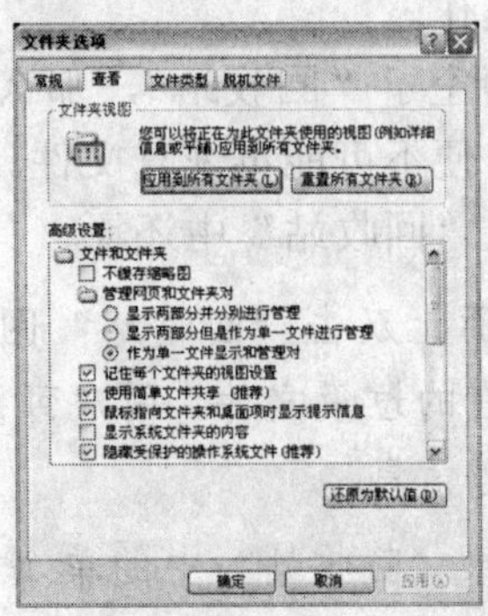

图 3-43 “查看”选项卡

### 3．“文件类型”选项卡

“文件类型”选项卡的内容如图 3-44 所示，包括“已注册的文件类型”“‘DVD 播放’文件类型的详细信息”。在“已注册的文件类型”的列表框中，可以浏览所有已注册文件的类型；在“‘DVD 播放’文件类型的详细信息”中，可以单击“更改”按钮，来改变 DVD 打开方式。

### 4．“脱机文件”选项卡

“脱机文件”选项卡的内容如图 3-45 所示，这个选项可以使文件或文件夹在没有处于连接状态下，也能与储存在网络上的文件和程序一起工作。

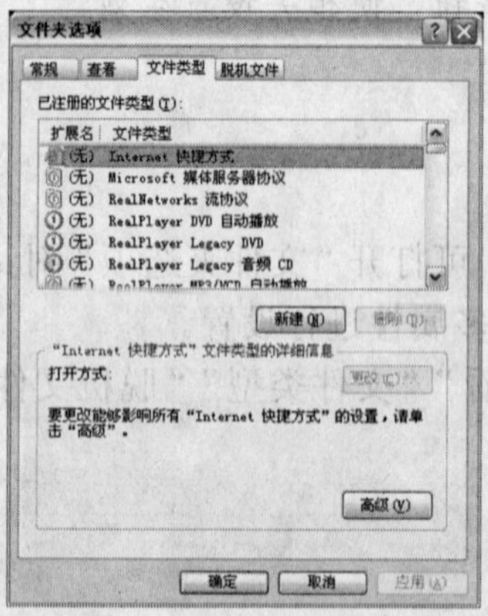


图 3-44　“文件类型”选项卡

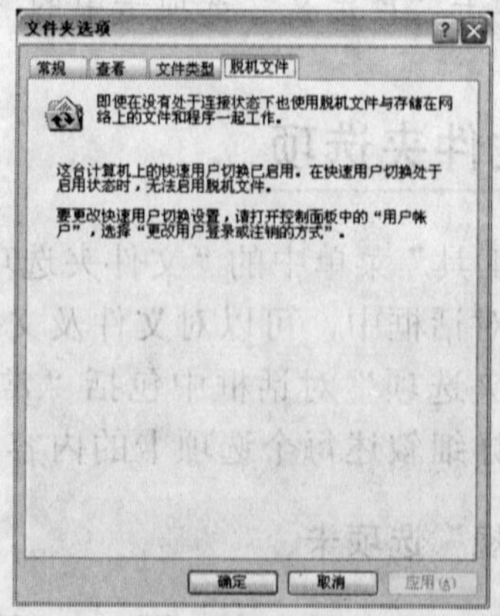


图 3-45　“脱机文件”选项卡

## 3.3.5 回收站的使用和管理

在前面讲删除文件或文件夹时，我们已经提到过用户在删除文件或文件夹后，这些文件将暂时保留在“回收站”中。如果发现自己删除了不该删除的文件，用户可以通过“回收站”恢复删除了的文件或文件夹，也可以通过“回收站”永久性地删除文件。

### 1．恢复文件

用户如果需要从“回收站”中还原由于意外所删除的文件，则需要在清空“回收站”之前进行还原操作。

如果已经清空了“回收站”，那么“回收站”中所包含的所有垃圾文件都被永久性地删除了，用户便不可能再恢复文件。

要把文件从“回收站”中还原，具体操作方法如下：

**01** 在桌面上双击“回收站”图标，打开“回收站”窗口，这时可以看到回收站中所有的垃圾文件。用户可以在“回收站”窗口看到被删除文件的大小、删除时间等信息。

**02** 要还原“回收站”中的单个、部分或全部文件，可执行下列操作之一：

- 要还原“回收站”中的单个文件或文件夹，可以用鼠标右键单击它，并从弹出的快捷菜单中选择“还原”命令，如图 3-46 所示。

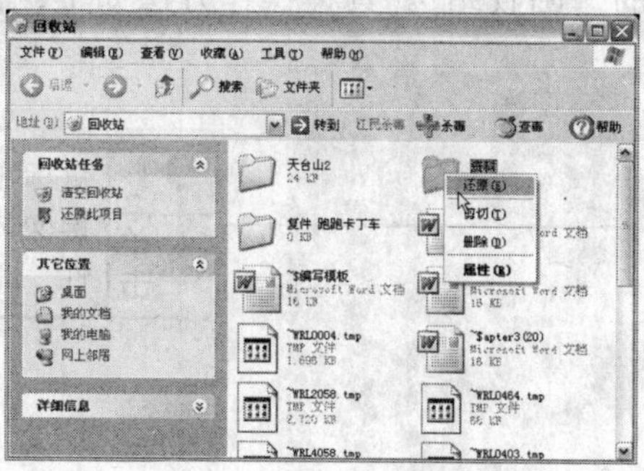

图 3-46 “回收站”窗口

- 要还原“回收站”中的所有文件，可以单击“回收站”窗口左侧“回收站任务栏”中的“还原所有项目”命令。
- 要还原部分文件，可以选择这些文件，然后鼠标右键单击选中的项目，并从弹出的快捷菜单中选择“还原”命令，或者单击“回收站”窗口左侧的“还原选定的项目”（或“还原此项目”）。

### 2. 把文件永久删除

“回收站”中存储的垃圾文件，仍会占用一定的磁盘空间。实际上，这些放在“回收站”的文件，仍然放在用户的硬盘上，只是除了“回收站”以外，其他的浏览工具对它是隐藏的。要真正从硬盘上删除文件，需要清空“回收站”。

清空“回收站”，具体操作方法如下：

**01** 双击桌面上的“回收站”图标，打开“回收站”窗口。

**02** 确定窗口中只列出了想永久删除的文件，因为执行了永久删除文件就不可能再恢复了。

**03** 在窗口的“回收站任务”栏下，单击“清空回收站”选项，如图 3-47 所示；或者在“回收站”中右键单击空白处，在弹出的菜单中执行“清空回收站”命令。

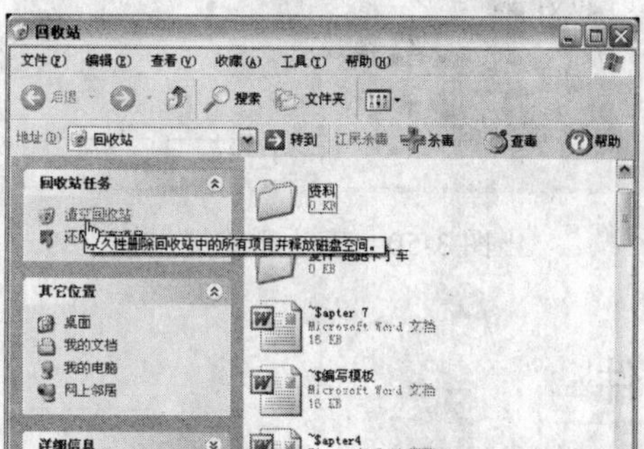

图 3-47 清空回收站

**04** 确认是否清空时，在弹出的提示框中单击“是（Y）”按钮。

### 3. 设置个性化的“回收站”

用户可以设置个性化的“回收站”。具体操作方法如下：

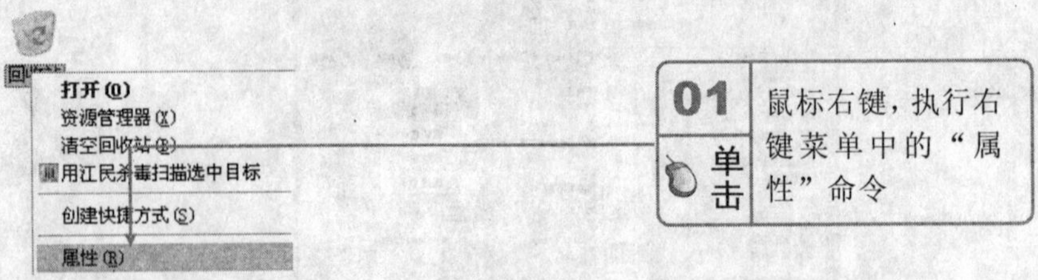


图 3-48 查看属性

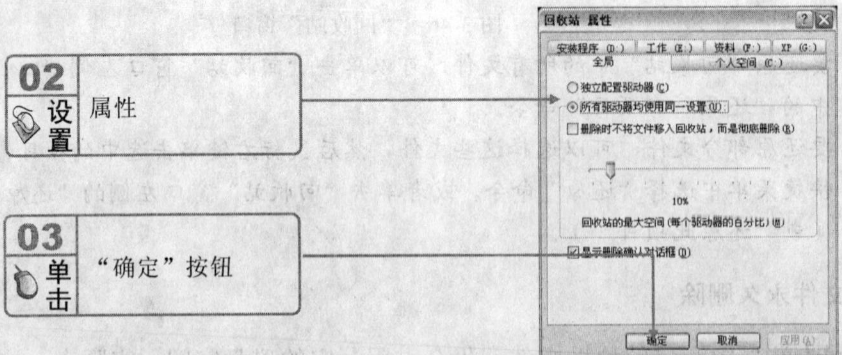


图 3-49 “回收站属性”对话框

如果用户只有一个本地硬盘，或者有多个硬盘但希望为每个驱动器使用同样的设置，则可以在如图 3-49 所示的“全局”选项卡上选择“所有驱动均使用同一设置”单选框。

如果要停用“回收站”，使所有文件立刻被永久地删除，可选中“删除时不将文件移入回收站，而是彻底删除”复选框。

可以按照每个驱动器的百分比为“回收站”设置最大的空间。

选中“显示删除确认对话框”复选框中的选项，则不再显示通常提示的“确实要删除××吗？”的对话框。若不选中该复选框将会出现如图 3-50 所示的提示框。

图 3-50 确认删除提示框

## 3.3.6 管理压缩文件

想要“缓解”一下硬盘的压力，除了去换一个更大的硬盘之外，我们还可以通过 Windows XP 自带的压缩工具压缩文件来达到“缓解”硬盘压力的目的。

### 1．创建压缩文件夹

创建压缩文件夹的具体方法如下：

**01** 选择要压缩的文件，并单击鼠标右键，如图 3-51 所示。

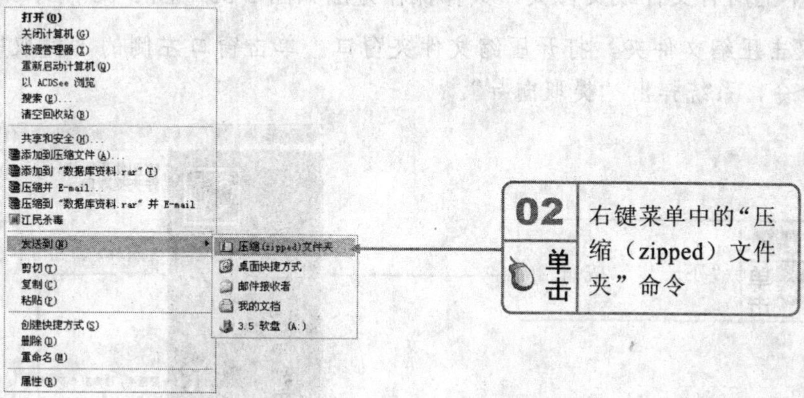


图 3-51　压缩文件夹

**03** 一段时间之后，文件或文件夹所在的文件夹内，将生成一个以该文件或文件夹命名的压缩文件夹。

> **你问我答**
>
> **每个文件或文件夹的压缩时间是否一样？**
>
> 文件压缩的时间由文件的大小决定，大的文件压缩的时间比较长，而小的文件几秒钟就可以搞定了。

如果用户的计算机内安装了其他的压缩软件，那么将会弹出如图 3-52 所示的提示对话框，单击“是”按钮即可。

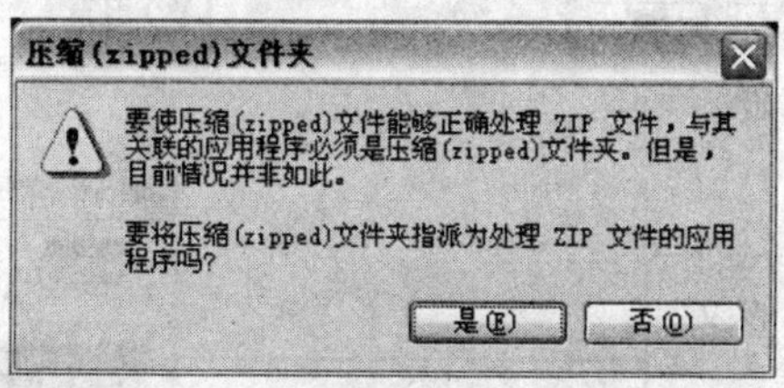


图 3-52　压缩文件提示框

### 2．向压缩文件夹中添加文件

向压缩文件夹中添加文件或文件夹的操作很简单：

**01** 打开“我的电脑”或“资源管理器”窗口，找到目标文件或文件夹。

**02** 用鼠标将文件或文件夹拖动到压缩文件夹上，则该文件就被添加到压缩文件夹中了。

用户如果需要查看压缩文件夹中的内容，只需在“我的电脑”或“资源管理器”中双击压缩文件夹图标，即可打开压缩文件夹窗口进行查看。

### 3. 解开压缩文件

如果用户需要解开压缩文件夹中的单个文件或文件夹，应双击打开压缩文件夹窗口，然后将压缩文件夹中需要解压缩的文件或文件夹拖出压缩文件夹即可。如果要解开压缩文件夹中的所有文件或文件夹，具体操作方法如图 3-53～图 3-55 所示。

**01** 双击压缩文件夹，打开压缩文件夹窗口。单击窗口左侧的“提取所有文件”命令，系统弹出“提取向导”。

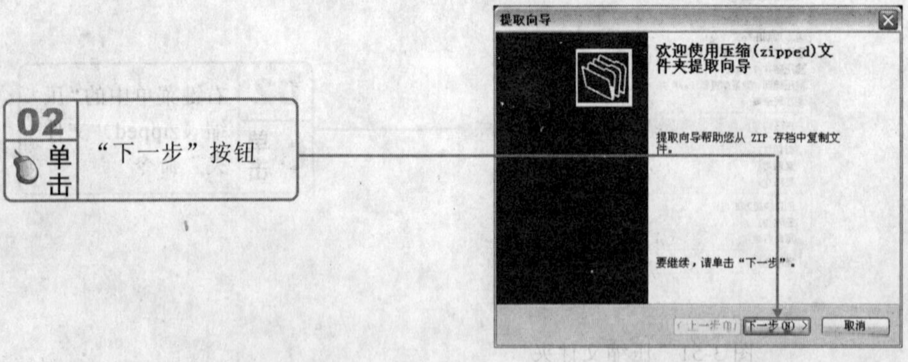


图 3-53　“提取向导”对话框

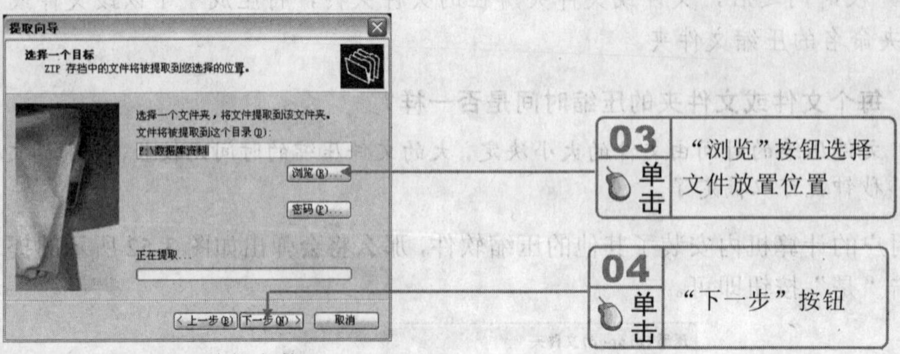


图 3-54　选择文件

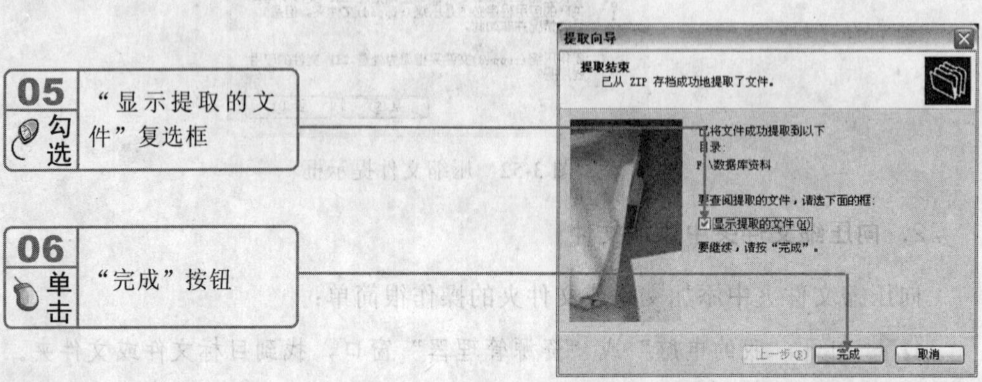


图 3-55　解压结束

解压缩后的文件和文件夹，其使用方法和正常文件或文件夹一样。压缩后的文件“体积”比原文件“体积”要小一点。

**动 手 练 习 dongshoulianxi** 将“我的文档”中的“我的音乐”文件夹添加到压缩文件，然后解压该文件。

## 融会贯通——创建并查找文件夹

在“我的文档”文件夹中创建一个名为“资料”的文件夹，并将文件夹的图标更改为其他样式，然后运用搜索的方法找到文件所在的位置。

**01** 执行“开始”菜单中的“我的文档”命令，打开“我的文档”窗口。

**02** 执行“文件”菜单中的“新建\文件夹”命令，新建一个文件夹。

**03** 在新建的文件夹上单击鼠标右键，执行右键菜单中的“重命名”命令，并输入“资料”，按下 Enter 键完成文件夹的重命名。

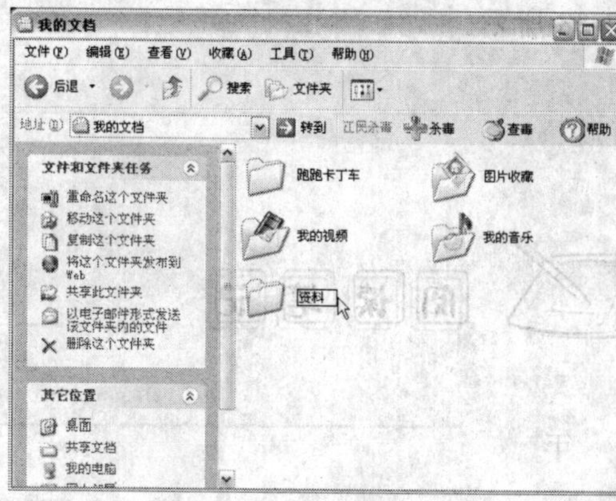


图 3-56 重命名文件夹

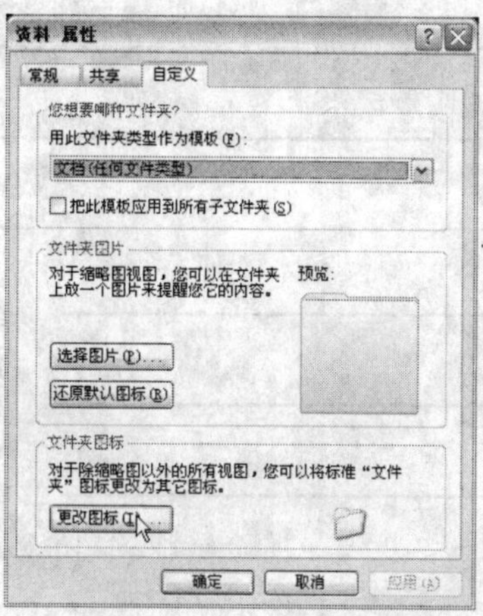


图 3-57 “资料 属性”对话框

**04** 在“资料”文件夹的图标上单击鼠标右键，并执行右键菜单中的“属性”命令。

**05** 在打开的“属性”对话框中选择“自定义”选项卡，并单击“更改图标”按钮，如图 3-57 所示。

**06** 在弹出的“更改图标”对话框中选择喜欢的图标，并依次单击“确定”按钮关闭“属性”对话框。

**07** 在“我的文档”窗口中单击“搜索”按钮，打开“搜索”窗口。

**08** 在任务窗格中单击“所有文件和文件夹”链接。

**09** 在文件名框中输入“资料”然后单击“搜索”按钮。

**10** 在搜索结果中查看到该文件夹，如图 3-58 所示。

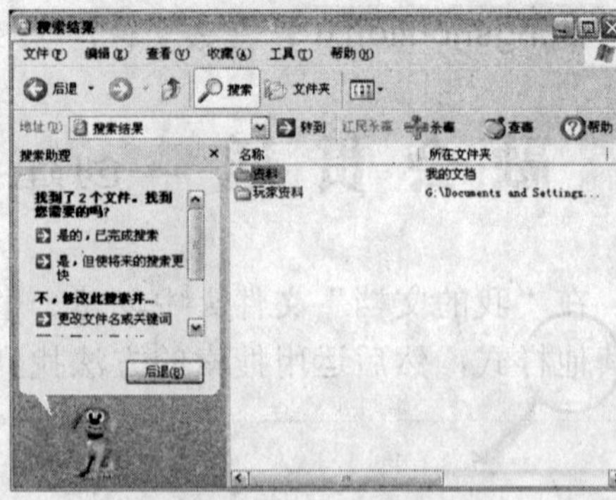


图 3-58　查看搜索结果

阅读笔记 Note

年

月

日

小测试答案 ●●●●● （请翻转阅读答案）

1. A　　2. A　　3. A

Study

CHAPTER

【第 4 章】

# Windows XP 个性化设置

**内容导读**

1．本章需要了解的概念：

控制面板

2．本章需要掌握的操作：

系统各项属性的设置方法

3．本章需要提高的内容：

快速切换用户

04

## 4.1 认识控制面板

控制面板是对 Windows XP 进行管理控制的中心。它集成了很多专门用于更改 Windows XP 外观和行动的工具，通过这些工具，可以安装新硬件、添加和删除程序、更改屏幕的外观等。

### 4.1.1 启动“控制面板”

可以通过单击“开始”菜单，在开始菜单右边的列表中可以看到“控制面板”选项，单击它，便启动了“控制面板”，如图 4-1 所示。

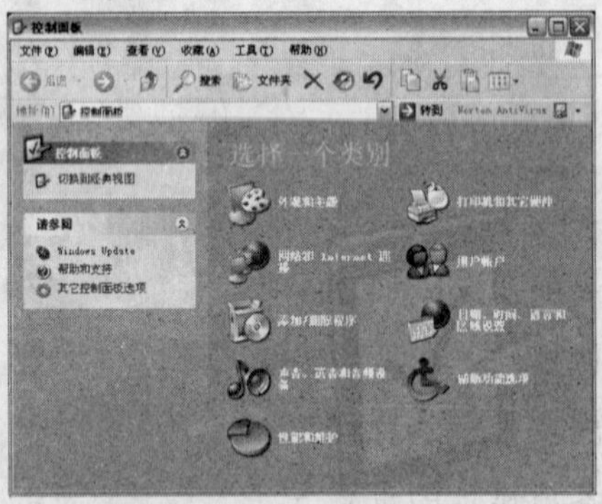


图 4-1 “控制面板”窗口

控制面板右边的窗格中显示了一些分好类的项目，单击它们可以进入具体设置。这里只罗列出了一些控制选项图标，选择窗口左边的“切换到经典视图”链接，可以显示所有的选项图标，如图 4-2 所示。

图 4-2 “控制面板”的经典视图

### 4.1.2 查看“控制面板”

以查看“外观和主题”为例，单击“控制面板”窗口右边的“外观和主题”链接，打开“外观和主题”窗口，如图 4-3 所示。

在这里可以根据提示，选择要进行的任务操作。单击窗口左边的“请参阅”列表中的相关选项，可以进入该项的设置窗口。如单击“鼠标指针”，可打开如图 4-4 所示的“鼠标属性”对话框。

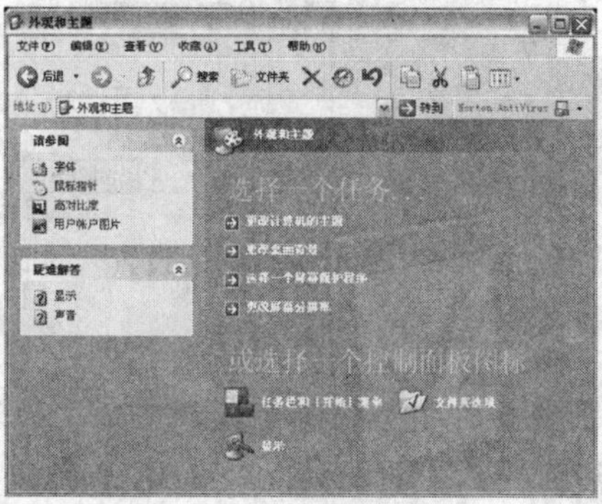


图 4-3 “外观和主题”窗口

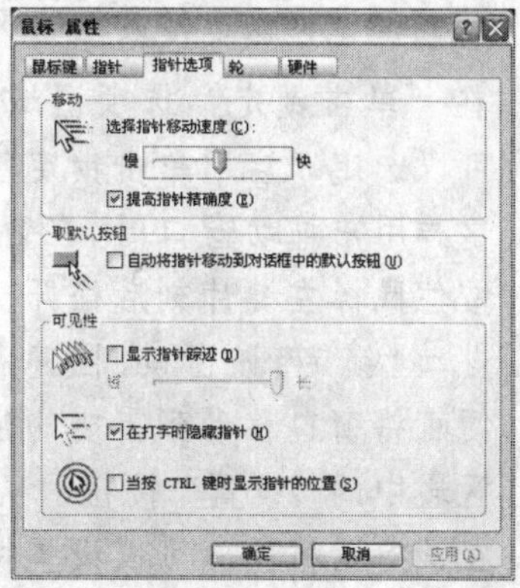


图 4-4 “鼠标属性”对话框

## 4.2 设置鼠标和键盘

鼠标、键盘是最主要的输入设备。特别是对于 Windows 操作系统而言，由于大部分操作是基于图形界面的，所以鼠标和键盘就起着不可替代的作用。

### 4.2.1 设置鼠标

鼠标的外观在计算机中分别表现为按钮和指针，设置鼠标主要指：

（1）设置鼠标按钮。

（2）设置鼠标移动参数。

单击任务栏中的“开始”菜单，打开“开始”菜单，单击“控制面板”，打开“控制面板”窗口。如果“控制面板”是按分类视图显示的，则单击浏览器栏中的“切换到经典视图”选项后，再双击“鼠标”图标，打开如图 4-5 所示“鼠标属性”对话框。

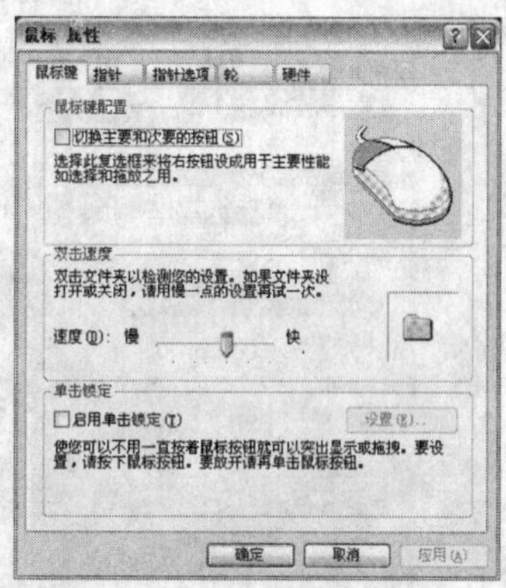


图 4-5 “鼠标属性”对话框

#### 1. 设置鼠标按钮

设置鼠标按钮的具体操作步骤如下：

**01** 在“鼠标属性”对话框的“鼠标键配置”栏中，可以改变鼠标使用者的左手或右手习惯。绝大多数用户认可的是右手习惯，即鼠标左键实现“选择”和“拖动”功能，右键主要打开快捷菜单。如果用户选择了“切换主要和次要的按钮”复选框，鼠标将变设置为左手习惯。

**02** 在“双击速度”栏中可以设置鼠标的双击速度。在右边的“测试区域”中可以双击测试目标，对设置的双击速度进行测试，以选择最佳的双击速度。

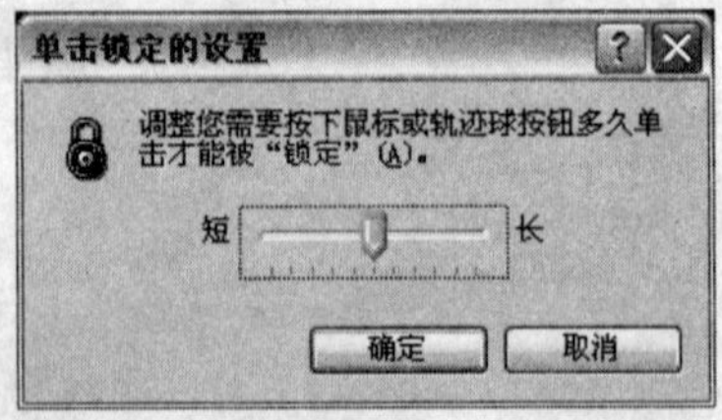


图 4-6　“单击锁定的设置”对话框

**03** 在“单击锁定”选项区域中，用户可以选定“启用单击锁定”复选框，这样用户拖动窗口时，在窗口标题栏按住鼠标左键片刻后松开，鼠标指针自动“锁定”该窗口，随意移动鼠标，便可将窗口移动到需要的位置。单击区域中的“设置”按钮，可以打开如图 4-6 所示的“单击锁定的设置”对话框，在该对话框中，可以设置按下鼠标多久才能锁定目标。

**04** 设置完毕后，单击“应用”按钮即可使设置生效。

### 2．指针设置

设置指针的具体操作步骤如下：

**01** 单击“鼠标属性”的“指针”选项卡，进入如图 4-7 所示的界面。

**02** 在“方案”下拉列表框中选择需要的指针方案，有“标准”、“动态光标”、“反转”等 20 种特定的指针方案可供选择。

**03** 勾选“启用指针阴影”复选框，可以使鼠标指针带有阴影效果。单击“使用默认值”按钮，可以将鼠标方案设置为默认值。单击“浏览”按钮，可以打开如图 4-8 所示的“浏览”对话框，选择其他的鼠标指针方案。

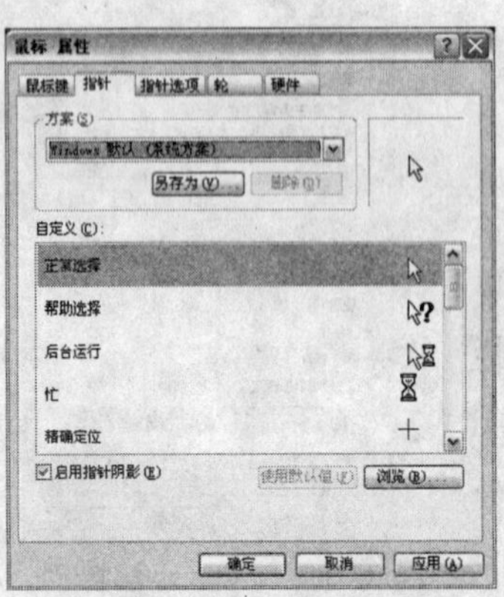


图 4-7　“指针”选项卡

图 4-8　“浏览”对话框

### 3．指针选项的设置

设置指针选项的具体操作步骤如下：

**01** 选择“指针选项”选项卡，通过“移动”栏的“调整指针移动速度”滑块调整鼠标指针在屏幕中移动的速度，如图 4-9 所示。

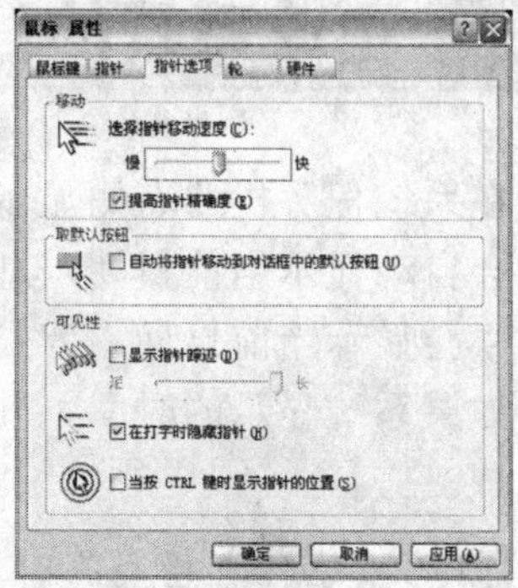

图 4-9　“指针选项”选项卡

**02** 在“取默认按钮”栏中，可以设置鼠标是否调整到打开窗口的默认按钮上。

**03** 在“可见性”栏中，可以设置是否存在鼠标轨迹以及鼠标轨迹的长短。

**04** 如果用户希望在字符输入时隐藏指针，可启用“在打字时隐藏指针”复选框。如果用户启用“当按‘Ctrl’键时显示指针位置”复选框，在使用中按下“Ctrl”键，Windows XP 就会提示当前鼠标的位置。

你问 我答

**“可见性”设置有什么作用？**

通过“可见性”设置，可以帮助有视力障碍的用户追踪鼠标的位置。

## 4.2.2 设置键盘

在 Windows XP 中，键盘是标准的计算机输入设备，用户可以设置键盘的相关属性。

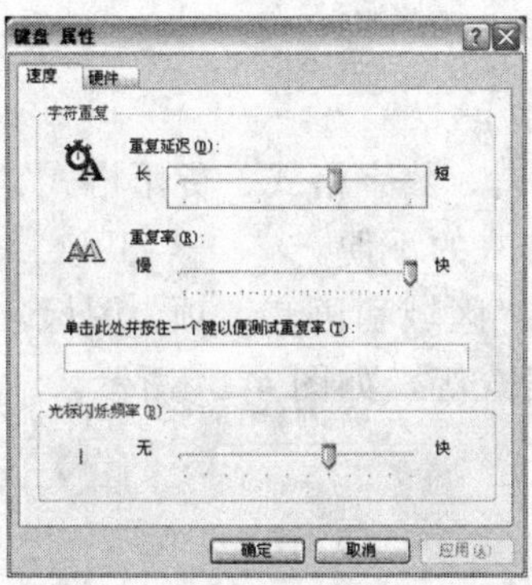

图 4-10　“键盘属性”对话框

打开“控制面板”，如果“控制面板”是按分类视图显示的，则单击浏览器栏中的“切换到经典视图”选项，然后双击“键盘”图标，打开“键盘属性”对话框，如图 4-10 所示。

在“速度”选项卡中，左右拖动“字符重复”选项区域中的“重复延缓”滑块，可以改变键盘重复输入一个字符的延迟时间；拖动“重复速度”滑块可以改变重复输入字符的输入速度。用户可以在文本框中连续输入同一个字符，测试重复延迟时间和速度，从而选择一种最适合自己的速度。一般来说，将重复的延迟时间调整到最短，将重复的速度调整到最快。

在“光标闪烁频率”区域中，可以通过左右拖动滑块来改变鼠标指针在编辑位置的闪烁速度。闪烁速度要适中，过慢的速度不利于用户查找光标的位置，过快容易造成用户的视觉疲劳。

选择“硬件”选项卡，用户可以查看有关键盘的设备属性，如图 4-11 所示。

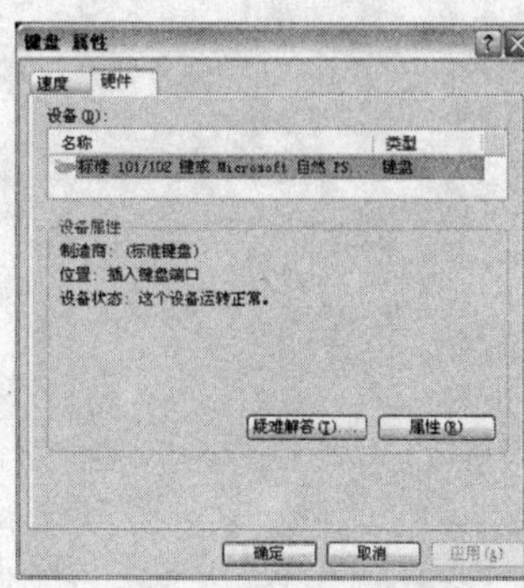

图 4-11　“硬件”选项卡

## 4.3 更改系统的日期和时间

在系统任务栏的右侧显示当前时间，当鼠标指针指向时间时，系统会自动显示当前日期，如图 4-12 所示，当鼠标指针指到时间的时候会显示当前日期，但是片刻之后显示的日期会消失。

图 4-12　显示系统时间

如果系统显示的时间不准确，我们可以按照以下方法进行重新设置。

**01** 双击任务栏上的时间可以打开如图 4-13 所示的“日期和时间属性”对话框。

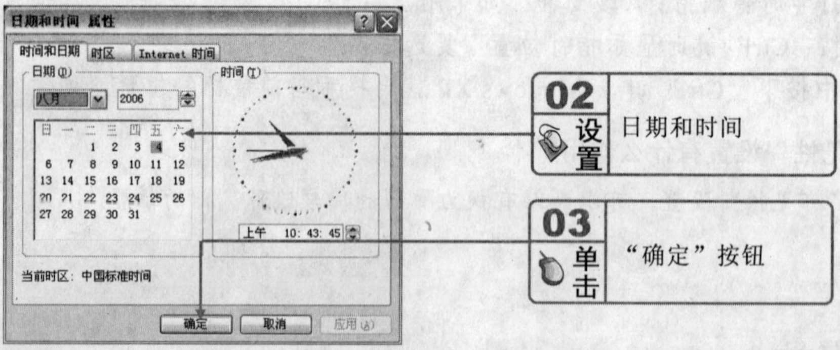


图 4-13　“日期和时间属性”对话框

## 4.4 设置区域

在 Windows XP 中，允许用户根据实际情况设置不同的语言、数字格式、货币格式、时间格式和日期格式，以解决由于用户所在的国家和区域所带来的不便。

要更改这些区域设置，主要是通过“控制面板”窗口中的“区域和语言选项”图标，打开“区域和语言选项”对话框，来设置语言、时区、数字格式等，如图 4-14 所示。

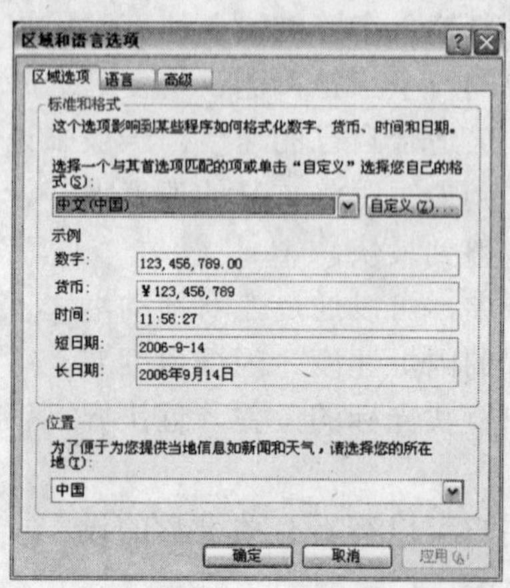


图 4-14　“区域和语言选项”对话框

## 4.4.1 自定义时间格式

如果用户想更改系统时间的显示格式，可以在“自定义区域”对话框中单击“时间”选项卡，如图 4-15 所示，打开“时间”选项卡。在此，用户可以直接输入时间，或从下拉列表框来选择新的时间格式、时间分隔符、AM 符号、FM 符号的格式。

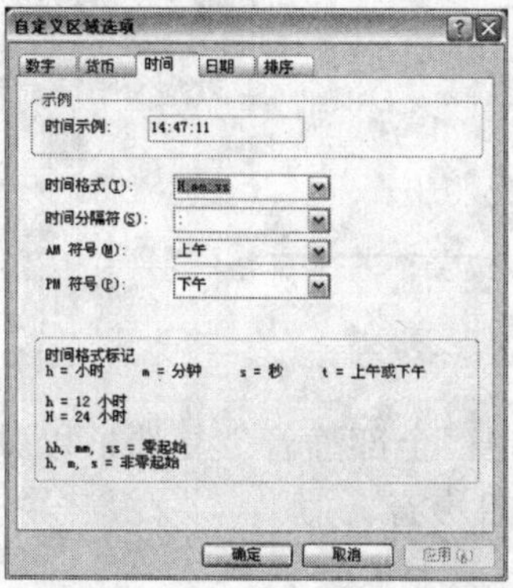

图 4-15 “时间”选项卡

## 4.4.2 自定义日期格式

用户可以定义日期的显示格式，单击“自定义区域”对话框中的“日期”选项卡，在“日历”选项区域中，可以通过微调器来设置两个数字代表哪个时间段的年份；在“短日期”选项区域中的“短日期格式”和“日期分隔符”两个下拉列表框选择（或输入）短日期格式和日期分隔符；在“长日期”选项区域中的“长日期格式”下拉列表框中选择（或者输入）长日期格式，如图 4-16 所示。

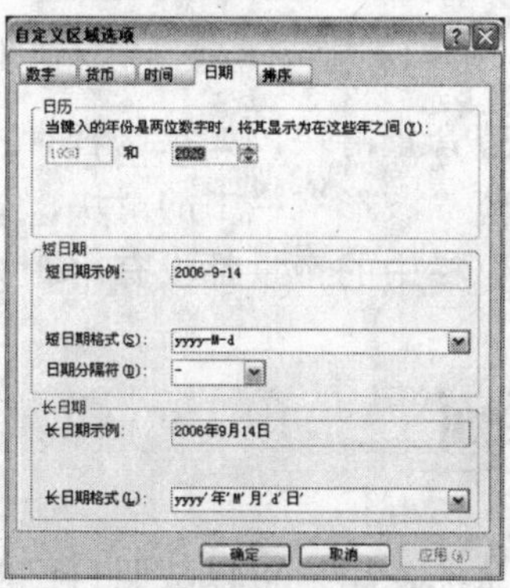

图 4-16 “日期”选项卡

# 4.5 声音设置

在用电脑听歌的时候我们可以在音箱上调节音量的大小，如果调节了音箱上的音量之后，还是不能满足用户的需要，我们应该如何对声音进行精确的调整呢？

## 4.5.1 启用或禁用声音

要启用或禁用声音，可以进行以下操作。

**01** 双击任务栏上的音量图标，打开如图 4-17 所示的“音量控制”对话框。

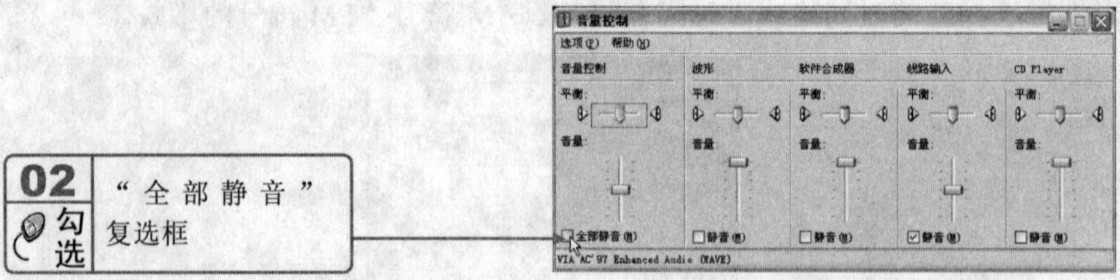


图 4-17 “音量控制”对话框

在“音量控制”栏下，选中“全部静音”复选框以禁用声音；在“音量控制”栏下，清除“全部静音”复选框以开启声音。

## 4.5.2 调节音量

要调节电脑的音量，可以在如图 4-18 所示的“音量控制”栏和“波形”栏中进行调节。

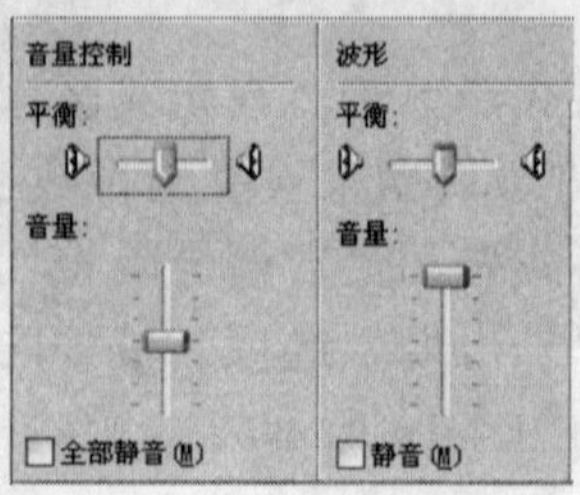


图 4-18 “音量控制”对话框

一般在“音量控制”栏调节音量滑块，如果“音量控制”栏中音量调到最大还不能满足用户的要求，可以适当调节“波形”栏中的滑块，如果“波形”栏中的音量调到最低，无论怎样调节“音量控制”栏中的音量都没有用。

# 4.6 个性化系统桌面

桌面的设置一般是系统默认的，用户可以按照自己的喜好，更改默认的设置，让桌面变得更有个性。

## 4.6.1 更换桌面背景

整天对着一个相同的桌面是不是感觉很枯燥？让我们来换个桌面，换个心情。要更换桌面背景可以进行如图 4-19～图 4-20 所示的设置。

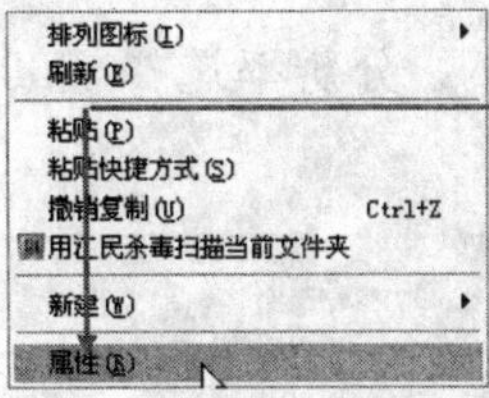


图 4-19　桌面右键菜单

01 单击 桌面右键菜单中的“属性”命令

02 单击 “桌面”选项卡

03 选择 喜欢的图片

04 单击 “确定”按钮

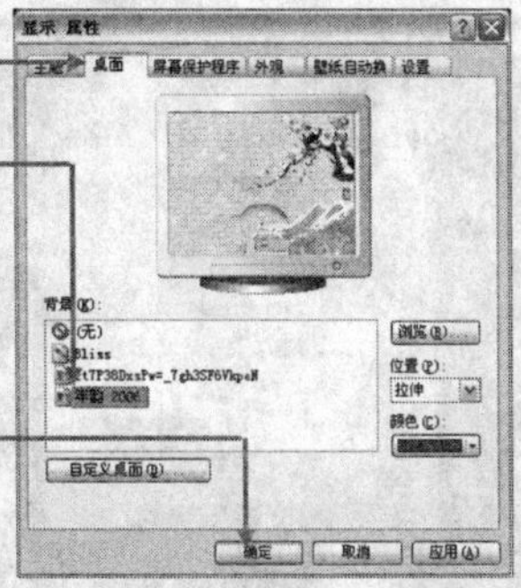

图 4-20　“显示属性”对话框

图 4-21　桌面效果

设置完成后的效果如图 4-21 所示。

若所列出的图案都不是自己喜欢的，还可以单击对话框中的“浏览”按钮，弹出如图 4-7 所示的“浏览”对话框。该对话框的文件列表中列出了 Windows XP 自带的示例图片，用户可以先选中自己喜欢的图片，然后单击“打开”按钮，最后单击“显示属性”对话框中的“确定”按钮即可将该图片设置为桌面背景。用户还可在其他路径中找到图片作为桌面。

## 4.6.2 调整屏幕分辨率和颜色质量

如果电脑屏幕上的图像不清晰，我们可以通过调整屏幕分辨率和颜色质量来达到最好的显示效果。

**01** 在桌面上单击鼠标右键，在弹出的快捷菜单中执行“属性”命令，打开如图 4-22 所示的“显示属性”对话框。

**02** 在打开的“属性”对话框中选择“设置”选项卡。

03 设置 分辨率和颜色质量

04 单击 “确定”按钮

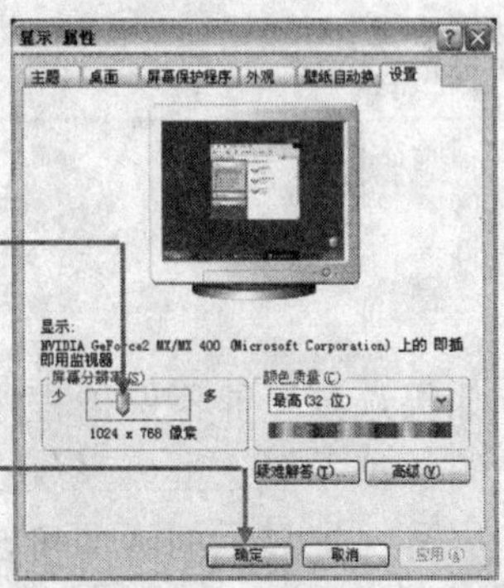

图 4-22　“设置”选项卡

屏幕分辨率的数值越大，图像就会越清晰，但图像会变小。分辨率选择 800×600 和 1024×768 像素的效果图如图 4-23 和 4-24 所示。

> **01 小 测 试**
>
> 屏幕分辨率的数值越（　　），图像就会越清晰。
>
> A. 大　　　　　　B. 小

图 4-23　800×600 像素效果图

图 4-24　1024×768 像素效果图

颜色质量是同时显示在屏幕上的颜色数目，大部分用户都采用“最高 32 位”。

## 4.6.3 设置屏幕保护

如果用户在操作电脑的时候需要离开一会儿，是没有必要关闭电脑的，可以设置屏幕保护程序保护屏幕。用户可以对屏幕保护的显示画面和等待时间等进行设置。

**01** 在桌面上单击鼠标右键，在弹出的快捷菜单中执行“属性”命令，打开 4-25 所示的“显示属性”对话框。

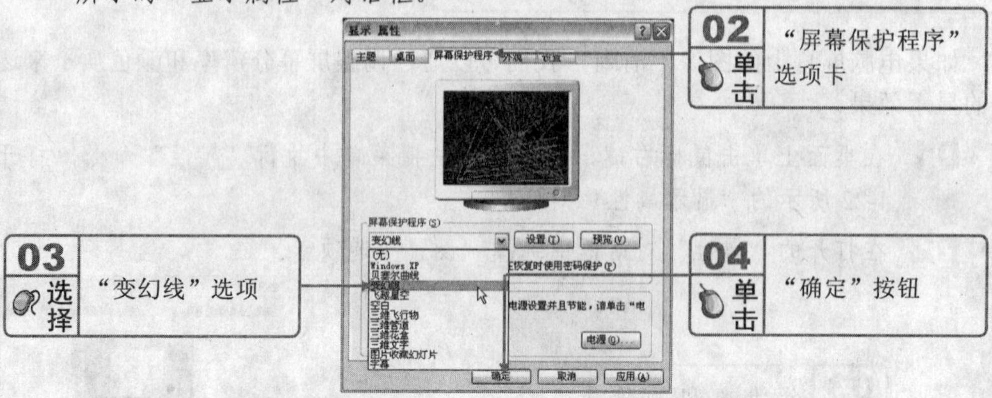


图 4-25　设置屏幕保护

如果选择“屏幕保护程序”选项卡，在如图 4-25 所示的对话框中勾选“在恢复时使用密码保护”复选框，系统在恢复时会弹出一个对话框，提示用户输入密码。

屏幕保护显示的画面可以根据用户的喜好自己选择，所显示画面的样式也可以自己设置。

| 你 问 我 答 | **屏幕保护程序是否可以自动恢复？**<br>默认屏幕保护程序时间为 2 分钟。如果有一段时间用户没有对鼠标和键盘进行任何操作，Windows XP 系统就会自动启用屏幕保护程序。 |
|---|---|

# 4.7 管理用户账户

就像银行的账户一样，电脑也可以有很多个账户，用户可以随意更改和增减用户账户。下面就介绍新增用户账户和更改用户账户的方法。

## 4.7.1 新增电脑用户账户

为了便于对电脑进行管理，用户可以新创建一个用户账户。创建一个新用户账户的方法如图 4-26～图 4-30 所述。

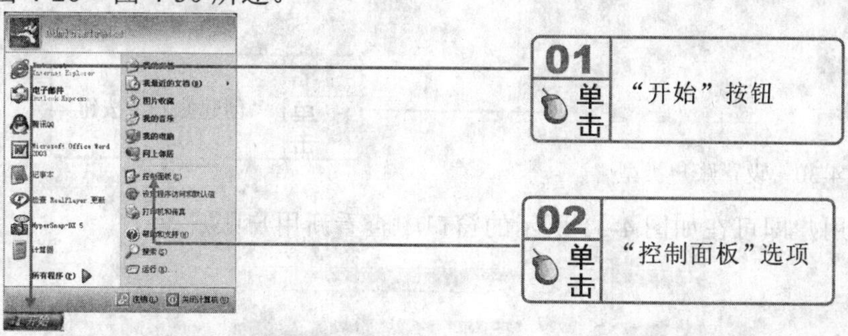

图 4-26 选择“控制面板”选项

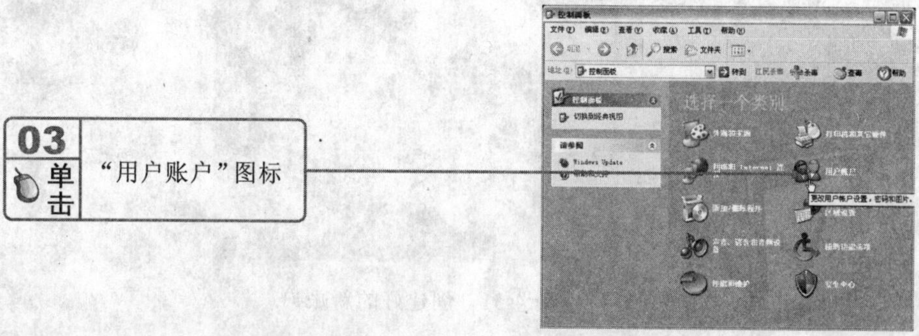

图 4-27 “用户账户”窗口

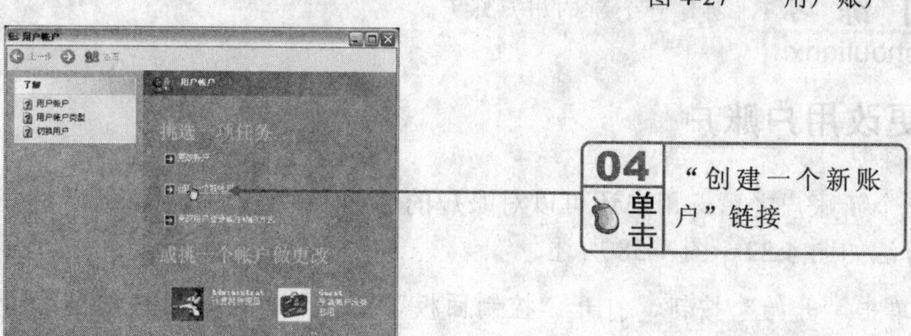

图 4-28 创建新用户

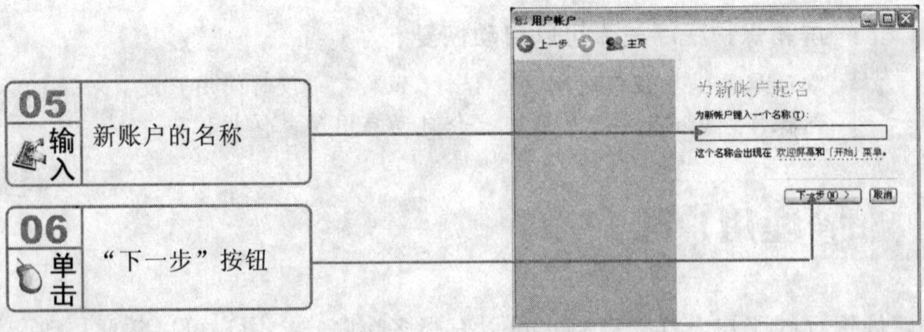


图 4-29　输入账户名

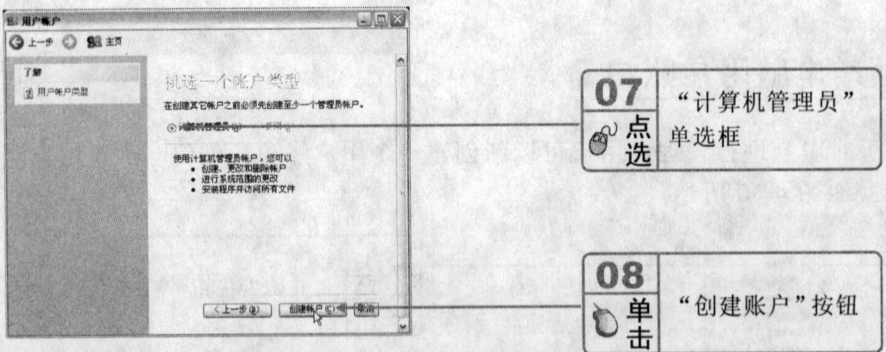


图 4-30　设置账户类型

创建好后用户即可在如图 4-31 所示的窗口中查看新用户账户。

图 4-31　创建好的新账户

**动 手 练 习** dongshoulianxi　创建一个新的用户账户。

## 4.7.2 更改用户账户

创建一个新账户之后，用户还可以对账户的名称、密码、图片、账户类型等内容进行更改，方法如图 4-32～图 4-38 所述。

**01** 单击“开始”按钮，打开“控制面板”窗口，单击“用户账户”图标，打开“用户账户”窗口。

图 4-32　更改用户账户

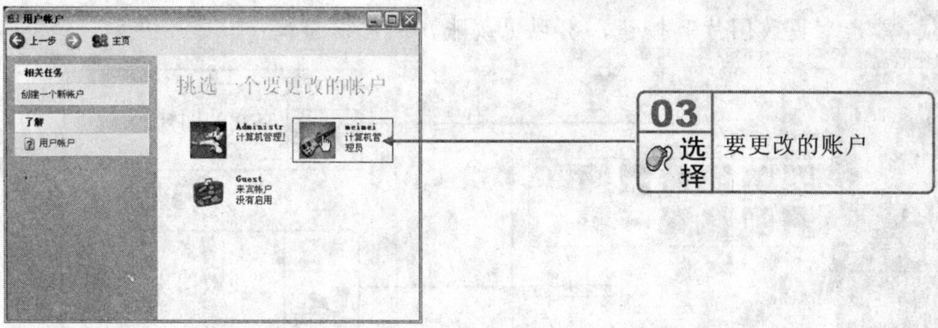


图 4-33　选择要更改的账户

图 4-34　更改名称

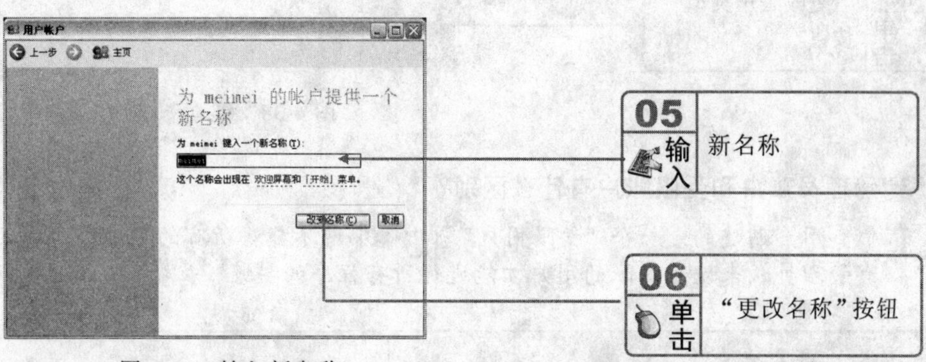


图 4-35　输入新名称

**07** 单击"用户账户"对话框中的"创建密码"按钮，出现创建账户密码窗口。

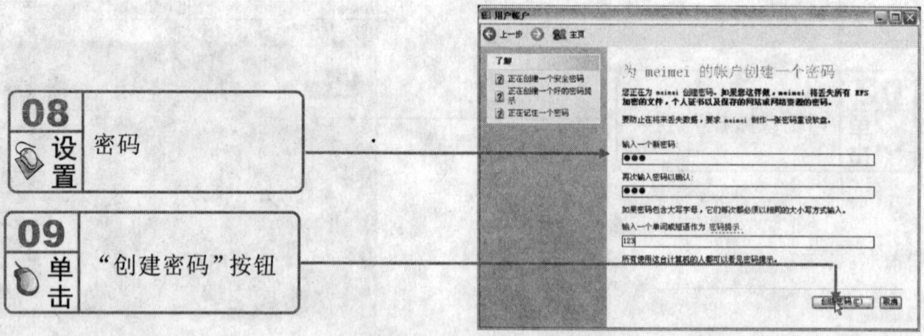


图 4-36　设置密码

**10** 单击“更改图片”按钮，出现更改账户图片窗口。

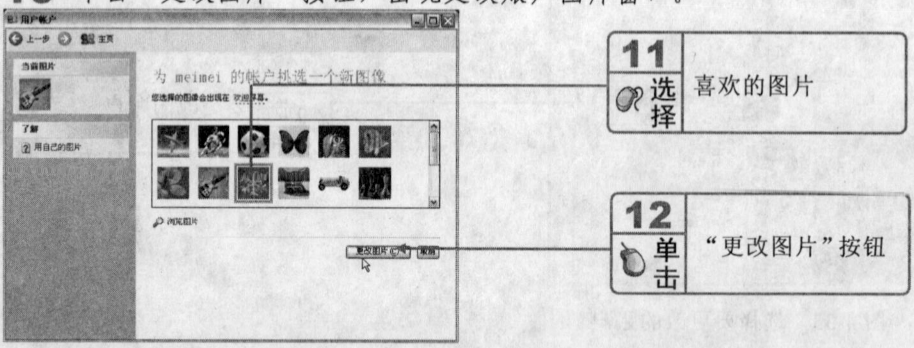


图 4-37　更改图片

**13** 单击“更改账户类型”按钮，出现更改账户类型窗口。

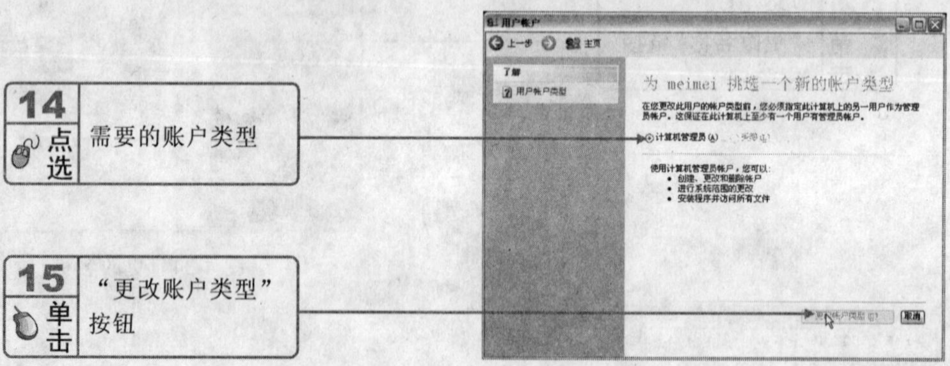


图 4-38　更改账户类型

**你问我答**

**管理员账户和受限账户有什么区别？**

假如用户创建的是一个“受限用户”账户，那就不能对所有的程序进行安装，指有管理员或未设置受限的用户才能进行所有程序的安装。

**02 小　测　试**

用户一般创建的是什么用户类型（　　）。
A. 受限用户　　B. 管理员用户

## 融会贯通 —创建并切换用户

每个电脑用户都会有一些自己经常用到的程序，如果是公用的电脑，那就会很不方便。为了更好地管理电脑的文件，我们可以新建用户账户，这样一来，每个账户都会有自己的个性设置空间了。如何创建新的用户账户并在各个用户账户之间快速切换呢？具体操作方法如下所述。

**01** 单击“开始”按钮，执行“开始”菜单中的“控制面板”命令，打开“控制面板”窗口。

**02** 双击“控制面板”窗口中的“用户账户”图标，打开“用户账户”窗口。

**03** 单击“创建一个新账户”链接。打开创建账户窗口，输入账户名，单击“下一步”按钮。进入选择账户类型窗口，如图4-39所示。

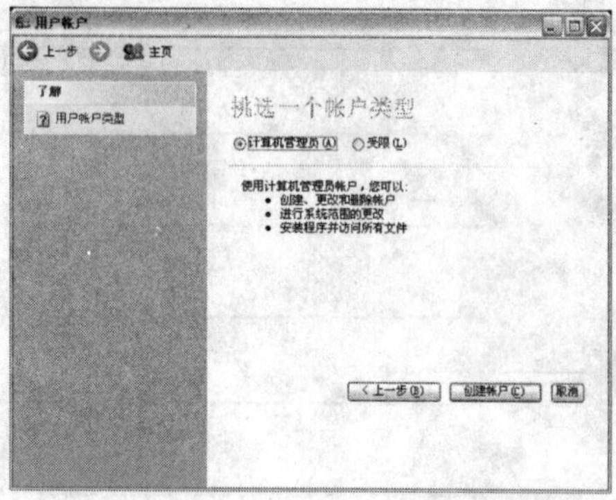


图4-39 选择账户类型

图4-40 创建的新账户

**04** 点选“计算机管理员”单选框，单击“创建账户”按钮。单击“创建账户”按钮后会出现如图4-40所示的窗口，窗口中多了一个新创建的账户名称。

**05** 单击“开始”按钮，在弹出的菜单中执行“注销”命令，如图4-41所示。

**06** 然后单击“切换用户”按钮，选择新用户的账户名即可。

图4-41 切换账户

## 阅读笔记 Note

年

月

日

小测试答案（请翻转阅读答案）

1. A　　2. B

Study

CHAPTER

【第 5 章】

# 软、硬件的管理

**内容导读**

1. 本章需要了解的概念：

   应用程序和硬件

2. 本章需要掌握的操作：

   安装、删除应用程序和硬件

3. 本章需要提高的内容：

   安装与卸载软件的技巧

05

## 5.1 添加和删除应用程序

各种操作系统都离不开对应用软件的支持，正是因为有了各式各样的软件，计算机才能发挥出它强大的作用。虽然 Windows XP 提供了许多诸如文字处理、图片编辑、媒体播放、游戏等应用程序，但这些远远不能满足专业用户的需要。在使用 Windows XP 操作系统的过程中，常常需要安装或删除应用软件。

### 5.1.1 安装应用软件

一般安装程序的目录中都有一个名为 Setup.exe 或 Install.exe 的可执行文件，将应用软件的安装光盘放入光驱后，安装程序一般都能自动运行并弹出安装向导界面，例如安装 Office XP 时，将弹出安装向导界面，如图 5-1 所示。用户可以根据这个安装向导顺利地安装程序。这类程序通常在安装中要在 Windows 注册表中注册，安装完成后会在“开始”菜单中生成快捷启动选项，有时还会在桌面创建快捷方式。

图 5-1　Office XP 安装向导界面

**你问我答**

**安装应用程序有些什么方法？**

安装应用程序一般有两种方法：第 1 种是在光驱或软驱中利用安装盘直接安装；第 2 种是通过“添加或删除程序”来安装。

用户还可以使用“添加或删除程序”对话框左侧的“添加新程序”按钮来安装应用程序。具体操作方法如图 5-2～图 5-5 所示。

**01** 在“开始”菜单中，选择“控制面板”，打开 “控制面板”窗口。

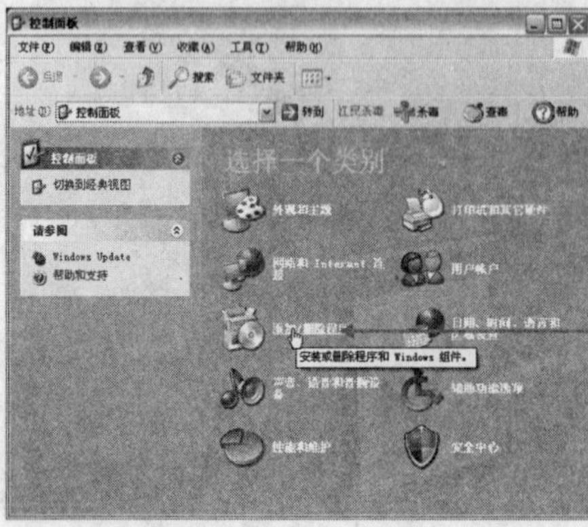


**02** 单击 “添加/删除程序”图标

图 5-2　“控制面板”窗口

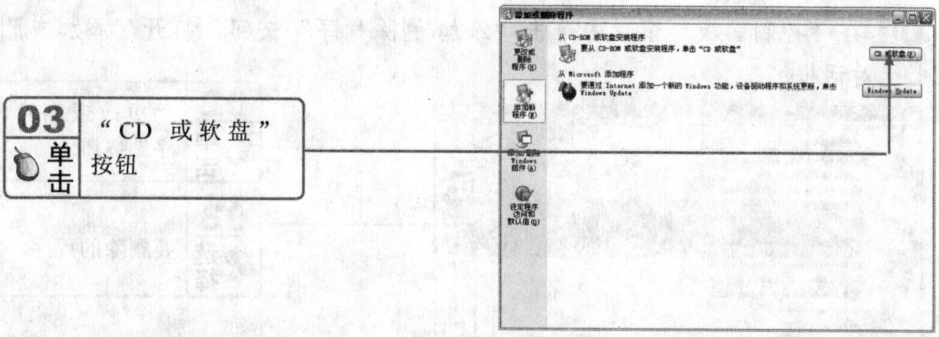


图 5-3　单击“添加新程序”按钮后的对话框

图 5-4　“从软盘或光盘安装程序”对话框

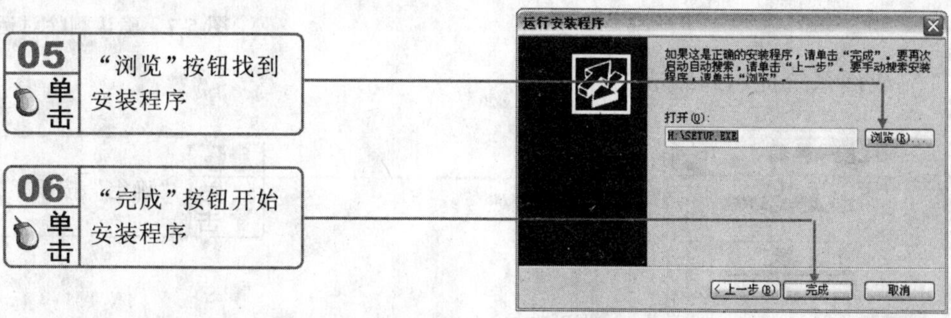


图 5-5　“运行安装程序”对话框

**你问我答**

**单击“Windows Update”按钮有什么作用？**

在连接到 Internet 上的情况下用户单击“Windows Update”按钮可以利用网络添加 Windows 新功能、设备驱动程序和进行系统更新。

**01 小　测　试**

在 Windows XP 安装了应用程序后，默认情况下可在（　　）找到并打开该程序。

A. 桌面　　B. “开始”菜单　　C. 任务栏通知区　　D. 快速启动区

## 5.1.2　删除应用软件

如果某软件长时间都不使用，或者该软件出现了问题，用户可以选择将其从计算机中卸载。下面看看在 Windows XP 中如何删除应用程序，如图 5-6～图 5-8 所示。

**01** 在“控制面板”窗口中单击“添加/删除程序”按钮，打开“添加或删除程序”对话框。

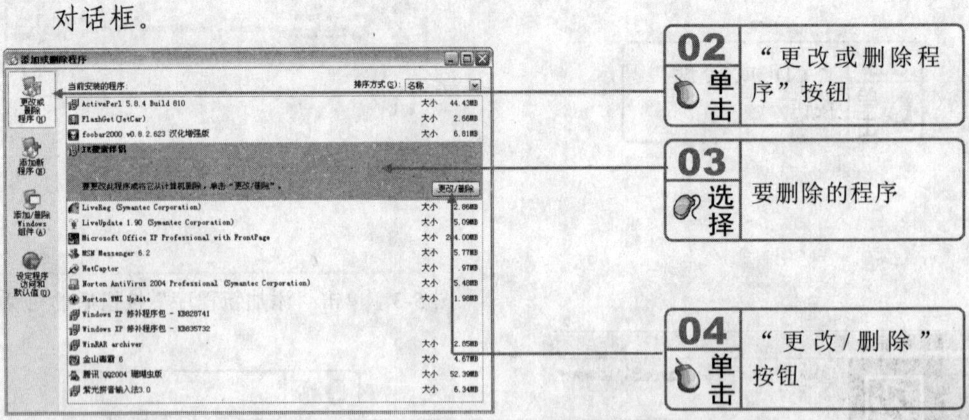


图 5-6 “添加或删除程序”对话框

图 5-7 确认删除对话框

完成后系统提示卸载成功。

图 5-8 卸载成功提示框

使用上述的删除程序方法，一般可以删除用户计算机中所安装的大部分应用软件，但在实际使用过程中，有些软件在安装时不在 Windows 系统中注册，我们在“添加/删除程序”中将看不到这些文件，当然也不可能通过“添加/删除程序”对话框来删除这些程序了。

此时，用户如果需要删除这些程序，要靠手工来进行。首先要删除该程序在安装时所创建的目录及其所有文件，一般软件会向 Windows 的注册表中写信息，还会向系统中安装一些支持文件，这就需要用户利用经验和方法找到这些废弃文件，从而彻底地删除它们。

## 5.1.3 安装和删除 Windows 组件

如果用户需要安装 Windows XP 没有完全安装的 Windows 组件，则需要通过“控制面板”中的“添加/删除程序”来安装。具体操作方法如图 5-9～图 5-11 所示。

**01** 在“开始”菜单中，选择“控制面板”，打开“控制面板”窗口。

**02** 在“控制面板”中，单击“添加/删除程序”图标，打开“添加/删除程序”对话框。

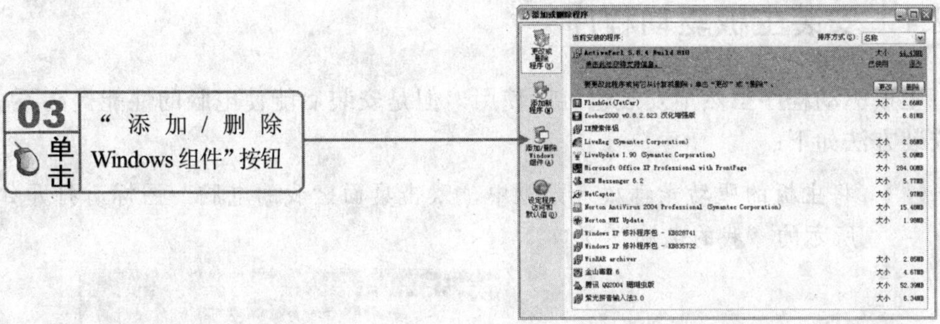


图 5-9 “添加/删除程序”对话框

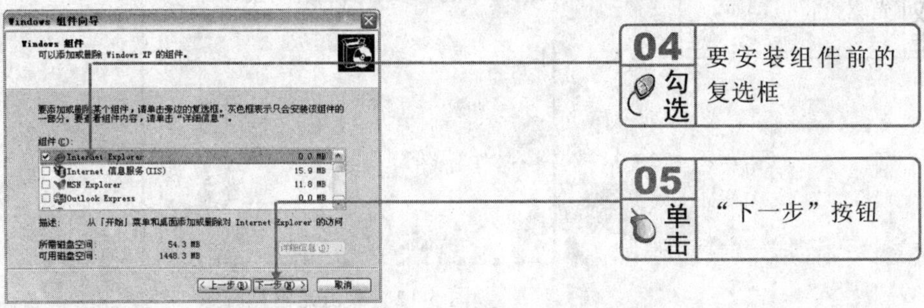


图 5-10 “Windows 组件向导”对话框

双击“Windows 组件向导”对话框“组件”列表中的相关组件，还可以进一步查看这个组件的子项目。

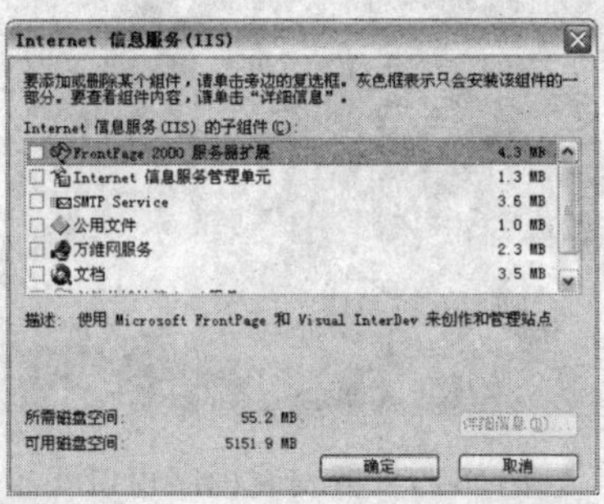

图 5-11 查看选定组件的子项目

如果要删除 Windows 组件，只须在打开的“Windows 组件向导”对话框中，将要删除组件前面的钩取消，单击“下一步”按钮即可删除该组件。

## 5.2 硬件驱动程序的安装

虽然 Windows XP 为用户提供了极具人性化的服务，系统装好后，能认识大部分硬件，并为它们安装驱动程序。但 Windows XP 也不是万能的，不少硬件它都不认识，而且 Windows XP 安装的驱动，只能让硬件可以工作，要发挥硬件的最佳性能，必须为其安装特定的驱动程序。

## 5.2.1 安装主板驱动程序

主板驱动程序虽然不安装也可以使用，但是安装后能使电脑的性能提高不少，具体的安装方法如下：

**01** 将主板的驱动光盘放入光驱中，双击桌面“我的电脑”图标，打开如图 5-12 所示的“我的电脑”窗口。

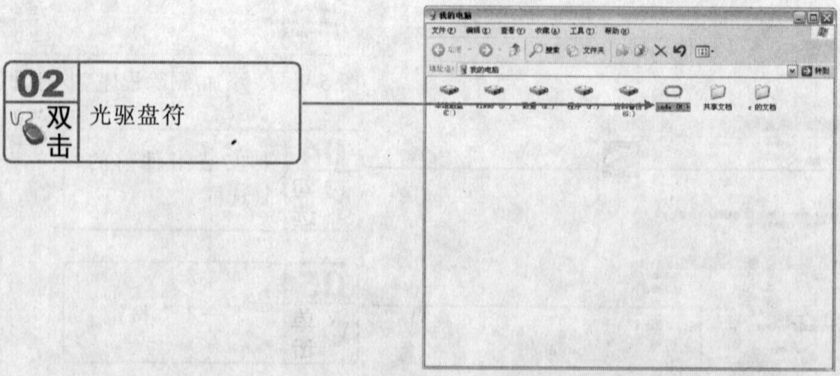


图 5-12　双击光驱盘符

**03** 打开主板安装程序窗口，如图 5-13 所示。

图 5-13　板安装程序窗口

**04** 单击相应的驱动程序图标，即可完成主板驱动程序的安装。

**你问我答**

**如何启动主板驱动的安装程序？**

如果安装盘具有自动运行功能，将启动安装程序。否则，进入光盘目录，双击“Setup”图标，启动安装程序。一般主板驱动光盘中包含有许多驱动程序和实用程序。

如果使用 VIA 芯片组的主板，则需安装随主板光盘“4 in 1（4 合 1）”软件中的类似驱动程序。不过，由于光盘带的“4 in 1”驱动版本都比较旧，最好上网下载最新的“4 in 1”驱动，以便得到更好的性能。

在安装了上述驱动程序后，电脑的性能特别是硬盘传输性能会有明显的提升。

**你问我答** **对 Intel 芯片组的主板来说，要安装的驱动程序主要有哪些？**

对 Intel 芯片组的主板来说，要安装的驱动程序主要有两个（以使用 815 芯片组的主板为例，使用其他芯片组的主板也有类似的驱动程序）：

- Intel INF update：芯片组驱动程序。
- Intel Ultra ATA Storage Driver：IDE 硬盘驱动程序。

## 5.2.2 安装其他驱动程序

要安装其他驱动程序，可以通过 Windows XP 的“设备管理器”窗口下来查看硬件信息，具体步骤如图 5-14～图 5-16 所示。

**01** 右键单击“我的电脑”，弹出快捷菜单。

图 5-14　快捷菜单

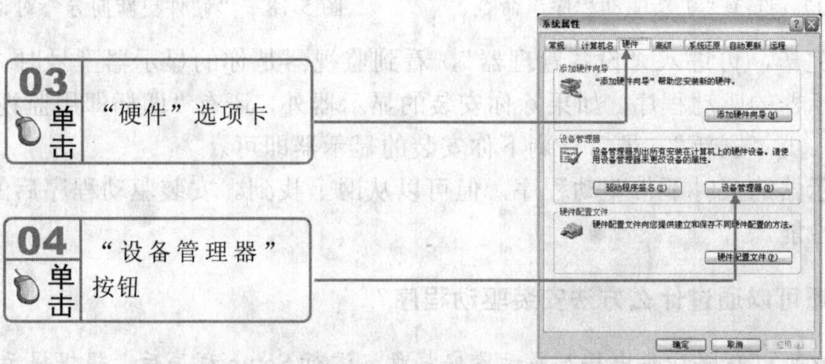


图 5-15　“硬件”选项卡

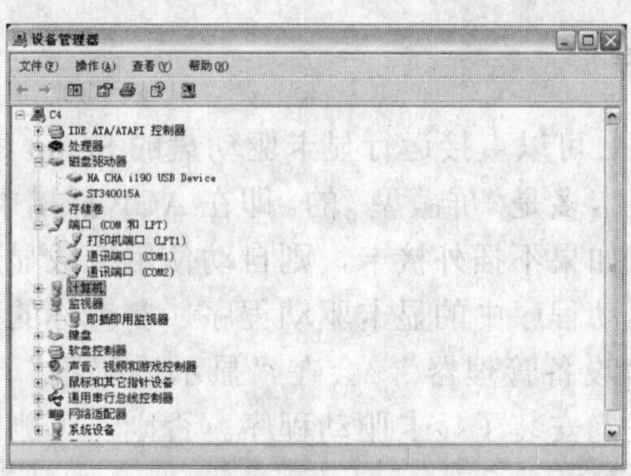


图 5-16　“设备管理器”窗口

### 1. 安装显示器驱动程序

在图 5-16 中单击“监视器”左边的“+”，出现目前本机的显示器型号。如果是“即插即用监视器”，表明 Windows 不知道你的显示器型号，安装了一个通用显示器驱动程序。该驱动程序可用于大多数显示器，但不是最佳的。如果你没有显示器的驱动程序，或者不知道显示器的型号、性能，可以使用它，但显示器的垂直刷新率往往不高。

如果知道显示器的性能（主要是分辨率和垂直刷新率），但没有驱动程序，可以选择一个与显示器性能相近的显示器，安装它的驱动程序即可。

如果有显示器驱动程序，可在“设备管理器”中先单击选中“即插即用监视器”，然后单击“更新驱动程序”命令，如图 5-17 所示。

接着，在打开的“硬件更新向导”对话框中，根据提示完成显示器驱动的安装，如图 5-18 所示。

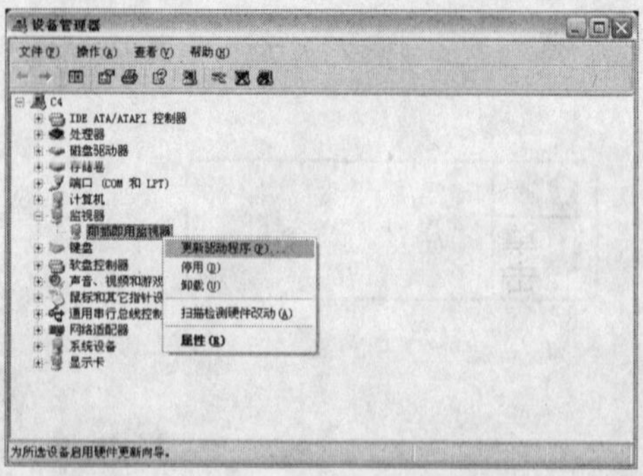

图 5-17 选择“更新驱动程序”命令

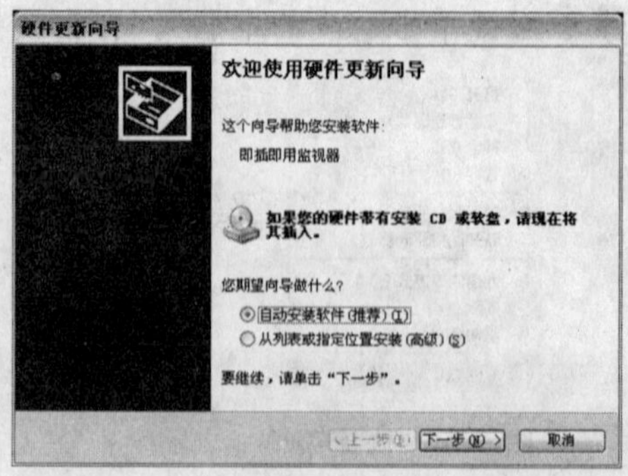


图 5-18 “硬件更新向导”对话框

当安装完毕，再进入“设备管理器”，看到监视器是你的显示器型号时，表明已正确安装了显示器的驱动程序。如果除你安装的显示器外，还有“即插即用监视器”，必须“删除”它，再“刷新”，最后只剩下你安装的显示器即可。

有些显示器购买时不带驱动程序，但可以从网上找到。安装驱动程序后的显示器更能发挥它的性能。

**你问我答**

**还可以通过什么方法安装驱动程序？**

也可以在驱动器中插入显示器安装盘，运行 Setup 程序后，根据提示进行安装。

### 2. 安装显卡驱动程序

显卡都带有驱动程序。可以直接运行显卡驱动盘的 Setup 程序，根据提示进行安装。

目前整合主板上的显卡多是“屏蔽型”的。即在 AGP 插槽中插入另外购买的显卡时，会自动屏蔽掉板载显卡，如果不插外接卡，则自动使用板载显卡。如果要使用整合板上的显卡，必须安装主板驱动程序中的显卡驱动程序（参考你的主板说明书）。

安装完毕后，进入“设备管理器”，会在“显示适配器”下看到显卡型号。如果与你的显卡一致，表明已正确安装了显卡驱动程序。否则，可删除它，刷新后再根据提示进行安装。

### 3．安装声卡驱动程序

如果使用的是整合主板，并使用整合的声卡，需要安装主板驱动盘带的声卡驱动程序。

进入光盘目录（如果自动运行则不必进入光盘目录），然后右键单击光驱盘符，“打开”以便添加必要的驱动文件，在主板说明书上可以找到声卡驱动程序路径。在安装过程中要求插入 Windows 的安装盘，可以通过“浏览”，在 Windows 安装盘的目录下找到它们。

如果使用的是独立声卡，应在断电情况下，将声卡插入一个 PCI 插槽，然后开机。系统会发现新硬件，此时在驱动器中插入声卡的驱动盘，按提示即可完成对声卡的安装。安装完毕后，可以单击“设备管理器\声音、视频和游戏控制器”左边的“+”号，看到新装的声卡。有些声卡驱动程序还会在“设备管理器”中添加一些项目。如果安装的声卡项目中有“x”“?”“!”等符号，表明安装有问题，应将其“删除”后重新安装。

你问我答

**是否所有的硬件都可以通过上述的方法进行安装？**

一些硬件（如某些声卡、显卡、打印机等）除提供驱动程序外，还提供一些便于使用它们的应用程序。对于这类驱动程序，要从安装盘的 Setup 进行安装。

### 4．安装 Modem 驱动程序

断电情况下，将 Modem 连接到串口，然后开启它的电源。

开机后系统会发现新硬件，此时在驱动器中插入 Modem 的驱动盘，按提示即可完成安装。安装完毕后，可以在“设备管理器”中发现“调制解调器”项目。单击左边的“+”号，会看到 Modem 信息。如果项目左边有“x”“?”“!”等符号，应“删除”它，“刷新”后重新安装。

至此，我们完成了主板、显示器、显卡、声卡等常规硬件驱动程序的安装。如果还有其他硬件，如扫描仪、打印机等，都可参照上述方法一件一件地进行安装。安装完所有硬件驱动程序后，再进入“设备管理器”，应看不到任何条目带“x”、“?”、“!”符号，否则，应重新安装有问题的设备。

你问我答

**如果要从网上获得硬件的驱动程序，有哪些比较可靠的途径呢？**

关于各硬件的驱动程序，读者可以使用随相应硬件光盘附带的驱动程序，也可以随时到网上下载最新版本的驱动程序，这里向大家推荐几个硬件产品比较全的驱动程序下载网站。

驱动之家：http://www.mydrivers.com

硬件驱动：http://wz163.at.china.com

华军软件园：http://gwbn.onlinedown.net

**02 小 测 试**

哪些硬件的驱动程序是必须安装的（　　）。

A．显卡　　B．声卡　　C．网卡　　D．主板

## 5.3 查看硬件资源信息

用户要管理自己计算机的硬件资源，首先应熟悉“系统属性”和“设备管理器”。通过“系统属性”和“设备管理器”对话框，可以了解关于计算机系统的一些基本信息，包括处理器类型、内存的大小、显示适配器等。

### 5.3.1 通过“系统属性”查看

用户可以按照下面的步骤，打开“系统属性”对话框：

**01** 打开 Windows XP 的“开始”菜单，选择“控制面板”，打开“控制面板”窗口。

**02** 在“控制面板”中，选择“性能和维护”选项，打开如图 5-19 所示的“性能与维护”窗口。

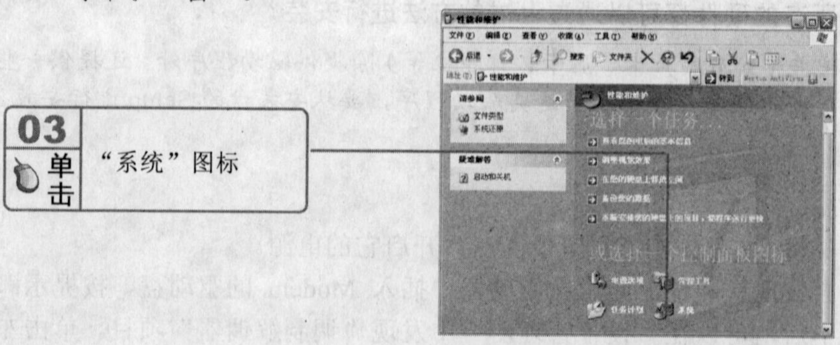


图 5-19 “性能与维护”窗口

“系统属性”对话框由 7 个选项卡组成，分别是：“常规”、“计算机名”、“硬件”、“高级”、“系统还原”、“自动更新”和“远程”。下面介绍几个重要选项卡的作用：

（1）“常规”选项卡

显示了关于计算机系统的一些基本信息，包括系统版本、用户注册名、中央处理器（CPU）、主频和内存大小，如图 5-20 所示。

（2）“计算机名”选项卡

显示了计算机名称、描述和工作组，用户可以更改计算机的描述和名称，也可以更改其网络标识，如图 5-21 所示。

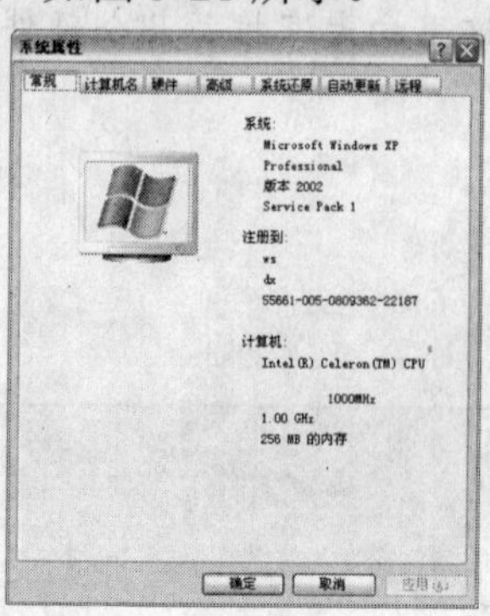

图 5-20 “常规”选项卡

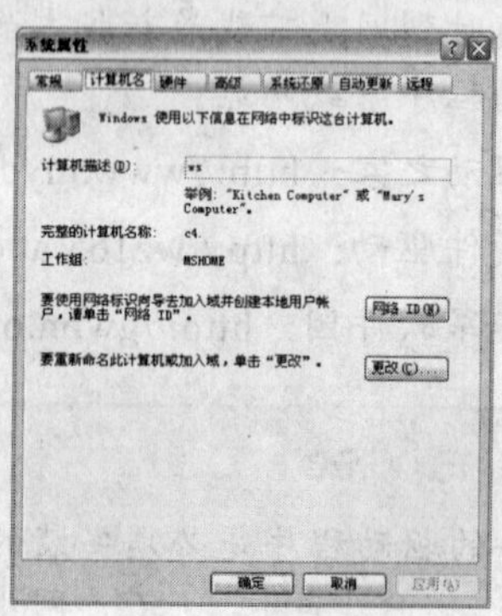

图 5-21 “计算机名”选项卡

(3)“硬件”选项卡

Windows 为用户添加硬件提供了向导，用户可以通过它访问设备管理器，可以添加新的硬件设备，还可以为硬件配置文件，如图 5-22 所示。

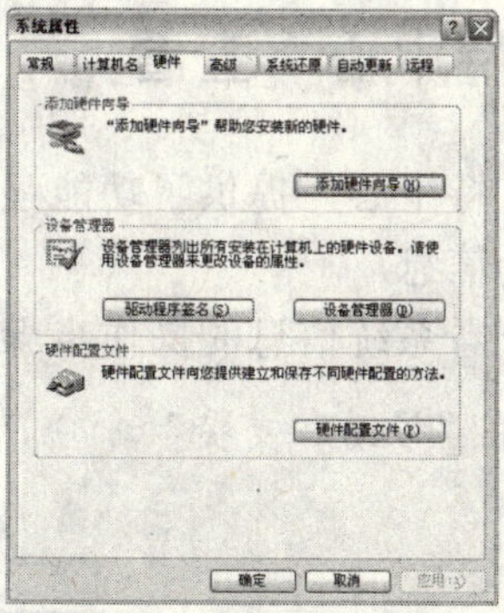


图 5-22 “硬件”选项卡

## 5.3.2 通过“设备管理器”查看

用户如需进一步对自己计算机的硬件设备进行了解和管理，可在“系统属性”对话框的“硬件”选项卡中单击“设备管理器”按钮，打开“设备管理器”窗口，如图 5-23 所示。

在“设备管理器”窗口中，显示了当前已经安装在计算机上的所有硬件，用户要查看某一具体的硬件条目，可单击类别名称前的“+”号。

设备管理器使用小图标来标识不能正常工作的硬件设备，主要使用的标识有三种：红色的 X 标记、问号（？）、感叹号（!），各种标识所表示的含义为：

（1）停用设备：用红色的 X 标记，指该设备能够正常运转，但目前已被停用。

（2）未知设备：用问号（？）标记来表示，即 Windows XP 不能识别的硬件设备，因此无法使用该设备。

（3）问题设备：用感叹号（!）标记来表示，指 Windows XP 能识别安装该硬件，但该设备无法正常运转。

在“设备管理器”窗口中，可以选中每个具体的硬件，然后单击鼠标右键，在弹出的快捷菜单中选择“属性”命令，打开该设备的“属性”对话框，如图 5-24 所示。

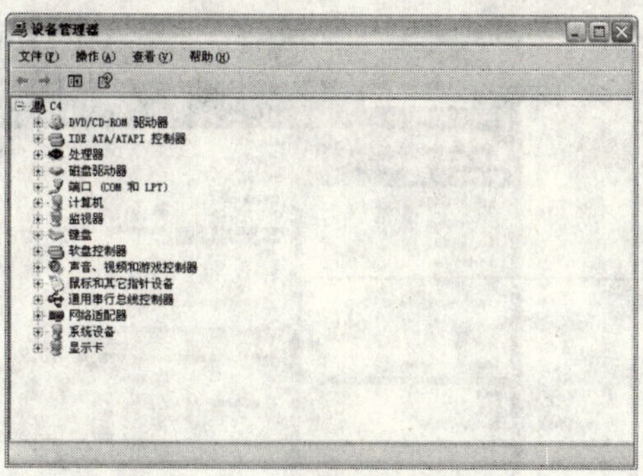


图 5-23 “设备管理器”窗口

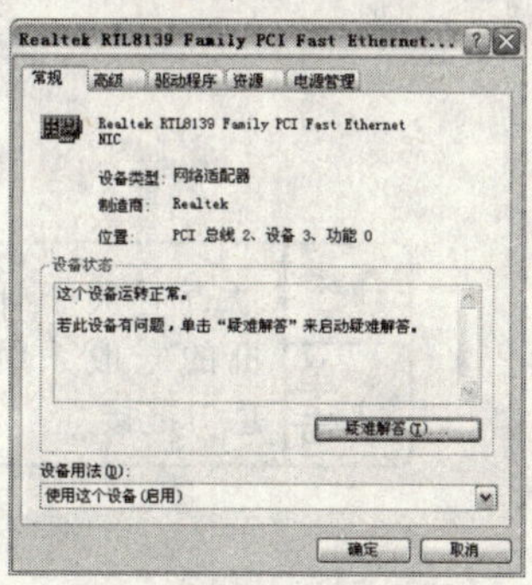


图 5-24 设备的“属性”对话框

在设备“属性”对话框中，可以查看该设备的状态、更新驱动程序等。一般情况下，用户可以通过“属性”对话框中的选项来处理有故障的设备。

## 5.3.3 通过“帮助和支持中心”查看

Windows XP 的“帮助和支持中心”提供了功能强大易于使用的系统查看工具，通过它可以查看到详细的系统帮助信息。

通过“帮助和支持中心”查看系统信息的操作步骤如下：

**01** 在“开始”菜单中选择“帮助和支持”命令，打开“帮助和支持中心”窗口，如图 5-25 所示。

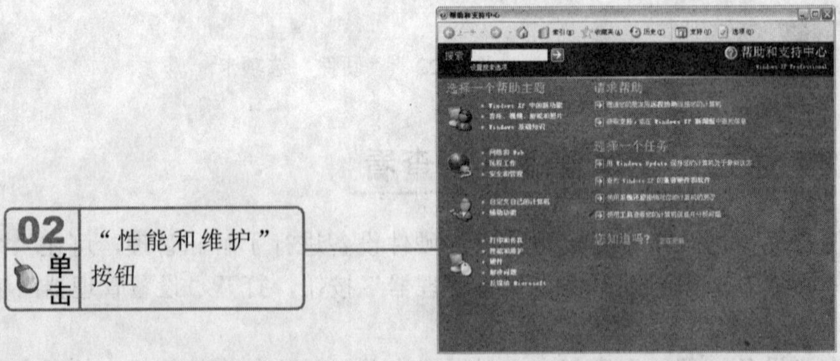


图 5-25 “帮助和支持中心”窗口

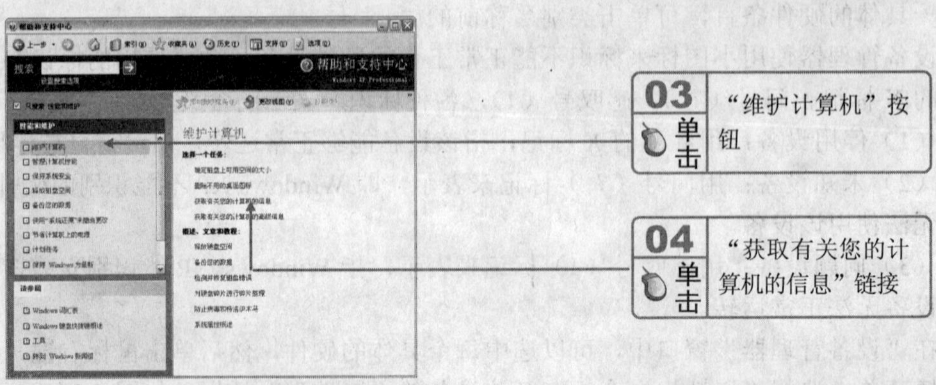


图 5-26 “性能和维护”帮助窗口

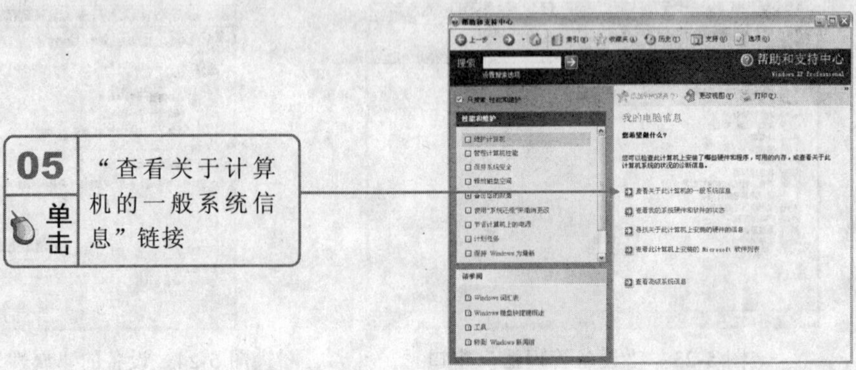


图 5-27 “我的电脑信息”窗口

打开“我的电脑信息·常规”窗口，可以看到计算机的操作系统、内存、CPU、硬盘等一般信息，如图 5-28 所示。

**06** 单击“查看我的系统硬件和软件的状态”链接按钮，在弹出的窗口中可以查看系统中设备驱动程序、系统软件、硬件设备以及内存状态信息，如图 5-29 所示。

图 5-28 “我的电脑信息·常规”窗口

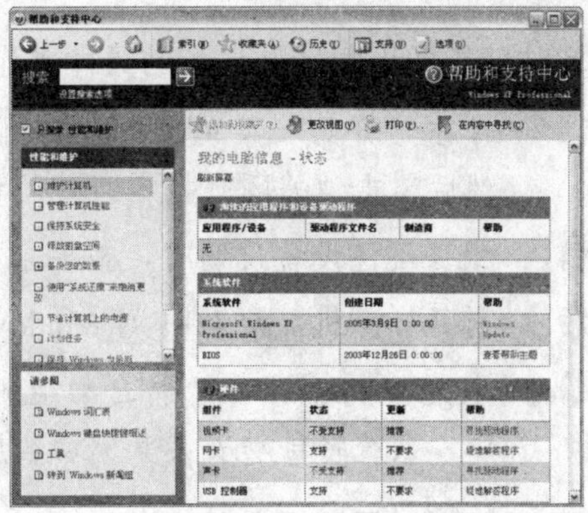


图 5-29 “我的电脑信息·状态”窗口

## 5.4 硬件管理

Windows XP 拥有强大的即插即用功能，用户只需要将符合即插即用使用规范的硬件设备正确连接到计算机上，便可以直接使用这些硬件设备了。

### 5.4.1 硬件概述

计算机硬件设备大体可分为两类，即外置设备和内置设备。外置硬件设备是诸如调制解调器、鼠标、键盘、显示器、扫描仪、数码相机等物理实体，这些设备须通过电缆或插槽与计算机连接起来。内置硬件包括诸如磁盘驱动器、处理器、内存和各类扩展卡之类的设备，这些设备都是插接在主板的特定插槽中的，若不是专业技术人员，最好不要随意插拔这些设备。

Windows XP 支持 USB（通用串行总线）接口，使用 USB 设备时应该注意以下几点：

（1）关闭计算机中所有打开了的程序和窗口。

（2）将 USB 设备正确插入 USB 接口。

（3）注意任务栏上的通知区域出现的消息。

一般情况下，USB 设备连接到计算机后，不用安装驱动程序，就可以使用该设备了。对于非 USB（或 IEEE1349）接口的外置设备，安装过程可能就会复杂一些，因为需要安装相应的驱动程序。

## 5.4.2 添加硬件设备

硬件的安装可按硬件设备的具体情况分为两种：即插即用型硬件设备的安装和非即插即用型硬件设备的安装。

### 1. 即插即用型设备的安装

安装即插即用型硬件设备的具体操作步骤如下：

**01** 单击“开始”菜单中的“关闭计算机”命令，打开“关闭计算机”对话框，然后单击“关闭”按钮，关闭计算机。

**02** 根据硬件设备说明书，按要求将硬件设备正确连接到计算机上。

**03** 打开计算机，启动中文 Windows XP 操作系统。

**04** 中文 Windows XP 将自动检测到新的即插即用型设备，如果该设备有驱动程序，系统将自动安装其驱动程序。

### 2. 非即插即用型设备的安装

安装非即插即用型设备的具体操作方法如下：

**01** 关闭计算机，按照所安装硬件设备的说明书，将新的硬件设备正确地连接到计算机上，然后重新打开计算机。

**02** 单击“开始”菜单中的“控制面板”选项，打开“控制面板”窗口。

**03** 单击“打印机和其他硬件”选项，打开“打印机和其它硬件”窗口，如图 5-30 所示。

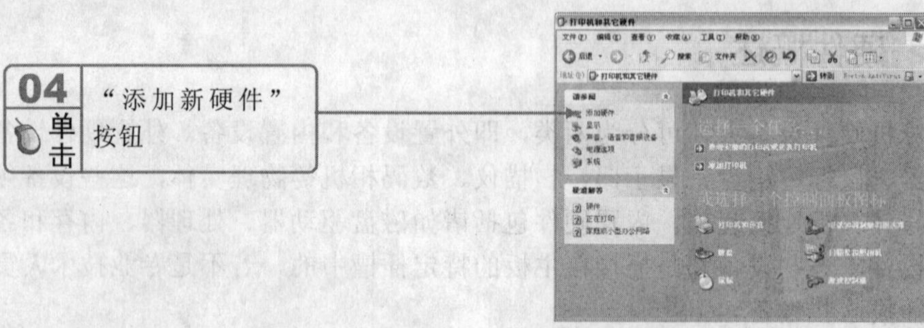


图 5-30 “打印机和其它硬件”窗口

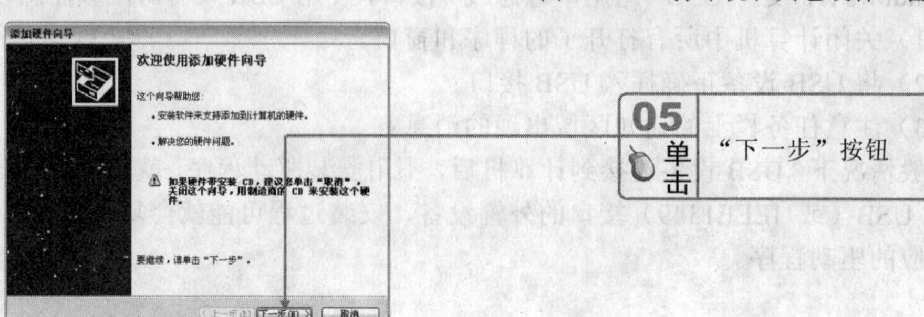


图 5-31 添加硬件向导之一

单击“下一步”按钮，计算机将搜索等待安装的硬件设备。如果搜索到新的硬件设备，“添加硬件向导”会显示出搜索到的新硬件设备，插入该设备附带的安装软盘或光盘，向导可自动搜索其驱动程序。如果没有检测到新的即插即用型设备，则自动进入添加硬件向导之一，如图 5-32 所示。

如果要添加的硬件在“已安装的硬件”列表框中，选择该设备选项。这里以要添加不在此列表框中的硬件为例，单击列表框中的“添加新的硬件设备”选项，如图 5-33、图 5-34 所示。

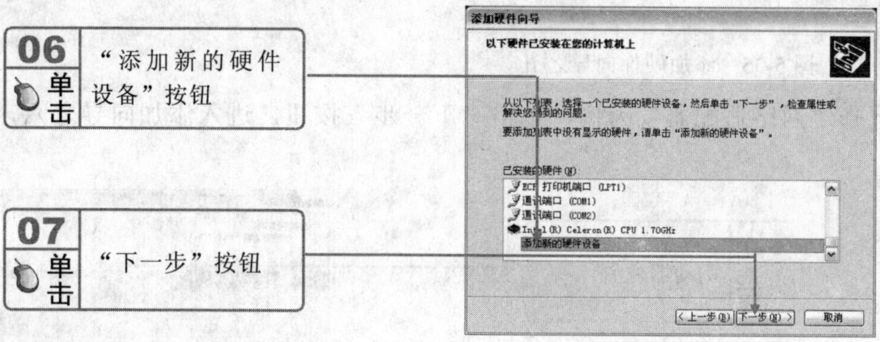


图 5-32　添加硬件向导之二

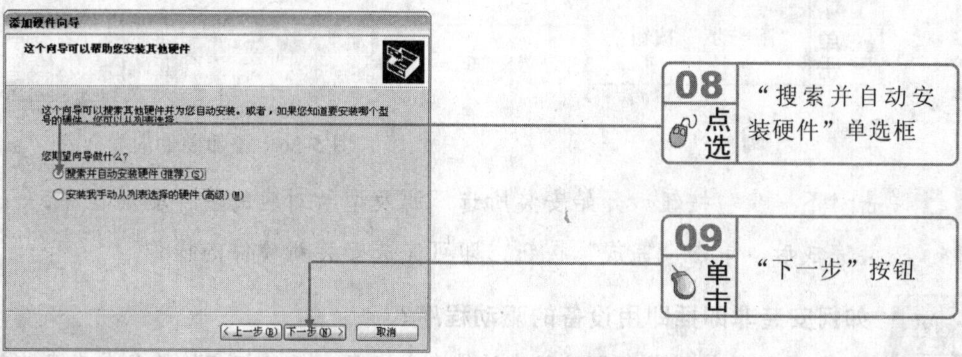


图 5-33　添加硬件向导之三

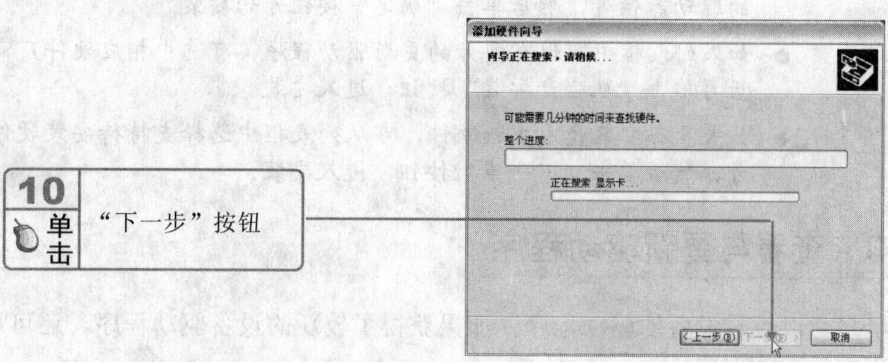


图 5-34　添加硬件向导之四

如果单击“安装我手动从列表选择的硬件”单选项，并单击“下一步”按钮，则直接进入添加向导之五，准备手动选择要安装的硬件类型，如图 5-35 所示。

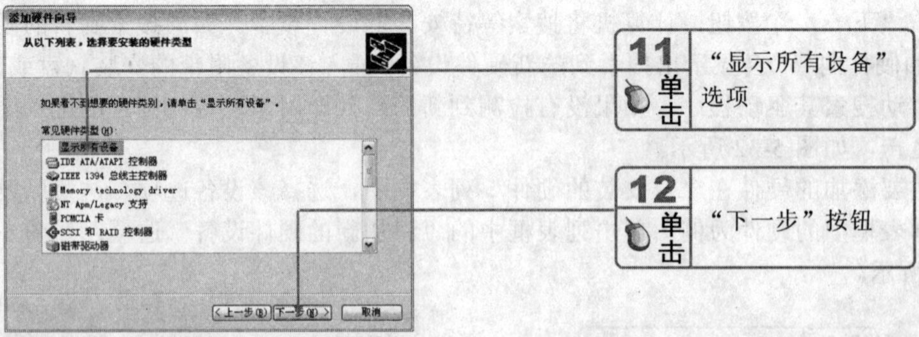


图 5-35　添加硬件向导之五

选择“网络适配器”为例，单击“下一步”按钮，进入添加向导之六，如图 5-36 所示。

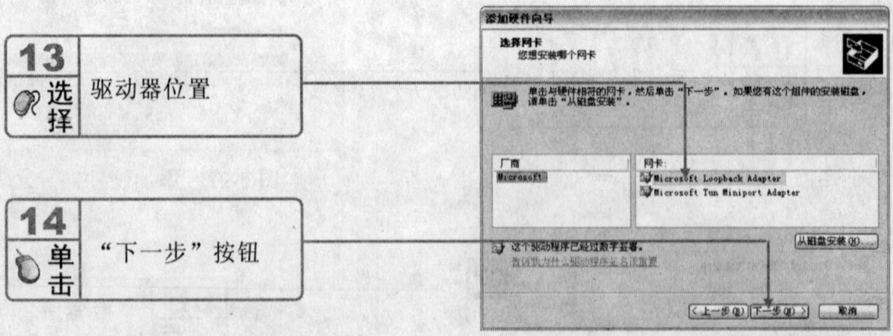


图 5-36　添加硬件向导之六

**15** 单击“下一步”按钮，开始安装所选厂商及型号对应的硬件驱动程序。

**16** 安装完成后，单击“完成”按钮，即可完成安装新硬件的操作。

你问我答

**如何安装非即插即用设备的驱动程序？**

- 如果该硬件附带有驱动程序的软盘或光盘，插入相应的软盘或光盘，然后单击“从磁盘安装”按钮，在打开的“从磁盘安装”对话框中指定安装盘所在的驱动器位置，然后单击“确定”按钮开始安装。
- 如果列表框中有现有型号的更新驱动程序，可选中相应硬件厂商及型号，然后再单击“从磁盘安装”按钮，进入安装。
- 如果没有安装盘或更新软件，可从列表框中选择支持待安装硬件的厂商及型号，然后单击“下一步”按钮，进入安装。

## 5.4.3　查看与更新驱动程序

用户可以查看设备的驱动程序，如果获得了较新的设备驱动程序，还可以更新硬件设备原来的驱动程序。

### 1. 查看设备驱动程序

以网络适配器为例，如果要查看设备原来的驱动程序，可执行以下操作：

**01** 在“设备管理器”窗口中，用鼠标右键单击要查看的设备——网络适配器，并从快捷菜单中选择“属性”命令选项或者直接双击该设备图标打开如图 5-37 所示的“属性”对话框。

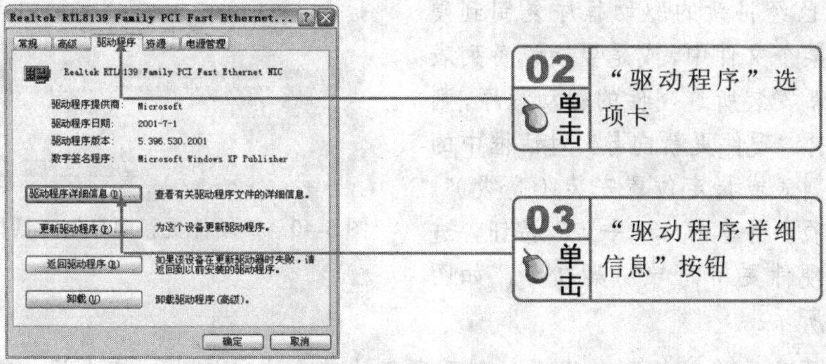


图 5-37　设备“驱动程序”选项卡

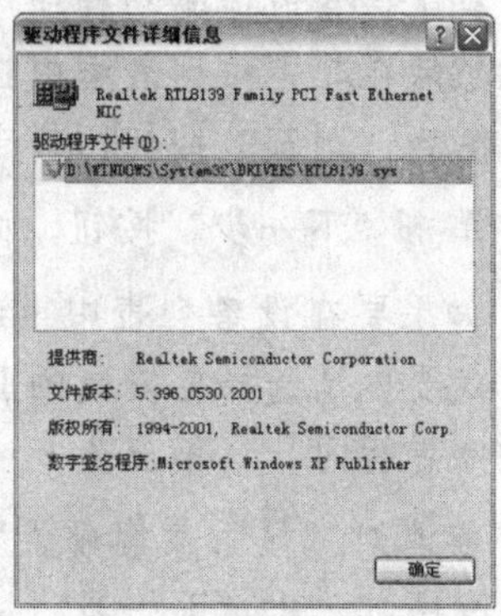

图 5-38　“驱动程序文件详细信息”对话框

在“驱动程序”选项卡中，显示了该驱动程序的提供商、驱动程序的日期和版本以及数字签名程序。单击“驱动程序详细信息”按钮，可以打开如图 5-38 所示的“驱动程序文件详细信息”对话框，可以看到更多有关驱动程序的信息，其中包括该驱动程序在硬盘的位置和文件名等。

### 2．更新设备驱动程序

更新设备驱动程序的具体操作方法如下：

**01** 打开“设备管理器”对话框，选中需要更新驱动程序的设备。

**02** 鼠标右键单击该设备，在弹出的对话框中选择“属性”命令，打开该设备的“属性”对话框，再选择“驱动程序”选项卡。

**03** 单击“驱动程序”选项卡中的“更新驱动程序”按钮，打开如图 5-39 所示的“硬件更新向导”对话框，插入有该设备升级驱动程序的软盘或光盘。

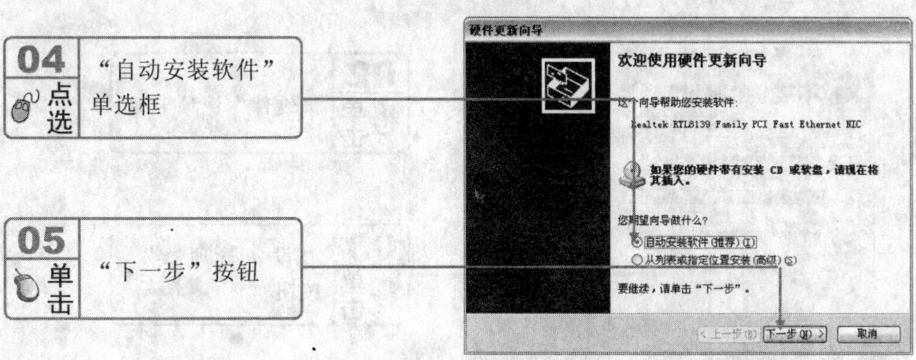


图 5-39　“硬件更新向导”对话框

向导将开始在各个驱动器搜索并安装该设备的更新驱动程序。单击“完成”按钮即可完成升级工作。

**06** 如果已经将新的驱动程序复制到硬盘的某个文件中，或是要在设备列表中重新安装所选硬件的驱动程序，则应选择“硬件更新向导”对话框中的“从列表或指定位置安装（高级）”单选项，再单击“下一步”按钮，进入“硬件更新向导”第二步，如图5-40所示。

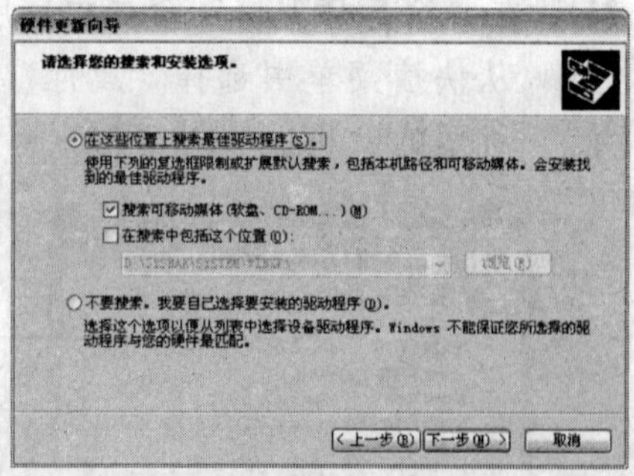

图 5-40 “硬件更新向导”对话框之二

**07** 如果用户已将新的驱动程序复制到硬盘的某个文件夹中，应选择“在这些位置上搜索最佳驱动程序”单选按钮，再选中“在搜索中包括这个位置”复选框，然后在其下拉列表框中选择更新驱动程序所在的位置，或者单击下拉列表框右侧的“浏览”按钮，确定其位置。

**08** 单击“下一步”按钮，向导将开始搜索并安装该设备的更新驱动程序。

**09** 如果要在设备列表中重新安装所选硬件的驱动程序，则应选择“不要搜索，我要自已选择要安装的驱动程序”单选项，然后单击“下一步”按钮，进入“硬件更新向导”第三步。

**10** 取消对“显示兼容硬件”复选框的勾选。在设备列表框中选择待安装的驱动程序，单击“下一步”按钮，开始安装。

## 5.4.4 删除硬件设备

从计算机中卸下硬件设备后，应及时卸载该设备的驱动程序，以免造成不必要的系统冲突或误操作。从计算机中卸载设备驱动程序的具体操作方法如图5-41～图5-45所示。

**01** 鼠标右键单击“我的电脑”，在打开的快捷菜单选择“属性”命令，打开“系统属性”对话框。

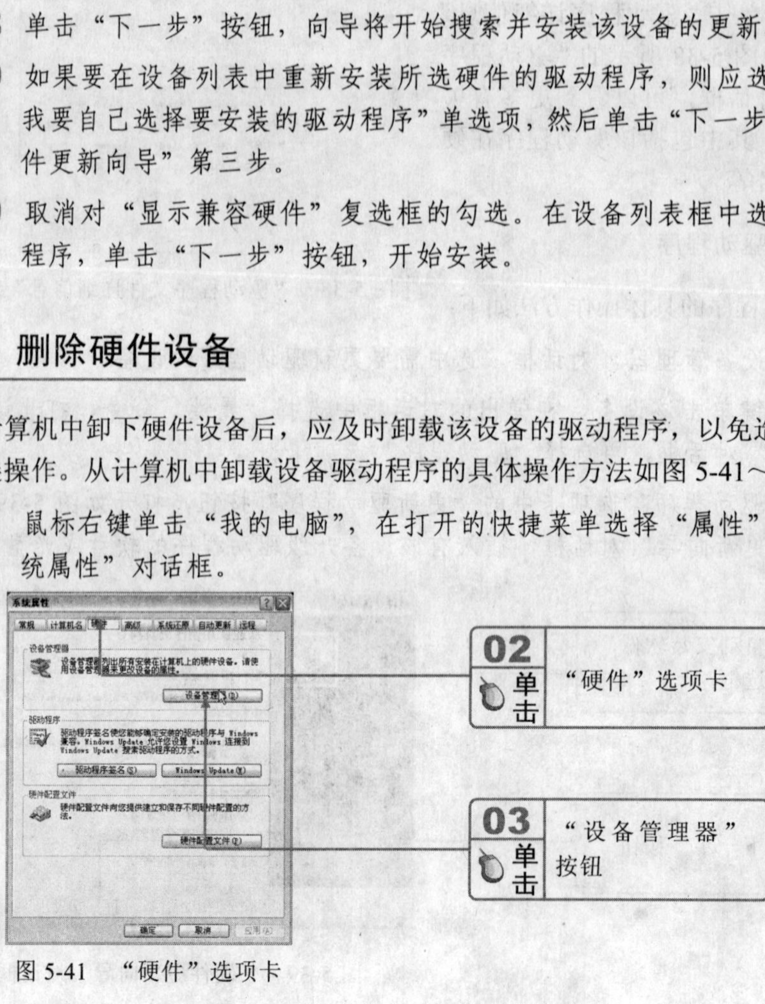


图 5-41 “硬件”选项卡

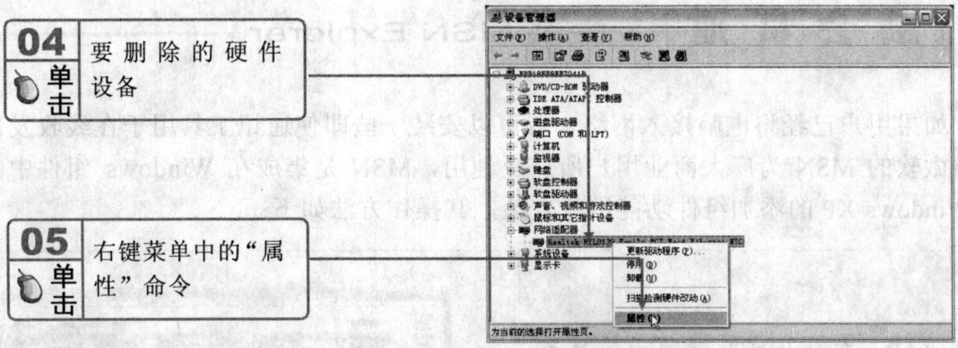


图 5-42 “硬件”选项卡

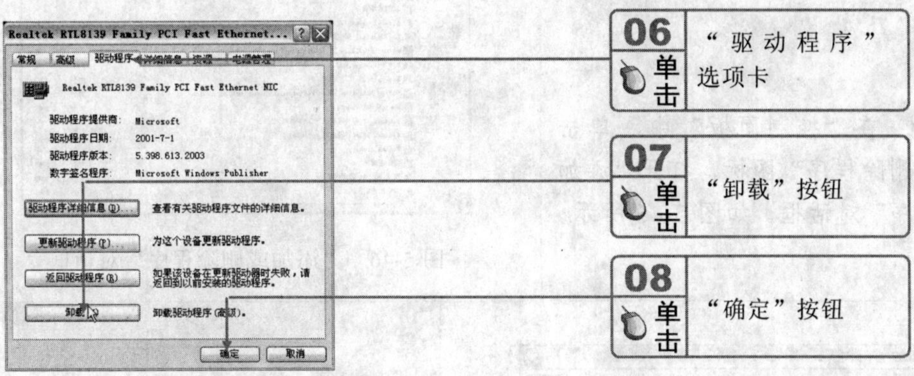


图 5-43 “驱动程序”选项卡

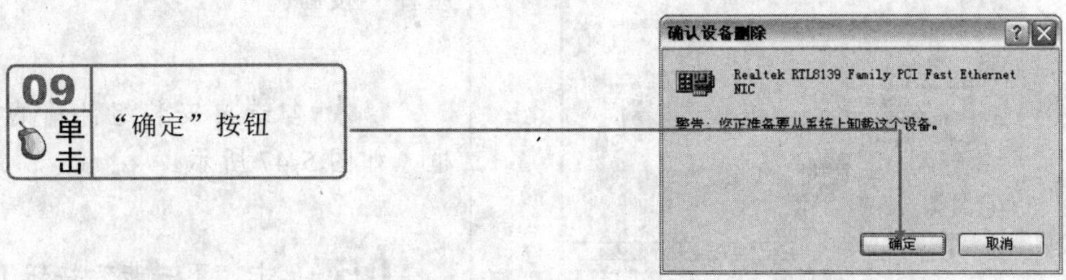


图 5-44 “确认设备删除”对话框

也可以在“设备管理器”中选中该设备，单击鼠标右键，从弹出的快捷菜单中选择“卸载”命令，卸载设备的驱动程序，如图 5-45 所示。

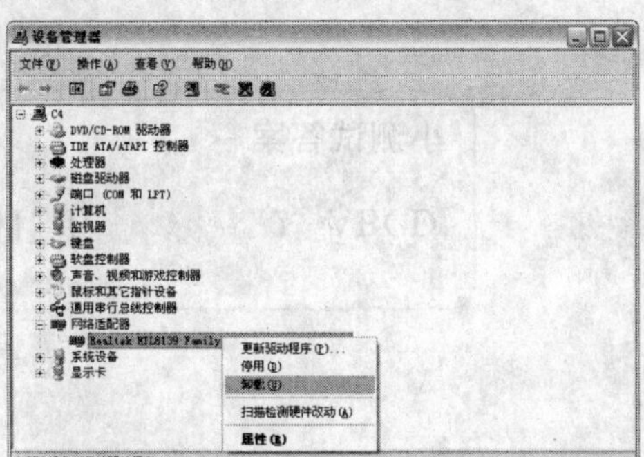


图 5-45 通过快捷菜单卸载设备

## 融会贯通——安装 MSN Explorer

如果用户已经将电脑接入网络，就可以安装一些即使通讯工具用于在线收发信息，其中微软的 MSN 为广大商业用户所广泛使用，MSN 是集成在 Windows 组件中的，通过 Windows XP 的添加组件功能进行安装，其操作方法如下：

**01** 在“开始”菜单中，选择“控制面板”，打开“控制面板”窗口。

**02** 在“控制面板”中，单击“添加/删除程序”图标，打开“添加/删除程序”对话框，如图 5-46 所示。

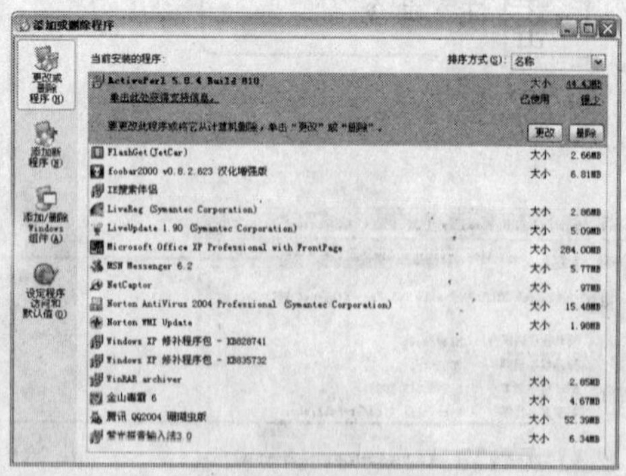

图 5-46 “添加或删除程序”对话框

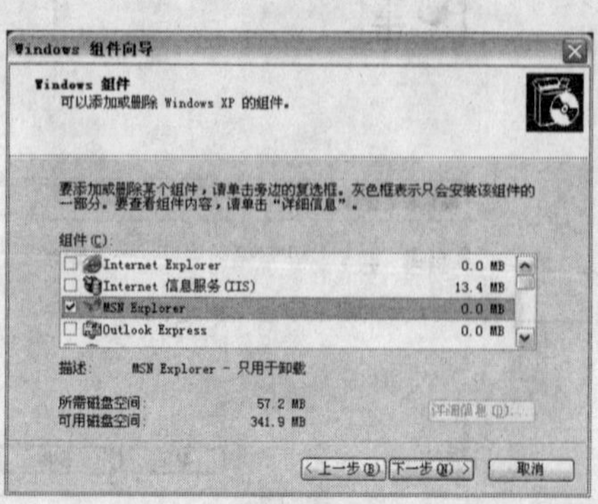

图 5-47 添加 Windows 组件

**03** 单击“添加/删除 Windows 组件”按钮。

**04** 勾选要安装组件前的复选框，如图 5-47 所示。

**05** 单击“下一步”按钮。

**小测试答案** ●●●●● （请翻转阅读答案）

1. B 2. ABCD

Study

CHAPTER

【第 6 章】

# Windows XP 中的管理工具

→内容导读

1．本章需要了解的概念：

性能日志　系统资源

2．本章需要掌握的操作：

查看性能　使用任务管理器

3．本章需要提高的内容：

查看本机的系统性能状况

06

## 6.1 性能监视

Windows XP 的性能工具由系统监视器与性能日志和警报两部分组成。使用“系统监视器”可以衡量自己的计算机或网络中其他计算机的性能，可以收集和查看大量有关管理的计算机中硬件资源使用和系统服务活动的数据。性能日志和警报则用于配置日志以便记录性能数据和设置系统警报。

### 6.1.1 查看当前系统性能状况

使用系统监视器可以查看系统当前各种硬件设备的性能状况，如 CPU、内存、磁盘等。查看当前系统性能状况的具体操作步骤如图 6-1～图 6-4 所示。

**01** 在“开始”菜单中选择“控制面板”命令，打开“控制面板”窗口。

**02** 单击 “性能和维护”图标

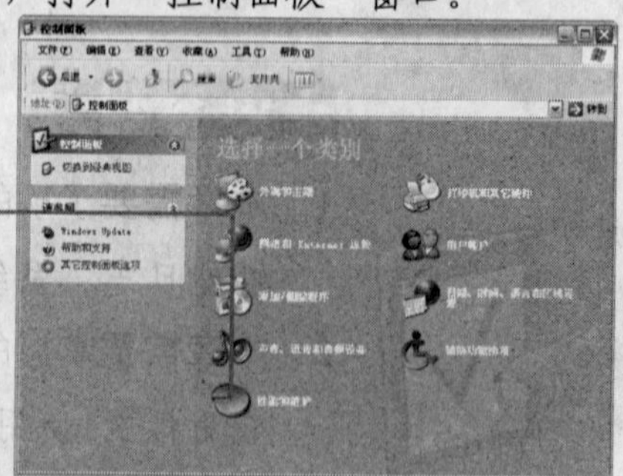

图 6-1 “控制面板”窗口

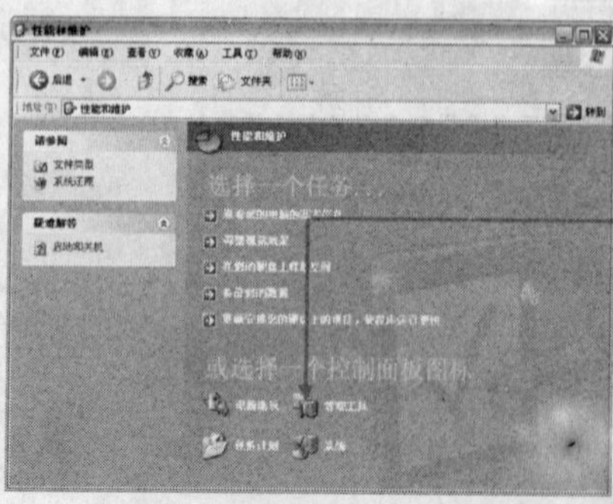

图 6-2 “性能和维护”窗口

**03** 单击 “管理工具”图标

**04** 双击 “性能”图标

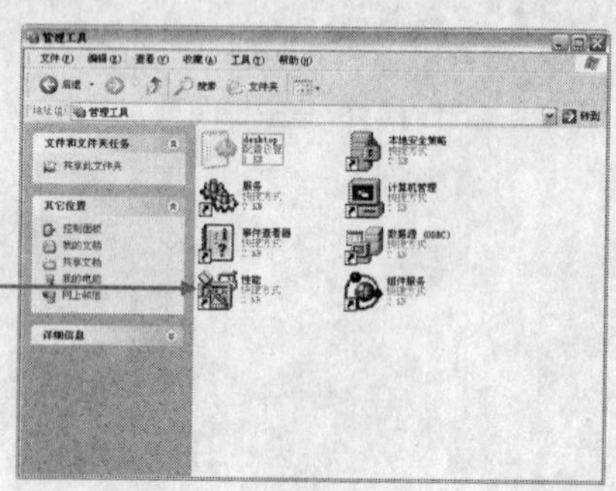

图 6-3 “管理工具”窗口

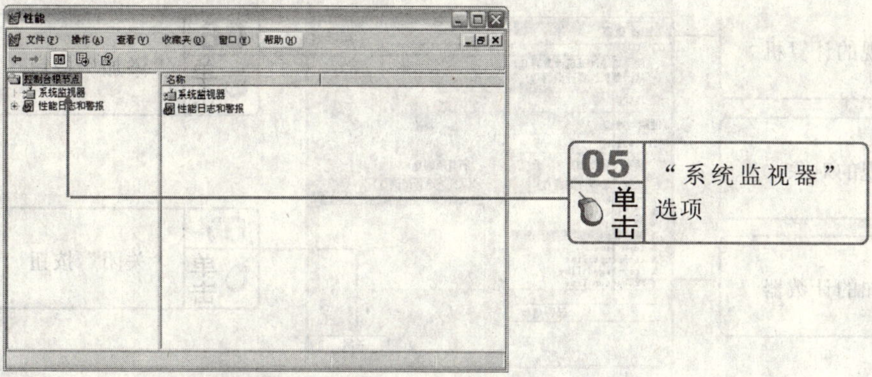


图 6-4 “性能”窗口

在右边窗口中就可以看到内存、磁盘、CPU 的当前状况。

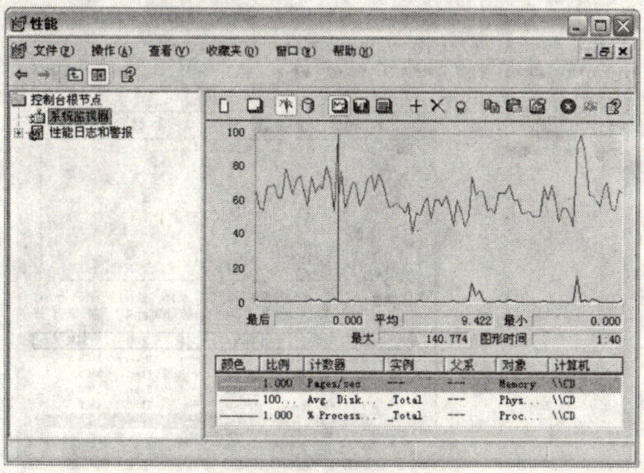

图 6-5 当前系统性能状况图

**你问我答** **在“性能”窗口中的各种线条分别表示什么意思？**

在“性能”窗口中，黄线是表示当前内存的使用情况；蓝线是表示磁盘当前的使用情况；绿线是表示当前 CPU 使用的情况。

在系统监视器中，还可以对计数器进行添加些操作，其具体的操作步骤如图 6-6～图 6-8 所示。

**01** 在当前系统性能状况图窗口中，单击鼠标右键，打开右键菜单。

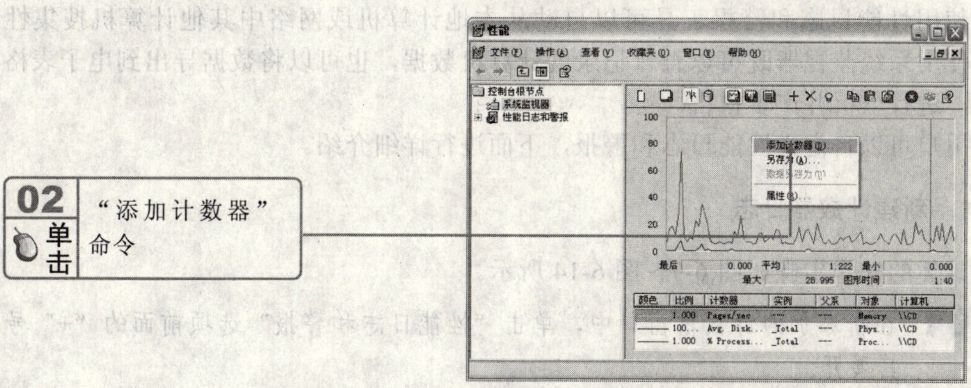


图 6-6 右键菜单

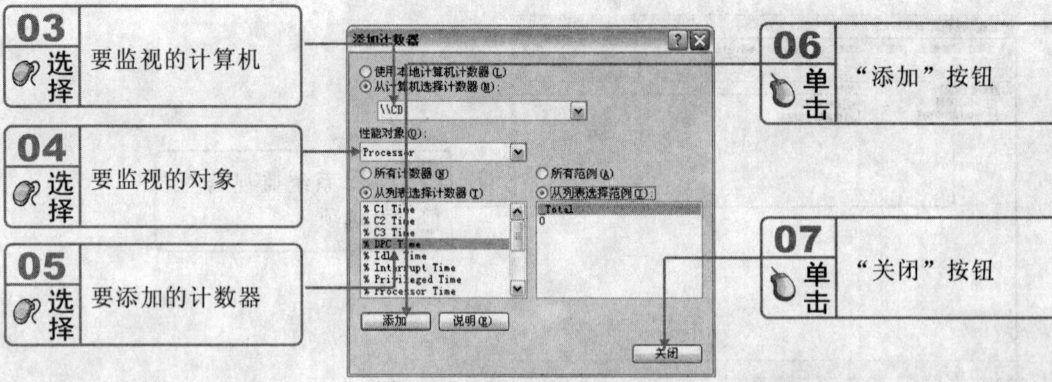


图 6-7 “添加计数器”对话框

单击“关闭”按钮后在“性能”窗口中就能看到刚才添加的计数器。

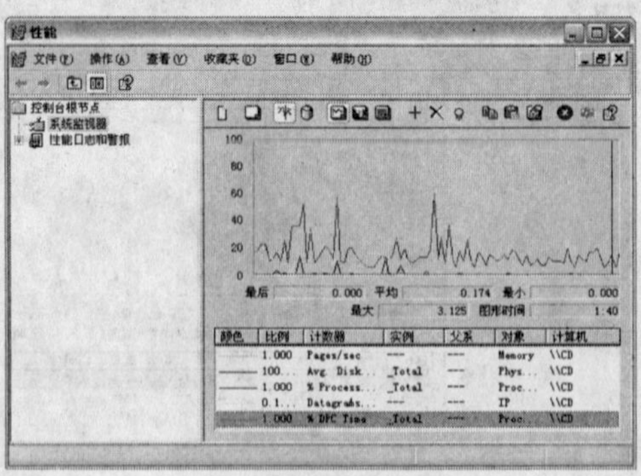

图 6-8 新添加的计数器

> **01 小 测 试**
>
> 在“性能”窗口中什么颜色的线条表示内存使用情况（ ）。
>
> A. 黄色　　B. 绿色　　C. 蓝色　　D. 红色

## 6.1.2 性能日志和警报

使用性能日志和警报工具可以自动从本地计算机或网络中其他计算机搜集性能数据。使用系统监视器既可以查看记录的计算机数据，也可以将数据导出到电子表格或数据库，进行分析并产生报告。

用户可以自定义性能日志和警报，下面进行详细介绍。

### 1. 新建计数器日志

具体的操作步骤如图 6-9～图 6-14 所示。

**01** 在新添加的计数器窗口中，单击“性能日志和警报”选项前面的“+”号，将其展开。

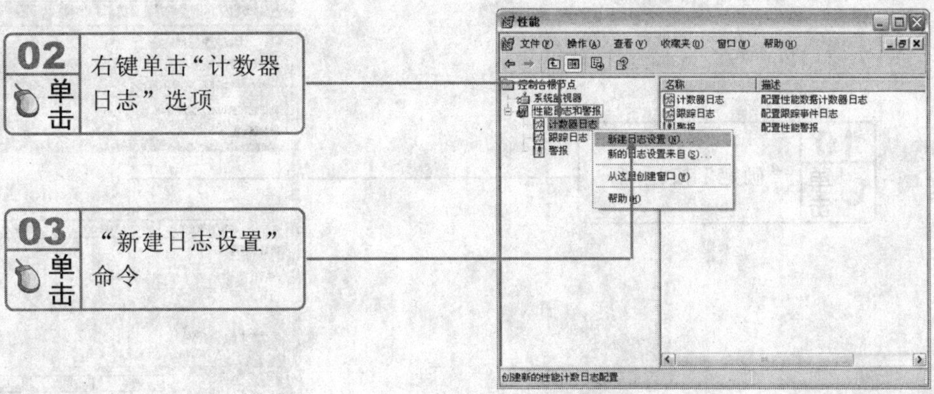


图 6-9 选择“新建日志设置”命令

图 6-10 “新建日志设置”对话框

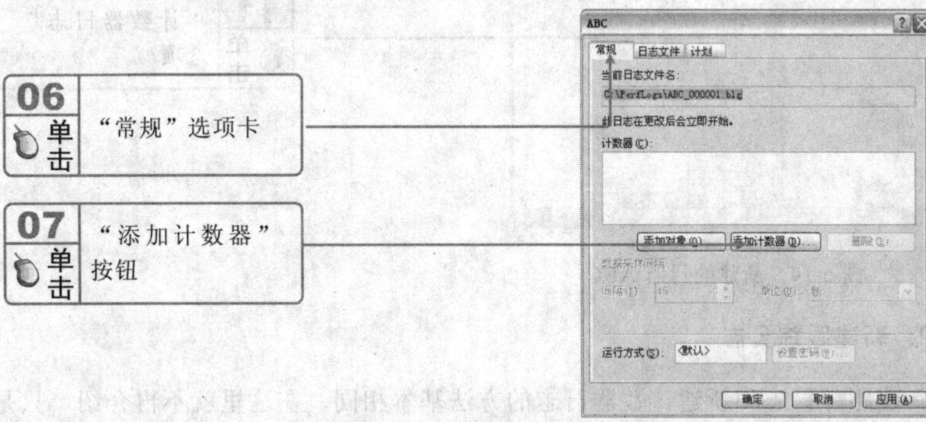


图 6-11 “ABC”对话框

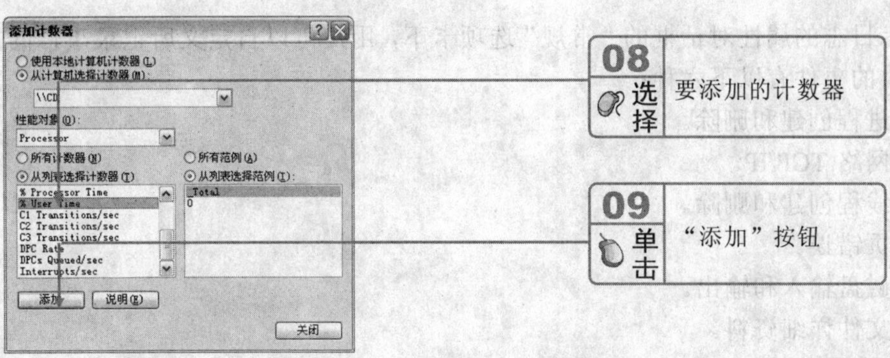


图 6-12 “添加计数器”对话框

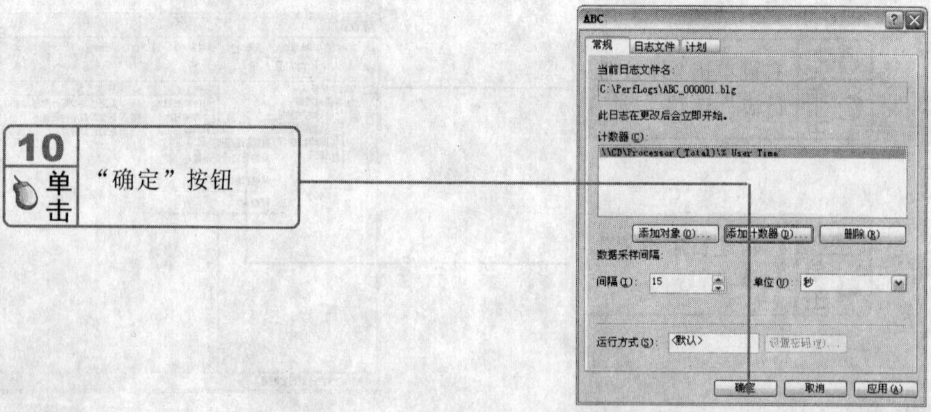


图 6-13　添加计数器

完成计数器日志的创建后返回性能窗口，用鼠标左键单击“计数器日志”选项，在其右边窗口中便会出现刚才新建的日志 ABC。

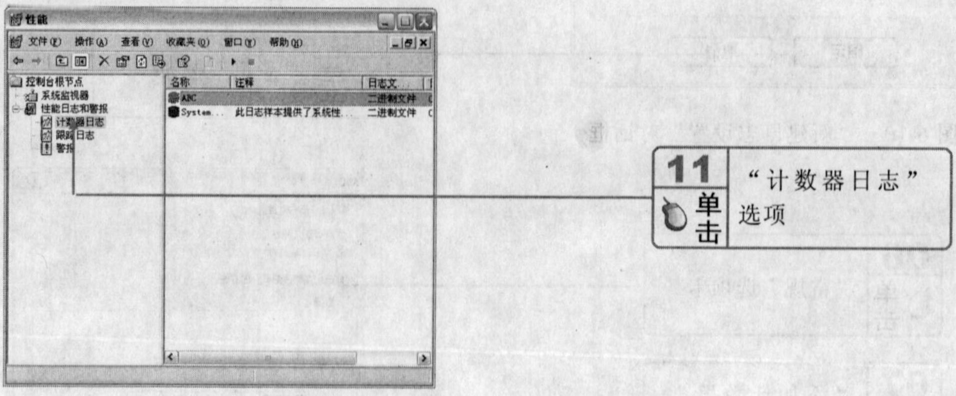


图 6-14　新建的日志 ABC

2．新建跟踪日志

新建跟踪日志和新建计数器日志的方法基本相同，在这里就不再介绍。只是新建好的跟踪日志属性对话框和计数器日志属性对话框不同，新建好的跟踪日志对话框如图 6-15 所示。

在跟踪日志的属性对话框的“常规”选项卡下，用户可以自定义所记录事件的类型。由系统提供的事件有以下六种：

（1）进程创建和删除。

（2）网络 TCP/IP。

（3）线程创建和删除。

（4）页错误。

（5）磁盘输入和输出。

（6）文件详细资料。

除了以上六种外，用户还可以自己添加程序。

在跟踪日志属性对话框中，打开“高级”选项卡，如图 6-16 所示。

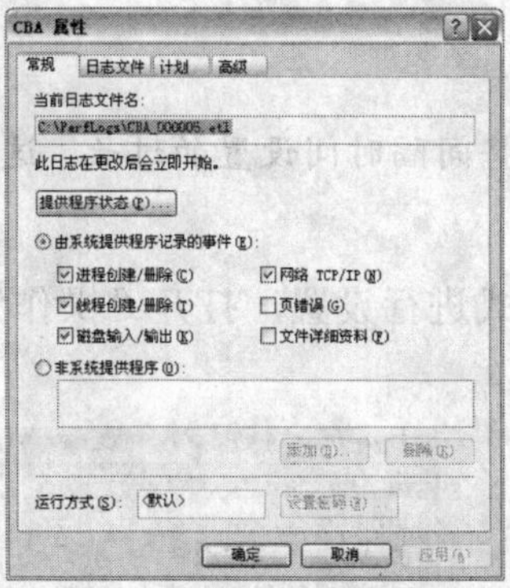

图 6-15　跟踪日志属性对话框

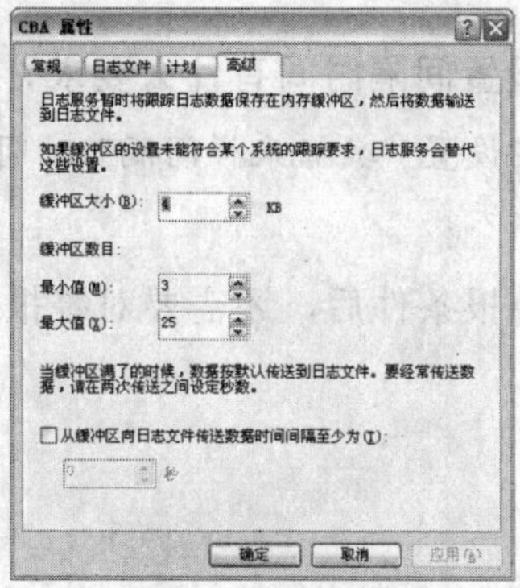

图 6-16　“高级”选项卡

在这里可以设置缓冲区的大小和数目，当缓冲区满时，数据被传送到日志文件中。如果用户需要定期刷新缓冲区，可以勾选“从缓冲区向日志文件传送数据间隔至少为”选项，其下面的文本框变为可以使用状态，设置一个时间间隔即可。

**你问我答**

**设置缓冲区有什么作用？**

跟踪日志的数据在传送到日志文件之前会保存在内存缓冲区中，合理的设置缓冲区可以提高系统性能。

### 3. 新建警报

新建警报的方法和上面新建日志方法基本相同。警报也是通过计数器实现的，用户指定计数器，当计数器的值满足一定条件时就会触发警报。如图 6-17 所示为新建好的警报。打开“BCA 属性”对话框进行“警报条件”设置，如图 6-18 所示。

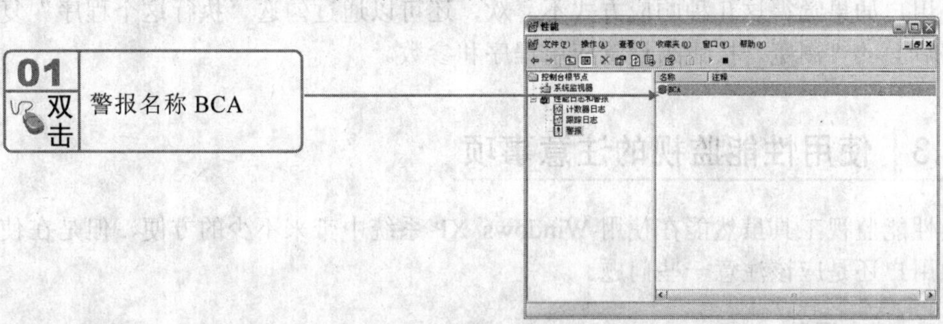


图 6-17　新建好的警报

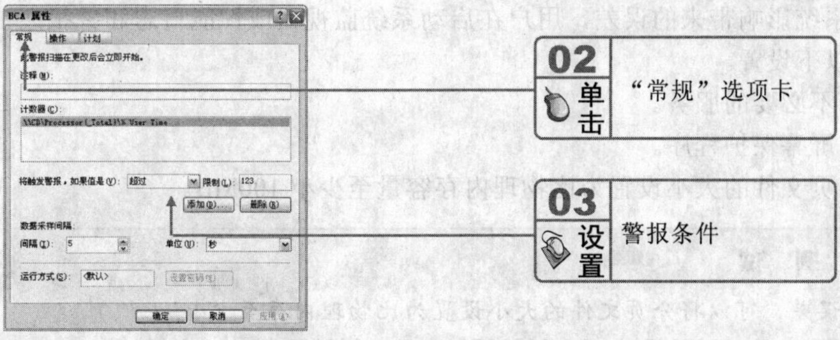


图 6-18　“BCA 属性”对话框

**你问我答**

**设置间隔时间有什么要求？**

在设置“数据采样间隔”时间时，不宜将间隔时间设置的过长，这样会造成数据丢失。

设置了警报条件后，还需要对警报响应的方式进行设置，打开“操作”选项卡，如图 6-19 所示。

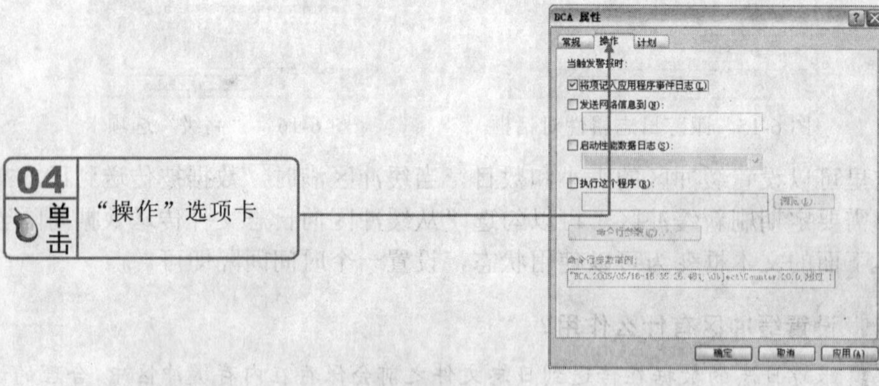


图 6-19　“操作”选项卡

在“计数器”文本框中选择要设置警报的对象，即可在其下设置该对象的警报条件。系统自带了 3 种响应方式：

（1）将项记入应用程序事件日志。

（2）发送网络信息。

（3）启动性能数据日志。

用户如果觉得这几种响应方式不喜欢，还可以通过勾选“执行这个程序”复选框，单击后面的“浏览”按钮来设置应用程序和参数。

## 6.1.3 使用性能监视的注意事项

性能监视工具虽然能在使用 Windows XP 系统中带来不少的方便，但是在使用的过程中用户还是应该注意一些问题。

### 1. 减少误差

为了减少系统影响带来的误差，用户在启动系统监视器或性能日志和警报之前，可以对系统进行以下设置。

（1）关闭不必要的服务。

（2）关闭屏幕保护程序。

（3）将分页文件的大小设置为比物理内存容量至少小 100MB。

**02 小测试**

为了减少误差，可以将分页文件的大小设置为比物理内存至少小（　　）。

A. 400MB　　B. 300MB　　C. 200MB　　D. 100MB

### 2. 系统资源占用

系统监视需要占用部分资源，通常性能工具占用的资源很少，如果用户发现资源占用太多，可以先从以下几个方面检查。

（1）采样间隔太短。

（2）添加了过多的对象和计数器。

（3）在图表视图中运行系统监视器。

**你问我答** **如何减少性能监视占用的资源？**

为了减少性能监视占用资源，用户最好关闭系统监视器图表监视，只运行性能日志和报告服务。

# 6.2 任务管理器

任务管理器是一个不错的工具，为用户提供了当前运行的程序和进程的情况以及CPU、内存的使用情况和网络连接方面的信息。它还能对当前运行的程序和进程进行一些基本操作，如结束、切换等。

## 6.2.1 启动任务管理器

启动任务管理器的方法有多种，在这里介绍比较常用的两种方法。

### 1. 通过组合键启动

同时按下“Ctrl+Alt+Del”组合键，随后系统会弹出“Windows 任务管理器”窗口，如图 6-20 所示。

图 6-20 “Windows 任务管理器”窗口

**03 小 测 试**

按下什么键可以快速打开“Windows 任务管理器”窗口（　　）。

A. Ctrl+Alt+Del　　B. Ctrl　　C. Ctrl+Alt　　D. Ctrl+ Del

2. 通过快捷菜单

通过快捷菜单启动任务管理器的具体操作步骤如下：

**01** 用鼠标右键单击任务栏的空白处，弹出如图 6-21 所示的右键快捷菜单。

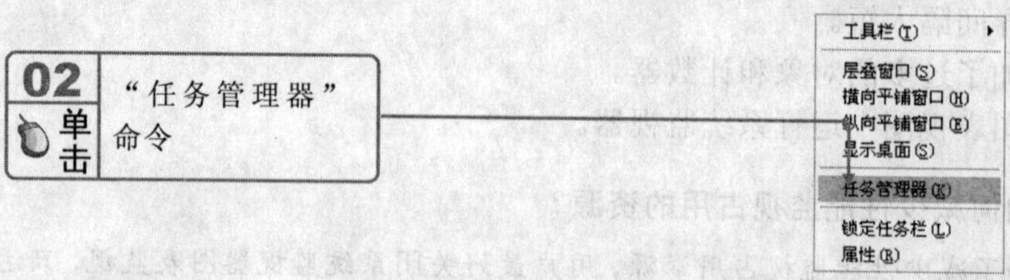


图 6-21 右键快捷菜单

## 6.2.2 应用程序管理

在“Windows 任务管理器”窗口的“应用程序”选项卡中显示了当前运行的应用程序，用户可以查看系统中各应用程序的状态、可以关闭正在运行的应用程序、可以切换到其他应用程序，也可以启动新的应用程序。

### 1. 关闭应用程序

当系统中运行的某一应用程序出错时，系统会长时间处于没有响应的状态，在操作界面中无法进行任何操作。对于这种情况用户可以通过“Windows 任务管理器”来关闭该应用程序。其具体的操作步骤如图 6-22、图 6-23 所示。

**01** 打开“Windows 任务管理器”窗口，单击“应用程序”选项卡。

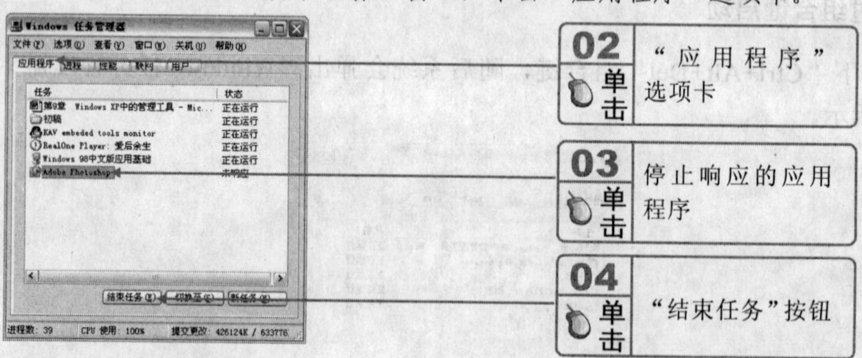


图 6-22 “应用程序”选项卡

图 6-23 “结束程序—Adobe Photoshop”对话框

### 2. 启动新任务

在“Windows 任务管理器”窗口的“应用程序”选项卡下，还可以启动新的任务，其具体的操作步骤如图 6-24～图 6-27 所示。

**01** 启动“Windows 任务管理器”窗口，打开“应用程序”选项卡，单击“新任务”按钮，弹出“创建新任务”对话框。

图 6-24 “创建新任务”对话框

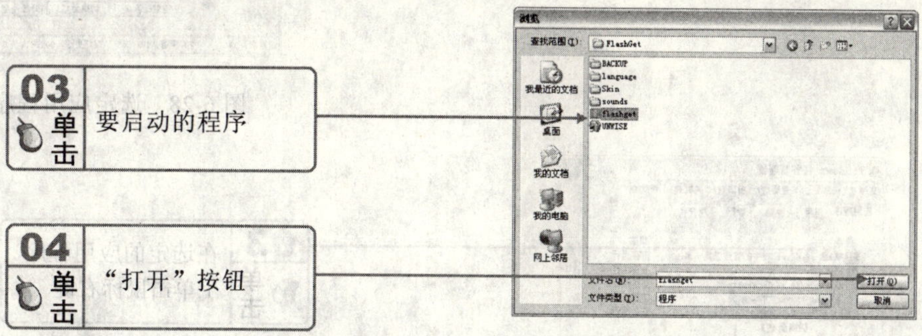


图 6-25 “浏览”对话框

返回“创建新任务”对话框，在“打开”文本框中就会显示要启动程序 FlashGet 的路径。

图 6-26 “创建新任务”对话框

单击“确定”按钮后即可启动 FlashGet，在“应用程序”选项卡中可以看到该程序正在运行。

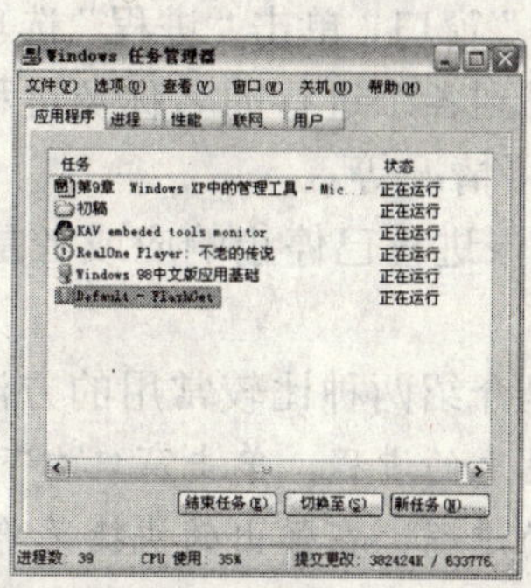


图 6-27 “应用程序”选项卡

### 3．指定窗口平铺

在进行多窗口操作时，Windows 任务管理器还可以用来实现指定窗口的平铺方式，其具体的操作步骤如图 6-28～图 6-29 所示。

**01** 启动“Windows 任务管理器”窗口，打开“应用程序”选项卡。

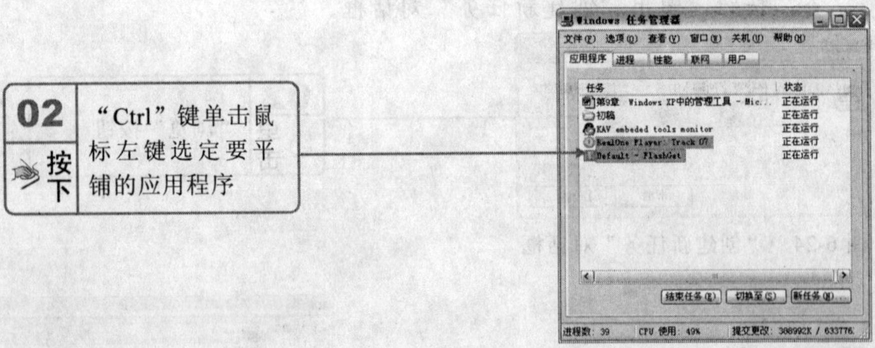


图 6-28　选定应用程序

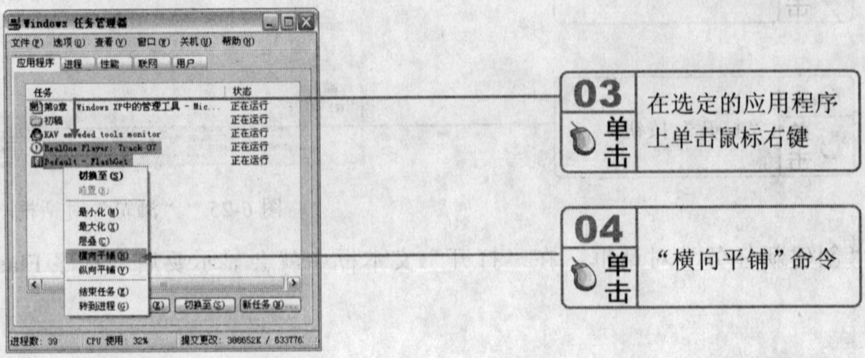


图 6-29　右键快捷菜单

选择要平铺的方式“横向平铺”命令，所选择的窗口就会按照横向平铺的方式显示在桌面上。

## 6.2.3 进程管理

打开“Windows 任务管理器”窗口，单击“进程”选项卡，打开如图 6-30 所示的“进程”选项卡窗口，在这里可以看到各个进行的名称及进程的一些详细信息，如运行进程所占用的 CPU 时间和内存的使用情况等。

在查看进程时，如果觉得某一进程已停止响应或者是不需要的，可以将该进程关闭，这样可以提高系统的运行速度。

结束进程比较简单，在这里介绍两种比较常用的方法。

- 用鼠标左键单击选中要结束的进程，单击窗口右下角的“结束进程”按钮即可。
- 用鼠标右键单击要结束的进程，在弹出的快捷菜单中单击“结束进程”命令即可关闭选中的进程，如图 6-31 所示。

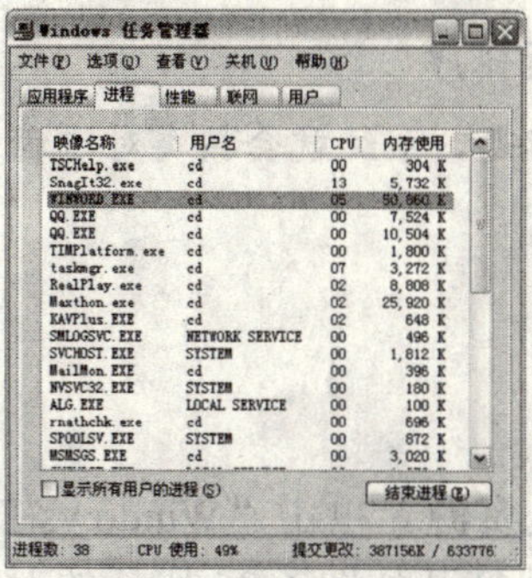

图 6-30 “进程”选项卡

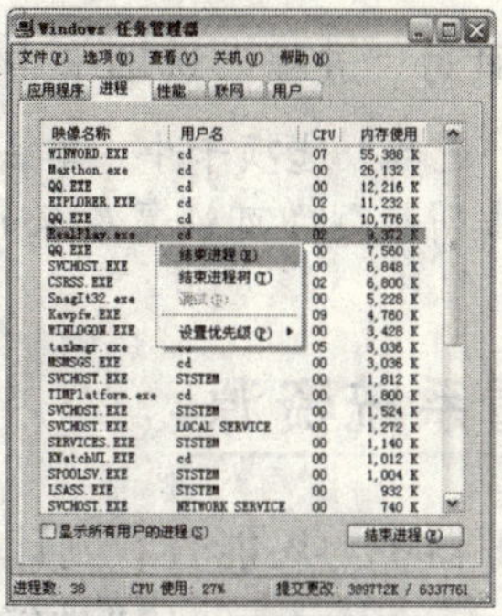

图 6-31 结束进程

在默认情况下，“进程”选项卡中只向用户提供了映像名称、用户名、CPU 占用时间和内存使用情况等几个信息。其实，在这里还可以看到一些其他的信息，其具体的操作步骤如图 6-32～图 6-34 所示。

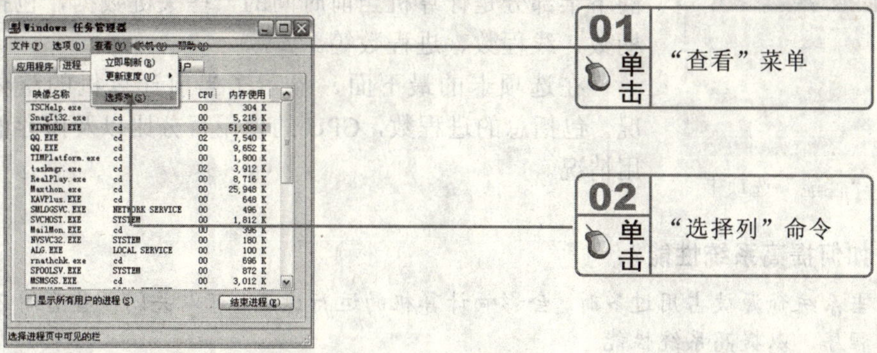


图 6-32 “查看”菜单

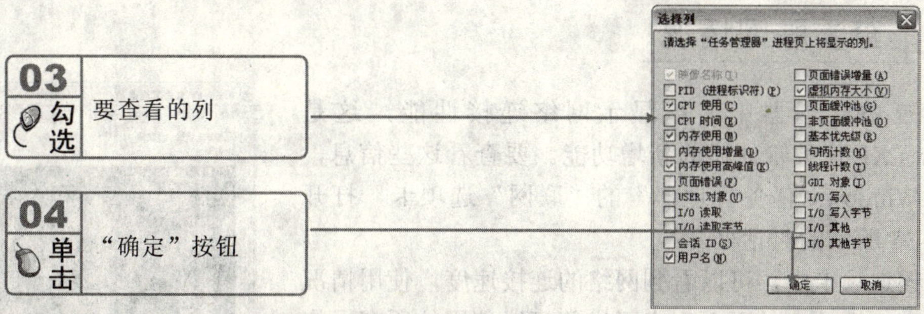


图 6-33 “选择列”对话框

设置完成后返回“进程”选项卡，可以看到刚才新添加的信息。

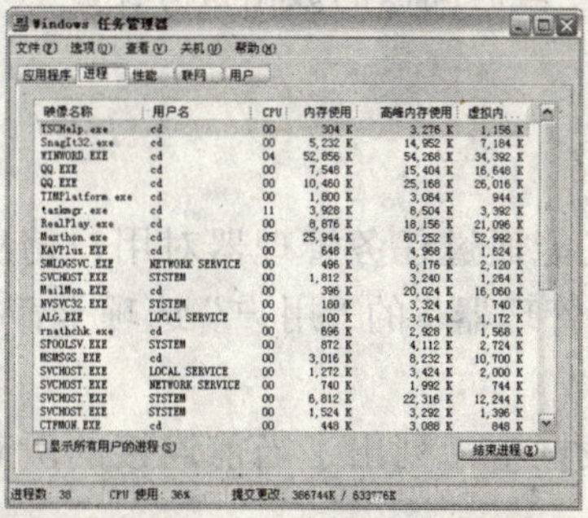

图 6-34 添加列后的“进程”选项卡

你问我答

**如何对“进程”选项卡中的进程进行排序？**

在“进程”选项卡中，单击相应的列标题，系统就会按类对进程进行排序，再次单击列标题即可恢复原来的排列顺序。

## 6.2.4 查看系统资源

在任务管理器中，还能查看到计算机的系统资源。单击“Windows 任务管理器”的“性能”选项卡，打开如图 6-35 所示的对话框。

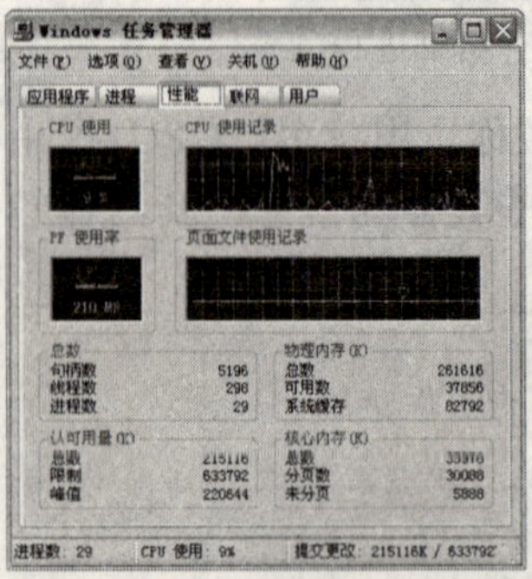

图 6-35 “性能”选项卡

在“性能”选项卡的上半部分用图显示了 CPU 和内存的使用百分比，用户可以在这里查看计算机在当前和过去一段时间内，CPU 和内存的资源占用情况。选项卡的下半部分是计算机当前时间的一些关键数据，包括句柄数、线程数、进程数等。

在选项卡的最下面，显示了当前计算机的整体情况，包括总的进程数，CPU 的使用百分比以及内存的使用情况。

你问我答

**如何提高系统性能？**

当系统资源被占用过多时，会影响计算机的运行速度，可以关闭一些暂时不用的程序，以提高系统性能。

## 6.2.5 查看联网情况

在任务管理器中，能显示网络连接性能，这是 Windows XP 任务管理器的新增功能。要查看这些信息，单击“Windows 任务管理器”的“联网”选项卡，打开如图 6-36 所示的对话框。

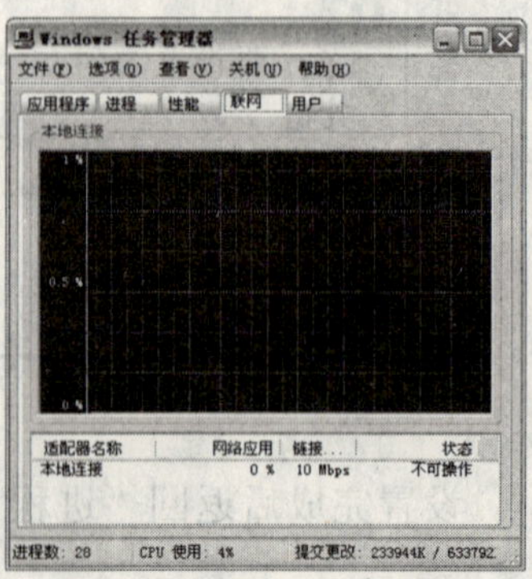

图 6-36 “联网”选项卡

在该选项卡中，可以看到网络的连接速度，使用情况及其状态。选项卡的下面列出了当前可以使用的所有网络连接，以及相关是数据，选择其中的连接后，在上方的图表框中就会显示此连接在最近一段时间内的数据百分比。

## 6.2.6 用户情况监视

使用 Windows XP 时，还能通过任务管理器对用户情况进行监视，这也是其的一项新功能。单击“Windows 任务管理器”的“用户”选项卡，打开如图 6-37 所示的对话框，在这里可以对用户进行管理。

在“用户”选项卡的列表框中，列出了当前连接的所有用户，以及他们的标识、状态、客户端名和会话等信息。

在列表框中选择相应的用户名后，单击选项卡上的“断开”按钮，可以断开连接；单击“注销”按钮，则推出系统；单击“发送消息”按钮，则可以发送消息。

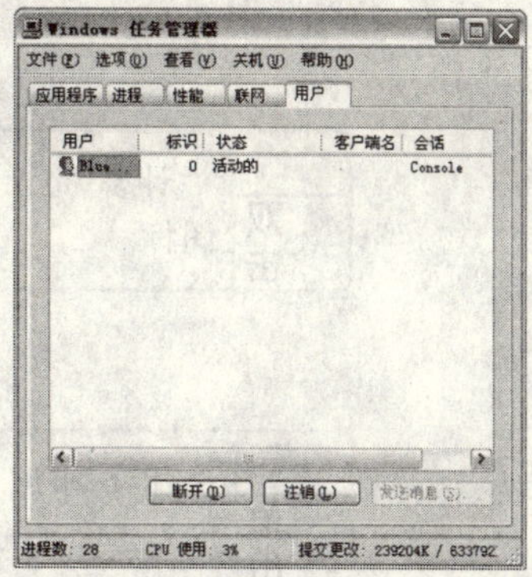

图 6-37 “用户”选项卡

## 6.3 服务管理

服务是一种应用程序类型，它在后台运行，可以在本地网络为用户提供一些功能，以帮助用户管理本地或远程计算机上的服务和应用程序。使用服务管理器，用户可以启动、停止、暂停，或重新启动位于远程和本地计算机上的服务，还可以配置选项，以及为 一个特殊的硬件配置文件关闭或打开某一项服务。此外，用户还可以为服务自定义名称及描述，这样用户可以方便地识别他们。

### 6.3.1 启动、停止、暂停或继续服务

在 Windows XP 中，用户启动、停止、暂停，或继续服务的具体操作步骤如图 6-38～图 6-42 所示。

**01** 打开“控制面板”窗口，单击“性能和维护”图标，弹出“性能和维护”窗口。

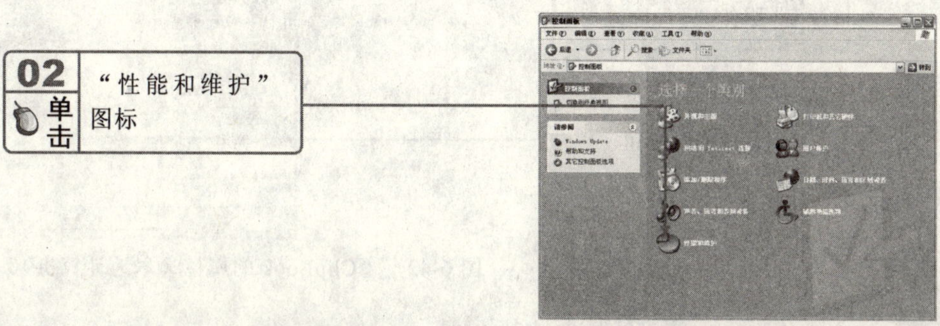


图 6-38 “性能和维护”窗口

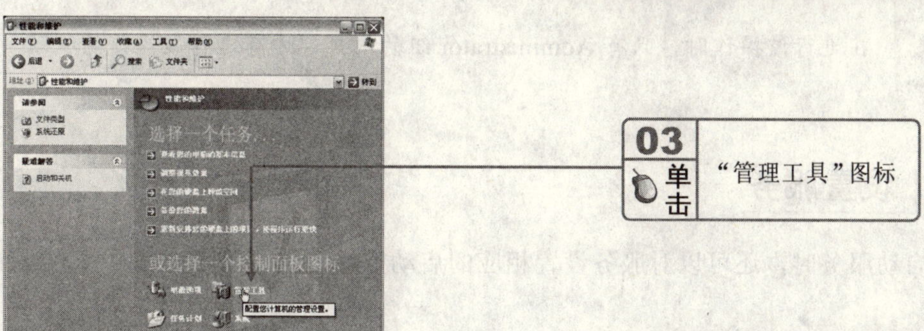


图 6-39 “性能和维护”窗口

04 双击 “计算机管理”图标

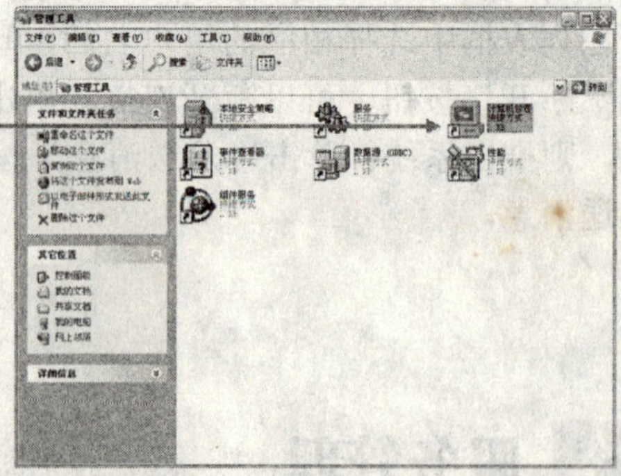

图 6-40 “管理工具”窗口

05 单击 “服务和应用程序”选项前的“+”

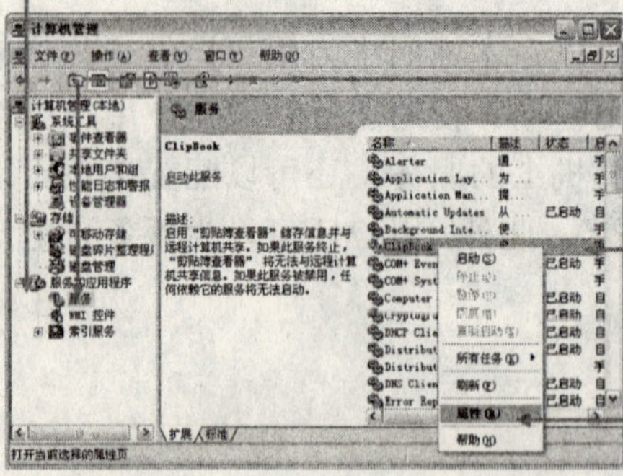

图 6-41 “计算机管理”窗口

06 单击 “服务”选项

07 单击 服务选项如“ClipBook”

08 单击 右键菜单中的“属性”命令

09 单击 相应的按钮设置服务

10 单击 “确定”按钮

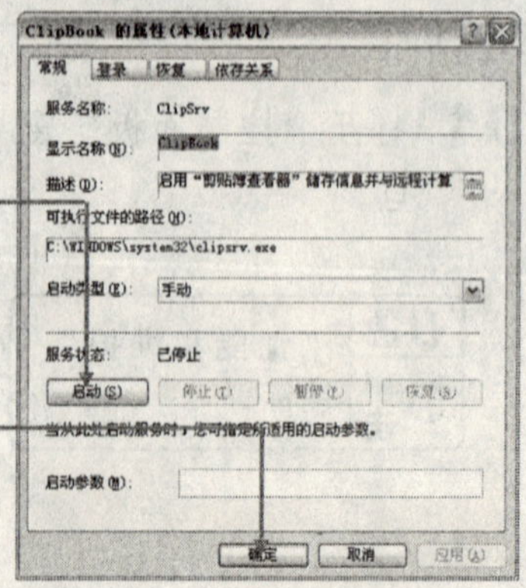

图 6-42 “ClipBook 的属性（本地计算机）”对话框

**你问我答**

**设置服务的操作是不是所有的用户都能够进行？**

在进行该操作时，只有 Administrator 组的用户，才有进行该操作的权限。

## 6.3.2 设置服务

在启动服务时，还可以对服务设置相应的启动方式和用户账号，其具体的操作步骤如下：

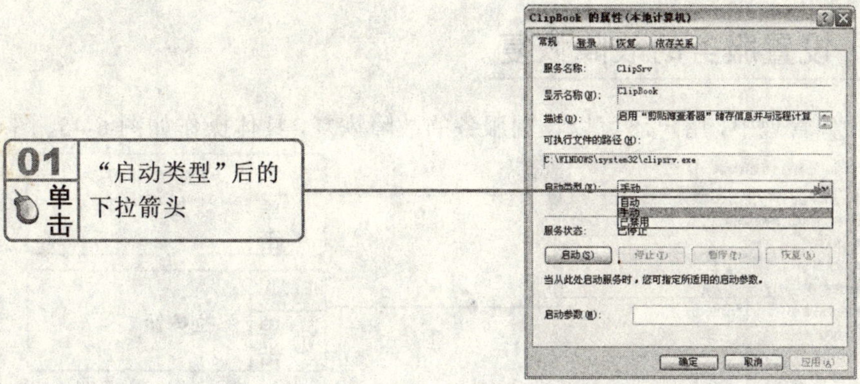


图 6-43　设置"启动类型"

**02** 用户根据需要，选择以下 3 种启动类型中的一种：

- 自动：指定服务是自动启动。
- 手动：指定由用户或某个依靠的服务来启动该服务，手动启动的服务不会在系统启动时自动启动。
- 已禁用：该服务被系统、用户或所依靠的服务启动，如图 6-43 所示。

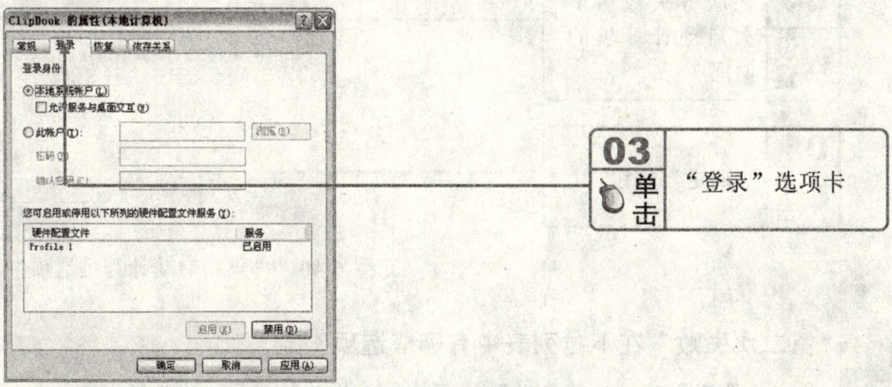


图 6-44　"登录"选项卡

**04** 在"登录身份"选项下，用户可以设置启动"ClipBook"服务的账户，选择以下 2 种方式中的一种：

- 本地系统账户：表示该服务由系统账户控制，任何登录到本地计算机的用户都可以启动该服务。如果勾选"允许服务与桌面交流"复选框，则可以规定启动服务后使用的用户界面。
- 此账户：选中该选项后，其下的文本框变为可以设置状态，在这里可以设置启动该服务的用户名和密码，该用户可以是本地用户，也可以是域用户。

**05** 设置完毕，单击"确定"按钮即可，如图 6-44 所示。

**你问我答**

**单击"启动"或"禁用"按钮有什么作用？**

单击"启动"或"禁用"按钮，可以启动和停止所选的硬件配置文件。

### 6.3.3 设置服务的故障恢复

在服务管理中，用户还可以设置服务的故障恢复，具体操作如图 6-45、图 6-46 所述。

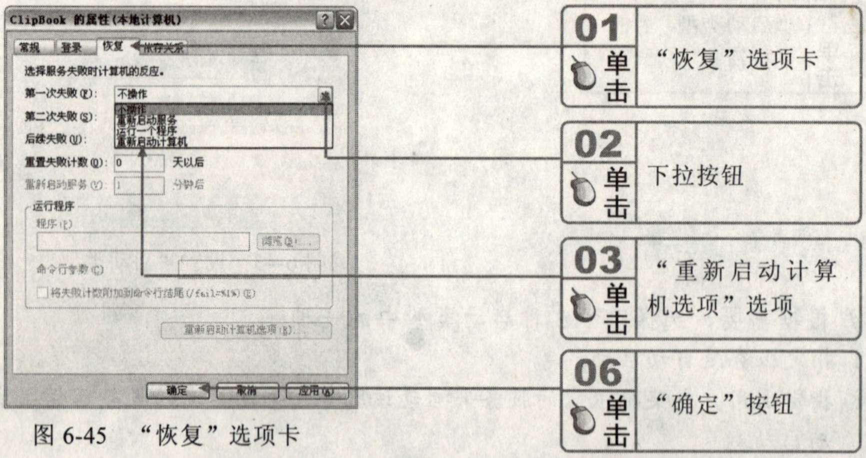


图 6-45 “恢复”选项卡

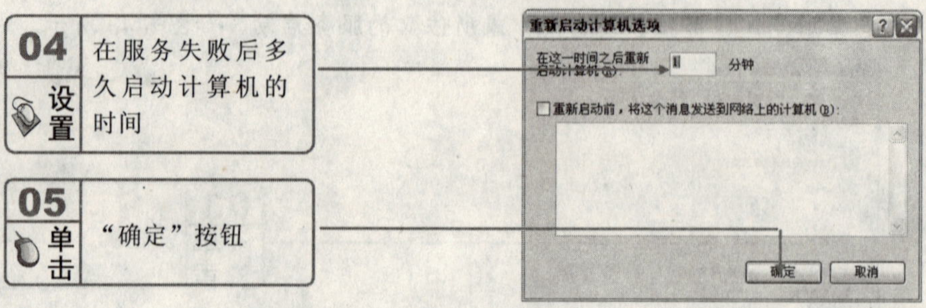


图 6-46 “重新启动计算机选项”对话框

**你问我答**

**“第二次失败”在下拉列表中有哪些选项？**

“第二次失败”和“后续失败”的下拉列表框，与“第一次失败”相同。有不操作、重新启动服务、运行一个程序、重新启动计算机四个选项可以供用户进行选择。

## 6.4 事件查看器

在 Windows XP 中，用户可以用事件查看器来查看应用程序、安全性和系统日志中记录的事件，以便于用户了解计算机中硬件、软件和系统方面的详细信息。

### 6.4.1 启动事件查看器

启动“事件查看器”的具体操作步骤如下：

**01** 打开“控制面板”窗口，单击“性能和维护”图标选项，在打开的“性能和维护”窗口中，单击“管理工具”图标选项，打开如图 6-47 所示的“管理工具”窗口。

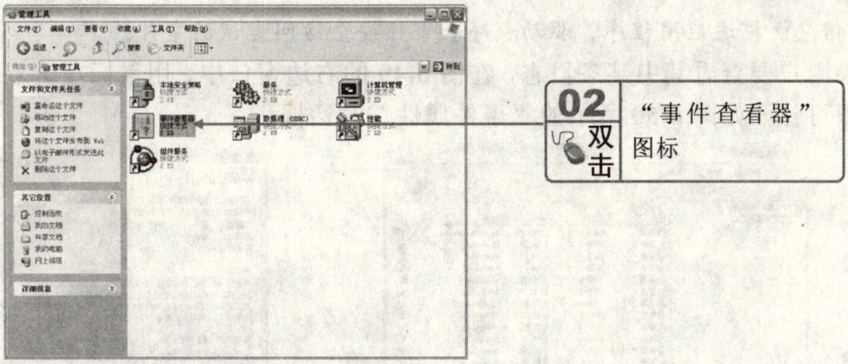


图 6-47 “管理工具”窗口

打开的“事件查看器”窗口如图 6-48 所示。

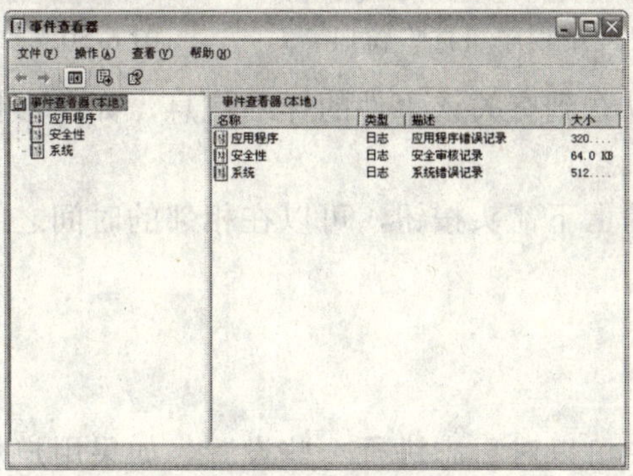

图 6-48 “事件查看器”窗口

## 6.4.2 查看日志

在 Windows XP 系统中，事件查看器记录了以下 3 种日志：

（1）应用程序日志。它包括了由应用程序或系统程序记录的事件。

（2）安全性日志。它用于记录成功或失败的登录尝试事件及与资源使用相关的事件，如策略的更改、对象的访问等。

（3）系统日志。它包括了 Windows XP 系统组件记录的事件，如在启动过程要加载的驱动程序或其他系统组件的失败记录。

**你问我答**

**是不是所有用户都可以查看安全日志？**

所有用户都可以查看应用程序和系统日志，但是安全日志只有系统管理员才能访问。

在“事件管理器”窗口的左边窗格中，单击“应用程序”选项，在其右边窗格中便会显示所有事件，如图 6-49 所示。

在该窗口中，可以看到所记录的日志有警告、信息和错误 3 种事件，并详细的记录了每条日志的类型、日期、时间、来源等信息。

- 错误：记录在启动过程中某个服务加载失败。
- 警告：记录潜在的问题。

- 信息：描述应用程序、驱动程序和审核安全访问尝试的事件。

如果用户要查看其中某条日志，在图 6-49 的右边窗口中，用鼠标左键双击要查看的日志，即可打开如图 6-50 所示的“事件属性”对话框。

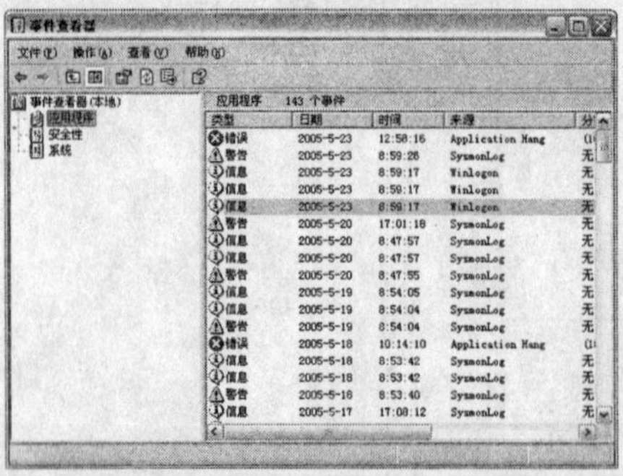

图 6-49 “应用程序事件”窗口

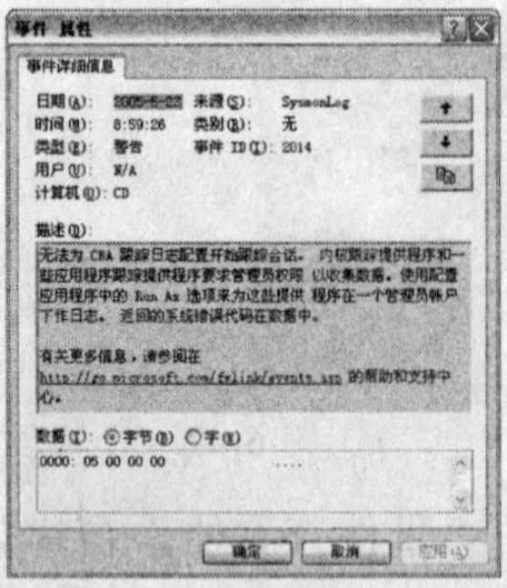

图 6-50 “事件属性”对话框

在该对话框中，可以看到有关该事件的详细信息，如：事件的日期、时间、来源、事件 ID 以及具体描述等。

单击对话框右上角的上下箭头按钮，可以在相邻的时间之间切换。

## 6.4.3 设置日志

在“事件查看器”中可以对日志进行一些设置。如果用户想看到应用程序的某一类日志，可以直接对其进行筛选，具体的操作步骤如图 6-51～图 6-53 所示。

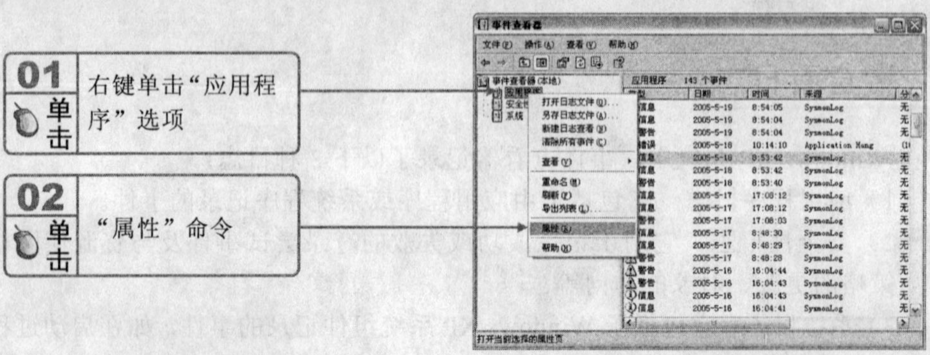


图 6-51 选择“属性”命令

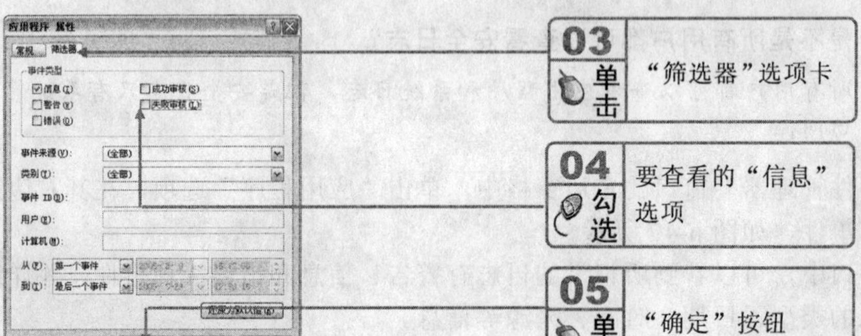


图 6-52 “筛选器”选项卡

返回“事件查看器”窗口，在其右边的窗格中就只看到“信息”日志。

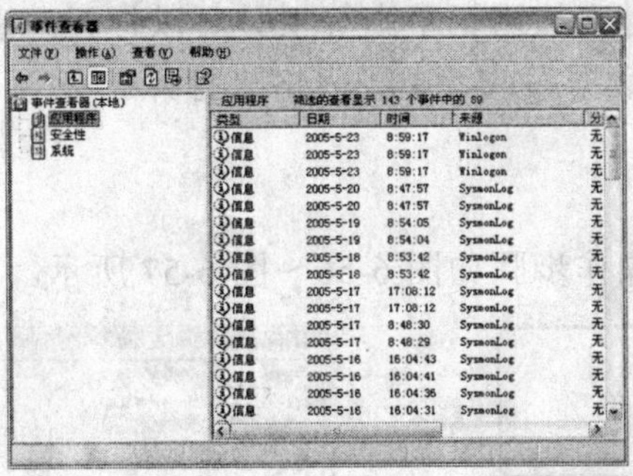

图 6-53　筛选后的“信息”日志

## 6.4.4 管理日志

在 Windows XP 中，用户可以方便地对日志文件进行管理，包括：保存日志文件、打开事件日志和删除事件等操作。

### 1. 保存日志文件

保存日志文件的具体操作步骤如图 6-54、图 6-55 所示。

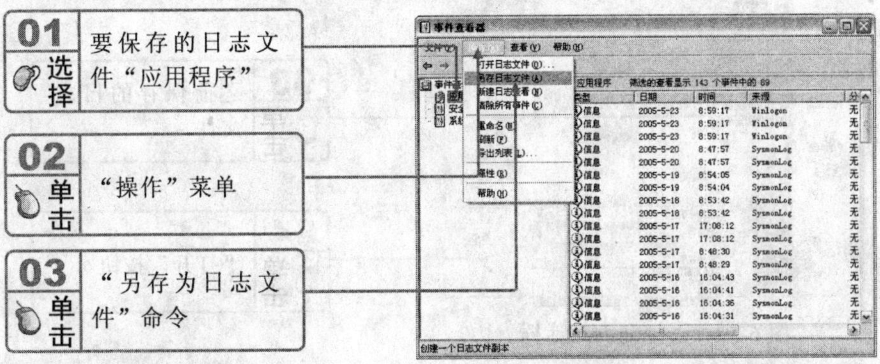


图 6-54　选择“另存日志文件”命令

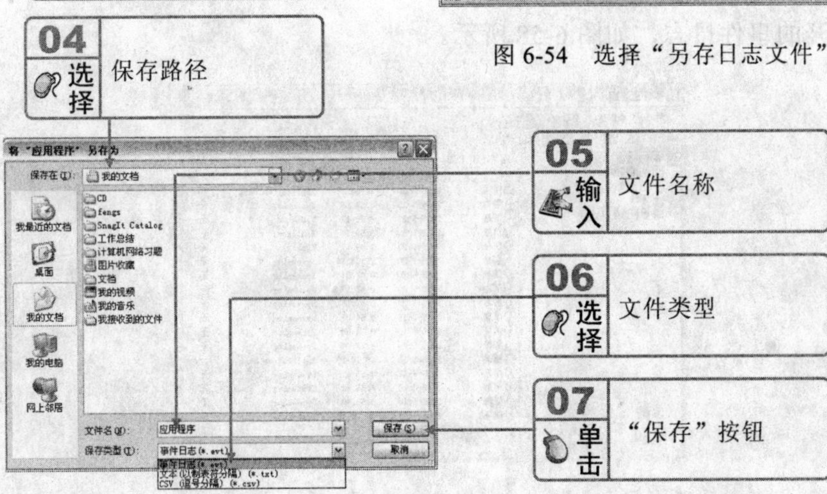


图 6-55　“将‘应用程序’另存为”的对话框

日志文件的保存类型有 3 种，事件日志、文本和 CSV。所保存的类型取决了将来打开的方式。如果是文本文件直接用记事本等工具可以打开；事件日志文件用事件查看器打开；CSV 文件则需要用数据库或者电子表格来打开。

### 2. 打开事件日志

打开事件日志的具体操作步骤如图 6-56～图 6-57 所示。

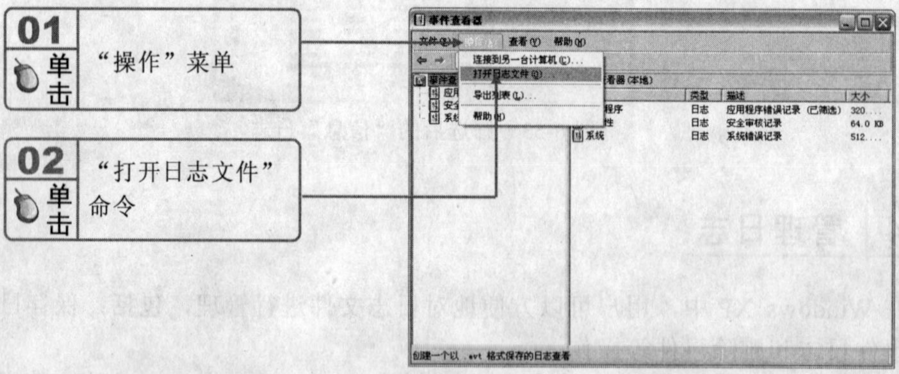


图 6-56　选择“打开日志文件”命令

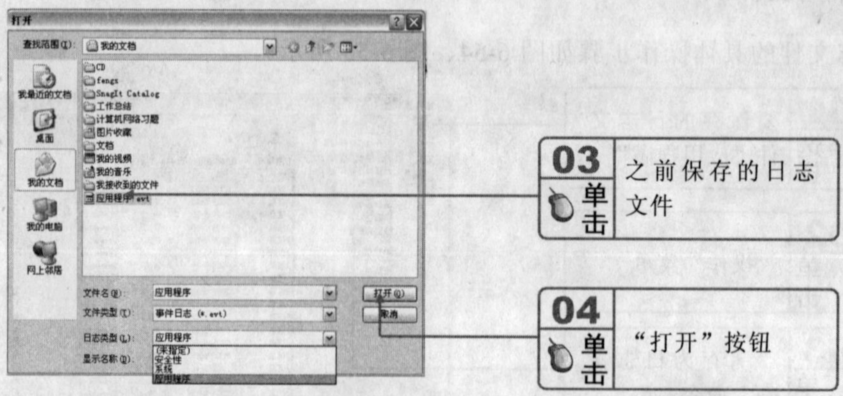


图 6-57　“打开”对话框

刚才打开的事件日志，如图 6-58 所示。

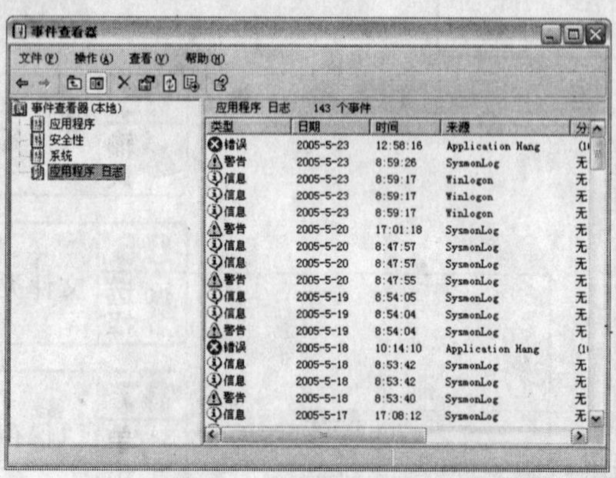


图 6-58　打开的事件日志

### 3. 删除事件

在事件查看器中，也可以删除事件。但是出于安全因素的考虑，事件查看器不支持从某个日志中删除单一的事件，只能一次性将日志中所有的事件一起删除。

要删除日志中的事件，在“事件查看器”窗口中，单击“操作”菜单，在弹出的下拉菜单中选择“清除所有事件”命令，即可完成删除事件操作。

## 融会贯通——查看本机的系统性能状况

使用电脑过程中，用户可以查看系统的基本信息以及当前系统的性能，其查看方法如下：

**01** 在“开始”菜单中选择“控制面板”命令，打开“控制面板”窗口。

**02** 单击“性能和维护”图标，打开“性能和维护”窗口。

**03** 在“性能和维护”窗口中单击“管理工具”图标，打开如图 6-59 所示的“管理工具”窗口。

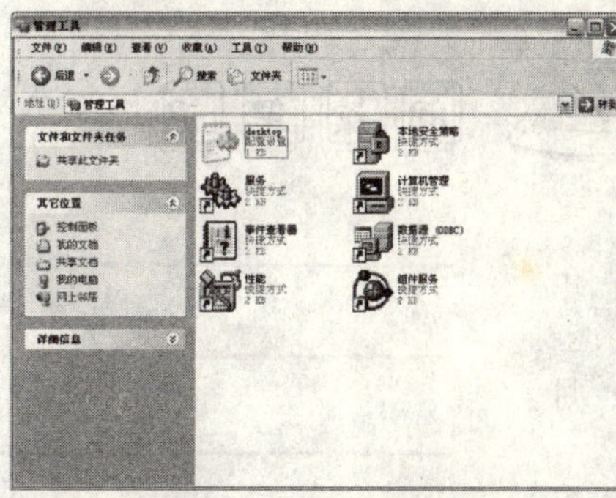

图 6-59 “管理工具”窗口

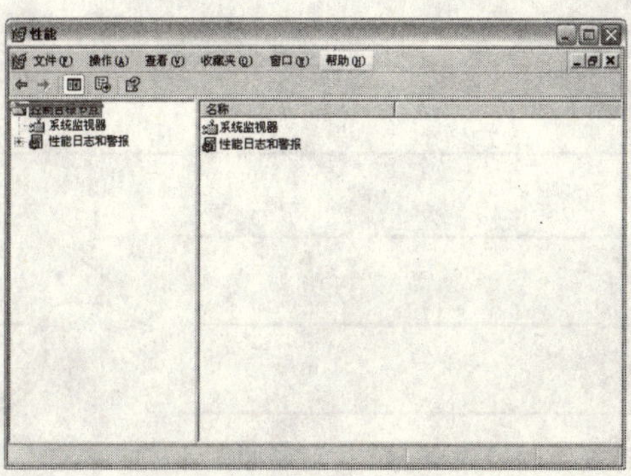

图 6-60 “性能”窗口

**04** 双击“性能”图标，打开如图 6-60 所示的“性能”窗口。

**05** 单击“系统监视器”选项，用户即可在右边的窗口中查看本机的系统性能状况，如图 6-61 所示。

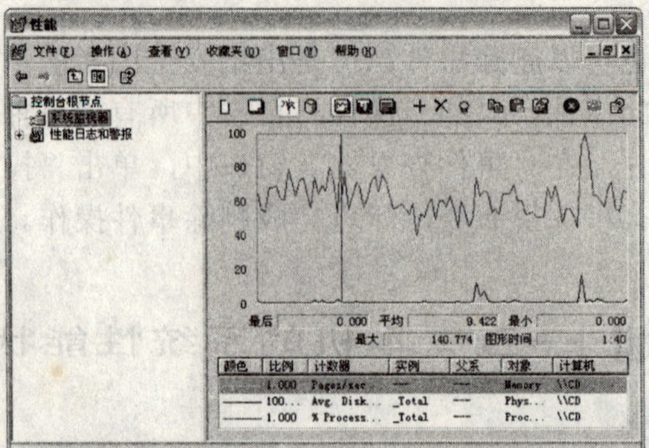


图 6-61　当前系统性能状况图

阅读笔记　Note

年

月

日

**小测试答案** ●●●●●　（请翻转阅读答案）

1. A　2. D　3. A

Study

CHAPTER

【第 7 章】

# 汉字的输入

**内容导读**

1．本章需要了解的概念：

汉字输入法

2．本章需要掌握的操作：

掌握一种输入法

3．本章需要提高的内容：

快速输入文本

07

## 7.1 选择汉字输入法

Windows 为用户提供了几种常用的汉字输入法，包括微软拼音、全拼、郑码和智能 ABC 输入法等。要选择输入法具体操作方法如图 7-1 所示。

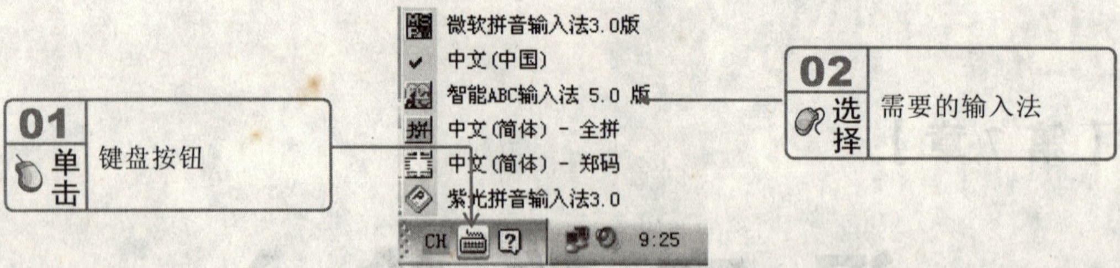


图 7-1 选择输入法

用户可以使用“Ctrl+空格”组合键来激活或关闭中文输入法。

**01 小 测 试**

我们可以使用什么组合键来激活或关闭中文输入法（ ）。

A. Ctrl+空格 B. Shift+空格 C. Alt+空格

**你问我答**

**如果出现的输入法不是所需要的，可以使用什么快捷方式来切换？**

如果出现的输入法不是所需要的，可以使用“Alt+Shift”（或“Ctrl+Shift”）组合键在各种输入法之间进行切换。

## 7.2 输入法状态条

在切换输入法的时候会出现输入法状态条，在状态条上可以进行中英文、全角与半角以及中英文标点的切换。

### 7.2.1 “中文/英文”工具图标

单击该工具图标，可以在中文输入状态和英文输入状态之间进行切换，如图 7-2 所示。

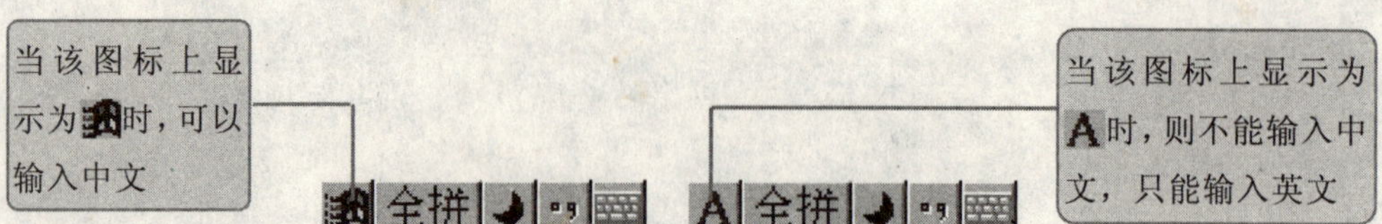


图 7-2 中英文输入状态切换

## 7.2.2 “全角/半角”工具图标

在全角输入方式下，输入的字母、字符和数字均占一个汉字的位置（即两个字节），其中标点符号为中文标点符号。在半角输入方式下，输入的字母、字符和数字只占半个汉字的位置，标点符号为英文标点符号。单击此图标即可进行全角与半角的转换，如图7-3所示。

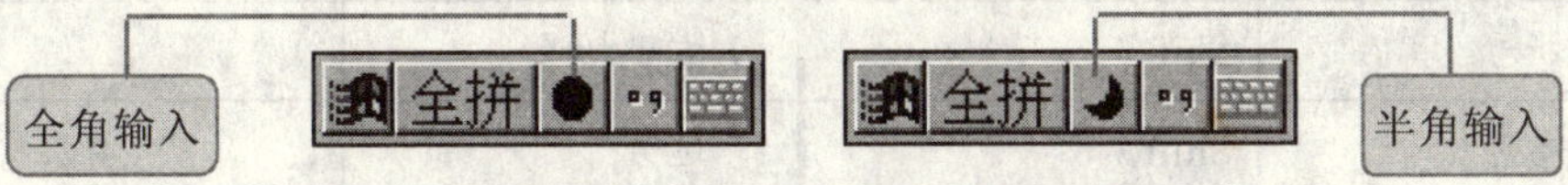


图 7-3 “全角/半角”工具图标

## 7.2.3 “中文/英文标点”工具图标

该图标用来在中文标点符号和英文标点符号之间切换。当该图标显示为 时，可以输入中文标点符号；当该图标显示为 时，可以输入英文标点符号，如图 7-4 所示。

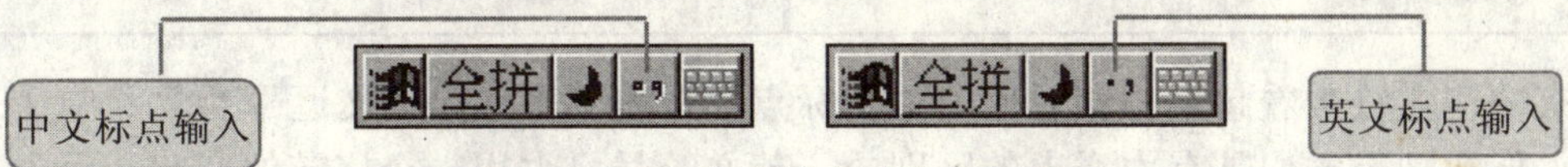


图 7-4 “中文/英文标点”工具图标

# 7.3 返回到英文输入状态

在中文输入法状态下，按“Ctrl+空格”组合键，输入法提示行消失，表示退出中文输入状态，此时可输入英文。

另外，可以单击任务栏中的“输入法”按钮，通过输入法选择菜单来返回到英文输入状态，如图 7-5 所示。具体步骤如下：

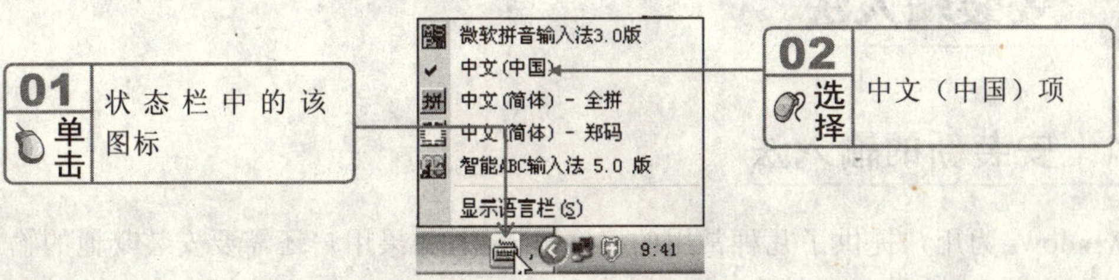


图 7-5 返回英文输入状态

# 7.4 输入中文标点

计算机键盘上没有对应的中文标点，要想输入中文标点符号，应首先单击输入法工具栏中的“中文/英文标点”工具图标，转换成中文标点输入状态。在这种状态下，我们就可以用英文键盘直接输入以下中文标点符号，如表 7-1 所示。

表 7-1　中文标点符号与键盘对应关系

| 中文标点符号 | 对应键 | 中文标点符号 | 对应键 |
| --- | --- | --- | --- |
| 、顿号 | \ | 《 左书名号 | < |
| 。句号 | . | 》右书名号 | > |
| ·居中实心点 | @ | （左小括号 | ( |
| ——破折号 | Shift + — | ）右小括号 | ) |
| ……省略号 | Shift + 6 | ，逗号 | , |
| ‘左单引号 | ‘ | ：冒号 | : |
| ’右单引号 | ’ | ；分号 | ; |
| “左双引号 | “ | ？问号 | ? |
| ”右双引号 | ” | ．小数点 | （数字小键盘区） |
| ！感叹号 | ! | | |

有的键盘符号看起来与相对应的中文标点模样差不多，如英文逗号“,”和中文逗号“，”。但实际上它们是有本质上的区别的。英文符号只占用一个字节的空间，而中文符号要占用两个字节的空间。

在通常情况下，英文符号在英语文章中使用，而中文符号则在汉语文章中使用。

**02 小 测 试**

要输入省略号，可以采用什么组合键（　　）。

A. Shift + 6　　B. Shift + 5　　C. Shift + 4　　D. Shift + 3

# 7.5 安装输入法

## 7.5.1 安装新的输入法

Windows 为用户提供了几种常用的汉字输入法，如果用户还需要安装其他的输入法，具体步骤如图 7-6～图 7-9 所示。

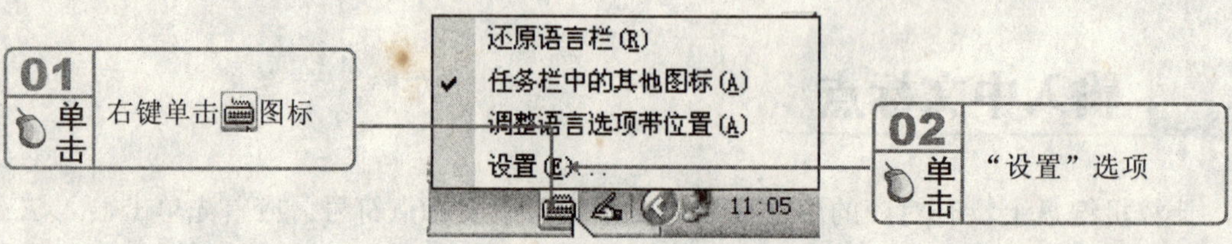


图 7-6　单击“设置”选项

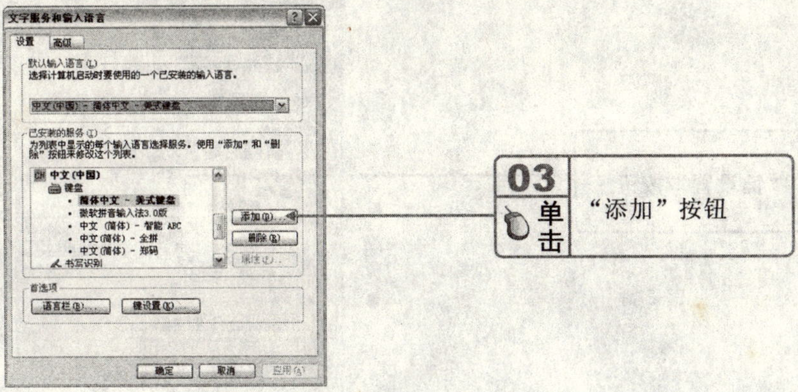


图 7-7　“文字服务和输入语言”对话框

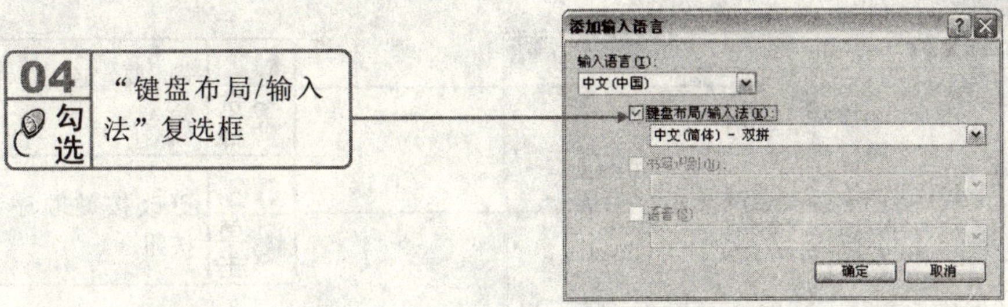


图 7-8　“添加输入语言”对话框

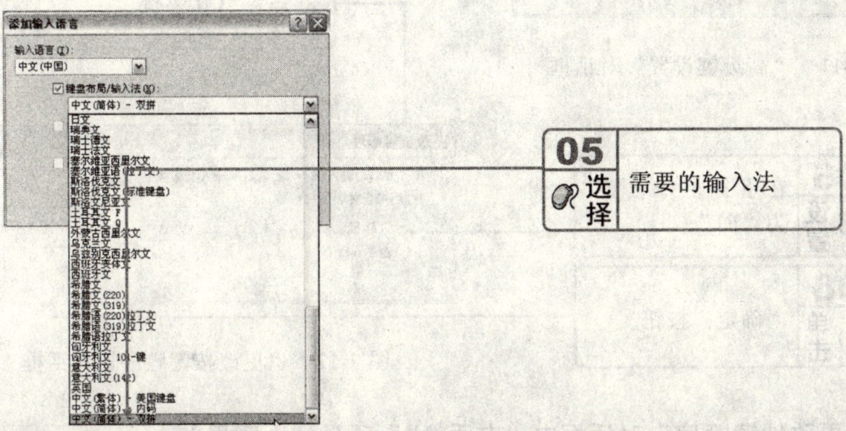


图 7-9　选择所需的输入法

**06**　选择所需要的输入法，返回到上一个界面，单击“确定”按钮即可。

## 7.5.2　设置输入法组合键

用户可以根据个人的习惯，自定义所有与输入法相关的快捷键，以便快速地切换到所需的中文输入法。

单击任务栏上的⌨图标，在弹出的快捷菜单中单击“设置”选项，进入“文字服务和输入语言”对话框中，如图 7-10～图 7-12 所示。

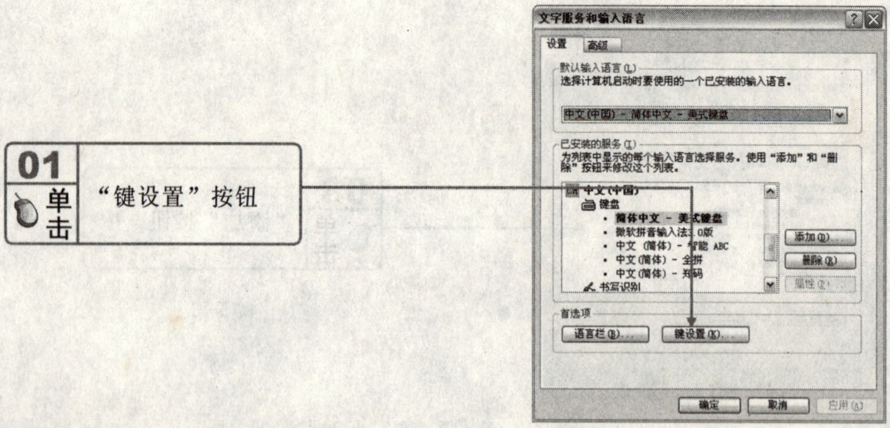


图 7-10　“文字服务和输入语言”对话框中

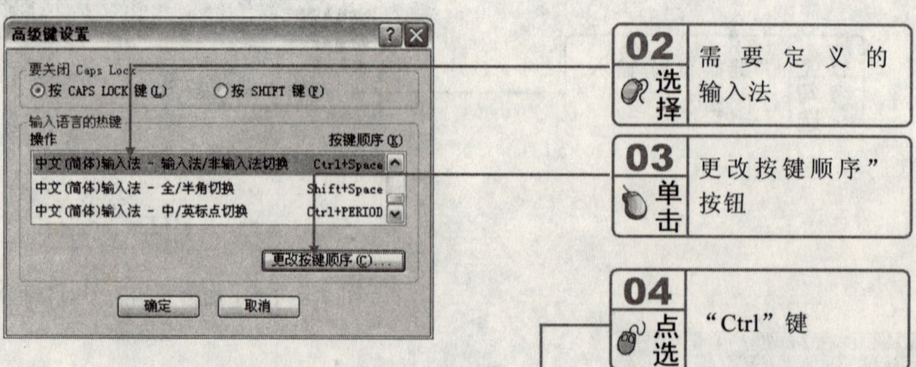


图 7-11　“高级键设置”对话框

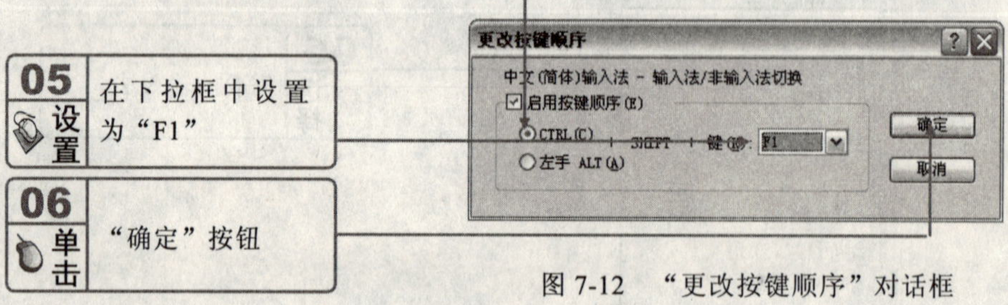


图 7-12　“更改按键顺序”对话框

**你问我答**

**“更改按键顺序”对话框中“左手 Alt”项是什么意思？**

这个选项是方便一些习惯使用左手的人，使用“Alt”键比使用“Ctrl”键更顺手一些。

## 7.5.3 设置输入法属性

单击任务栏上的 图标，在弹出的快捷菜单中单击“设置”选项，进入“文字服务和输入语言”对话框中，如图 7-13、图 7-14 所示。

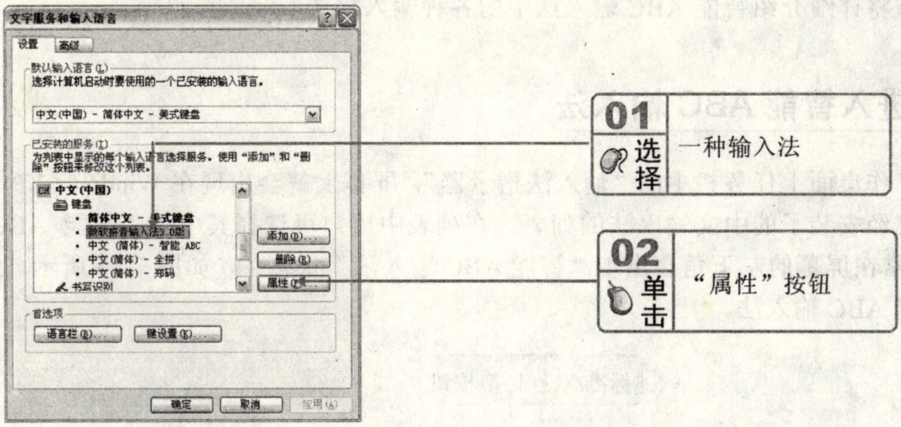


图 7-13 “文字服务和输入语言”对话框

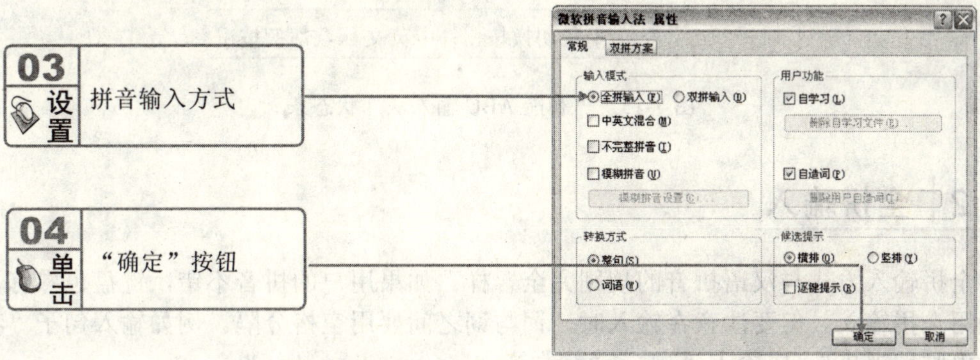


图 7-14 设置输入法属性

### 7.5.4 删除中文输入法

单击任务栏上的 图标，在弹出的快捷菜单中单击“设置”选项，进入“文字服务和输入语言”对话框中。选择所要删除的输入法，然后单击“删除”按钮，即可删除所选择的输入法。

## 7.6 智能 ABC 输入法

智能 ABC 输入法是中文 Windows XP 自带的一种汉字输入方法，它简单易学、快速灵活，受到广大用户的青睐。

智能 ABC 输入法设置了标准和双打两种输入方式，支持全拼、简拼和笔形三种类型的输入模式，并且这三种类型的输入模式可以互相组合使用形成全拼加简拼(即混拼)、全拼加笔形、简拼加笔形和混拼加笔形等多种输入模式。因此，它克服了拼音输入重码多的缺点，与其他拼音输入方案相比具有较高的输入效率。智能 ABC 输入法的学习和使用都极为容易，只要会拼音或了解汉字的书写顺序就能进行汉字输入，从而得到广泛应用。本节将详细介绍智能 ABC 输入法中的各种输入模式。

## 7.6.1 进入智能 ABC 输入法

单击工作桌面上任务栏中的“输入法指示器”，屏幕上就会出现在 Windows XP 中文版系统中已经安装了的中文输入法的列表。在列表中用户可选择其中的“智能 ABC 输入法”，通常在屏幕的左下角会出现“智能 ABC 输入法”状态条，如图 7-15 所示。此时已进入智能 ABC 输入法。

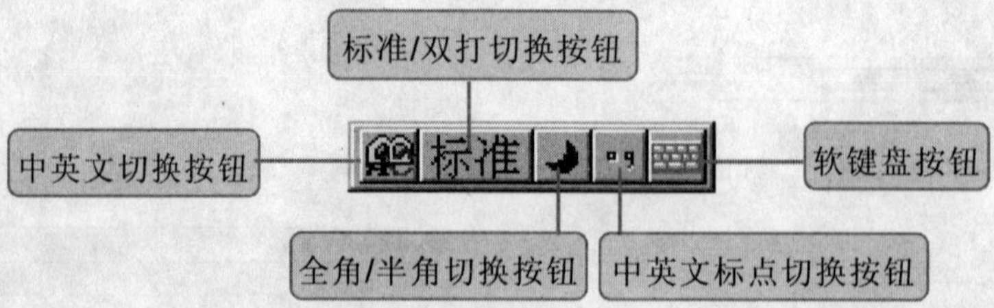


图 7-15 “智能 ABC 输入法”状态条

## 7.6.2 全拼输入

全拼输入方式与汉语拼音的规则完全一样。如果用户的拼音不错，键盘也熟练，可以采用全拼输入。但要注意在输入时，词与词之间要用空格分隔。例如输入句子“我想参加电脑培训班”，应输入“wo xiang canjia diannao peixun ban”。

## 7.6.3 简拼输入

简拼输入的规则是取每个汉字的第一个字母，也可以取两个字母。例如，“战争”的简拼为“zhzh”或“zhz”或“zzh”；“长城”的简拼为“cc”或“cch”或“chc”，“西宁”的简拼为“xi'n”。其中单撇号“'”是隔音符号，因为“xin”是“新”的拼音码，所以在中间加隔音符号以避免混淆。

## 7.6.4 混拼输入

混拼输入是指在一个词中，有的汉字用全拼，有的汉字用简拼。例如，“公务员”的混拼可以是“gongwy”，“智能”的混拼可以是“zhi'n”。

## 7.6.5 笔形输入

在不会汉语拼音或者不知道某字的读音时，可以使用笔形输入法。在智能 ABC 输入法中，按照基本的笔画的形状，将笔画分为八类，如表 7-2 所示。

取码时按照笔画顺序，最多取 6 笔，不足 6 笔的有几笔取几笔，多余 6 笔的只取前 6 笔。含有笔形“+（7）”和“口（8）”的结构，按笔形代码 7 或 8 取码，而不将它们分割成简单笔形代码 1~6。

表 7-2 基本笔画编码表

| 笔形代码 | 笔形 | 笔形名称 | 实 例 | 注 解 |
|---|---|---|---|---|
| 1 | 一 | 横（提） | 二、要 | “提”也算作横 |
| 2 | 丨 | 竖 | 同、少 | |
| 3 | 丿 | 撇 | 但、人 | |
| 4 | 丶 | 点（捺） | 定、泪 | “捺”也算作点 |
| 5 | ㇇ | 折（竖弯钩） | 对、队、刀 | 顺时针方向弯曲，多折笔画，以尾折为准 |
| 6 | ㄴ | 弯 | 以、绿 | 逆时针方向弯曲，多折笔画，以尾折为准 |
| 7 | +、乂 | 叉 | 草、地 | 交叉笔画只限于正叉 |
| 8 | 口 | 方 | 国、跃、吃 | 四边整齐的方框 |

1．进入笔形输入

用鼠标右键单击“智能 ABC 输入法”状态条，屏幕上就会出现“属性设置”选项，单击“属性设置”选项，即可进入“智能 ABC 输入法设置”对话框，单击“笔形输入”复选框，最后单击“确定”命令按钮即可进入笔形输入。取消笔形输入的方法类似。

2．独体字的取码

按笔画顺序逐个取码。例如，汉字“果”笔形编码为“87134”；“汉”笔形编码为“44154”。

3．合体字的取码

可以将其分为左右、上下或内外两块的字称为合体字。合体字的输入方法是每个字块最多取三个笔画，如果第一个字块不足三笔，则顺序取第二个字块的笔画。例如，“筠”的笔形码为“314713”，“藓”的笔形码为“723584”。

## 7.6.6 音形混合输入

笔形输入并不方便，除非万不得已，一般情况下并不单独使用，而是采用音形混合输入的方法。其规则为：

（拼音+[第一笔形代码]）+（拼音+[第一笔形代码]）+……+（拼音+[第一笔形代码]）

其中，“拼音”可以是全拼、简拼或混拼。对于多音节词的输入，“拼音”一项是必不可少的；“第一笔形代码”是汉字的第一笔的笔形编码，“[第一笔形代码]”项可有可无。

例如，汉字“邵”可输入编码“shao5”，即采用全拼加上第一笔的笔形代码的方式；

词组“实现”可输入编码“shixian1”或“sh4x”或“s4x1”。可见采用音形混合输入可以减少重码率，从而极大地提高输入的速度。

在智能 ABC 输入法的属性设置中，如果不选择“笔形输入”也能进行音形混合输入。最好采用这种设置方式，否则，在输入数字 0～9 时，需打开大小写字母锁定键“Caps Lock”，一旦输完数字转入拼音输入方式，又必须关闭大小写字母锁定键，十分麻烦，影响输入速度。

## 7.6.7 双打输入

智能 ABC 输入法提供了一种更快速的双打输入方式(相当于拼音输入法中的双拼)。双打方式将所有的声母和韵母都归在了相应的 26 个字母键上，这样无论是声母还是韵母都只需击一次键，而每一个汉字的拼音是由声母和韵母组成，所以对每一个汉字的输入最多只需击两次键。双打输入中声母和韵母与键位的对应关系如表 7-3 所示。

表 7-3　声母和韵母与键位的对应关系表

| 代码键 | 声　母 | 韵　母 | 代码键 | 声　母 | 韵　母 |
|---|---|---|---|---|---|
| A | zh | a | n | n | un |
| B | b | ou | o | 零声母 | uo |
| C | c | In uai | p | p | uan |
| D | d | ua ia | q | q | ei |
| E | ch | e | r | r | iu er |
| F | f | en | s | s | ong iong |
| G | g | eng | t | t | uang iang |
| H | h | ang | u |  | u |
| I |  | i | v | sh |  |
| J | j | an | w | w | ian |
| K | k | ao | x | x | ie |
| L | l | ai | y | y | eng |
| M | m | ui ue | z | z | iao |

由上表可知，在双打方式下，声母和韵母使用同一个键，输入一个汉字时，系统将第一次击键作为声母，第二次击键作为韵母。以“a、e、o”打头的韵母，可以单独使用，但在双打方式下必须先按零声母键“o”。例如，“啊”字的双打编码为“oa”。

### 1. 进入双打输入

如图 7-16 所示，单击“智能 ABC 输入法”状态条中的“标准”选项卡，可使输入方式在“标准”和“双打”之间切换。

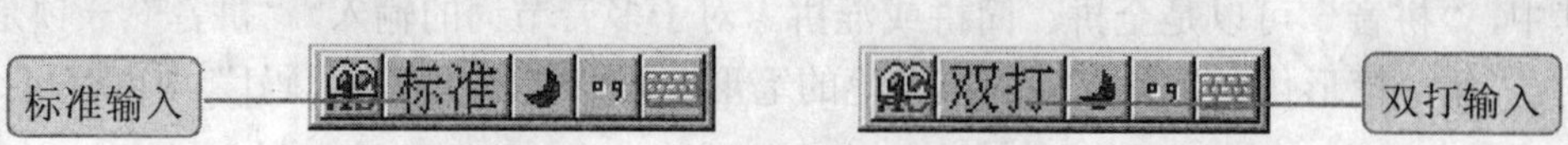


图 7-16　“标准/双打”工具图标

2．以零声母开头的汉字的输入

| 汉字 | 双打编码 | 全拼编码 |
|---|---|---|
| 安 | oj | an |
| 恩 | of | en |
| 昂 | oh | ang |
| 欧 | ob | ou |

3．一般汉字的输入

| 汉字 | 双打编码 | 全拼编码 |
|---|---|---|
| 扎 | aa | zha |
| 种 | as | zhong |
| 松 | ss | song |

4．词组的输入

| 词组 | 双打编码 | 全拼编码 |
|---|---|---|
| 案件 | ojjw | anjian |
| 公务员 | gswuyp | gongwuyuan |

由以上介绍的几种输入法可知，用户应根据实际情况选择符合自己特点的输入方式。如果你拼音不错，键盘也熟练，可以采用标准变换方式，输入过程以全拼为主，其他方式为辅。如果你对拼音不熟，而且有方言口音则建议以简拼加笔形的方式为主，辅之以其他方法。如果完全不懂拼音，只能按笔形输入。不要完全局限于某一种方式，而应根据自己的特点选择采用多种输入方式，这样才能够充分利用智能 ABC 的智能特色。

另外要建立比较明确的“词”的概念，尽量地按词、词组、短语输入。最常用的双音节词可以用简拼输入，一般常用词可采取混拼或者简拼加笔形描述。少量双音节词，需要在全拼基础上增加笔形描述。重码高的单字可以全拼加笔形进行输入。

## 7.6.8 使用技巧

1．自动分词与构词

智能 ABC 输入法是以词为主的输入方法，它提供了自动分词与构词功能。自动分词就是把一次输入的拼音字母串，划分成若干个简单语段，分别转换成汉字词语的过程。自动构词就是把若干个词或字组合成一个新的词条的过程，且一旦构词完毕，系统就会自动记住该词，下次再用时就不必重新构词了。例如，输入“计算机系统”时，第一次输入编码“jsjxt”后，系统中无“计算机系统”词条，只有先选择“计算机”，再选择“系统”，第二次输入编码“jsjxt”时，系统中就有“计算机系统”词条了。

2．自动记忆功能

智能 ABC 输入法能够自动记忆词库中没有的新词，这些词都是标准的拼音词，可以和基本词汇库中的词条一样使用。智能 ABC 输入法允许记忆的标准拼音词最大长度为 9 个字。下面是使用自动记忆功能的两个注意事项：

- 刚被记忆的词并不立即存入用户词库中，至少要使用三次后才有资格长期保存。新词栖身于临时记忆栈之中，如果栈满时它还不具备长期保存资格，就会被后来者挤出。
- 刚被记忆的词优先级高于普通词语，但低于常用词的频度。

### 3. 中文输入过程中的英文输入

在输入拼音的过程中，如果需要输入英文，可以不必切换到英文方式，只需输入“v”作为标志符，后面跟随要输入的英文。例如，在输入过程中希望输入英文“windows”，键入“vwindows”，按空格键即可。如果需输入大写的英文字母，也不必切换到英文方式，可以打开大小写字母锁定键“Caps Lock”，再输入英文字母，关闭大小写字母锁定键即转入拼音输入方式。

> **03 小 测 试**
>
> 要输入小写的英文字母，如果不切换当前的中文输入法，应该先输入什么字母（　　）。
>
> A. I　　B. M　　C. V　　D. C

### 4. 以词定字输入功能

无论是标准库中的词，还是用户自己定义的词，都可以用来定字。用以词定字法输入单字，可以减少重码。方法是用“[”键取第一个字、用“]”键取最后一个。例如，键入“yanjiu”，即“研究”的全拼输入码后，若按空格键得到“研究”，若按“[”键则得到“研”，按“]”键则得到“究”。

### 5. 频度调整和记忆

所谓频度，是指一个词的使用频繁程度。智能 ABC 标准词库中同音词的排列顺序能反映它们的频度，但对于不同使用者来说，可能有较大的偏差。所以，智能 ABC 设计了词频调整记忆功能。用鼠标右键单击“智能 ABC 输入法”状态条，屏幕上就会出现“属性设置”选项，单击“属性设置”选项，即可进入“智能 ABC 输入法设置”对话框，勾选“词频调整”复选框，最后单击“确定”命令按钮，词频调整就开始自动进行，不需要人为干预。系统把具有最高频度值的候选词条作为第一候选词。

### 6. 人工造词

智能 ABC 输入法允许用户自定义一些词的编码，通常可以给一些使用频率高的词定义一个简短的编码，或给一些非标准的汉语词语定义一个编码。利用该功能，只需输入词条内容和编码两部分，就可以直接把新词加到用户库中。允许定义的新词最大长度为 15 个汉字；输入码最大长度为 9 个字符；最大词条容量为 400 条。方法是用鼠标右键单击“智能 ABC 输入法”状态条，屏幕上就会出现“定义新词”选项。单击“定义新词”选项，这时弹出“定义新词”对话框，然后填写弹出的定义新词对话框。例如，在“新词”文本框中填入“智能输入法”，在“外码”文本框中填入“zn”，按下“添加”

按钮，即完成了人工造词。最后按“关闭”按钮即可关闭“定义新词”对话框。

用人工造词功能定义的词条，输入时应当以“u”字母打头。例如，键入“uzn”，按空格键，即可得到刚刚定义的“智能输入法”新词，这中间不需要任何切换的过程。

### 7. 利用朦胧回忆功能输入

对于刚刚用过不久的词组，可以使用最简单的办法依据不完整的信息进行回忆，这个过程称为朦胧回忆。朦胧回忆的功能是通过按“Ctrl+‘－’”键来完成的。假设不久前曾输入：“计算机”、“显示器”、“硬盘”和“驱动器”。若想再次输入“显示器”，先键入“x”，再按“Ctrl+‘－’”，就可以看到不久前曾输入的词组。

### 8. 中文数量词的简化输入

智能 ABC 提供了阿拉伯数字和中文大小写数字的转换能力，对一些常用量词也可简化输入。其方法是在智能 ABC 输入方式下用“ i ”作为输入小写中文数字标记，“ I ”（即键入“Shift+‘i’”）为输入大写中文数字标记，并且还规定了在数字输入中一些字母所表示的量的含义，它们是：

| | | | |
|---|---|---|---|
| G[个] | S[十，拾] | B[百，佰] | Q[千，仟] |
| W[万] | E[亿] | Z[兆] | D[第] |
| N[年] | Y[月] | R[日] | T[吨] |
| K[克] | $[元] | F[分] | L[里] |
| M[米] | J[斤] | O[度] | P[磅] |
| U[微] | I[毫] | A[秒] | C[厘] |
| X[升] | | | |

其输入方法与输入数字基本相同，即“i”+相应的字母。

**你问我答**

如何将“i”或“I”直接转化为“一”或“壹”？

“i”或“I”后面直接按空格键或回车键，则转换为“一”或“壹”。

# 7.7 五笔字型输入法

在日常应用中，拼音输入法使用较广泛，因为拼音输入法学习容易，操作简便，但是编码较长，输入速度较慢。对于专业录入和想提高输入速度的人来说，学习五笔字型输入法，则是明智的选择。

## 7.7.1 五笔字型的笔画和字根

### 1. 五种基本笔画

什么是汉字的笔画？1984 年，发明人王永民教授给笔画的定义为：书写汉字时，一次写成的一个连续不断的线段。

五笔字型中的笔画只考虑笔画的运笔方向，而不计其轻重长短，这样将汉字的诸多笔画归结为基本的五种笔画，即横、竖、撇、捺、折。我们将这五个基本的笔画按照顺序、汉字使用频度的高低进行排列，分为五个单元区，并用数字 1、2、3、4、5 五个代号代表五种基本笔画，如表 7-4 所示。

表 7-4　汉字的五种基本笔画

| 代号 | 笔画名称 | 笔画走向 | 笔画及变形 |
|---|---|---|---|
| 1 | 横 | 左→右 | 一 ㇀ |
| 2 | 竖 | 上→下 | 丨 亅 |
| 3 | 撇 | 右上→左下 | 丿 |
| 4 | 捺 | 左上→右下 | ㇏ 丶 |
| 5 | 折 | 带转折 | 乙 ㇇ ㇉ ㇌ 𠃍 |

实际上汉字的笔画没有这么简单，除这五种笔画外，还有多达 10 多种的其他笔画。根据汉字基本笔画的形态，我们可以把这 10 多种笔画都归结为上述五种。

## 2. 五笔字型的字根

在五笔字型中，我们把那些组字能力很强（组字频度高），而且在日常汉语文字中出现次数很多（实用频度高）的字根，称作基本字根。

五笔字型输入法中包含有 130 种基本字根，按照其起笔代号，并考虑键位设计的需要，分为五个大区，每区又分为五个位，命名以区号位号，以 11～55 共 25 个代码表示之。

书写字根时，我们将其开始的笔画与五个区的笔画相对应的归入一类。如“木”字的第一笔是横就归为横区，即第一区；“早”字的第一笔是竖就归为竖区，即第二区；“月”字的第一笔是撇就归为撇区，即第三区；“人”字的第一笔是捺就归为捺区，即第四区；“又”字的第一笔是折就归为折区，即第五区。

每一区占键位是 5 个，也就是一共有 25 个字根键位，如图 7-17 所示。

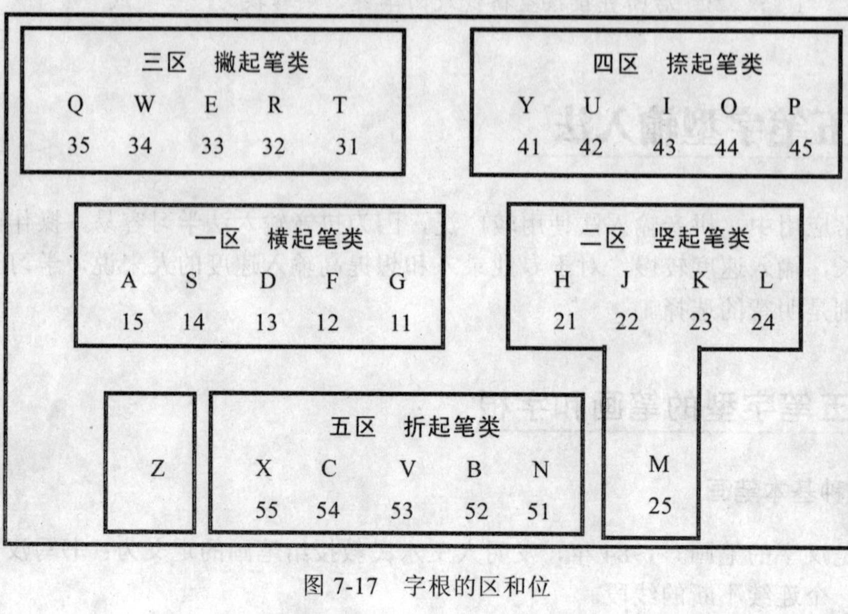


图 7-17　字根的区和位

五笔字型的基本字根分布在键盘的字母键上，形成了“字根键盘”。五笔字型在键盘上字根的分布方式是：

（1）将英文键盘上的 A～Y 共 25 个键分成五个区，区号为 1～5，并用字根首笔画的代号作为区号。

（2）每区 5 个键，每个键称为一个位，位号为 1～5。

（3）将每个键的区号作为第一个数字，位号作为第二个数字，将这两个数字组合起来就表示一个键，即我们所说的“区位号”。

五笔字型键盘字根分布图如图 7-18 所示。

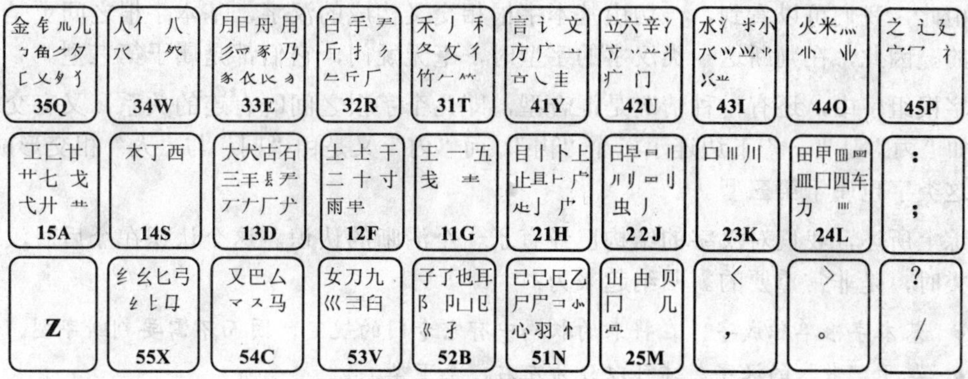


图 7-18　五笔字型字根键盘分布图

## 7.7.2　字根结构和汉字结构

### 1．组成汉字的字根结构

基本字根在组成汉字时，按照它们之间的位置关系也可以分为四种类型，即“单、散、连、交”。基本字根与基本字根之间、基本字根与单笔画之间按照这四种位置关系，则可组成所有的汉字。

（1）单字根结构

在字根间的结构关系中，“单”应理解为单独成为汉字的字根，即这个汉字只有一个字根。具有这种结构的汉字包括键名汉字与成字字根汉字，如“口、木、山、田、马、寸”等。这里需要强调的是，要将字根和笔画区别开，构成汉字最基本的单位是字根而不是笔画，字根是由笔画按一定的方式组成的。

（2）散字根结构

指构成汉字的基本字根之间可以保持一定的距离，如“吕、足、困、识、汉、照”等。

（3）连笔字根结构

指一个基本字根连一单笔画，如“丿”下连“目”成为“自”，“丿”下连“十”成为“千”，“目”下连“一”成为“且”等。其中单笔可连前也可连后。注意，这种情况下的字根与单笔之间，不能当作散的关系。

连的另一种情况是所谓“带点结构”，如“勺、术、太”等字中的点，近也可，稍远也可；连也可，不连也可。为了使问题简化，我们规定，一个基本字根之前或之后的孤立点，一律视作是与基本字根相连的。

由此，我们可以看到，一切基本字根与单笔连了之后形成的汉字，都是不能分作为几个保持一定距离的部分的。因此，在判断这一类汉字的字根时，它们不可能是左右型、上下型，而只能是第三类字型了。

（4）交叉字根结构

指几个基本字根交叉套叠之后构成的汉字，如“申”是由“日丨”、“里”是由“日土”、“夷”是由“一弓人”交叉构成的等等。

由此，我们可以看到，一切由基本字根相交叉构成的汉字，基本字根之间更是没有距离的。因此，在判断这一类汉字的字型时，毫无疑问，它们都是属于第三型。

字根组字中，还有一种情况是混合型，即几个字根之间既有连的关系，又有交的关系。如“丙”是“一”下边连了一个“内”，而“内”又是由“冂”与“人”相交形成的，自然这类字也属于第三型。

综上所述，我们对汉字的结构已经有了一个清晰的认识。这个认识在今后对汉字字型分类时，是非常重要的。归纳起来为：

- 基本字根单独成字，在将来的取码中有它专门的规定，因而不需要判断字型。
- 属于“散”的汉字，才可以分为左右、上下型。
- 属于“连”与“交”的汉字，一律属于第三型。
- 不分左右、上下的汉字，一律属于第三型。

### 2．汉字结构

根据构成汉字的各字根之间的位置关系，可以把成千上万的方块汉字分为三种类型：左右型、上下型和杂合型。我们按照它们拥有汉字的字数多少，将左右型命名为 1 型，字型代号 1；将上下型命名为 2 型，字型代号 2；将杂合型命名为 3 型，字型代号 3。

（1）左右型汉字

如果一个汉字能分成有一定距离的左右两部分或左、中、右三部分，则这个汉字就称为左右型汉字，如肚、胡、咽、树、剖、淡等。

（2）上下型汉字

如果一个汉字能分成有一定距离的上下两部分或上、中、下三部分，则这个汉字就称为上下型汉字，如字、节、意、型、蔽等。

（3）杂合型汉字

如果组成一个汉字的各部分之间没有简单明确的左右型或上下型关系，则这个汉字称为杂合型汉字。

这一类汉字主要有内外型汉字和单体汉字两种，也包括非上下型、非左右型汉字，即组成整字的各部分之间不能明显地分隔为上下两部分和左右两部分的汉字都属杂合型。

内外型汉字一律视为杂合型，如团、这、乘等，各部分之间的关系是包围与半包围的关系。

## 7.7.3 汉字的拆分原则

通过前面的学习，对汉字的结构有了一定的了解，也认识了五笔字型字根在键盘上的分布情况。但要想通过键盘来输入汉字，还必须学习汉字的编码规则，才能快速、准确地输入汉字。

汉字的字型分左右型（字型代号 1）、上下型（字型代号 2）和杂合型（字型代号 3）。当我们要输入一个汉字时，首先要学会拆分汉字，即把汉字分成几个单独的字根。

拆分汉字应遵循下面一些拆分原则：

### 1．按书写顺序，从左到右，从上到下，从外到内

也就是说按书写的顺序拆分，拆分出的字根应为键面上有的基本字根。例如：

按 = 扌+ 宀 + 女　　　　　（从左到右，左右型）
字 = 宀 + 子　　　　　　　（从上到下，上下型）
困 = 囗 + 木　　　　　　　（从外到内，杂合型）

### 2．"取大优先"原则

指在拆分汉字时，拆分出来的字根的笔画数量要尽量的多。例如：

果 = 曰 + 木
或 果 = 曰 + 一 + 小
或 果 = 曰 + 十 + 八

根据"取大优先"的原则，应该拆分成"曰、木"。

### 3．"能连不交"原则

指能拆分成互相连接的字根就不拆分成互相交叉的字根。例如：

天 = 一 + 大
或 天 = 二 + 人

拆分成"一、大"时两个字根互相连接，取此种拆分法；而拆分成"二、人"时两个字根互相交叉，不取此种拆分法。

### 4．"能散不连"原则

指拆分时能拆分成散结构的字根就不拆分成连接的字根。例如：

午 = 𠂉 + 十
或 午 = 丿 + 干

拆分成"𠂉、十"时两个字根是散开的，取此种拆分法；而拆分成"丿、干"时两个字根相连，不取此种拆分法。

### 5．"兼顾直观"原则

指拆分出来的字根要符合一般人的直观感觉，例如"羊"字拆分成"丷、王"就比拆分成"䒑、二、丨"要直观一些。

## 7.7.4 键名汉字和成字字根的编码规则

### 1. 键名汉字的编码规则

观察五笔字型键盘字根表，可以发现每一个键的左上角都是一个完整的汉字，这就是键名汉字。键名是这个键位的键面上所有字根中最具有代表性的字根，而这个字根本身也是一个有意义的汉字（X 键上的“纟”除外），同时其组字频度也很高，如图 7-19 所示。

图 7-19 键位上的键名

输入键名汉字时，只需把它们所在的键连击四次，屏幕上就出现了相应的汉字。例如，“王”的编码为“GGGG”，“火”的编码为“OOOO”。

### 2. 成字字根的编码规则

每个键上除了键名汉字外，还有一些完整的汉字，我们称之为成字字根。当你要键入一个成字字根时，首先把它所在的那个键打一下（称为“报户口”），然后按书写顺序依次打它的第一个笔画、第二个笔画及最末一个笔画，如表 7-5 所示。

表 7-5 成字字根编码规则

| 取码顺序 | 第一码 | 第二码 | 第三码 | 第四码 |
|---|---|---|---|---|
| 取码要素 | 报户口 | 取首笔画 | 取次笔画 | 取末笔画 |

有些成字字根不足四码，击一下空格键就行了。例如：

辛：辛（报户口）　、（首笔）　一（次笔）　丨（末笔）
U（42）　Y（41）　G（11）　H（21）

石：石（报户口）　一（首笔）　丿（次笔）　一（末笔）
D（13）　G（11）　T（31）　G（11）

力：力（报户口）　丿（首笔）　乙（次笔）
L（24）　T（31）　N（51）　（空格）

雨：雨（报户口）　一（首笔）　丨（次笔）　、（末笔）
F（12）　G（11）　H（21）　Y（41）

十：十（报户口）　一（首笔）　丨（次笔）
F（12）　G（11）　H（21）　（空格）

3．五种笔画的编码

按照成字字根编码输入的规定，五种笔画的编码则是打入键名后，再打一下此笔画所在的键，结果造成了单笔画只有两码。让这些单笔画享有两码，不如让位于较常用的汉字更能提高效率。因此，作为成字字根编码的一个特例，有必要把单笔画编码设计为打原码之后再打两个 24（L 键）。这里之所以要加 L，是因为 L 键除便于操作外，作为竖结尾的单体型字的识别键码是极不常用的，这样，就足以保证这种定义外码的唯一性。

五种单笔画的编码如下：

| | | | | | |
|---|---|---|---|---|---|
| 一 | 11 | 11 | 24 | 24 | （GGLL） |
| 丨 | 21 | 21 | 24 | 24 | （HHLL） |
| 丿 | 31 | 31 | 24 | 24 | （TTLL） |
| 丶 | 41 | 41 | 24 | 24 | （YYLL） |
| 乙 | 51 | 51 | 24 | 24 | （NNLL） |

## 7.7.5 单个汉字的编码规则

一个汉字的笔画一般较多，在输入某个汉字时，按照书写顺序，以基本字根为单位取四码，即取这个汉字的第一、二、三、末笔四个字根，找到这四个字根所对应的键，敲入即可。如表 7-6 所示。

表 7-6　单个汉字编码

| 取码顺序 | 第一码 | 第二码 | 第三码 | 第四码 |
|---|---|---|---|---|
| 取码要素 | 取第一个字根 | 取第二个字根 | 取第三个字根 | 取最后一个字根 |

例如：

“社”取码为“礻、丶、土”，不能取码为“礻、土”，因为“礻”不是基本字根。

“微”由“彳、山、一、几、攵”5 个字根组成，我们只取第一、二、三及最末一个字根，即“彳、山、一、攵”。

“能”取码为“厶、月、匕、匕”，“模”取码为“木艹日大”，“蕴”取码为“艹纟日皿”，“成”取码为“厂乙乙丿”，“德”取码为“彳十四心”。

## 7.7.6 末笔字型交叉识别码

对于拆不够四个字根的汉字，如果只输入其第一、第二个字根，则会出现很多汉字等待你去选择所需要的那个汉字。为了解决这个问题，五笔字型输入法采用了一种“末笔字型交叉识别码”的方法，识别码由末笔画代号与字型代码组合而成。

例如，按一般规则打“住”字时可拆分为：

住 = 亻+ 丶+ 王　　（WYG）

但是，你打出来的是不是“住”字呢？不是，而是“隹、信”字，这就到利用识别码的时候了。

“住”字的最末笔画是一横，说明是在第 1 区，“住”字属于汉字的左右型结构，其字型代号为 1，则“住”的识别码为最末笔画与字型代号的组合，为“11”，而编码为“11”所对应的键位为“G”键，所以打“住”字应打“WYGG”。

对于五笔字型输入法中的“末笔字型交叉识别码”应该牢牢掌握，因为有很多汉字必须加入识别码，才能迅速准确地打出所需要的那个汉字。

表 7-7 对识别码进行了归纳和举例。

**表 7-7　五笔字型末笔字型交叉识别码**

| 该字末笔 | | 横（一） | 竖（丨） | 撇（丿） | 捺（丶） | 折（乙） |
|---|---|---|---|---|---|---|
| 末笔识别码 | 左右型 | G（11）<br>翔　UDNG<br>肚　EFG | H（21）<br>浑　IPLH<br>汗　IFH | T（31）<br>财　MFTT<br>扩　RYT | Y（41）<br>吓　KGHY<br>汉　ICY | N（51）<br>他　WBN<br>吧　KCN |
| | 上下型 | F（12）<br>奋　DLF<br>查　SJGF | J（22）<br>牢　PRHJ<br>弄　GAJ | R（32）<br>参　CDER<br>声　FNR | U（42）<br>足　KHU<br>京　YIU | B（52）<br>气　RNB<br>卷　UDBB |
| | 杂合型 | D（13）<br>固　LDD<br>扇　YNND | K（23）<br>升　TAK<br>连　LPK | E（33）<br>户　YNE<br>庐　YYNE | I（43）<br>头　UDI<br>飞　NUI | V（53）<br>万　DNV<br>亏　FNV |

## 7.7.7 重码

在五笔字型编码方案中，将极少一部分无法唯一确定编码的汉字，用相同的编码来表示，这些具有相同编码的汉字称为“重码字”。

五笔字型对重码字按其使用频率作了分级处理。输入重码字的编码时，重码字同时显示在提示行，而较常用的那个字排在第一个位置上。这时，机器报警，发出“嘟”的声音，提醒你出现重码字了。

如果需要的就是那个比较常用的字，则只管输入下文，这个字会自动跳到正常编辑位置上去。它们的输入就像没有重码一样，完全不影响输入速度。

如果需要的是不常用的那个字，则可根据它的位置号按数字键“1、2、3…”即可使它显示在编辑位置上去。

例如，键入“FGHY”后，屏幕上会显示出：

fghy　　1.寸　　2.雨

如果这时你需要“寸”字，就不必挑选，只管输入下文，“寸”就会自动跳到光标位置。如果需要的是“雨”字，则需击一下数字键“2”。

为了进一步减少重码，提高输入速度，在五笔字型汉字输入法中特别定义了一个后缀码“L”，即把重码字中使用频度较低的汉字编码的最后一个编码改成后缀码“L”。这样，在输入使用频率较高的重码汉字时用原码，输入一个使用频度较低的重码汉字时，只要把原来单字编码的最后一码改成“L”即可。这样两者都不必再作任何特殊处理或增加按键就能输入，从而再次把重码字离散开来。掌握了这一方法后，在输入一级汉字的范围内，就可以不用再担心遇到重码，同时也提高了汉字的输入速度。

## 7.7.8 帮助键 Z 的使用

当你由于对键盘字根不太熟悉或者对某一汉字的拆分一时难以确定时，你的一切“未知数”字根都可以用 Z 键来代表。

Z 键为万能学习键，五笔字型汉字输入法中，可用 Z 键来代替任何一个键。可用 Z 键帮助我们掌握和巩固前面所学的字根分布。它不但可以代替“识别码”，帮助你把字找出来，并告诉你“识别码”，而且还可以代替一时记不清或分解不准的任何字根，并通过提示行，使你知道 Z 键对应的键位或字根。

初学时，最大的困难是不能在短时间内把所有字根的分布都记住。在输入时去查字根的分布图是很麻烦的，有了 Z 键，我们就可让机器去查了。

例如，在输入“潜”字时，记不清字根“日”是在哪个键上，此时就可以用 Z 键来代替输入“日”字根的键，即输入“氵、二、人、Z”这样四个键，结果在提示行中显示出“潜：IFWJ”，并把含有“氵、二、人”的所有汉字以及它们的编码都显示在提示行里。根据这些字在提示行中的位置号，打键盘上的数字键，即可将所需要的字从提示行中“调”到所在的光标位置上来。这样，由于提示行中的每个字后边都显示有它的正确外码，可以从这里学习有关汉字的正确输入码。

## 7.7.9 简码的输入

### 1. 一级简码

根据每一个键位上的字根形态特征，在五个区的 25 个键位上，每键安排一个使用频率最高的汉字，称为“一级简码”，即“高频字”。分布的规律基本上是按第一笔画来进行分类的，即横起笔的放在一区，竖起笔的放在二区，撇起笔的放在三区，捺起笔的放在四区，折起笔的放在五区，并且尽可能使它们的第二笔画与位号一致。当然不可能完全符合，只有多练习来加强记忆。

一级简码的输入方法是单击一下所在的键，再按一下空格键即可。图 7-20 是在 25 个键位上对应的简码字。

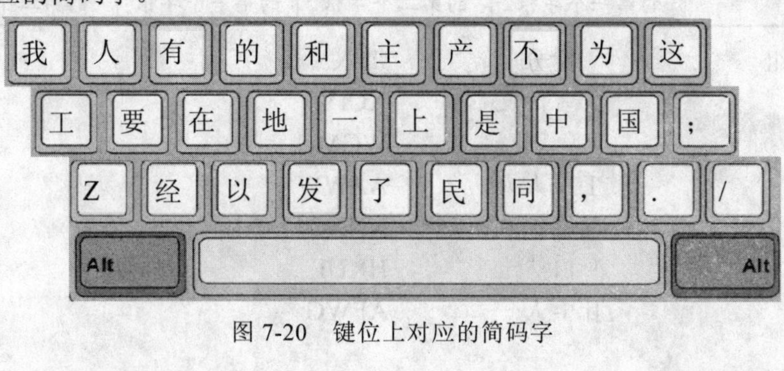


图 7-20 键位上对应的简码字

2．二级简码

一个汉字的五笔字型全码是四个，需要击键四次，比较麻烦。为了加快输入速度，五笔字型输入法把使用一些使用频率较高的汉字作为二级简码的汉字。

二级简码是由汉字全码中的前两个字根的代码作为该字的代码，再按一个空格键表示结束。对于前两笔比较直观的二级简码汉字，使用二级简码输入就避开了取最后一个识别码所带来的麻烦。

3．三级简码

三级简码是用单字全码中的前三个字根作为该字的代码。选取时，只要该字的前三个字根能惟一地代表该字，就把它选为三级简码。此类汉字输入时不能明显地提高输入速度，因为在打了三码后还必须打一个空格键，也要按四键。由于省略了最后的字根码或末笔字型交叉识别码，故对于提高速度来说，还是有一定的帮助的。例如：

华　全码：34　55　12　22（WXFJ）
　　简码：34　55　12　　（WXF）　　省略了末笔字型交叉识别码 J
情　全码：51　11　33　11（NGEG）
　　简码：51　11　33　　（NGE）　　省略了末笔字型交叉识别码 G

## 7.7.10 词组的输入

为了提高录入速度，五笔字型输入法里还采用常见的词组来进行录入。“词组”（亦称词汇）指由两个及两个以上汉字构成的汉字串。这些词组有二字词组、三字词组、四字词组和多字词组，取码规则因词组长短而异。

1．二字词组

取第一个字的第一、第二字根和第二个字的第一、第二字根，组合成四码，如表 7-8 所示。

表 7-8　二字词组输入

| 取码顺序 | 第一码 | 第二码 | 第三码 | 第四码 |
|---|---|---|---|---|
| 取码要素 | 取第一个字的第一个字根 | 取第一个字的第二个字根 | 取第二个字的第一个字根 | 取第二个字的第二个字根 |

| 二字词组 | 拆分 | 键入 |
|---|---|---|
| 经济 | 纟ㄨ氵文 | XCIY |
| 合同 | 人一冂一 | WGMG |
| 工人 | 工工人人 | AAWW |
| 已经 | 已已纟ㄨ | NNXC |
| 战斗 | ⺊口⺀十 | HKUF |
| 革命 | 廿串人一 | AFWG |

### 2．三字词组

前两个字各取其第一字根，最后一个字取其前两个字根，组合成四码，如表 7-9 所示。

表 7-9　三字词组输入

| 取码顺序 | 第一码 | 第二码 | 第三码 | 第四码 |
|---|---|---|---|---|
| 取码要素 | 取第一个字的第一个字根 | 取第二个字的第一个字根 | 取最后一个字的第一个字根 | 取最后一个字的第二个字根 |

| 三字词组 | 拆分 | 键入 |
|---|---|---|
| 计算机 | 讠𥫗木几 | YTSM |
| 动物园 | 二丿囗二 | FTLF |
| 操作员 | 扌亻口贝 | RWKM |
| 基本上 | 艹木上上 | ASHH |

### 3．四字词组

取每个字的第一个字根，组合成四码。如表 7-10 所示。

表 7-10　四字词组输入

| 取码顺序 | 第一码 | 第二码 | 第三码 | 第四码 |
|---|---|---|---|---|
| 取码要素 | 取第一个字的第一个字根 | 取第二个字的第一个字根 | 取第三个字的第一个字根 | 取第四个字的第一个字根 |

| 四字词组 | 拆分 | 键入 |
|---|---|---|
| 社会主义 | 礻人丶丶 | PWYY |
| 五笔字型 | 五𥫗宀一 | GTPG |
| 操作系统 | 扌亻丿纟 | RWTX |
| 科学技术 | 禾⺍扌木 | TIRS |

### 4．多字词组

取第一、二、三和最末一个汉字的第一个字根，组合成四码，如表 7-11 所示。

表 7-11　多字词组输入

| 取码顺序 | 第一码 | 第二码 | 第三码 | 第四码 |
|---|---|---|---|---|
| 取码要素 | 取第一个字的第一个字根 | 取第二个字的第一个字根 | 取第三个字的第一个字根 | 取最后一个字的第一个字根 |

| 多字词组 | 拆分 | 键入 |
|---|---|---|
| 中国共产党 | 口囗艹⺌ | KLAI |
| 为人民服务 | 丶人コ夂 | YWNT |
| 中央电视台 | 口冂日厶 | KMJC |
| 中华人民共和国 | 口亻人囗 | KWWL |
| 全国人民代表大会 | 人囗人人 | WLWW |

## 融会贯通

运用本章讲到的一种输入法，输入以下一段文字。

庄子《逍遥游》

北冥有鱼，其名为鲲。鲲之大，不知其几千里也。化而为鸟，其名为鹏。鹏之背，不知其几千里也。怒而飞，其翼若垂天之云。是鸟也，海运则将徙于南冥。南冥者，天池也。

《齐谐》者，志怪者也。《谐》之言曰："鹏之徙于南冥也，水击三千里，抟扶摇而上者九万里，去以六月息者也。"野马也，尘埃也，生物之以息相吹也。天之苍苍，其正色邪？其远而无所至极邪？其视下也，亦若是则已矣。

且夫水之积也不厚，则其负大舟也无力。覆杯水于坳堂之上，则芥为之舟。置杯焉则胶，水浅而舟大也。风之积也不厚，则其负大翼也无力。故九万里则风斯在下矣，而后乃今培风；背负青天而莫之夭阏者，而后乃今将图南。

蜩与学鸠笑之曰："我决起而飞，抢榆枋，时则不至而控于地而已矣，奚以之九万里而南为？"适莽苍者，三餐而反，腹犹果然；适百里者，宿舂粮；适千里者，三月聚粮。之二虫又何知！

小知不及大知，小年不及大年。奚以知其然也？朝菌不知晦朔，蟪蛄不知春秋，此小年也。楚之南有冥灵者，以五百岁为春，五百岁为秋；上古有大椿者，以八千岁为春，八千岁为秋。而彭祖乃今以久特闻，众人匹之，不亦悲乎！

汤之问棘也是已：穷发之北，有冥海者，天池也。有鱼焉，其广数千里，未有知其修者，其名为鲲。有鸟焉，其名为鹏，背若泰山，翼若垂天之云，抟扶摇羊角而上者九万里，绝云气，负青天，然后图南，且适南冥也。

斥鴳笑之曰："彼且奚适也？我腾跃而上，不过数仞而下，翱翔蓬蒿之间，此亦飞之至也，而彼且奚适也？"此小大之辩也。

故夫知效一官，行比一乡，德合一君，而徵一国者，其自视也，亦若此矣。而宋荣子犹然笑之。且举世而誉之而不加劝，举世而非之而不加沮，定乎内外之分，辩乎荣辱之境，斯已矣。彼其于世，未数数然也。虽然，犹有未树也。

夫列子御风而行，泠然善也，旬有五日而后反。彼于致福者，未数数然也。此虽免乎行，犹有所待者也。

若夫乘天地之正，而御六气之辩，以游无穷者，彼且恶乎待哉！故曰：至人无己，神人无功，圣人无名。

**小测试答案** （请翻转阅读答案）

1. A　2. A　3. C

Study

CHAPTER

【第 8 章】

# 使用 Windows XP 自带的工具

→内容导读

1．本章需要了解的概念：

记事本 写字板 Windows Media Player

2．本章需要掌握的操作：

不同工具的使用方法

3．本章需要提高的内容：

使用录音机录制声音

08

## 8.1 画图工具

“画图”工具是 Windows XP 中自带的一个色彩丰富的位图图像绘制和处理程序，用户可以使用画图程序创建图形、修改图形以及处理各种位图图像。同时，也可以使用“画图”工具来浏览电脑中的图像。

### 8.1.1 绘制图形

安装 Windows XP 后，在“附件”菜单中就可以找到并启动画图工具。执行“开始\所有程序\附件\画图”命令，即可启动画图工具，启动后的界面如图 8-1 所示。

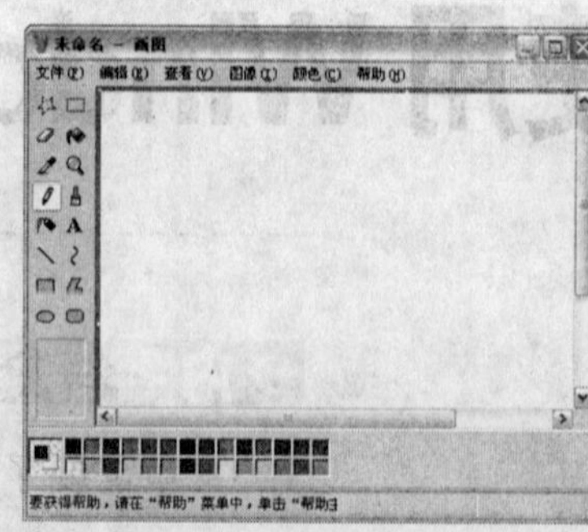

图 8-1 “画图”界面

界面上方显示画图工具的菜单栏，通过不同菜单选项，可以对当前的画布以及画布中的图像进行各种编辑；界面左侧显示画图工具栏，通过不同的工具即可对图像进行绘制或者编辑；下方的调色板用于选择要应用的颜色。

你问我答

**在颜色调板左侧的区域中显示两个颜色，分别表示什么？**

调板左侧有两个叠加的方框，其中上面方框中显示的颜色为前景色，下面方框显示的颜色为背景色。

用户对图像的绘制或者编辑工作大多都是通过工具栏中的工具进行的，工具栏中各工具的功能如下：

- “任意形状的裁剪”按钮：单击该按钮后，拖动鼠标在画布中任意绘制形状后，即可绘制的区域选中。
- “选定”按钮：单击该按钮后，在画布中拖动鼠标即可将指定的矩形区域选中。
- “擦除”按钮：单击该按钮后，可以在工具栏下方选择擦除线条的粗细，然后在画布中拖动鼠标即可擦除图像。
- “用颜色填充”按钮：单击该按钮后，在调色板中选择填充颜色，然后在画布中单击鼠标即可用选定颜色填充指定区域或整个画布。
- “取色”按钮：单击该按钮后，用鼠标单击画布中的任意位置，可以将该位置的颜色设置为调色板颜色。
- “放大镜”工具：单击该按钮后，在工具栏下方可以选择放大倍数，然后在画布中单击鼠标，即可逐次放大显示画布。
- “铅笔”工具：单击该按钮后，在调色板中选择线条颜色，在画布中拖动鼠标可以绘制任意线条，如图 8-2 所示。

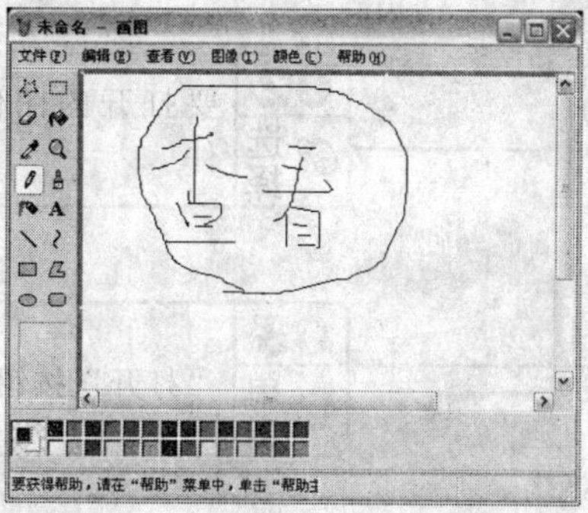


图 8-2 绘制任意线条

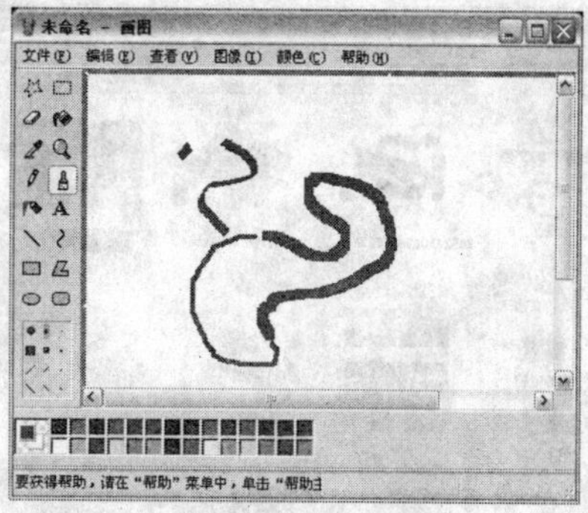


图 8-3 刷出线条

- "刷子"工具：单击该按钮后，在工具栏下方选择刷子的形状，在调色板中选择刷子的颜色，然后在画布中拖动鼠标即可刷出任意的线条或者形状，如图 8-3 所示。
- "喷枪"工具：单击该按钮后，在工具栏下方选择喷枪大小，在调色板中选择喷枪颜色，然后在画布中单击或者拖动鼠标即可喷出指定的颜色。
- "文字"按钮：单击该按钮后，在调色板中选择文字的颜色，然后拖动鼠标在画布中选择一个区域后，即可在该区域中输入文字，同时窗口中会显示"字体"工具栏，如图 8-4 所示。
- "直线"按钮与"曲线"按钮：单击并选择线条宽度和颜色后，可以在画布中绘制直线或者任意的曲线。
- 形状绘制按钮、：单击并选择形状的填充方式和填充颜色后，可以在画布中绘制矩形、任意多边形、圆形以及椭圆形，如图 8-5 所示。

图 8-4 输入文字

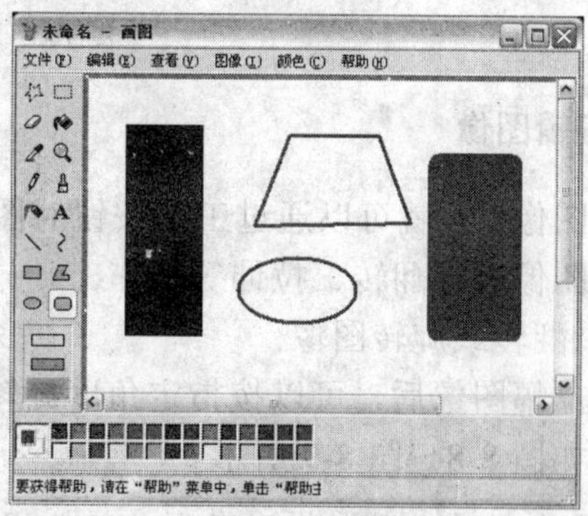


图 8-5 绘制形状

## 8.1.2 打开与编辑图像

利用画图工具还可以打开电脑中已有的图像并进行各种编辑。

### 1. 打开图像

在画图中打开图像文件的具体操作方法如下：

**01** 执行"文件\打开"命令，弹出如图 8-6 所示的"打开"对话框，并打开图像，如图 8-7 所示。

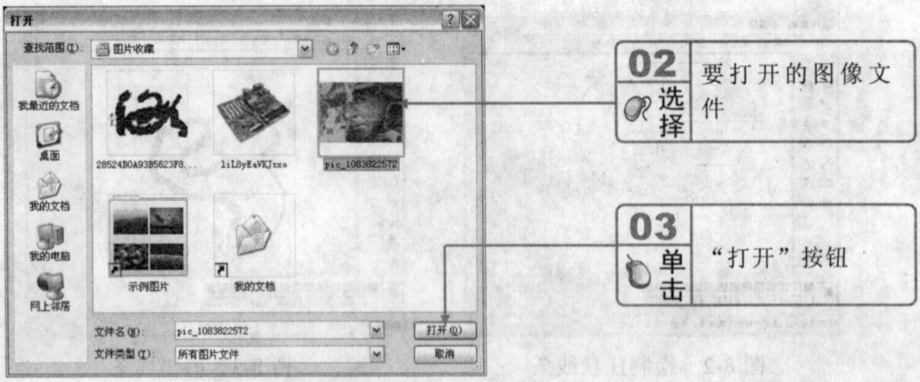


图 8-6 “打开”对话框

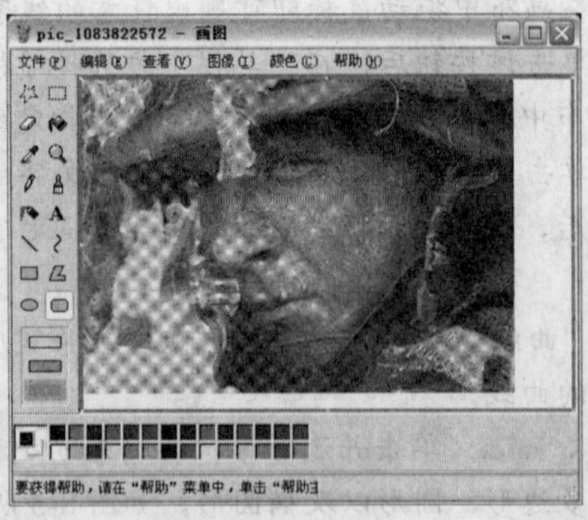

图 8-7 打开图像

1. 编辑图像

打开图像后，就可以通过工具按钮对图像进行各种编辑了，而且通过“图像”菜单，还可以对图像进行翻转、拉伸等操作。

（1）翻转或旋转图像

打开一幅图像后，可以按指定角度旋转图像或者对图像进行水平、垂直翻转，具体操作方法如图 8-8～图 8-9 所示。

**01** 单击“图像”菜单下的“翻转\旋转”命令，打开“翻转和旋转”对话框。

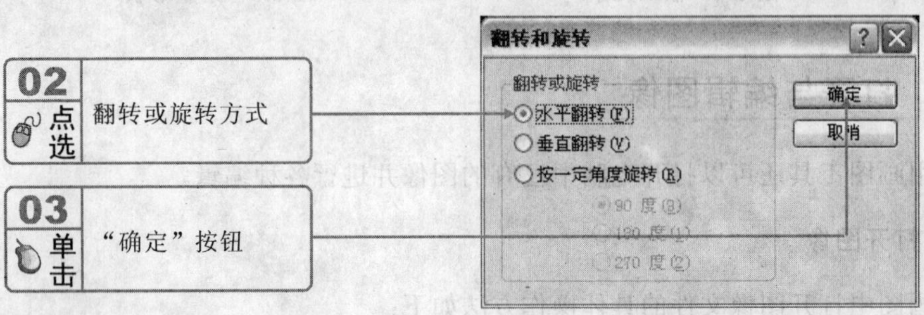


图 8-8 “翻转和旋转”对话框

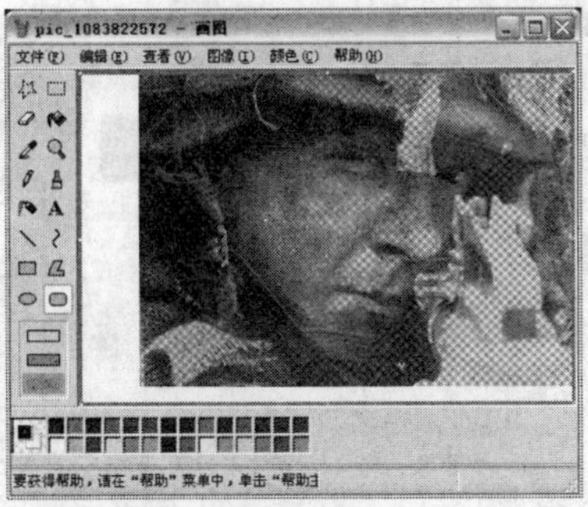


图 8-9　水平翻转图像

（2）拉伸和扭曲图像

拉伸和扭曲图像的具体操作方法如图 8-10、图 8-11 所示。

**01** 单击“图像”菜单下的“拉伸\扭曲图像”命令，打开“拉伸和扭曲”对话框。

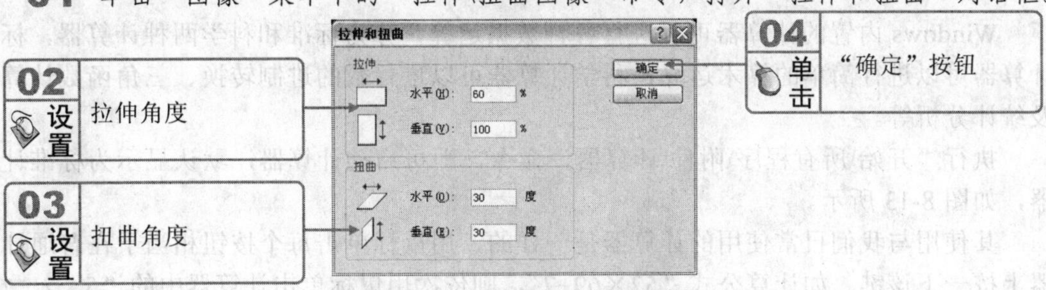


图 8-10　“拉伸和扭曲”对话框

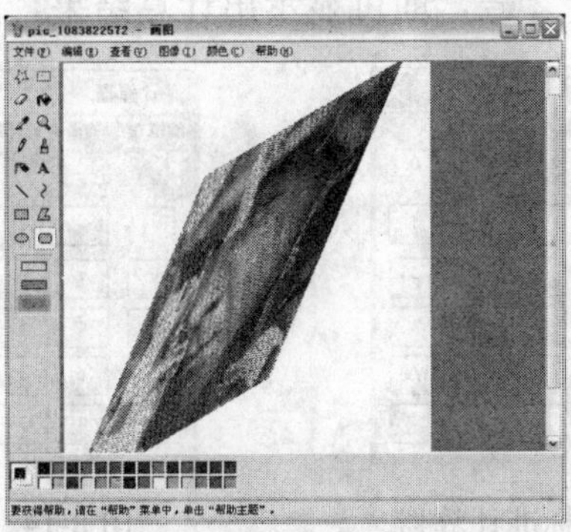


图 8-11　拉伸和扭曲图像后的效果

**你问我答**

**如何调整画布的大小？**

将鼠标移动到画布的右侧、下侧或者右下角，当指针形状变为双向箭头时，拖动鼠标即可进行调整。

### 8.1.3 保存图像

绘制图形或者对图像进行编辑后，就可以保存到电脑中了，保存图像的操作方法如下：

**01** 执行“文件\保存”命令，打开如图 8-12 所示的“保存为”对话框。

图 8-12 “保存为”对话框

## 8.2 计算器

Windows 内置的计算器可以进行各种数据运算，分为标准和科学两种计算器，标准计算器可以进行简单的算术运算，科学计算器可以进行数的进制转换、三角函数计算以及统计分析等。

执行“开始\所有程序\附件\计算器”命令，即可启动计算器，默认显示为标准计算器，如图 8-13 所示。

其使用与我们日常使用的计算器是一样的，用鼠标单击每个按钮相当于在普通计算器上按一下该键。如计算公式“52×69+7”，则依次用鼠标单击计算器中的“5、2、*、6、9、+、7”，最后单击“＝”号，即可显示出计算结果，如图 8-14 所示。

图 8-13 标准计算器

图 8-14 计算结果

单击计算器菜单栏中的“查看”菜单项，在弹出的菜单中选择“科学形”选项，即可切换到科学计算器，从“科学型”计算器的外观可以看出，这个计算器的功能强大了许多，用户可以用它进行统计运算和函数运算，如图 8-15 所示。

图 8-15 科学计算器

**你问我答**

**可否用键盘进行输入计算呢？**

用户可以通过数字键盘进行快速的输入和计算，数字键盘上的每个键分别对应计算器中对应的按钮，按下数字键即相当于点击对应的数字按钮。

**01 小 测 试**

计算器位于“开始”菜单中的（　　）子菜单中。

A. 附件\辅助工具　　B. 附件\系统工具　　C. 附件　　D. 附件\娱乐

## 8.3 记事本

记事本是 Windows XP 中提供的一个用于编辑小型文本文件的文本编辑器，用于处理 ASCII 文本，如编辑 HTML 和 JavaScript Web 页的源代码等，也可以用来输入文字。

### 8.3.1 输入与编辑文本

执行“开始\所有程序\附件\记事本”命令，即可启动记事本，如图 8-16 所示。

启动记事本后，在窗口中会有一个闪烁的光标，在光标处输入文字，光标会随着输入的文字逐字向右移动，当输入一行文字后，按回车键可以将光标移到下一行。在行首直接按回车键，即可插入一个空行，如图 8-17 所示。

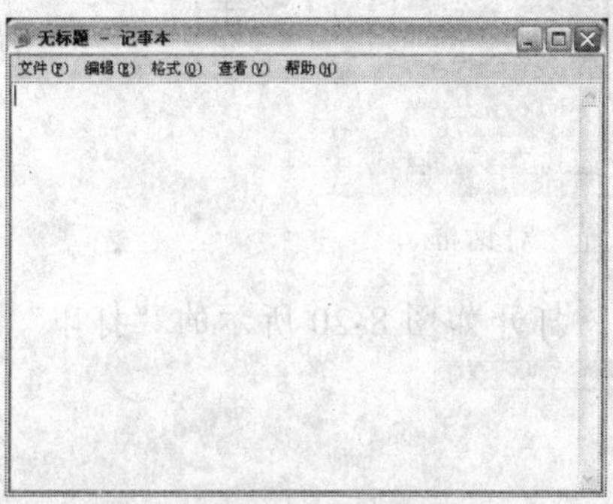


图 8-16　记事本窗口

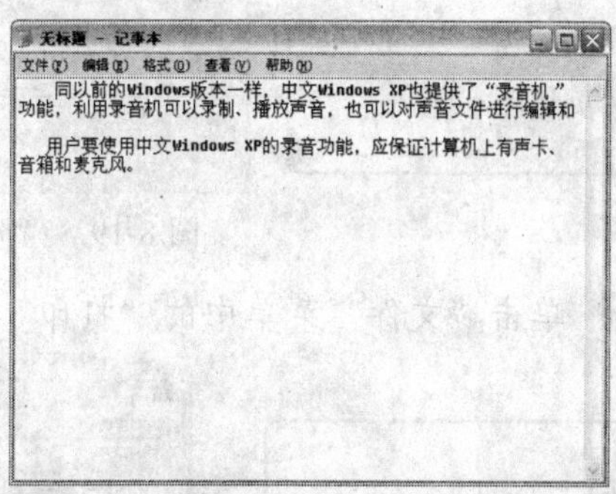


图 8-17　输入文字

如果在输入中出现输入错误，可以按“Back Space”键删除光标左侧的字符；按“Delete”键删除光标右侧的字符；如删除连续的一句或者一段文字，可以拖动鼠标左键将这段文字全部选中，然后按下“Delete”键即可。

**你问我答**

**如何在记事本中自动换行显示呢？**

在记事本中输入字符时，如果不手动换行，当输入的字符超过窗口显示范围时，就无法进行查看，这时可单击“格式”菜单，在弹出的菜单中选中“自动换行”命令即可。

输入文字后，可以对文字的字体、字型以及大小进行设置。具体设置方法如下：

**01** 单击菜单栏中的“格式”按钮，打开如图 8-18 所示的“字体”对话框。

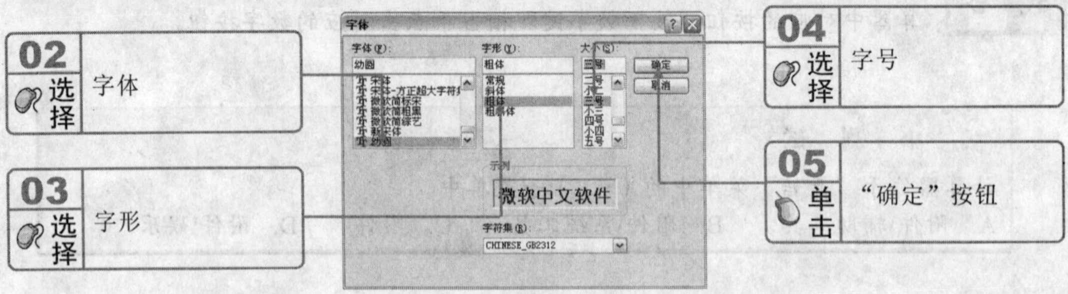


图 8-18 “字体”对话框

## 8.3.2 打印文档

文档输入完毕后，可以通过打印机将文档内容打印出来。在打印之前，可以对文档的页面进行设置，具体操作方法如下：

**01** 单击“文件”菜单，在弹出的菜单中选择“页面设置”选项，打开如图 8-19 所示的“页面设置”对话框。

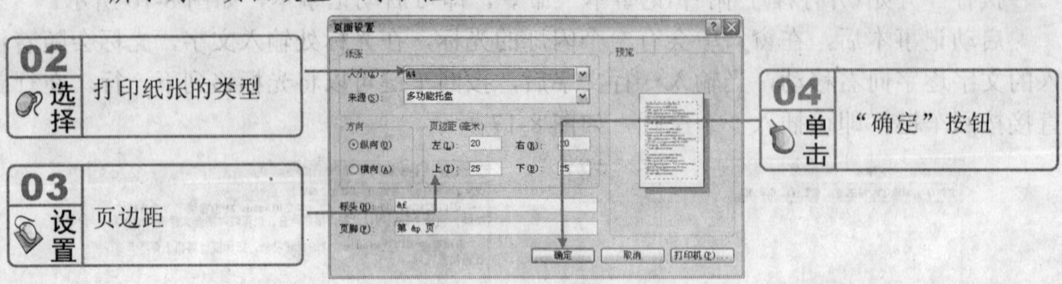


图 8-19 “页面设置”对话框

**05** 单击“文件”菜单中的“打印”选项，打开如图 8-20 所示的“打印”对话框。

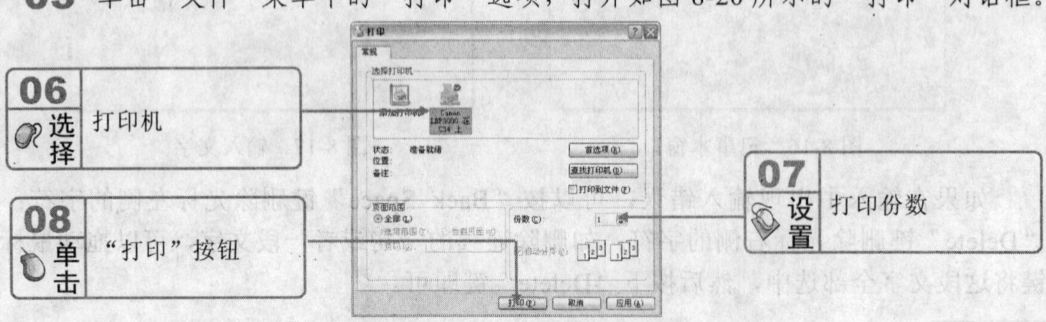


图 8-20 “打印”对话框

## 8.3.3 保存文档

在记事本中输入文本后，可以将其保存到电脑中，保存文档的操作方法如下：

**01** 单击“文件”菜单中的“保存”命令，打开如图 8-21 所示的“另存为”对话框。

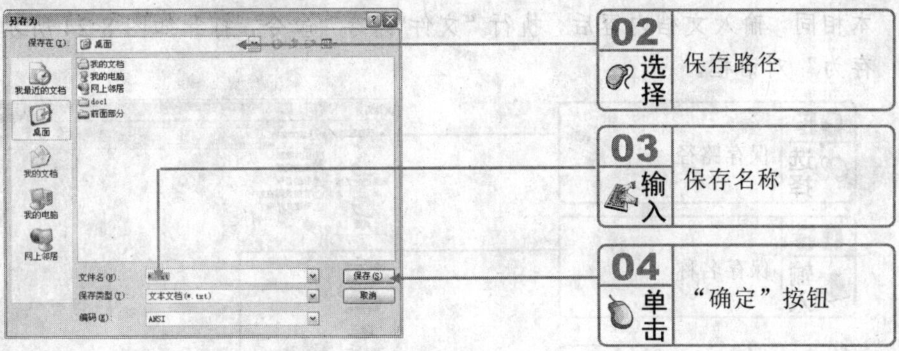


图 8-21　“另存为”对话框

## 8.4 写字板

“写字板”是 Windows XP 中内置的文字处理软件，主要用来创建、编辑、查看、保存和打印文档。功能虽然没有 Word 和 WPS 强大，但完全可以满足用户的一般需要。

执行“开始\所有程序\附件\写字板”命令，即可启动写字板。同时将自动新建一个空白的文档，如图 8-22 所示。

在“写字板”窗口上，可以通过单击“最大化、最小化、关闭”按钮，将窗口最大化到整个屏幕、最小化到任务栏或关闭写字板。

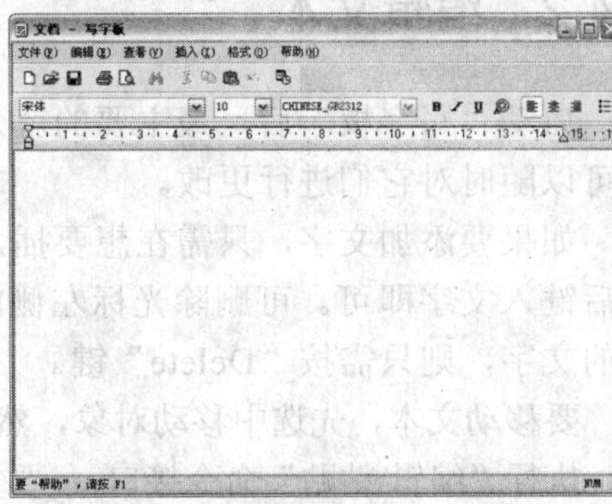

图 8-22　“写字板”界面

### 8.4.1 创建和保存文档

一般用户在启动“写字板”程序后，将自动新建一个文档，用户也可以通过“文件”菜单下的“新建”命令创建新文档。创建和保存文档的操作步骤如下：

**01** 在“写字板”窗口中，执行“文件\新建”命令，打开如图 8-23 所示的“新建”对话框。

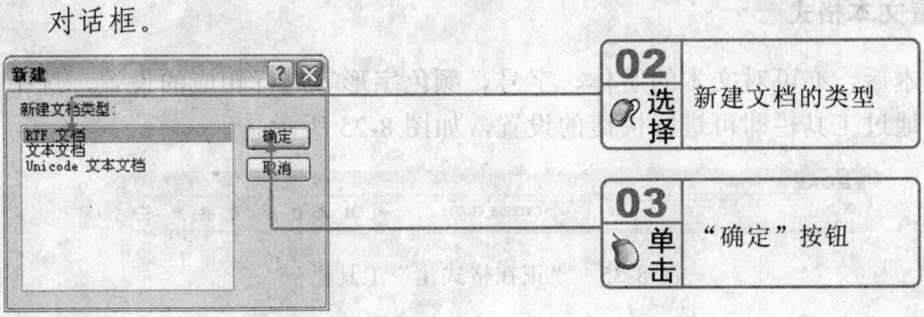


图 8-23　“新建”对话框

**04** 新建文档后，在文档中可以输入一段文字，输入方法与记事本的操作方法基本相同，输入文档内容后，执行“文件\保存”命令，打开如图 8-24 所示的“保存为”对话框。

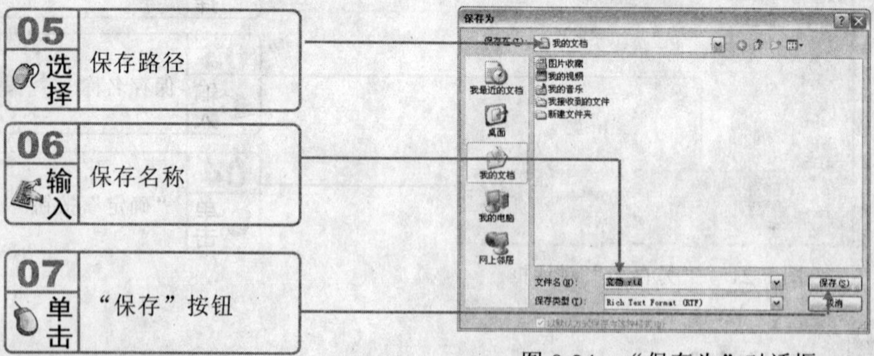


图 8-24 “保存为”对话框

## 8.4.2 编辑文本

启动“写字板”后，最主要的就是如何编辑文档了。向文档空白处输入文字后，用户可以随时对它们进行更改。

如果要添加文字，只需在想要插入文字的地方单击鼠标左键，光标出现在该位置，然后键入文字即可。可删除光标左侧的字符，可按退格键“Backspace”，要删除光标右侧的文字，则只需按“Delete”键。

要移动文本，先选中移动对象，然后执行“编辑\剪切”命令，再将光标移动到目标位置，执行“编辑\粘贴”命令接口；要复制文本，先选中复制对象，然后执行“编辑\复制”命令，再将光标移动到目标位置，执行“编辑\粘贴”命令。如果要删除文本，只要先选中要删除的文本，然后按“Delete”键，或者从“编辑”菜单中选择“清除”命令即可。

## 8.4.3 格式化文本

输入文本后，用户可以对文本的格式进行一系列设置，包括文本格式、段落格式以及项目符号等。

### 1. 设置文本格式

输入文本后，亦可对文本的字体、字号、颜色字形等进行相应的设置，选中要设置的文本后，通过工具栏即可进行快捷的设置，如图 8-25 所示。

图 8-25 “正在格式化”工具栏

也可以在选中文本后执行“格式\字体”命令，打开如图 8-26 所示的“字体”对话框对字体的属性进行设置。设置方法如下：

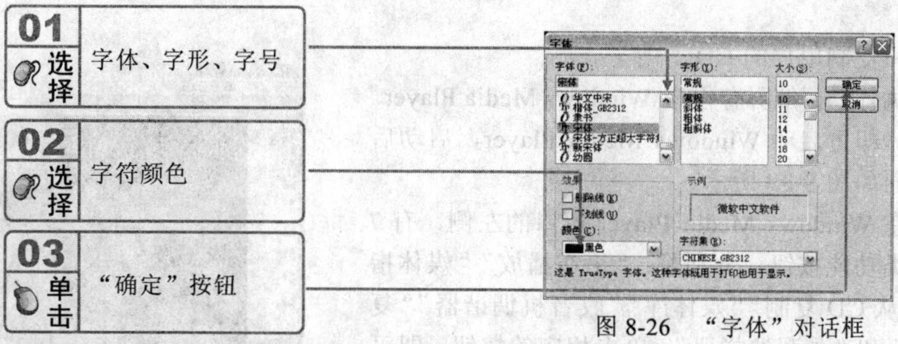


图 8-26　“字体”对话框

2．设置段落格式

如果文档中包含多个段落，用户还可以对段落的缩进方式以及对齐方式进行相应的设置，具体设置方法如下：

**01** 选中要进行设置的一个或者多个段落，然后执行“格式\段落”命令，打开如图 8-27 所示的“段落”对话框。

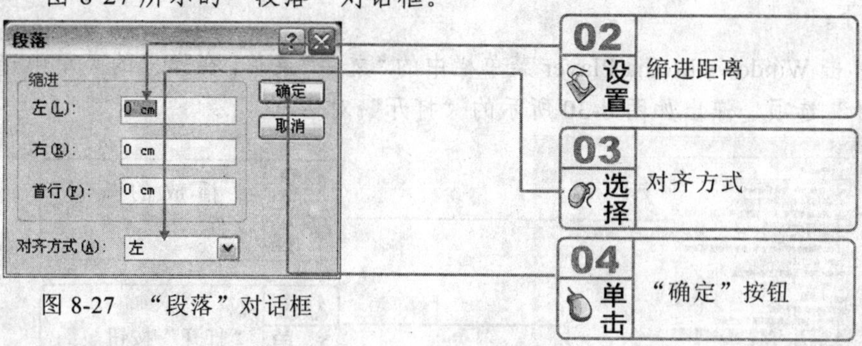


图 8-27　“段落”对话框

3．设置项目符号

如果文档中包含一些并列的信息，就可以用项目符号直观的进行表示，在写字板中可以方便的为文本添加项目符号，具体操作方法如图 8-28 所示。

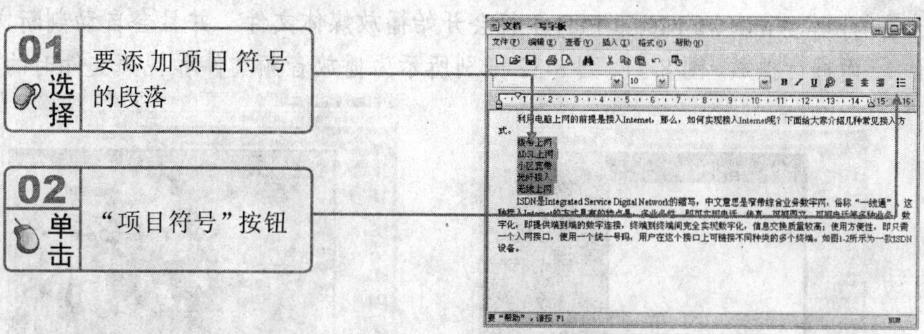


图 8-28　设置项目符号

## 8.5 Windows Media Player

Windows Media Player 是集成在 Windows XP 中的一款多媒体播放器，它可以播放多种格式的音频、视频文件以及混合型的多媒体文件，还可以收听世界各地电台的广播、播放和复制用户的 CD 等等。

执行“开始\所有程序\Windows Media Player”命令，即可启动 Windows Media Player，启动后的界面如图 8-29 所示。

在 Windows Media Player 窗口的左侧，有 7 个分类功能按钮，分别是：“正在播放”“媒体指南”“从 CD 复制”“媒体库”“收音机调谐器”“复制到”和“外观选择器”。单击相应的按钮，即可切换到对应的播放窗口或者功能界面。

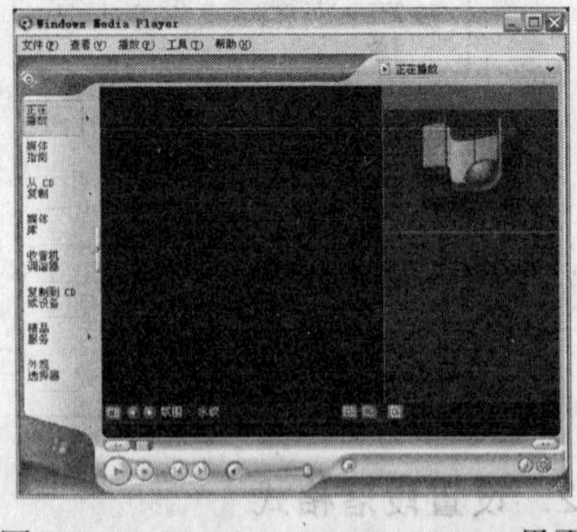

图 8-29　Windows Media Player 界面

## 8.5.1 播放媒体文件

使用 Windows Media Player 可以播放多种格式的音视频媒体文件，播放媒体文件的操作方法如下：

**01** 单击 Windows Media Player 菜单栏中的“文件”菜单，在弹出的菜单中选择“打开”选项，弹出如图 8-30 所示的“打开”对话框。

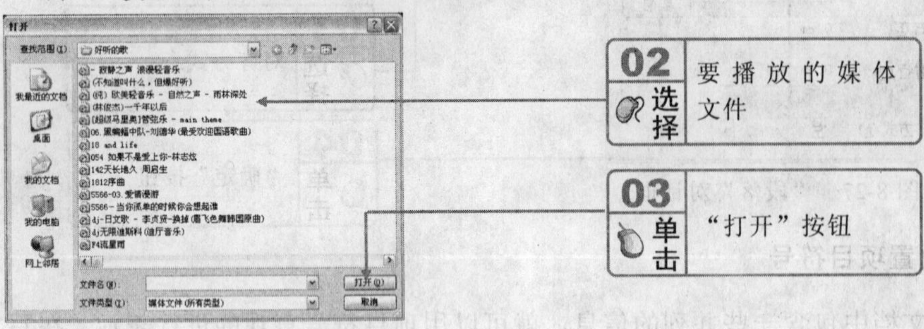


图 8-30　“打开”对话框

**04** 此时 Windows Media Player 就会开始播放媒体文件，并且会自动判断文件的类型而进行播放，图 8-31、图 8-32 分别所示为播放音频文件和视频文件时的不同效果。

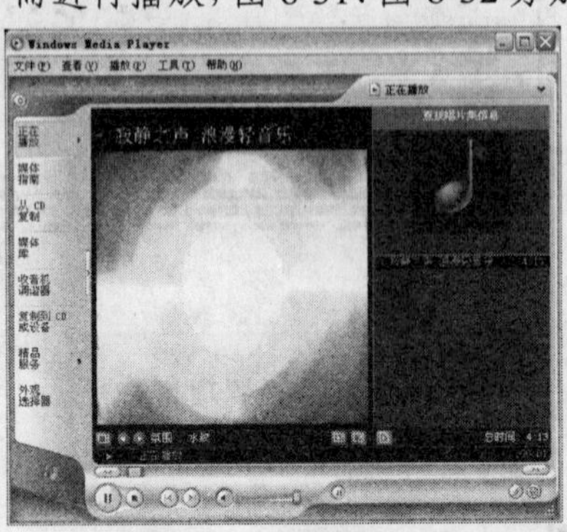

图 8-31　播放音乐文件

图 8-32　播放视频文件

在播放过程中，可以通过窗口下方的控制按钮暂停或停止播放；通过进度滑块可以调节播放进度；通过音量滑块可以调整音量的大小；用鼠标右键单击播放区域，在弹出的菜单中选择“全屏”选项，可以全屏幕显示播放窗口。

**你问我答**

**全屏播放后，如何返回到原始播放窗口呢？**

可以按下“ESC”键快速返回，也可以在播放窗口中单击鼠标右键，从弹出的快捷菜单中进行选择。

**02 小 测 试**

Windows Media Player 无法播放哪种格式的媒体文件（　　）。

A. rm　　B. wav　　C. mp3　　D. vcd

## 8.5.2 收听在线广播

如果电脑已经接入 Internet，那么还可以通过 Windows Media Player 在线收听广播，其具体操作方法如图 8-33 所示。

01 单击 “收音机调谐器”按钮

02 单击 要收听的电台

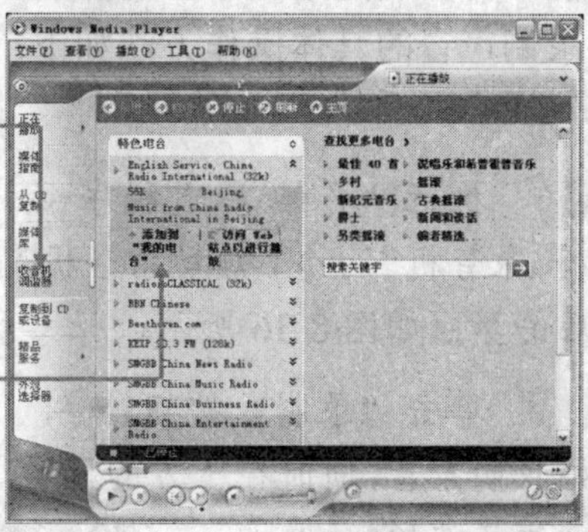

图 8-33　收听广播

**03** Windows Media Player 开始进行数据缓冲，缓冲完成后，就开始播放该电台的广播了。

## 8.5.3 更换 Windows Media Player 外观

Windows Media Player 提供了多种不同的外观样式共用户选择，更换外观的具体操作方法如图 8-34、图 8-35 所示。

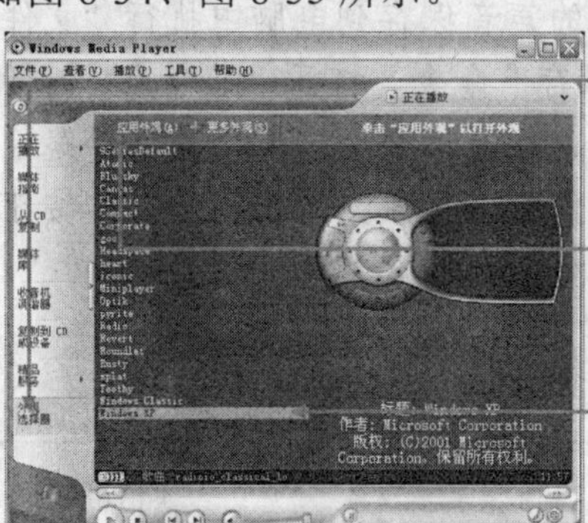

图 8-34　外观选择器

01 单击 “外观选择器”按钮

02 单击 “应用外观”选项

03 选择 外观样式

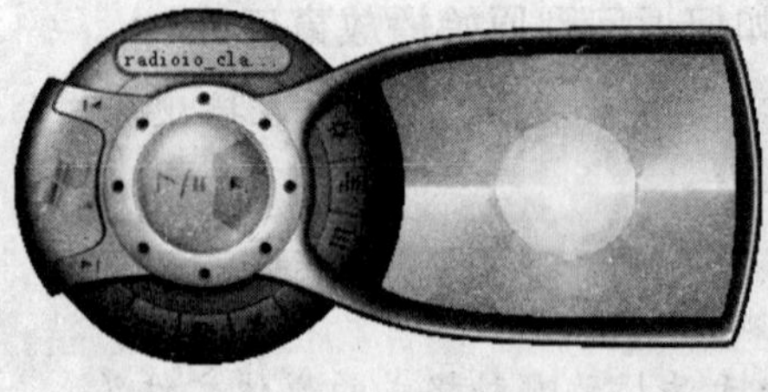

图 8-35 更改后的外观

## 融会贯通 — 使用 Windows XP 录音机录音

使用 Windows XP 自带的录音机，用户可以方便的在电脑中录制各种声音。当然在录制之前，需要确定电脑中正确安装了声音驱动程序并连接了话筒，之后就可以进行录制了，录制声音的具体操作方法如下：

**01** 执行“开始\所有程序\附件\娱乐\录音机”命令，启动录音机，启动后的界面如图 8-36 所示。

**02** 单击“录制”按钮 ●，即开始录制声音，同时在上方的区域中显示声音波形。

图 8-36 录音机界面

**03** 录制完成后，单击“停止”按钮 ■，停止录制。

**04** 如果要播放前面录制的声音，可单击“播放”按钮 ▶。

**05** 录制完成后，可以将录制的声音保存到电脑中执行“文件\保存”命令，打开“另存为”对话框，在对话中设定文件的保存路径和保存名称后，单击“保存”按钮即可，如图 8-37 所示。

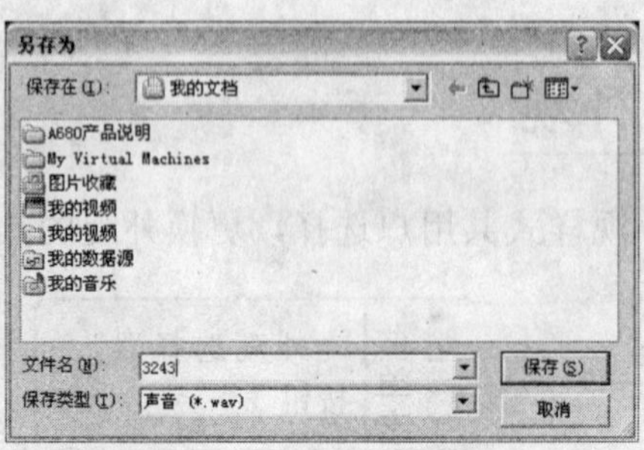


图 8-37 “另存为”对话框

**小测试答案** ●●●●● （请翻转阅读答案）

1. C　2. A

Study

CHAPTER

【第 9 章】

# Internet 应用

→内容导读

1．本章需要了解的概念：

Internet　ADSL　搜索引擎

2．本章需要掌握的操作：

浏览网页、收发电子邮件以及网络聊天

3．本章需要提高的内容：

网络搜索与下载

09

# 9.1 Internet 简介

Internet（国际互联网）是一个全球性的计算机互联网络，由不同地区而且规模大小不一的网络互相连接而成。Internet 中包含各种各样的信息资源，所有电脑用户都可以通过网络的连接来共享和使用这些资源。

## 9.1.1 什么是 Internet

认识 Internet 之前，让我们先对计算机网络进行一个大概的了解。计算机网络是一个计算机群体，由多台计算机通过一定的通信介质连接而成的可以相互交换信息的综合系统。通信介质可分为有形通信介质与无形通信介质两种，有形通信介质主要有双绞线、同轴电缆、电话线及光纤等，无形通信介质指激光、微波、卫星通信信道等。

按照地理范围分类，可将计算机网络分为局域网（LAN）与广域网（WAN）。

局域网指小范围内的计算机网络，它在有限的地理范围内将计算机连接在一起，实现信息交换与资源共享，是一种通信子网。学校的机房、公司的内部网络，都属于局域网。如图 9-1 所示为一个典型的局域网模型。从图中可以看到，对于多台计算机组成的局域网，需要通过一个设备进行连接。这个设备可以是交换机、集线器，或者是路由器。如果局域网中只有两台电脑，则可以通过网卡直接进行互连。

广域网通常指有若干个局域网构成的横跨单位、城市、国家的大型计算机网络。由于广域网跨度较大，因而其通信速度就相对较低，一般在几十 kbps 到 10Mbps 之间。构成广域网的局域网结构可以完全不同，连接方式也可以完全不同，Internet 就是一个广域网。

Internet 是“Interconnect”与“network”两个词的合称，其本意为网间网、互联网的意思，指由多个网络连接而成的巨大网络。Internet 是目前世界上最大的网络，它连接了全球无数的网络和计算机。按照一种称为“TCP/IP”的协议进行数据传输。

你问我答

**什么是 TCP/IP 协议？**

TCP/IP（传输控制协议/网间协议）是一种网络通信协议，它规范了网络上的所有通信设备，尤其是一个主机与另一个主机之间的数据往来格式以及传送方式。

凡是采用 TCP/IP 协议并能够与 Internet 中的任何一台计算机进行通信的计算机，都可以看成是 Internet 的一部分。

因此，从网络的角度来讲，Internet 是世界上最大的、完全开放的计算机网络集合。它集现代通信技术、计算机技术为一体，是一种在计算机之间进行信息交流和共享的全新技术。

## 9.1.2 Internet 的发展

Internet 的出现，使得人与人之间信息的交流没有了地域的间隔，缩短了人与人之间的距离。下面让我们一起了解一下 Internet 的发展历程。

1969 年，美国国防部远景研究规划局(Advanced Research Projects Agency)为军事实验建立了一个只有四台主机的网络，名为 ARPANET（阿帕网）。也就是 Internet 的雏形。

20 世纪 80 年代初期，ARPA 和美国国防部通信局研制成功用于异种机网络的 TCP/IP 协议并投入使用。作为 Internet 的早期骨干网，ARPAnet 试验奠定了 Internet 存在和发展的基础，较好地解决了异种机网络互联的一系列理论和技术问题。

**你问我答**

**什么是异种机网络？**

由于不同地域不同机构使用网络结构、网络连接方式不尽相同。通过 TCP/IP 协议可以将这些网络连接到一起组成的网络，就称为异种机网络。

1983 年，ARPAnet 分裂成 ARPAnet 和纯军事应用的 MILnet 两部分。同时，局域网和广域网的产生和蓬勃发展对 Internet 的进一步发展起了重要的作用。同时，美国国家科学基金会 ASF（National Science Foundation）建立了 NSFnet 网络。NSF 在全美国建立了按地区划分的计算机广域网并将这些地区网络和超级计算机中心互联起来。1990 年 6 月，NFSnet 彻底取代了 ARPAnet，成为 Internet 的主干网。

20 世纪末，Internet 步入商业化，同时也使得 Internet 发生了前所未有的飞跃，继而迅速覆盖了全球各个领域。

1994 年 4 月 20 日，NCFC 工程通过美国 Sprint 公司连入 Internet 的 64kbps 国际专线开通，实现了中国与 Internet 的全功能连接。

## 9.1.3 Internet 提供的服务

随着 Internet 的不断发展，为用户的提供的服务也在不断的多样化，目前，Internet 提供的基本服务有以下几种。

### 1. 电子邮件

电子邮件也称作 E-mail（Electronic Mail)，是用户与用户之间收发信息的服务，也是 Internet 中使用最广泛的服务。通过网络中的电子邮件系统，用户可以用低廉的价格、快速的方式，与世界上任何角落的网络用户取得联系。同时，用户可以通过电子邮件获得大量免费的新闻、专题以及其他多样化的信息服务。图 9-1 所示为网络中的免费邮箱。

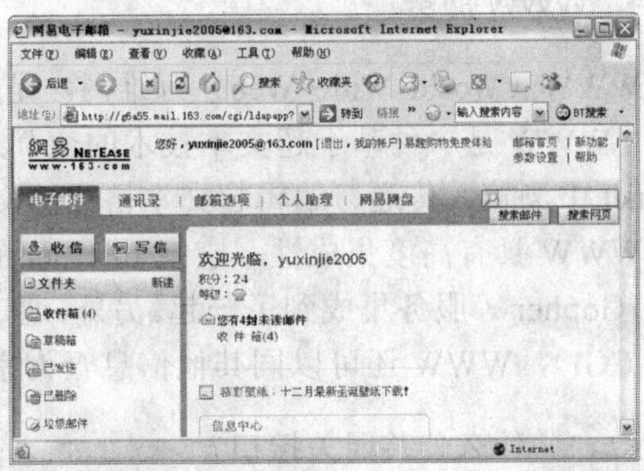


图 9-1　网易免费邮箱

### 2. 文件传输

文件传输是 Internet 传统的信息服务之一，指网络中的计算机之间相互传送文件，是在文件传送协议 FTP（File Transfer Protocol）的支持下进行的。只要 Internet 上的两台计算机支持 FTP 协议，而不论距离多远，就可以进行文件的相互传输。

文件传输功能使得 Internet 中的用户之间可以方便的交换文件、共享信息资源。而且在 Internet 中有许多 FTP 服务器，服务器中存放有非常多的软件、文件等信息资源，用户可根据需要从服务器中获得，这一过程就称为“文件下载”。

### 3. 远程登录

远程登录是 Internet 最基本的服务之一，通过网络通讯协议 Telnet 的支持，使本地计算机暂时成为远程计算机仿真终端的过程。登录成功后，即可像操作本地计算机一样对远程计算机进行操作，如图 9-2 所示为通过 Windows XP 进行远程登录的界面。

另外，Telnet 也是一个非常有用的资源共享工具。许多大学的图书馆都通过 Telnet 对外提供联机检索服务，一些政府部门及研究机构也将部分数据库通过 Telnet 对外开放，如图 9-3 所示为登录到 Telnet 后的界面。

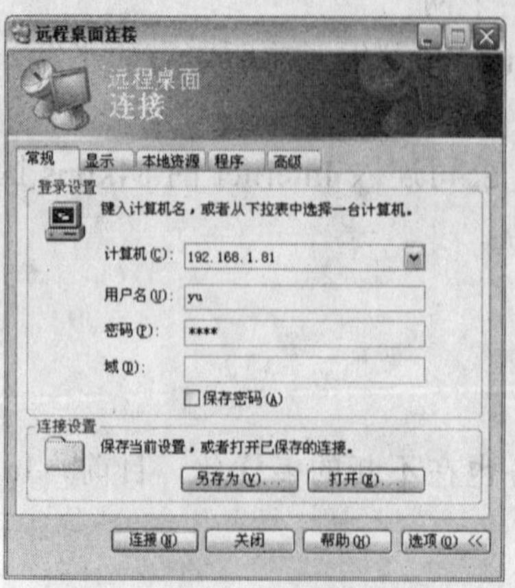


图 9-2 远程登录

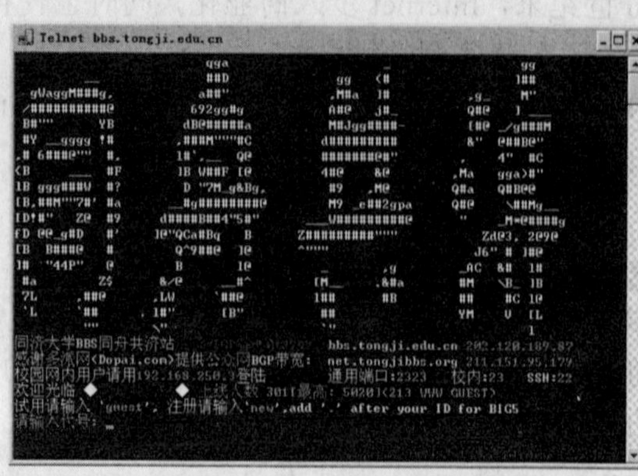


图 9-3 登录到 Telnet

### 4. WWW 服务

WWW（World Wide Web）万维网，是目前使用最广泛，功能也最丰富的一种信息服务。WWW 是一种基于超文本技术的交互式信息浏览检索工具。用户可通过 WWW 在 Internet 中浏览、传递、编辑超文本格式的文件。

WWW 具有高度集成性，它把 Internet 的许多服务如 FTP，News，Telnet，Usenet，Wais，Gopher 等服务集成到了一起。另外，通过公共网关接口（Common Gateway Interface，简称 CGI），WWW 还可以同其他信息查询系统交换信息。

你问我答

**什么公共网关接口？**

公共网关接口（CGI）是一个信息服务器主机对外信息服务的标准接口，是一种基于浏览器的输入、在 Web 服务器上运行的程序。在 web 上填表或进行搜索时，就是使用的 CGI 脚本。

用户通过使用称为浏览器的应用软件来浏览 WWW 中的文件内容，这类文件就称作网页，而用于存放网页的计算机主机，就称为网站。

> **01 小 测 试**
>
> Internet 提供的服务有（　　）。
>
> A. 电子邮件　　B. 文件传输　　C. 远程登录　　D. WWW 服务

## 9.1.4 Internet 的接入方式

要想使用 Internet 中的资源，需要先将电脑接入 Internet。目前，可以通过多种途径接入 Internet。在此，我们介绍几种常见的接入方式。

### 1. ADSL 专线

ADSL 英文全称为 Asymmetric Digital Subscriber Line，即非对称数字用户线路。是一种在普通电话线上高速传输数据的技术。ADSL 的优点在于它可以与普通电话共存于一条电话线上，在一条普通电话线上接听、拨打电话的同时进行 ADSL 传输而又互不影响。

### 2. 小区宽带

小区宽带采用以太网技术，以信息化小区的形 式为用户服务。理论上传输速度可以达到 10Mbps。目前新建的小区每家每户都留有一条网线，用户需要上网时，只需交纳上网费，购买并安装网卡即可上网冲浪。

小区宽带上网由于是集中式的管理，所以如果通往小区的光纤线路有损，则会影响整个小区的正常上网。另外小区宽带的上网速率受整个小区上网人数的影响较大，当上网人数较多时可能会出现无法连接到服务器的现象。

### 3. Cable Modem

Cable Modem 即光纤接入，指使用 Cable Modem 连入有线电视环线从而接入 Internet，其下载速率最高可达 6Mbps，上载速率可达 640kbps。用户通过有线电视网络，便可获取高速的 Internet 接入。

### 4. 无线接入技术

顾名思义，无线接入就是不需要通过传导介质，而是通过无线电波进行传导。该技术也使得用户摆脱了有线接入 Internet 的局限性，只要用户所在的地点处于无线电波的覆盖区域，就可以通过无线网卡轻松接入网络。目前该技术主要应用于笔记本电脑。

## 9.1.5 建立 ADSL 连接

使用 ADSL 接入上网是许多商业和家庭用户的最佳选择，尤其是对于使用网络频率非常高的用户。其不仅以其速度快而著称，而且资费的下调对人们也相当地有吸引力。在使用 ADSL 之前，需要到电信部门申请并办理 ADSL 业务，申请到以后，会有专门的工作人员为用户上门进行安装。下面我们主要讲解如何在 windows XP 中建立 ADSL 连接。

在 Windows XP 中建立 ADSL 连接的具体操作方法如图 9-4～图 9-10 所示。

**01** 单击“开始”按钮，在弹出的菜单中用鼠标右键单击“网上邻居”选项，然后在弹出的快捷菜单中选择“属性”选项，打开“网络连接”对话框。

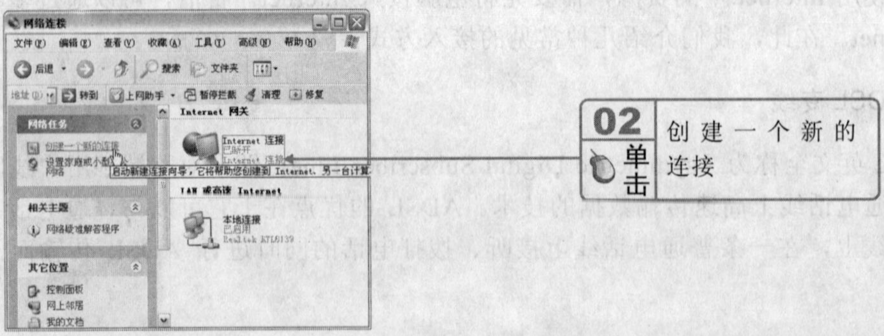


图 9-4 “网络连接”窗口

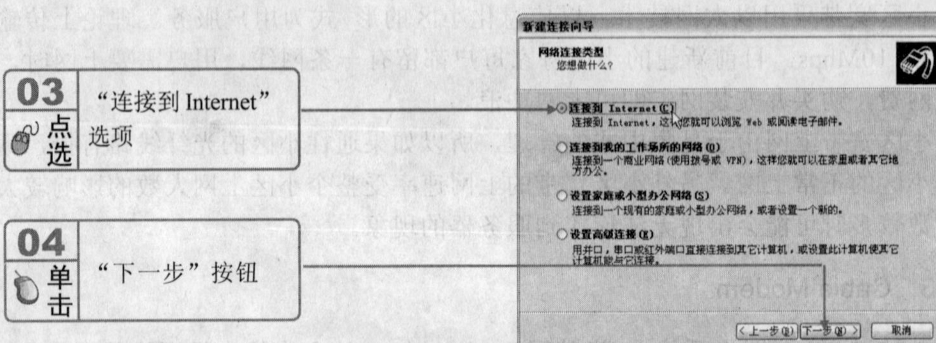


图 9-5 选择网络连接类型

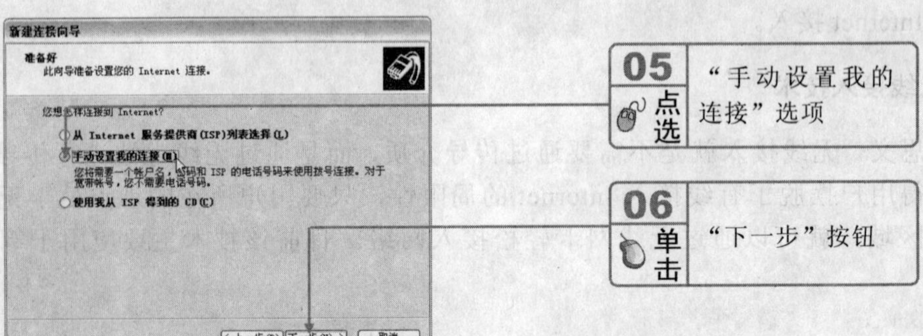


图 9-6 “准备好”对话框

**07 点选** “用要求用户名和密码的宽带连接来连接”选项

**08 单击** “下一步”按钮

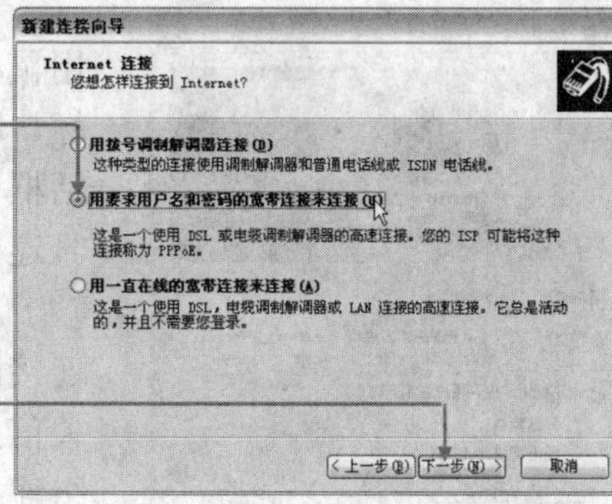


图 9-7 “Internet 连接”对话框

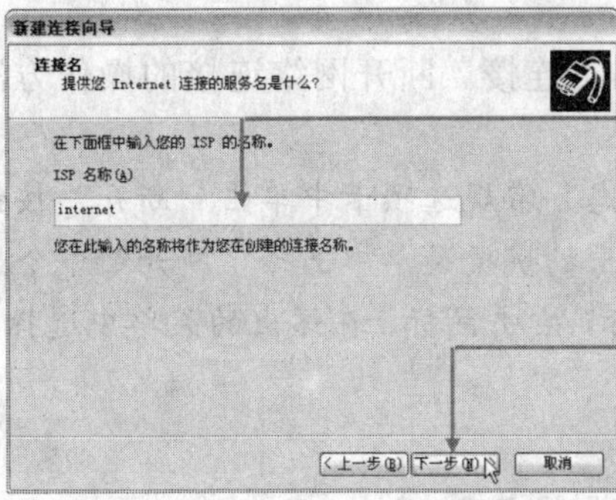


**09 输入** ADSL连接的名称

**10 单击** “下一步”按钮

图 9-8 “连接名”对话框

**11 输入** 申请 ADSL 时得到的用户名和密

**12 单击** “下一步”按钮

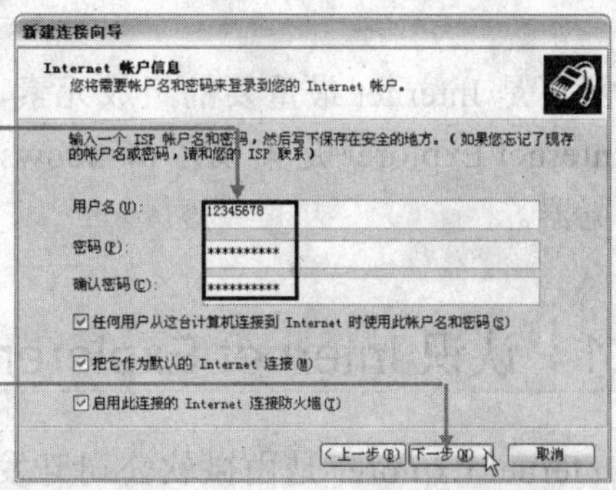


图 9-9 “账户信息”对话框

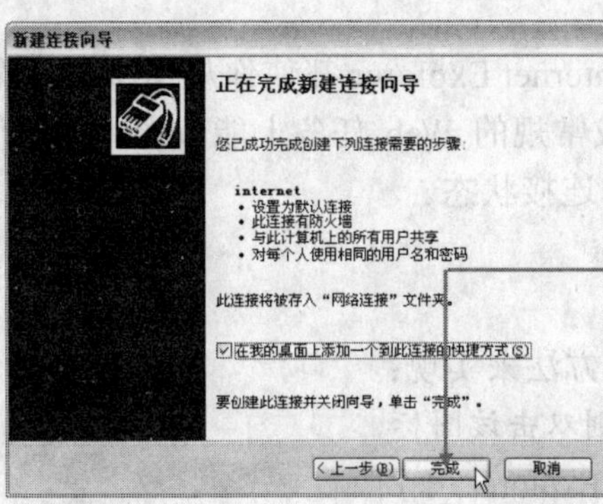


**13 单击** “完成”按钮

图 9-10 “新建连接向导”对话框

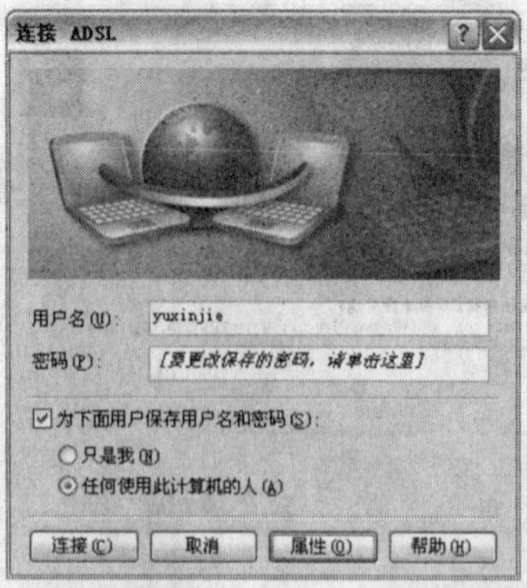


图 9-11 “连接”对话框

建立了 ADSL 连接后，就可以进行拨号连接了。用鼠标双击桌面上创建的“ADSL 连接”快捷方式图标，即可打开如图 9-11 所示的“连接”对话框。在对话框中输入密码后，单击“连接”按钮，就会进行拨号连接。

连接成功后，在任务栏通知区域将出现一个网络连接图标。将鼠标指向该图标，将出现该连接的相关信息。如果在通知区域看不到该图标，只需通过“网络连接”窗口打开该连接的“属性”对话框的“常规”选项卡，选中“连接后在通知区域显示图标”选项，即可激活该图标。

用户在不需要浏览 Internet 时，就可以断开网络连接。断开网络连接的操作方法有以下几种：

- 双击任务栏中连接图标，在打开的连接“状态”常规选项卡中单击“断开”按钮。
- 鼠标右击任务栏中通知区的连接图标，在弹出的快捷菜单中选择“断开”命令。
- 打开“网络连接”窗口，然后选中该连接图标，右击鼠标，在弹出的菜单中选择“断开”命令。

## 9.2 使用 Internet Explorer 浏览网页

网页是 Internet 最重要的组成元素，Internet 的很多功能几乎都通过在网页中得以体现。Internet Explorer 是集成在 Windows 操作系统中的网页浏览器，也是目前使用最广泛的浏览器。

### 9.2.1 认识 Internet Explorer 浏览器

Internet Explorer 是由微软公司开发的基于超文本传输技术的浏览器（简称“IE”），并捆绑在所有发售的 Windows 系统中。经过不断的推陈出新，Internet Explorer 已发展到了 7.0 版本。

无论是搜索新信息还是浏览你喜爱的站点，Internet Explorer 都使你从 WWW 上轻松获得丰富信息。其内置的 IntelliSense 技术在完成常规的 Web 任务上能节省时间，例如自动完成 Web 地址和表单，以及自动检测网络和连接状态。

#### 1. 启动 IE 浏览器

用户要启动 Internet Explorer，可以通过以下方法来实现：

- 如果桌面上有 Internet Explorer 的图标，则双击该图标。
- 如果任务栏的快速启动区域中有 Internet Explorer 小图标，则单击该图标，如图 9-12 所示。
- 执行“开始\Internet Explorer”命令。

图 9-12 任务栏显示

## 2．认识 IE 浏览器的界面

要使用 Internet Explorer 进行上网浏览，首先要认识并了解 Internet Explorer 的窗口组成，这样有利于用户更高效地使用浏览器查看网页。Internet Explorer 的窗口主要由标题栏、菜单栏、工具栏、地址栏、链接栏、网页窗口和状态栏组成，如图 9-13 所示。

图 9-13　IE 窗口组成

（1）标题栏：标题栏位于窗口的顶部，其左上角显示了所打开网页的名称，如“微软（中国）有限公司”，标题栏右边是窗口控制按钮，用来控制窗口的大小和关闭窗口。

（2）菜单栏：Internet Explorer 的菜单栏有“文件”“编辑”“查看”“收藏”“工具”和“帮助”6 个菜单项，这 6 个菜单项包括了 Internet Explorer 所有的操作命令。用户可以通过这些菜单项，实现保存网页、查找内容、收藏站点、脱机浏览等操作。

（3）工具栏：Internet Explorer 工具栏列出了用户在浏览网页所需要的最常用的工具按钮，如“后退”“前进”“停止”“刷新”“主页”“搜索”“收藏夹”和“邮件”等。单击工具栏上的按钮可以执行相关操作，如单击“后退”按钮，可以后退到上一次浏览的网页。

（4）地址栏：在工具栏的下方是地址栏，它用来显示用户当前所打开的网页的地址。我们常称地址为网址。在地址栏的文本框中输入网页地址并按下“Enter”键，Internet Explorer 就会打开相应的网页。用户可以通过地址栏的下拉列表，快捷地访问曾经访问过的网页站点。

（5）链接栏：链接栏位于地址栏的右边或下方，用户可以通过单击这些链接来直接访问相应的网页，也可以向链接栏添加新的链接，建立该网页的快捷访问方式。

（6）浏览网页的主窗口：浏览网页的主窗口显示的是网页的信息，用户主要通过它来浏览网页。如果网页较大，用户可使用主窗口垂直滚动条和水平滚动条来进行浏览。

（7）状态栏：Internet Explorer 的状态栏显示了 Internet Explorer 当前状态的信息。用户通过状态栏，可以查看到网页的打开过程。

（8）滚动条：如果当前打开的页面无法在窗口中完全显示，窗口右侧和下方就会显示滚动条，拖动滚动条可以在页面中浏览更多的内容。

## 9.2.2 浏览网页

用户要访问的 Web 页站点拥有自己唯一的地址，例如微软中国公司的主页地址 http://www.microsoft.com/china，只需在地址栏中输入此地址即可。以下介绍浏览网页的几种方法及浏览形式。

**你问我答**

什么是 http？

http 是代表超文本传输协议，即 Hyper Text Transfer- Protocol 的缩写；WWW 是指 Word Wide Web，大多数的站点都是以 http://www 作为开头。

### 1．通过地址栏浏览网页

用户要访问一个 Web 页站点，需要在地址栏的文本框中输入该 Web 站点的地址，然后按“Enter”键，或单击“转到”按钮即可。

通过地址栏浏览网页的具体操作步骤如下：

**01** 在桌面上双击 IE 图标，打开 IE 浏览器。

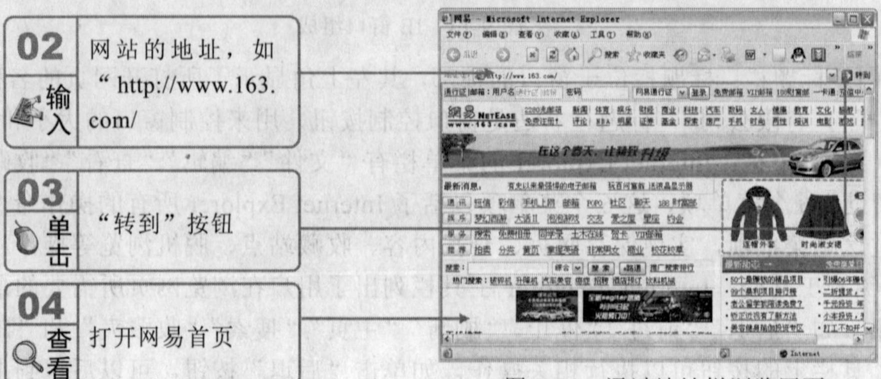


图 9-14　通过地址栏浏览网页

### 2．通过工具栏浏览网页

IE 中的工具栏中，隐藏了许多的栏目，通过单击这些栏目的按钮同样能够达到访问网页的目的。比如用户单击“主页”按钮，那么 IE 设置的主页就会立刻展现在你的眼前，如图 9-15 所示。

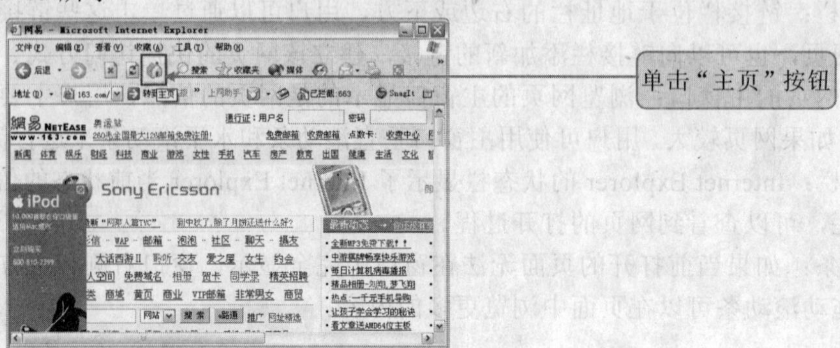


图 9-15　主页页面

### 3．同时浏览多个窗口

当用户在浏览网页的时候，是否需要同时浏览多个网页呢？答案当然是肯定的了，因为这样不但能够浏览到更多的信息，而且可以对相关的信息进行比较，极大地方便了大家。首先使用 IE 打开需要浏览的网页，选择你喜欢的超级链接后，将鼠标搁置其上方，单击鼠标右键后在弹出的任务中选择“在新窗口中打开”命令，随后 IE 就会立刻在一个新的窗口中打开你刚才选中的链接，这样一来，两个网页中的内容你能够同时浏览得到，相当方便。

在网页中打开新窗口的具体操作步骤如图 9-16 所示。

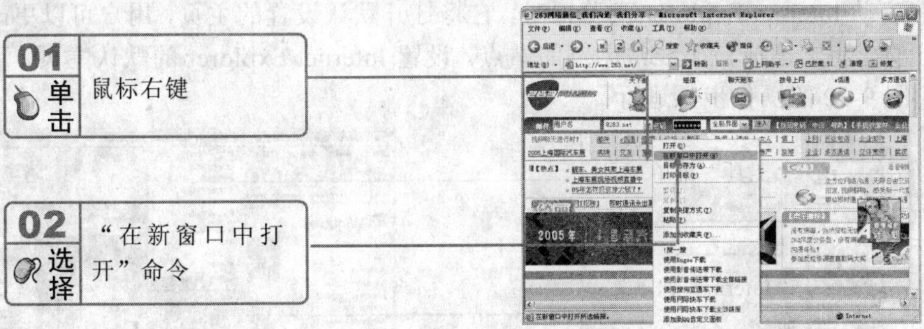


图 9-16　选择右键菜单命令

打开的新窗口如图 9-17 所示。

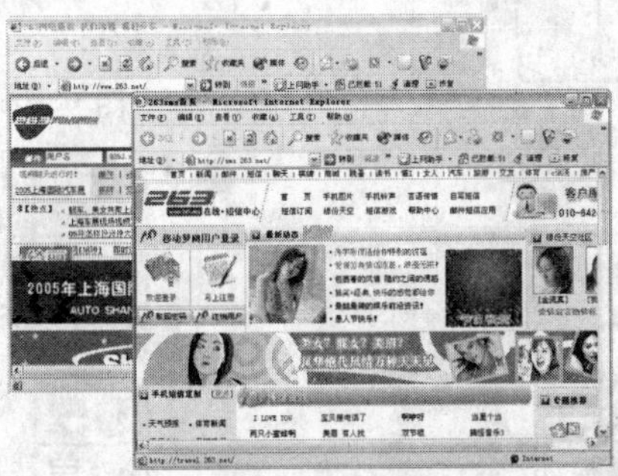

图 9-17　打开新窗口

### 4．全屏浏览

当你在窗口中浏览网页的时候，是否会因为窗口的大小而制约了你浏览网页的细节呢？有没有一个好的办法来避免这个缺陷？方法非常的简单，只需要在你浏览网页的同时，执行菜单中的“查看\全屏显示”命令即可。全屏浏览网页的具体操作步骤如图 9-18 所示。

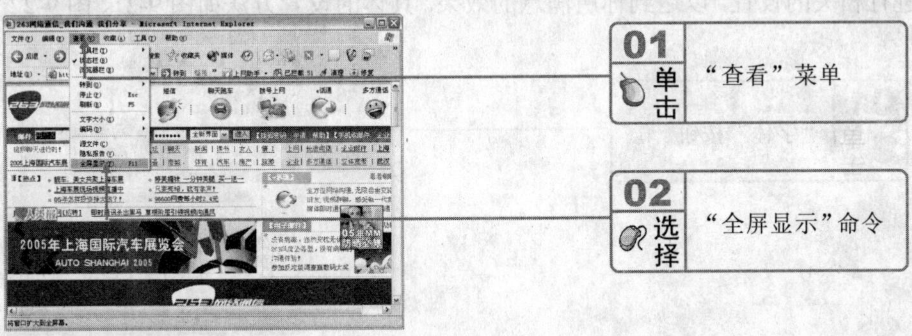


图 9-18　选择菜单命令

## 9.2.3 IE 基本设置

上网浏览网页，最让人头疼的就是浏览速度，这也成为上网的第一大要素，如何利用现有的网络速度高效上网是我们十分关心的问题。而掌握一些 IE 的基础设置，可让我们的操作更方便快捷。

### 1. 设置浏览器的启动首页

在启动 Internet Explorer 浏览器时，它将打开默认设置的主页，用户可以更改这个默认的主页，将它换成自己经常浏览的站点。设置 Internet Explorer 的默认主页，可按如图 9-19、图 9-20 的操作步骤进行：

01 单击 “工具”菜单

02 选择 “Internet 选项”命令

03 选择 “常规”选项卡

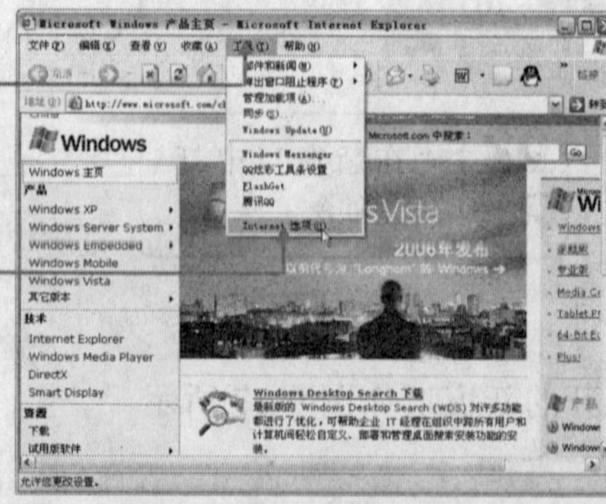

图 9-19 选择菜单命令

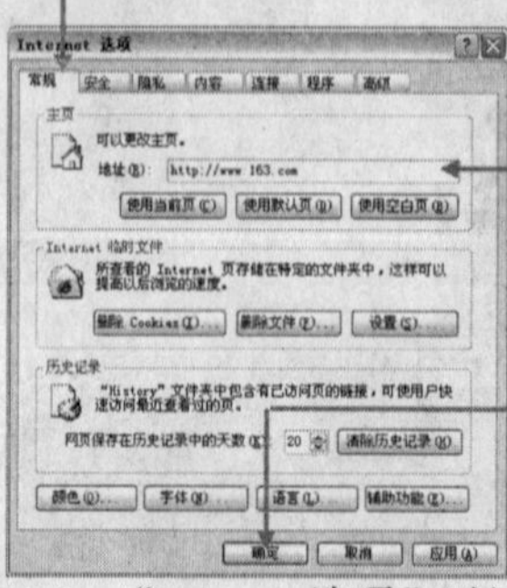

04 输入 用户最常浏览的网站地址

05 单击 “确定”按钮

图 9-20 “Internet 选项”对话框

### 2. 设置网页中字体的大小

当你在平常浏览网页的时候，如果觉得网页中的文字大小查看起来不如意，那么还可以对 IE 进行相关的设置，以达到你所满意的效果。具体的设置方法如图 9-21、图 9-22 所示。

01 单击 “字体”按钮

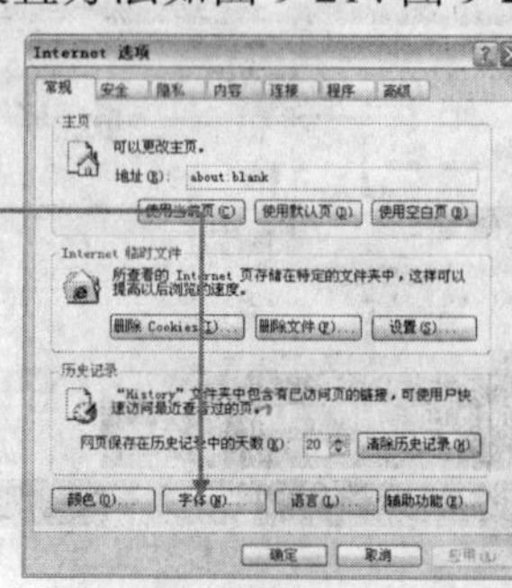

图 9-21 “Internet 选项”对话框

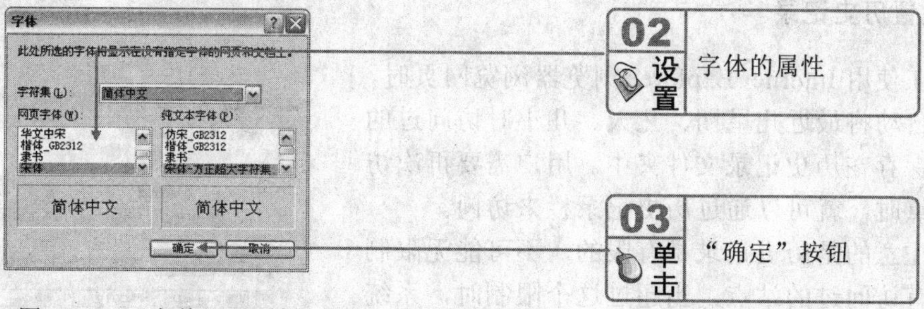


图 9-22 "字体"对话框

### 3. 处理 IE 中的临时文件

Internet Explorer 浏览器在浏览网页时，会有专用的文件夹来保存用户曾经浏览过的网页的部分数据，以便用户再次访问这些站点时，能够快速地打开整个网页。用户可以设置这个用于存放临时文件的文件夹。具体设置方法如图 9-23～图 9-25 所示。

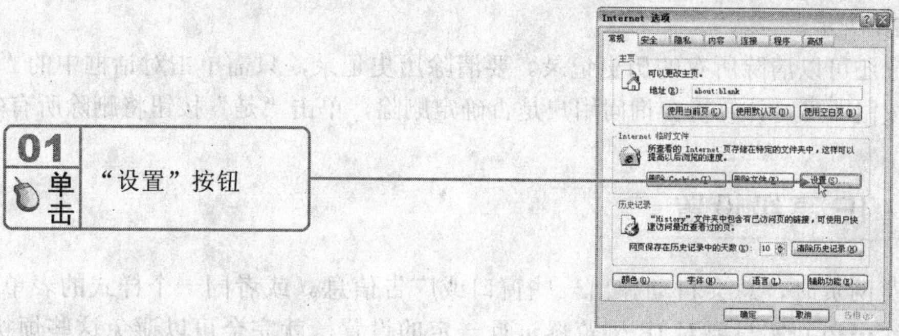


图 9-23 "Internet 选项"对话框

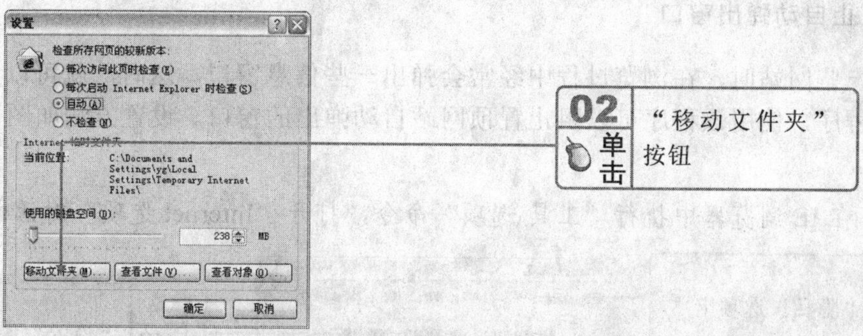


图 9-24 "设置"对话框

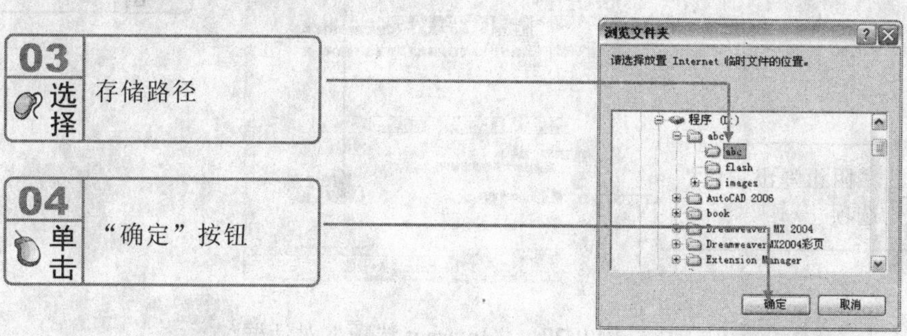


图 9-25 设置保存路径

#### 4. 设置历史记录

用户在使用 Internet Explorer 浏览器浏览网页时，浏览器会自动将最近几星期、几天、几小时访问过的 Web 地址保存在历史记录文件夹中。用户需要再次访问这些站点时，就可以通过历史记录栏来访问。

值得注意的是历史记录是有限的，不可能无限制地记录所有访问过的站点，当超过这个限制时，系统将自动删除记录。用户可以设置这个期限。

打开“Internet 选项”对话框的“常规”选项卡，在“历史记录”选项组中，可以通过“网页保存在历史记录中的天数”后的调整框来设置保存历史记录的天数。设置保存的天数越长，需要的磁盘空间就越大，用户可以根据实际需要，设置保存历史记录的天数，如图 9-26 所示。

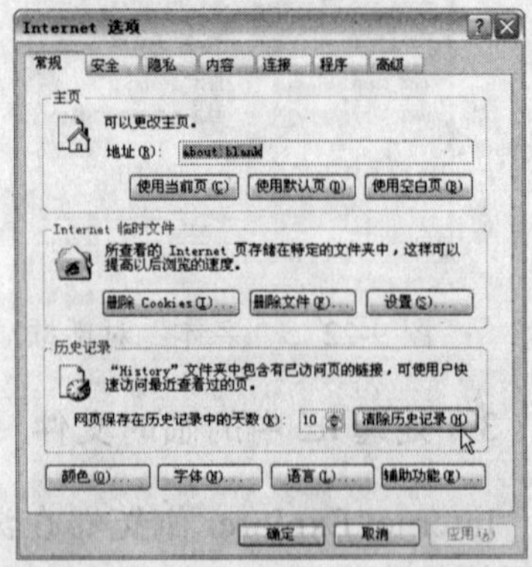

图 9-26　设置历史记录

用户还可以清除所有的历史记录。要清除历史记录，只需单击对话框中的“清除历史记录”按钮即可，计算机会询问用户是否确定删除，单击“是”按钮将删除所有的记录。

## 9.2.4 IE 高级设置

浏览网页时，总会自动弹出一些窗口或广告信息。或者同一个样式的表单需要重复填写多次……其实只要对 IE 浏览器进行一定的设置，就完全可以避免这些烦扰。

#### 1. 阻止自动弹出窗口

访问一些网站时，在浏览过程中经常会弹出一些信息窗口。这时，就可以用到弹出窗口阻止程序，使用该程序可以阻止置顶网站自动弹出的窗口。设置方法如图 9-27、图 9-28 所示。

**01** 在 IE 浏览器中执行“工具\选项”命令，打开“Internet 选项”对话框。

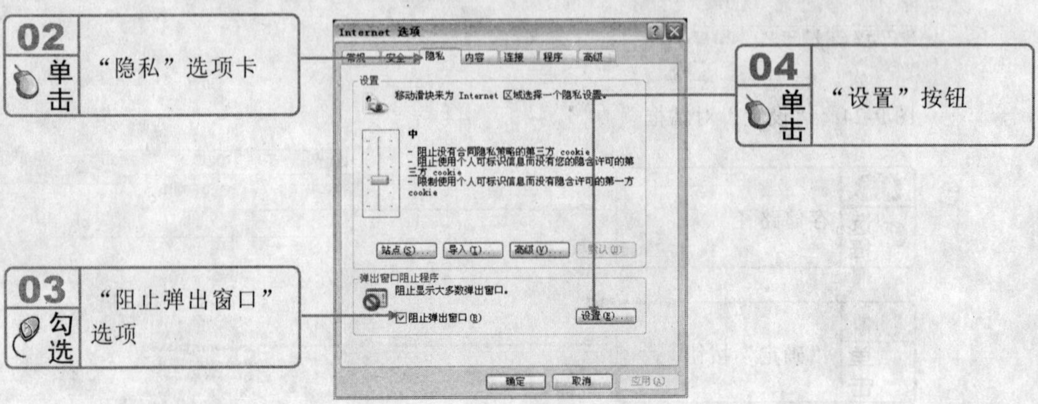


图 9-27　“Internet 选项”对话框

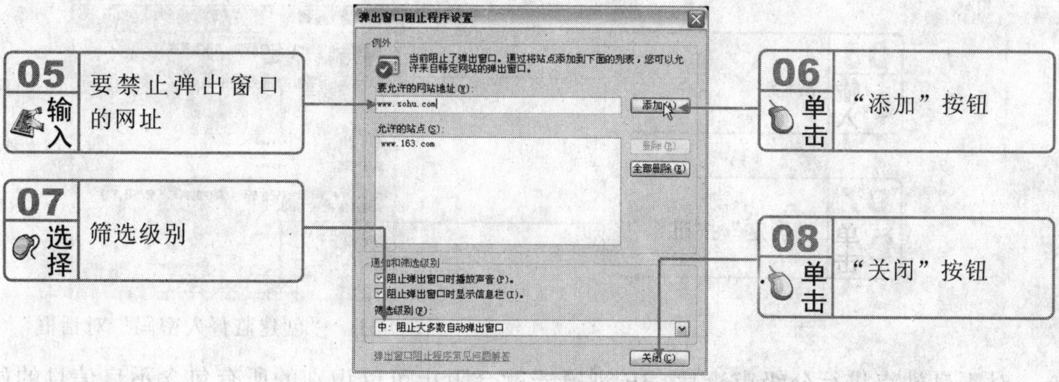


图 9-28　“弹出窗口阻止程序设置”对话框

## 2. 阻止包含不良信息的站点

网络中包含了各种各样的信息，其中很多信息都对用户有很大的帮助，但也有很多包含不良信息的站点。这也是当孩子上网时，家长最大的忧患。很多家长都会在电脑中安装一些工具软件防止孩子浏览包含不良信息的站点。其实，在 IE 中，就可以对这些站点进行阻止，设置方法如图 9-29～图 9-31 所示。

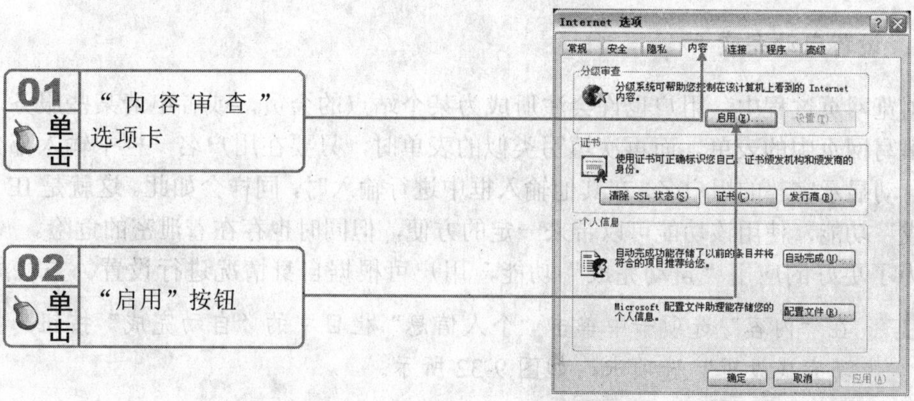


图 9-29　“Internet 选项”对话框

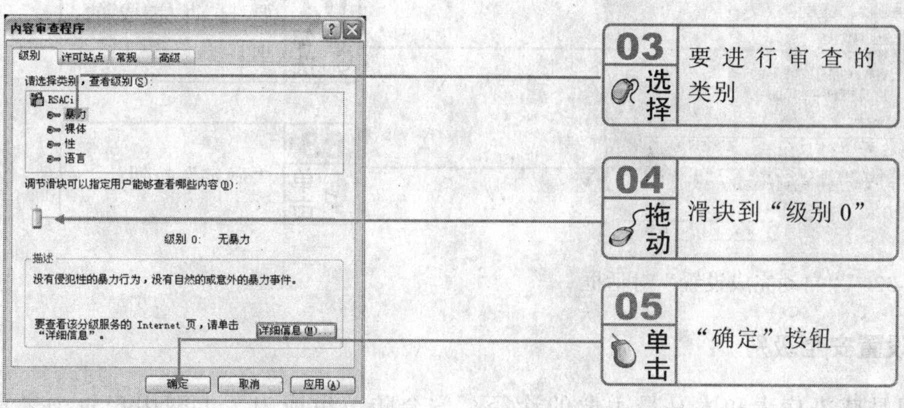


图 9-30　“内容审查程序”对话框

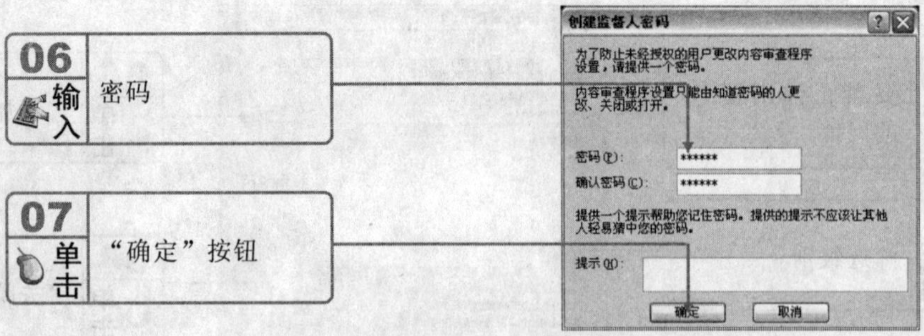


图 9-31 “创建监督人密码”对话框

对不良站点进行分级审查后，IE 浏览器就会阻止可以识别的所有包含不良信息的站点。但现在的网页非常多样化，对于一些站点，有可能就会出现识别错误，而进行阻止；而对于一些包含不良信息的站点，也有可能无法进行识别而不予阻止。用户在进行设置时，要考虑到这一点。

你问我答

**监护人密码有什么作用？**

设置了分级审查并启用了监护人密码后，如果其他用户不知道密码，就无法对分级审查进行更改，从而保证了分级审查的有效性。

### 3. 设置自动完成

浏览网页过程中，用户也许会注册成为某个站点的会员，或者申请某些服务，这时就需要填写网页中的表单。而再次填写类似的表单时，只要在用户名一栏中输入部分字符，就会自动显示完整的用户名，在其他输入框中进行输入时，同样会如此。这就是 IE 中的“自动完成”功能，使用该功能可以带来一定的方便，但同时也存在着泄密的危险。

为了更好的应用“自动完成”功能，用户可根据自身情况进行设置。方法如下：

**01** 在“内容”选项卡中单击“个人信息”栏目中的“自动完成”按钮，打开“自动完成设置”选项卡，如图 9-32 所示。

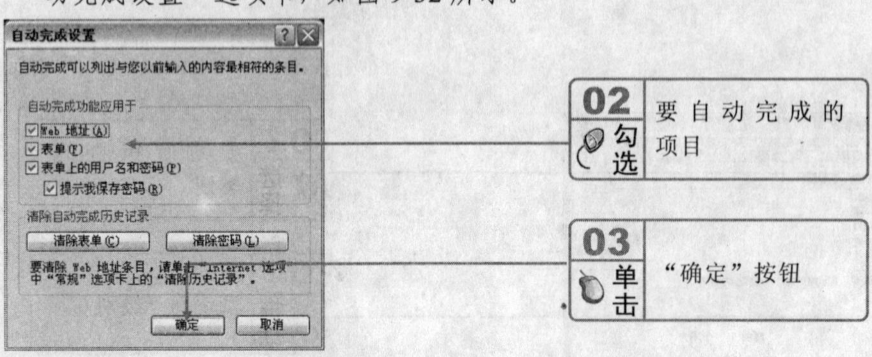


图 9-32 “自动完成设置”对话框

### 4. 设置安全级别

上网是感染病毒和木马最主要的途径，安全防范也成为了上网用户重中之重的问题。在安装杀毒软件及防火墙的同时，对 IE 浏览器的安全级别进行一定的设置，是很有必要的。而且也多了一层安全保障。具体设置方法如图 9-33 所示。

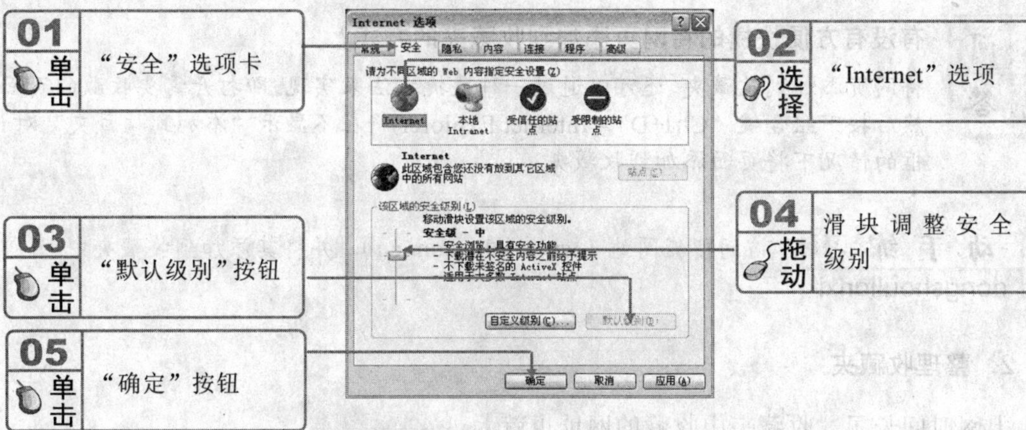


图 9-33 “Internet 选项”对话框

## 9.2.5 使用收藏夹

在不断浏览网页的过程中，经常会遇到一些比较喜欢的站点或网页。这时，就可以使用 IE 收藏夹将这些网页收藏起来，方便随时查看。

### 1. 收藏自己喜欢的网页

怎样使开启网页的操作更加简单呢？将网页地址添加到收藏夹中，用户便可以快速地选择需要浏览的网页，免去输入地址的麻烦，也用不着去记那些复杂的网站域名。这对于需要经常浏览的网页来说，是非常方便的，例如阅读新闻、收发电子邮件、下载网络资源、快速登录搜索引擎等。

将经常访问的网站的网址添加到收藏夹的具体操作步骤如图 9-34、图 9-35 所示。

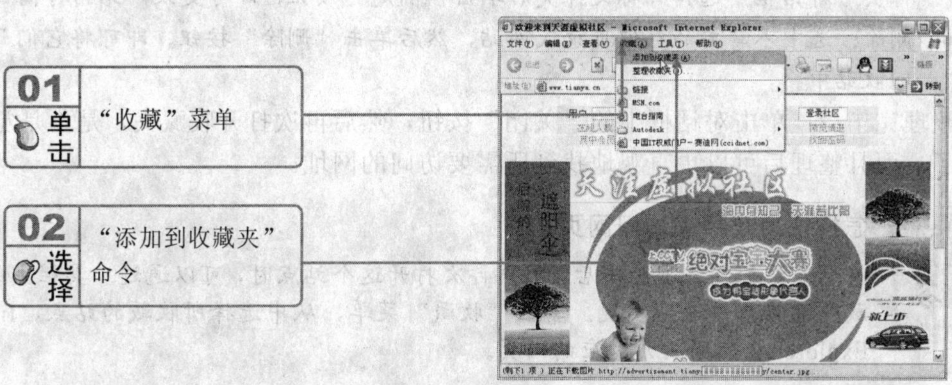


图 9-34 选择菜单命令

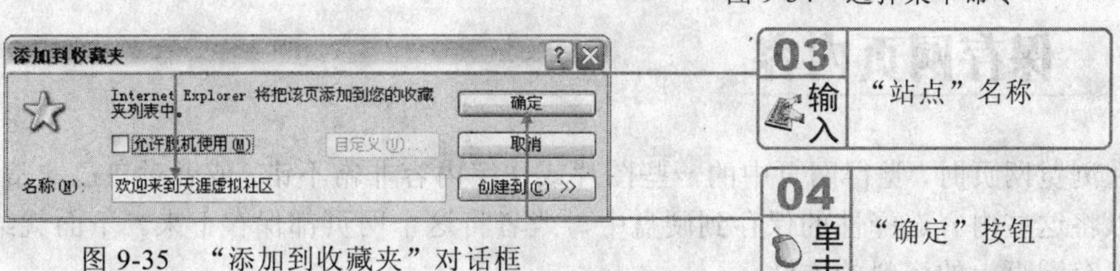


图 9-35 “添加到收藏夹”对话框

你问我答

**有没有方便快捷的将网页添加到收藏夹的方式？**

将网页添加到收藏夹，还可以通过一种快捷方法来实现。即打开需要收藏的页面，然后按下组合键“Ctrl+D”。Internet Explorer 将在不显示“添加到收藏夹”对话框的情况下将页面添加到收藏夹。

**动手练习** dongshoulianxi 访问搜狐网站（www.sohu.com.cn），并将其添加到收藏夹中。

### 2. 整理收藏夹

上网时间长了，收藏夹中收藏的网址也就越来越多。如果要从杂乱无章的收藏目录中找到所需的网址，是非常不方便的。这时，就有必要对收藏夹中的内容进行分类整理。

在浏览器中执行“收藏\整理收藏夹”命令，打开如图 9-36 所示的“整理收藏夹”对话框。在对话框中，用户可进行如下操作：

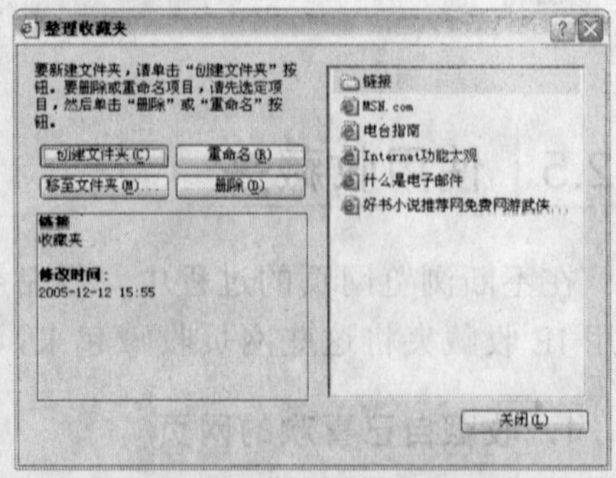


图 9-36 “整理收藏夹”对话框

- 创建文件夹：单击“创建文件夹”按钮后，可以创建一个新的存储类别，用户可以自定义类别名称。
- 重命名：选中收藏夹中的网站后，单击“重命名”按钮，即可更改网站的收藏名称。
- 移至文件夹：选择要移动的网站，并单击“移至文件夹”按钮，在弹出的“浏览文件夹”对话框中选择目标文件夹后单击“确定”按钮，即可更改网站的存储目录。
- 删除：选中不需要的存储目录或网站，然后单击“删除”按钮，即可将它们删除到回收站中。

整理完毕后，单击对话框中的“关闭”按钮，然后再次打开收藏夹，是不是觉得简洁多了。而且整理后可以更直观地找到所需要访问的网址。

你问我答

**怎样使用收藏夹访问网页？**

将站点添加到收藏夹中后，用户再次打开这个站点时，可以通过工具栏上的“收藏”菜单来快速地实现。单击“收藏”菜单，从中选择所收藏的站点，Internet Explorer 将自动打开对应的网页。

## 9.3 保存网页内容

在浏览网页时，觉得网页中的一些图片或文字内容非常不错，或者对自己非常有用。就可以将这些内容选择性的保存到硬盘中，或者将这个网页都保存下来。下面就给大家介绍保存网页上的资料的方法。

## 9.3.1 保存当前网页

使用 Internet Explorer 可以轻松地把正在浏览的 Web 页面保存在计算机上，做到不用上网也能浏览网页。

保存当前网页的具体操作步骤如图 9-37、图 9-38 所示。

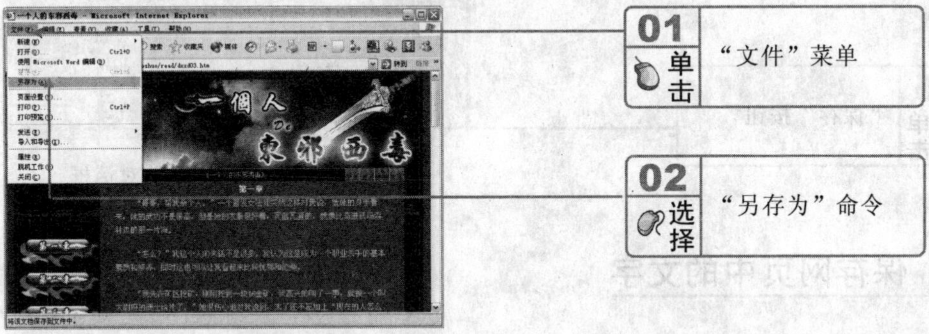


图 9-37　选择菜单命令

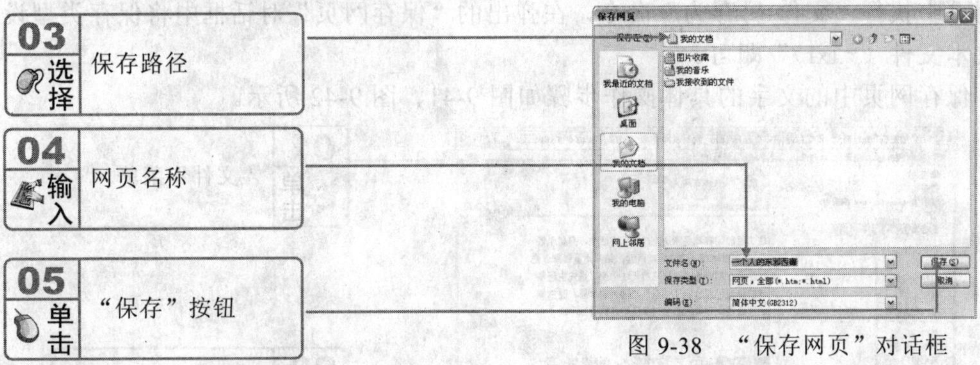


图 9-38　“保存网页”对话框

## 9.3.2 保存网页中的图片

在打开的网页中找到要保存的图片，并在图片上单击鼠标右键，在弹出快捷菜单中选择“图片另存为”命令，即可在弹出的“保存图片”对话框中保存图片。

将网页中的图片保存到本地磁盘的具体操作步骤如图 9-39、图 9-40 所示。

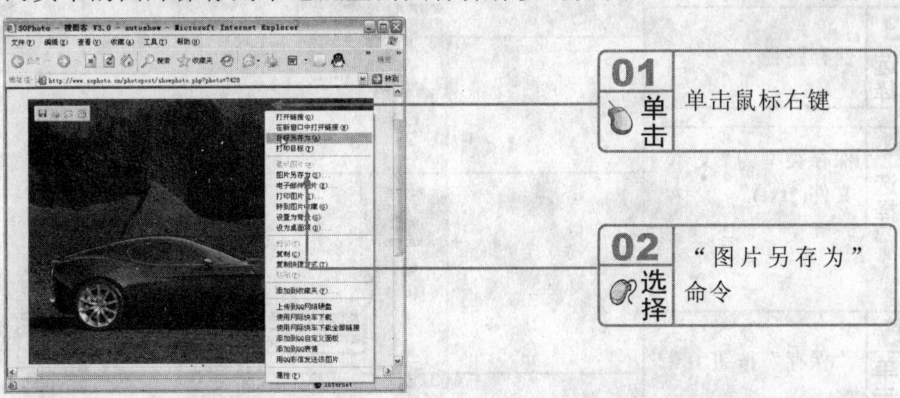


图 9-39　选择右键菜单命令

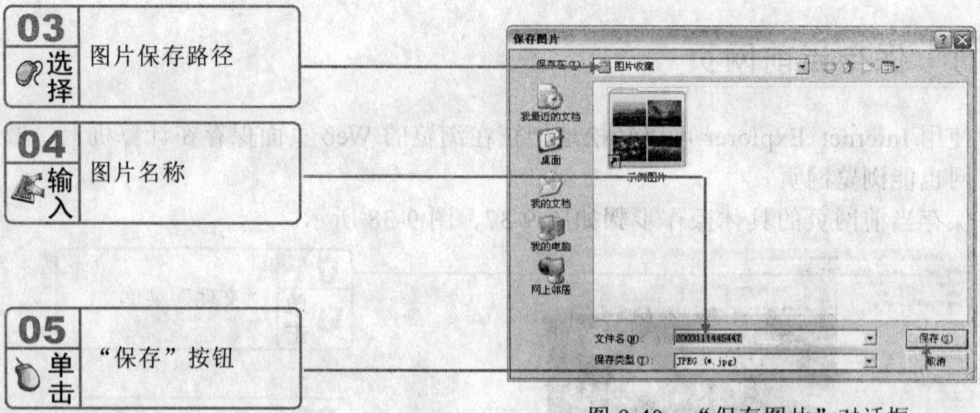


图 9-40 “保存图片”对话框

## 9.3.3 保存网页中的文字

如果网页中的文字特别的有意思，你是否想将其保存下来呢？方法很简单，在打开的网页中执行“文件\另存为”命令，在弹出的“保存网页”对话框中将保存类型设置为“文本文件（*.txt)”即可。

保存网页中的文字的具体操作步骤如图 9-41、图 9-42 所示。

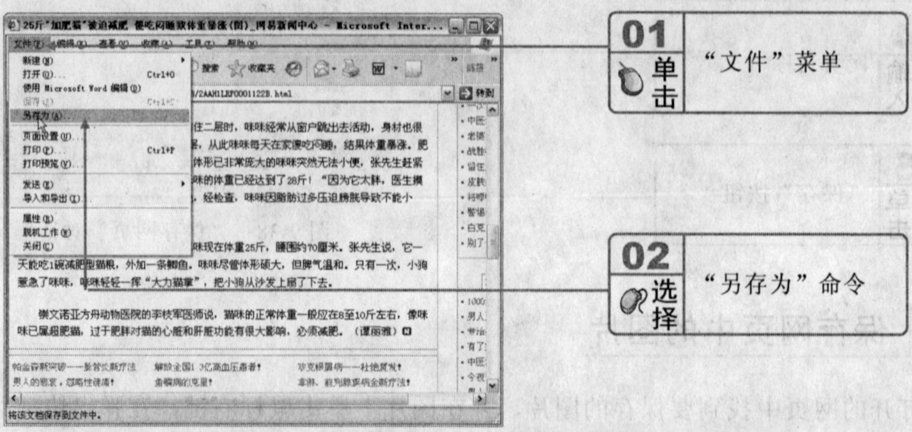


图 9-41 选择菜单命令

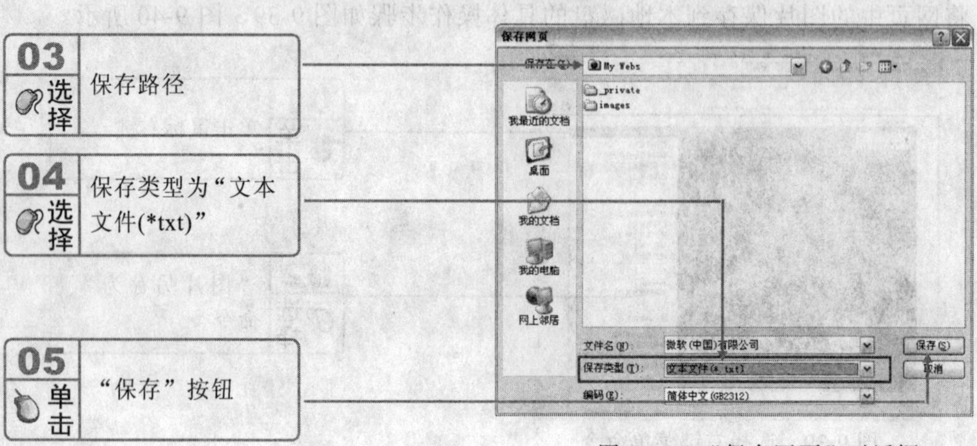


图 9-42 “保存网页”对话框

| 你 | 问 |
| --- | --- |
| 我 | 答 |

**怎样才能只保存网页上的一段文字？**

可以在打开的网页中将需要的文字选中，单击鼠标右键，在弹出的快捷菜单中选择“复制”命令。然后新建并打开一个记事本文件或 Word 文档，在文档中单击鼠标右键，在弹出的快捷菜单中选择“粘贴”命令，然后保存这个文档即可。

**动手练习** dongshoulianxi

访问网易体育频道（http://sports.163.com），并将当前网页保存到自己的电脑中。

## 9.4 搜索网络资源

要在浩瀚的网络中查找指定的信息，就如同大海捞针。而搜索引擎的出现，则带来的极大的便捷。下面，我们将介绍搜索引擎的使用方法及技巧，让用户可以迅速有效的在网络中找到自己需要的信息。

### 9.4.1 什么是搜索引擎

搜索引擎其实就是 Internet 中的一个网站，此类站点专门为用户提供信息检索服务。它通过特有的程序将 Internet 中的所有信息进行归类。以帮助用户在浩瀚的网络中快速查找到指定信息。具有关部门统计，目前大约有 70%的上网用户使用搜索引擎在网上查找信息，而使用其他方式查找信息的用户则越来越少。

搜索引擎与其他网站的区别是，其本身并不直接提供信息，而是搜索其他 web 服务器中的信息，并进行分类、索引，然后将索引内容存放到数据库中，以供用户查询。

### 9.4.2 常用的搜索引擎

虽然 Internet 有几千个搜索引擎站点，可被用户广泛使用的，也仅仅有几下各个，而且也是最具代表的搜索引擎站点：

#### 1. Google 搜索引擎

引擎网址：www.google.com

主页面如图 9-43 所示。Google 开发出了世界上最大的搜索引擎，提供了最便捷的网上信息查询方法。通过对 20 多亿网页进行整理，Google 可为世界各地的用户提供适需的搜索结果，而且搜索时间通常不到半秒。现在，Google 每天需要提供 1.5 亿次查询服务。

图 9-43 Google 主页面

图 9-44　百度搜索引擎

2．百度

引擎网址：www.baidu.com

主页面如图 9-44 所示。百度公司（Baidu.com，Inc）于 1999 年底成立于美国硅谷，它在中文互联网拥有天然优势，支持搜索 1 亿多中文网页，是世界上最大的中文搜索引擎。并且，百度每天都在增加新的网页，对重要中文网页实现每天更新，通过百度搜索引擎可以搜到世界上最新最全的中文信息。

3．搜狐

引擎网址：http://dir.sogou.com

主页面如图 9-45 所示。搜狐是国内最著名的门户网站，也是国内最早提供搜索服务的站点。搜狐设有独立的目录索引，并采用百度搜索引擎技术，提供网站、网页、类目、新闻、黄页、中文网址、软件等多项搜索选择。搜狐搜索范围以中文网站为主，支持中文域名。

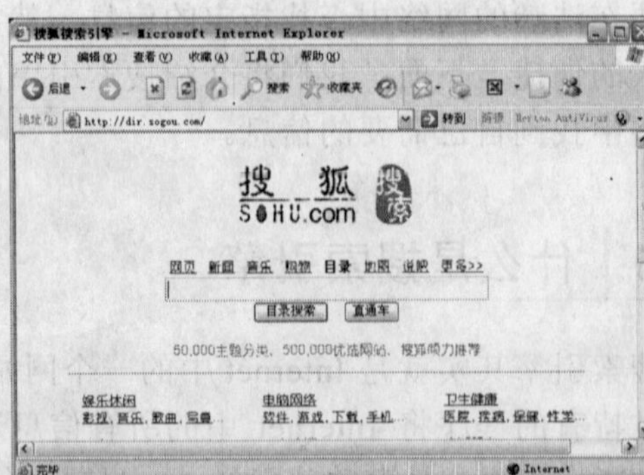


图 9-45　搜狐搜索引擎

**02 小 测 试**

目前世界上最大的中文搜索引擎为（　　）。

A．Google　　B．百度　　C．搜狐　　D．雅虎

## 9.4.3　搜索引擎的基本语法规则

使用搜索引擎进行搜索时，每一次的搜索都会返回成千上万个搜索结果，要在这些搜索结果中找到自己需要的信息，依旧非常不容易。因而，用户有必要掌握一些搜索基本规则。

搜索引擎一般是通过搜索关键词来完成搜索过程，即填入一些简单的关键词来查找包含此关键词的文章或网址。这是使用搜索引擎最简单的查询方法，但返回结果并不是每次都令人满意的。如果想要得到最佳的搜索效果，就要使用搜索的基本语法来组织要搜索的条件。

搜索引擎中常用的逻辑关系语法是：AND（与）、OR（或）、NOT（非）。

在填写搜索关键词时，AND（与）用空格、逗号、加号、或“&”来表示；OR（或）用字符“!”表示；NOT（非）则用符号“－”表示。

以上搜索语法对各种搜索引擎都适用，但各个搜索引擎本身又有各自的特点。因此，在使用搜索引擎时，要充分利用其各自的优点，可得到最佳及最快捷的查询结果。

### 9.4.4 选择关键词

正确选择关键词，可以搜索到更精确的结果，下面我们就来介绍如何正确选用关键词：

#### 1. 关键词要精确

选择关键词时，一定要做到“精确”。即选择的关键词可以最贴切要搜索的信息。而不宜太简单或者太复杂。

#### 2. 使用多个关键词

如果使用单个关键词，那么搜索引擎会返回太多的结果，所以应该尽量选择多个关键字。

#### 3. 使用特征词

尽可能使用最具特征的关键词，如要下载“QQ2006”软件，在搜索时最好将特征词“下载”作为关键字。即“下载 QQ2006”或“QQ2006 下载”。就会提高搜索精确度。

### 9.4.5 使用通配符

如果对搜索的信息比较模糊，就可以通配符进行搜索，常用的通配符有以下几种：

%：代表包含零个或更多字符的任意字符串。

_：代表任何单个字符。

[ ]：指定范围（例如 [a-f]）或集合（例如 [abcdef]）内的任何单个字符。

[^]：指定范围（例如 [^a - f]）或集合（例如 [^abcdef]）外的任何单个字符。

以在“搜狐”搜索引擎进行搜索为例，如要查找关键词“通配符”，但却不知道其中的“配”字，这时就可以使用通配符“_”代替，而不可以使用错别字代替。

## 9.5 下载网络资源

Internet 是一个包含无限资源的信息海洋，我们可以在其中查阅很多信息，也可以从中下载需要的资料。随着宽带的普及，下载更是成为了网友之间最热门的话题，从多线程下载到 P2P 下载，下载速度不断的提高，也使得用户可以更快捷的获取网络中资源。

所谓下载，就是将网络上其他电脑中的信息复制到自己的电脑中。Internet 中提供的下载资源大多数都是以链接的形式出现在网页中的，可以使用浏览器直接下载，也可以使用下载工具进行下载。

## 9.5.1 使用浏览器下载

虽然目前下载软件层出不穷，但对于一些比较小的程序或者不支持多线程下载的站点而言，就可以或必须在浏览器直接进行下载。

**你问我答**

**什么是多线程下载？**

多线程下载指同时将文件分为多个部分同时进行下载，从而加快文件的下载速度。

使用浏览器进行下载的具体操作步骤如图 9-46～图 9-49 所示。

**01** 在浏览器中打开下载页面后，用鼠标左键单击下载链接，就会弹出“文件下载”对话框。

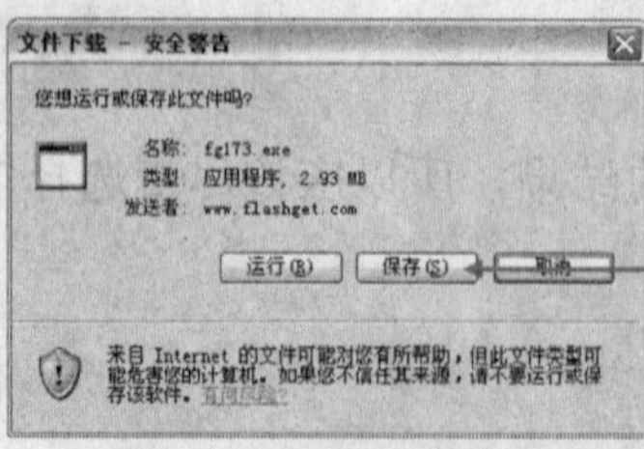


**02** 单击 “保存”按钮

图 9-46　下载文件

**03** 选择 保存路径

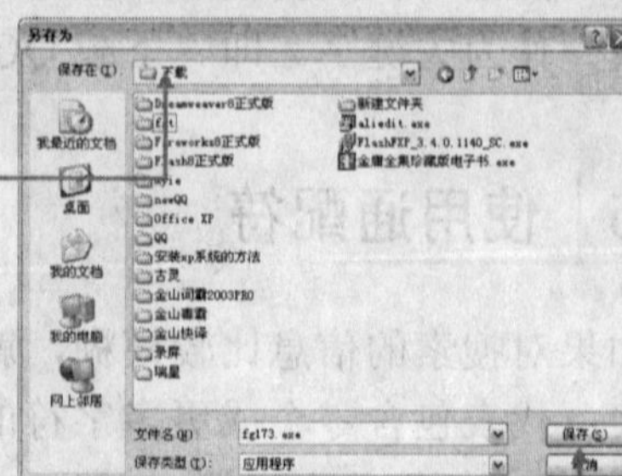


图 9-47　“另存为”对话框

**04** 单击 “保存”按钮

图 9-48　下载进行中

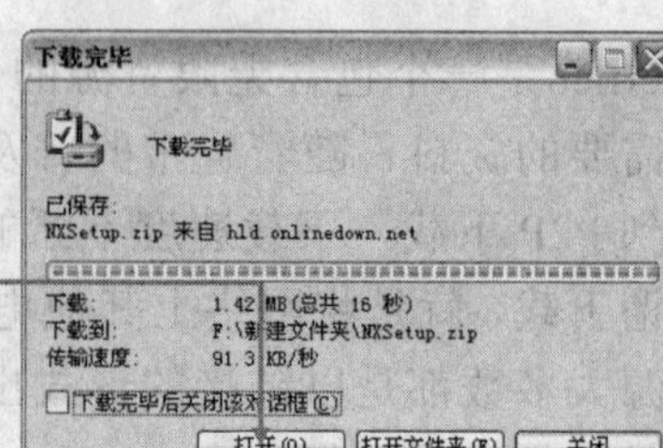


**05** 单击 “打开”按钮，即可打开文件

图 9-49　文件下载完成

## 9.5.2 使用专用软件下载

为了提高下载速度、节约上网时间，可以在电脑安装一个专用的下载软件。迅雷是一款新型的基于 P2P 技术的下载软件，目前最新版本为迅雷 5。迅雷 5 延续了以前版本下载速度快的优势，并且改善了以前版本的单服务器资源下载不稳定、下载管理功能差等缺陷。

**你问我答**

**什么是 P2P 下载？**

P2P（Peer-to-Peer），是一种对等互联网络技术，该技术使得用户可以共享其他用户的一部分硬件资源，也就是可以直接对网络用户的电脑进行访问。

随着宽带的普及，迅雷 5 针对宽带用户做了特别的优化，能够充分利用宽带上网的特点，带给用户高速下载的全新体验。

同时，迅雷在用户文件管理方面提供了比较完善的支持，尤其是对于用户比较关注的配置、代理服务器、文件类别管理、批量下载等方面进行了扩充和完善，使得迅雷可以满足中、高级下载用户的大部分下载需求。

使用迅雷进行下载的具体操作方法如下：

**01** 在浏览器中打开一个文件的下载页面后，用鼠标右键单击该文件的下载链接，在弹出的菜单中选择“使用迅雷下载”选项，如图 9-50 所示。

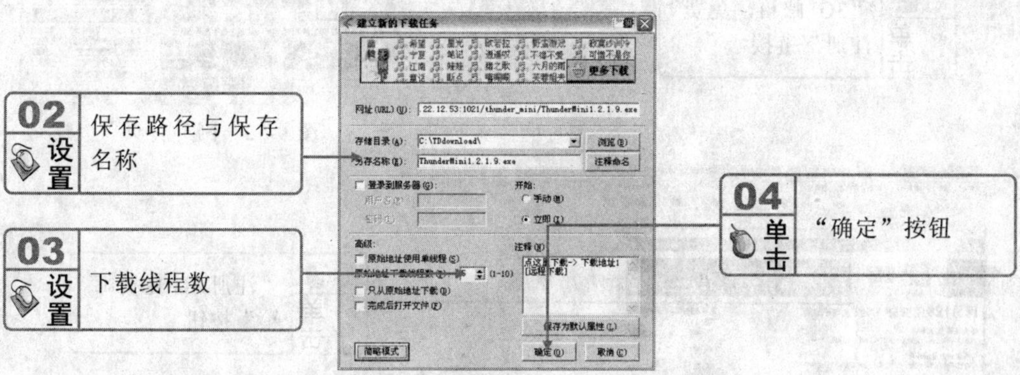


图 9-50　“建立新的下载任务”对话框

**05** 将下载任务添加到下载列表中，此时在迅雷主窗口中就会显示添加的任务、以及任务的进展情况等详细信息，如图 9-51 所示。当进度显示为 100%时，就表示文件下载完成。

图 9-51　下载进行中

# 9.6 电子邮件

通过网络收发电子邮件是电脑用户最常进行的网上活动之一。随着网络的不断发展，电子邮件在人们的日常生活、工作中正在发挥着越来越重要的作用，无论是对亲朋好友的问候，还是商业资料和信息的互通，通过电子邮件都可以快速的进行传达。

## 9.6.1 申请免费电子邮箱

目前很多网站都提供了免费邮箱服务，这些免费邮箱的容量也不尽相同。在本节中，我们以网易免费邮箱为例，介绍如何申请及使用免费电子邮箱。其具体操作方法如图9-52～图9-56所示。

01 输入 http://www.163.com，进入网易网站的首页

02 单击 “3G 邮箱，免费注册”链接

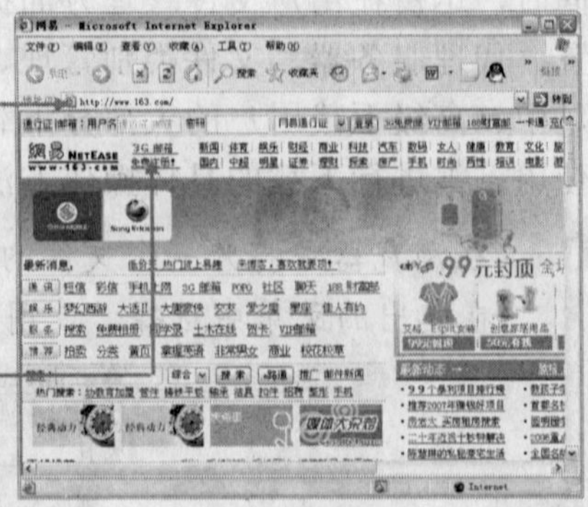

图 9-52　网易首页

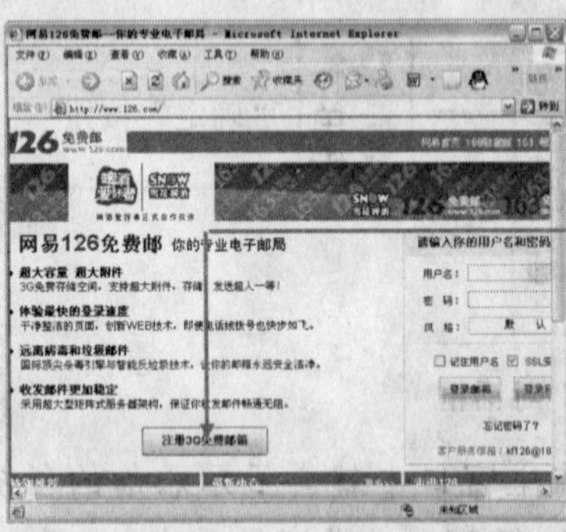

图 9-53　网易邮件中心

03 单击 “注册 3G 免费邮箱”按钮

04 输入 用户名、密码以及个人资料

05 单击 “完成”按钮

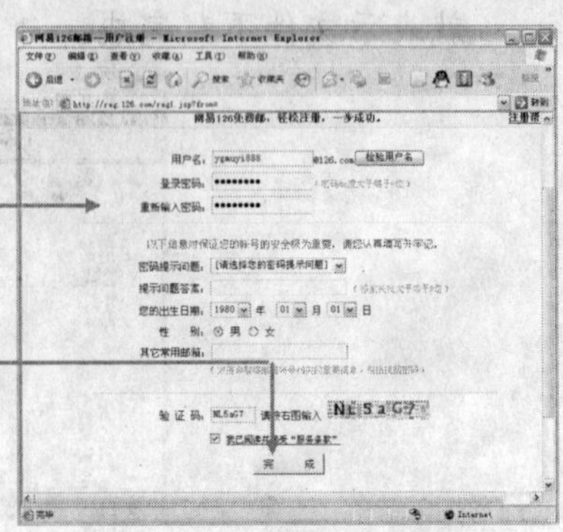

图 9-54　注册页面

图 9-55　网易邮件中心

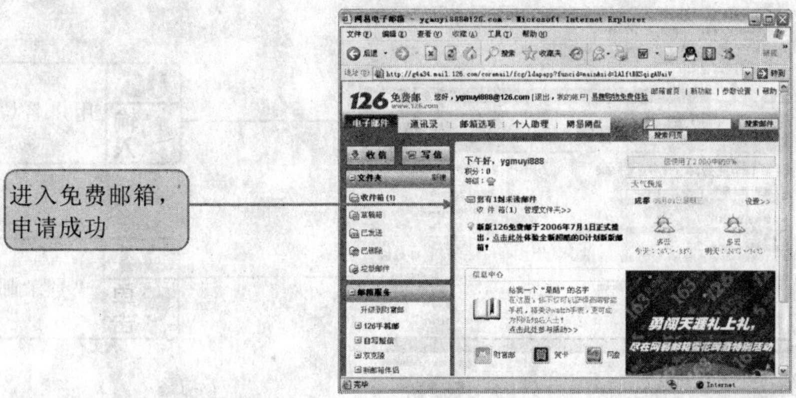


图 9-56　邮箱申请成功

**你问我答**

**邮箱申请完毕后，如何知道自己的邮箱地址呢？**

在申请成功页面中，会告知用户所申请到的邮箱地址，同时会显示 POP3 和 SMTP 邮件服务器地址，这在使用邮件客户端时需要使用到。

**03 小 测 试**

一个电子邮件地址通常由三部分组成：信箱名称 +（　　）+ 收取 E-mail 的服务器。

A. Θ　　B. @　　C. ố　　D. σ

## 9.6.2 使用浏览器收发电子邮件

邮箱申请完毕后，用户可以在申请成功页面中直接单击“进入邮箱”按钮进入到自己的邮箱中。但如果以后要登录邮箱，就无法从该页面中直接进入了，而是需要通过邮箱服务器页面的登录框进行登录。其具体操作步骤如图 9-57～图 9-59 所示。

**01** 首先在浏览器中打开自己邮箱所在的网站，如要登录到网易邮箱，则先应在浏览器地址栏中输入 http://www.163.com，进入网站的主页。

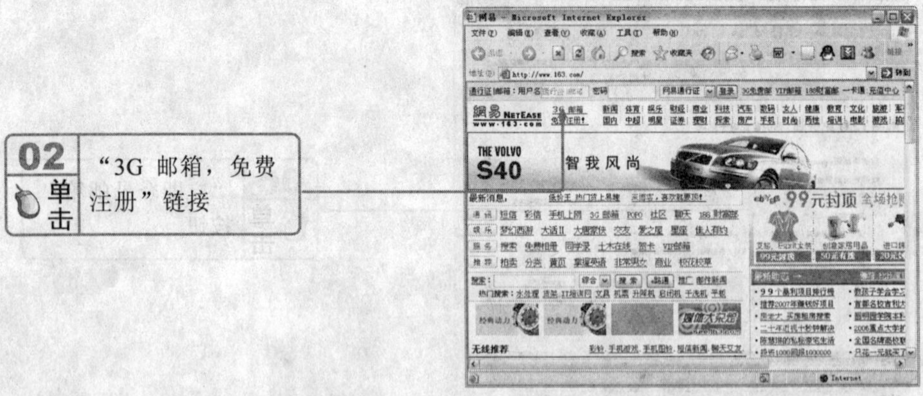


图 9-57　邮箱申请成功

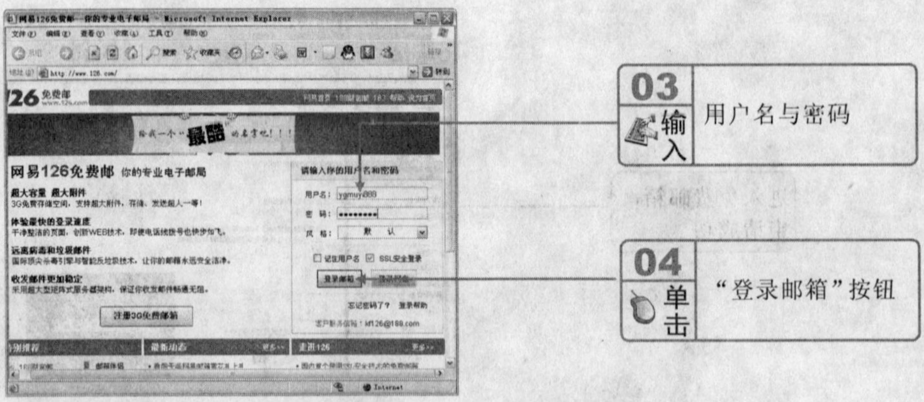


图 9-58　登录页面

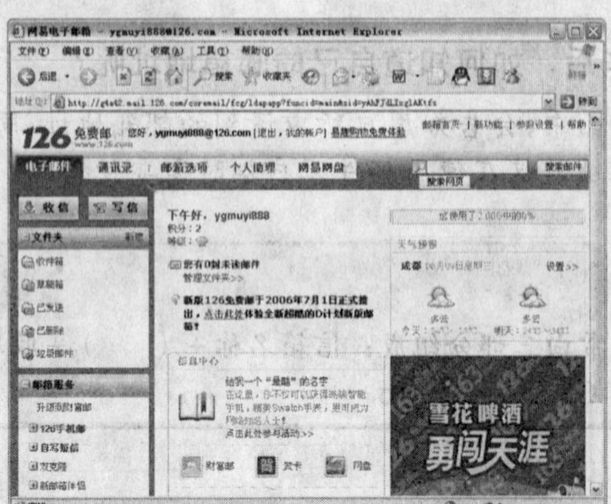

图 9-59　邮箱主页面

### 1．撰写和发送电子邮件

进入自己的邮箱后，就可以开始使用自己的邮箱给朋友发送电子邮件了，一封完成的邮件中，包括收件人地址、邮件主题、邮件内容，如果需要，还可以附带邮件附件。撰写和发送电子邮件的具体操作步骤如图 9-60～图 9-65 所示。

01 单击 "写信"按钮，打开写信页面

02 输入 收件人的邮箱地址

03 设置 邮件主题

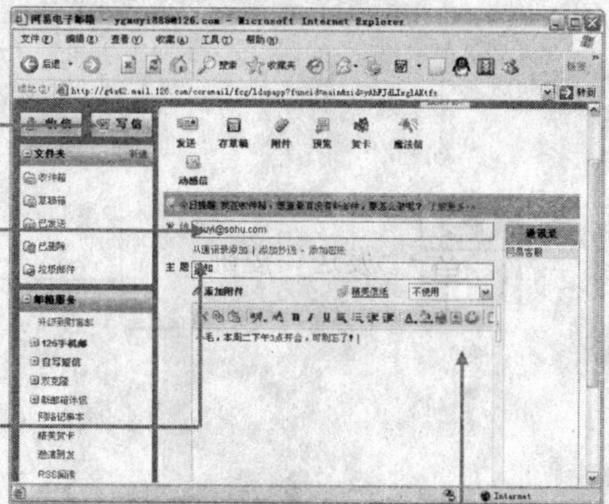

图 9-60　撰写邮件

04 输入 邮件正文

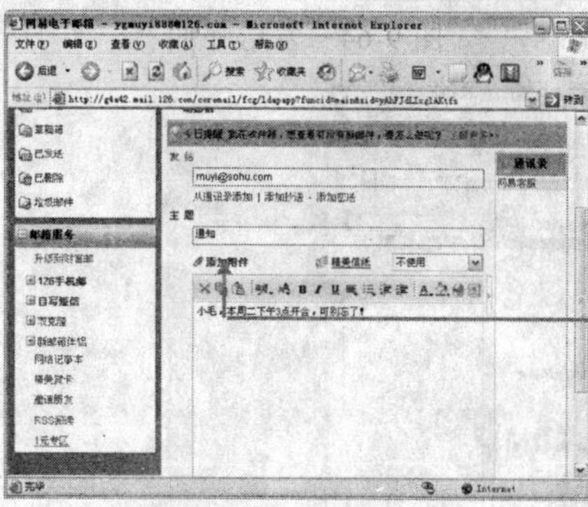

图 9-61　单击链接

05 单击 "添加附件"链接

06 单击 "浏览"按钮

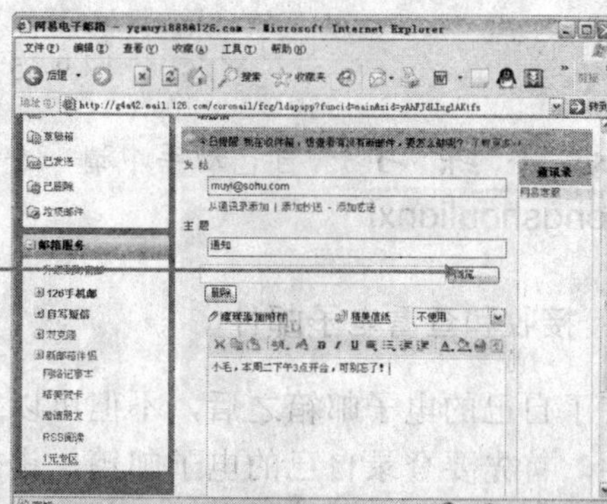

图 9-62　添加附件

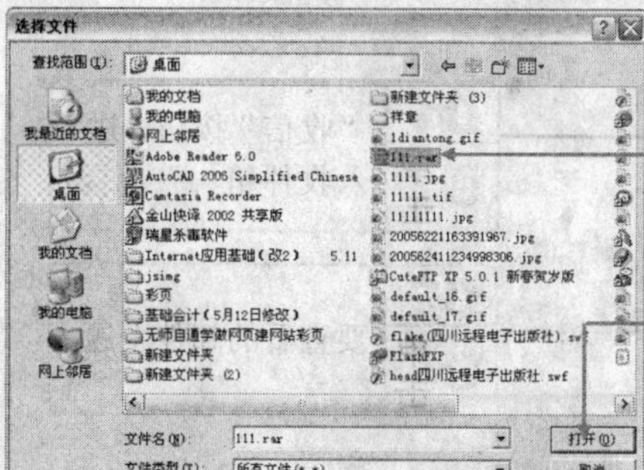

图 9-63　选择附件

07 选择 需要添加的附件文件

08 单击 "打开"按钮

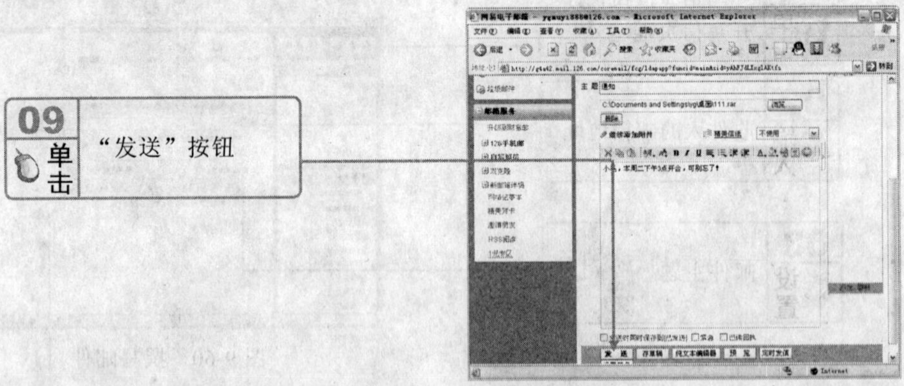


图 9-64　发送邮件

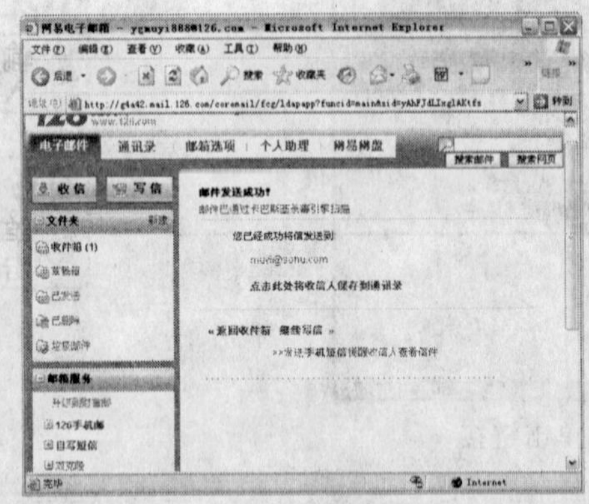

图 9-65　邮件发送成功

**动 手 练 习**
dongshoulianxi
自己动手申请一个电子邮箱，并给朋友发送一封电子邮件。

### 2．接收和查看电子邮件

有了自己的电子邮箱之后，不但可以发送电子邮件，还可以接收别人给自己发送来的邮件，首先要登录自己的电子邮箱，进入“收件箱”栏目，然后在需要查看的邮件的主题上单击鼠标左键，即可在打开的页面中查看邮件的具体内容了。查看邮箱内电子邮件的具体操作方法如图 9-66、图 9-67 所示。

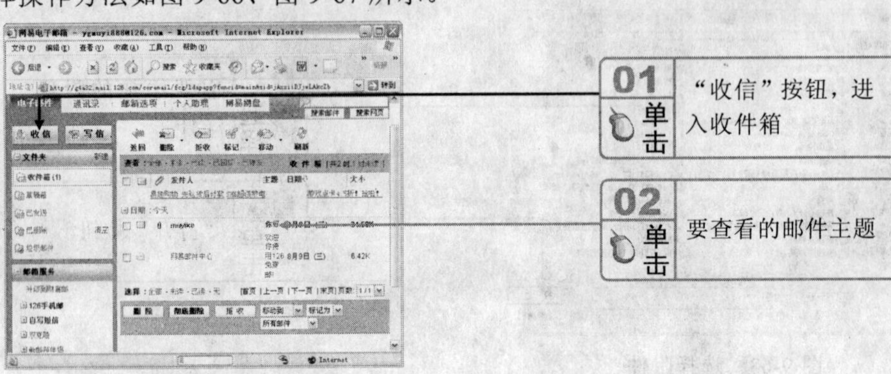


图 9-66　进入收件箱

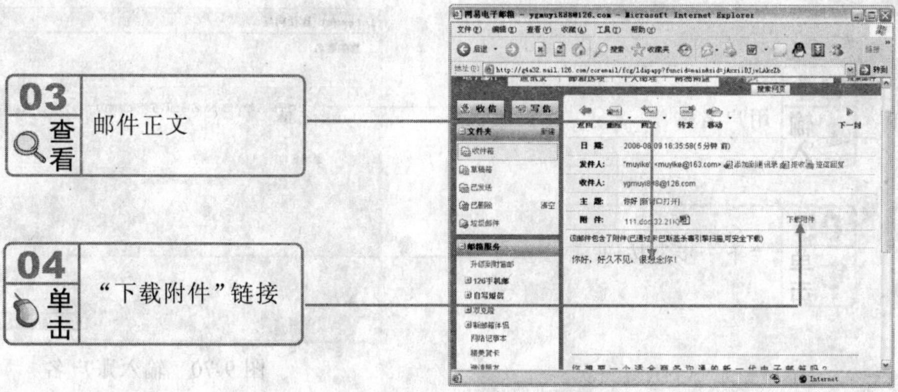


图 9-67　邮件正文

## 9.6.3 配置 Outlook Express 邮件账户

Outlook Express 是随 Windows 操作系统捆绑销售的一个功能强大、使用方便的电子邮件客户端软件，它可以帮助用户收发电子邮件和网络新闻。Outlook Express 由两个部分组成：一是 Outlook Express Mail，即电子邮件；二是 Outlook Express News，新闻组。下面，我们就以内置于 Windows XP 系统中的 Outlook Express 6.0 为例，对 Outlook Express 的功能进行全面介绍。

在使用 Outlook Express 的电子邮件服务之前，用户需要在 Outlook Express 设置自己的电子邮件账户，以便建立与邮件服务器的连接。在 Outlook Express 中，为用户提供了专门的帐户设置向导，用户通过向导可以很容易地设置自己的邮件账户。设置邮件账户的具体操作如图 9-68～图 9-74 所示。

**01** 执行“开始\程序\Outlook Express”命令，打开 Outlook Express 窗口。

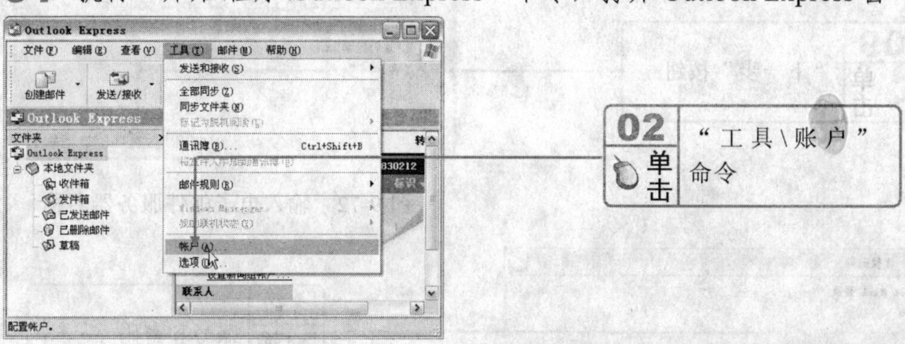


图 9-68　单击菜单命令

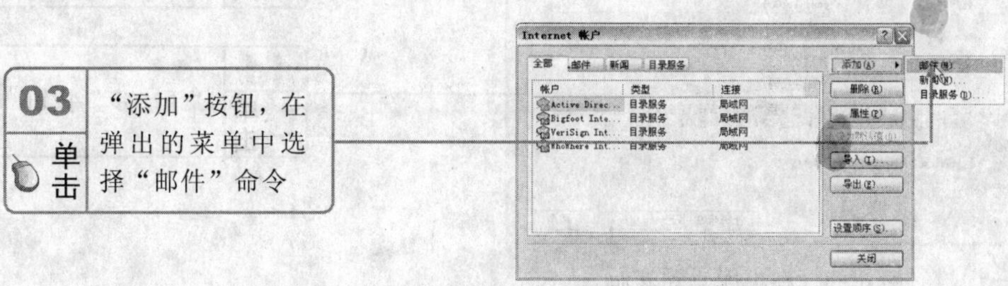


图 9-69　“Internet 账户”对话框

04 输入 用户名称

05 单击 “下一步”按钮

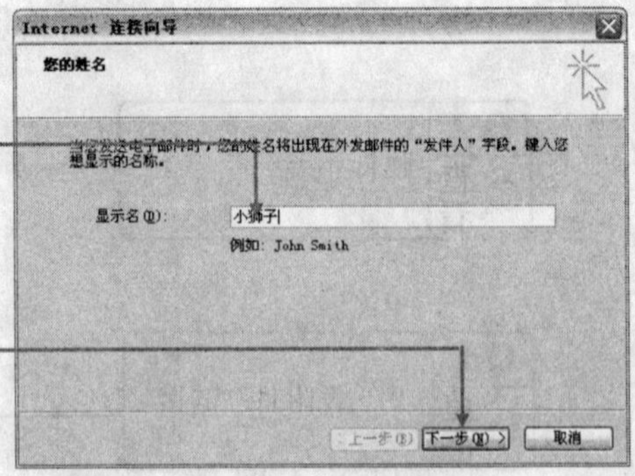


图 9-70 输入账户名

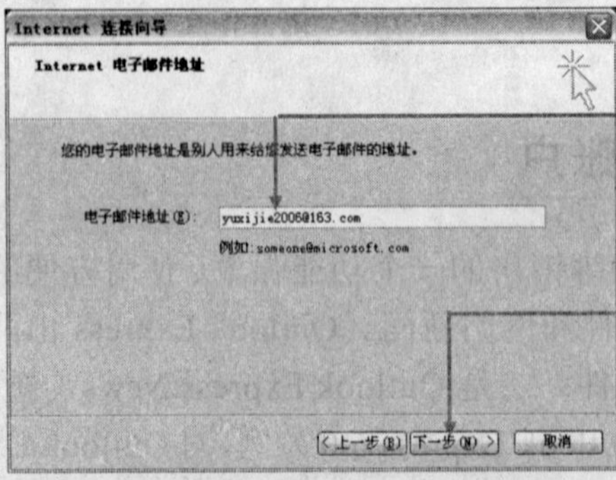


06 输入 ISP 为用户分配的电子邮件地址

07 单击 “下一步”按钮

图 9-71 输入电子邮件地址

08 输入 POP3 与 SMTP 邮件服务器地址

09 单击 “下一步”按钮

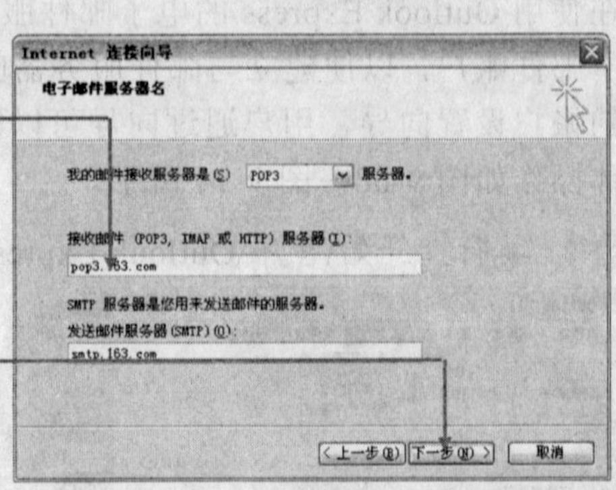


图 9-72 输入电子邮件服务器名称

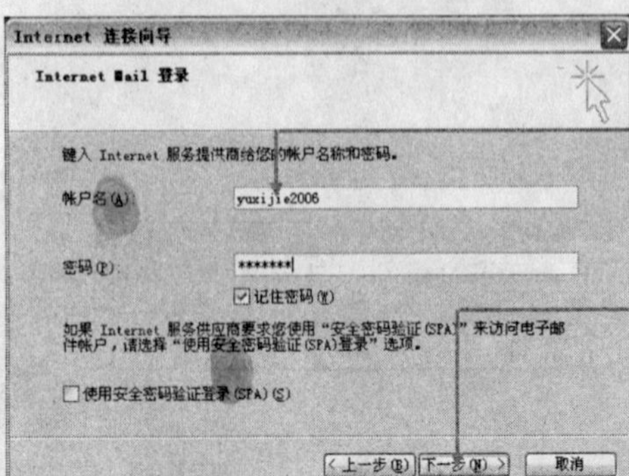


10 输入 账号和密码

11 单击 “下一步”按钮

图 9-73 输入账号和密码

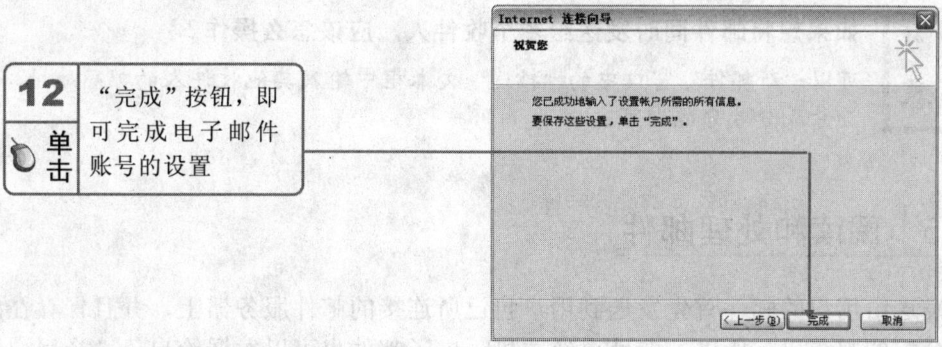


图 9-74　完成设置

至此，Outlook Express 已经为用户建立了一个电子邮件账户，用户可以用这个账户号来收发邮件了。如果用户有多个电子邮件账户，可以按照上面的方法重复设置即可。

## 9.6.4　撰写和发送电子邮件

使用 Outlook Express 可以很方便地创建一封电子邮件。Outlook Express 提供了功能强大的邮件编辑工具，用户可以轻轻松松地创建出图文并茂、美观大方的电子邮件。在邮件中用户不但可以输入文本信息，还可以轻而易举地插入超级链接与多媒体信息，这些都是在传统的邮件中办不到的。

使用 Outlook Express 撰写电子邮件和书写传统的信件一样，需要有收件人和寄件人地址、信件正文和信件签名等，但 Outlook Express 还有一些其他的要素，使电子邮件较之传统邮件具有更多的功能。比如，用户直接将邮件发送给收件人，也可以将邮件副本抄送给某收件人。新建电子邮件的操作步骤如下：

**01** 执行“文件\新建\邮件”命名，或单击工具栏中的“创建邮件”按钮，打开“新邮件”窗口，如图 9-75 所示。

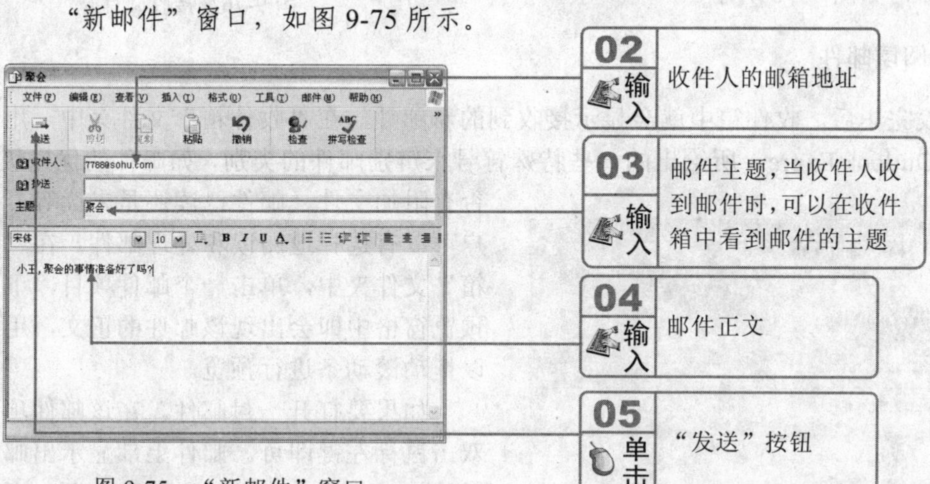


图 9-75　“新邮件”窗口

如果是在脱机情况下发送邮件，则邮件并没有被立即发送出去，而是保存到“发件箱”文件夹中，待以后连接到 Internet 时，再进行发送。

**你问我答** **如果想将邮件同时发送给多个收件人，应该怎么操作？**

可以“新邮件”窗口中的“抄送”文本框中输入其他收件人的邮箱地址，中间用逗号或分号分隔即可。

## 9.6.5 阅读和处理邮件

发送给用户的邮件首先发送到用户自己所连接的邮件服务器上，并且保存在邮件服务器分配的邮箱里，所以，即使已经关机，电子邮件也可以发送给自己。当用户连接到邮件服务器时，便可从邮件服务器上下载这些新邮件，进行脱机阅读。所有收到的邮件都保存在“收件箱”文件夹中，不同性质的邮件，前面会有不同的符号进行标记，通过这样标记，用户可以有选择地对邮件进行处理。

Outlook Express 提供了强大的邮件管理工具，可以对收件箱中的邮件进行有序的管理，以便提高工作效率。为了有效地利用联机时间，可以使用 Outlook Express 来查找邮件、自动将接收到的邮件分类放入不同的文件夹中、将邮件保存在邮件服务器上或者彻底的删除邮件。

### 1．接收邮件

与查看 Web 邮件不同，在 Outlook Express 中阅读邮件之前，先要从链接的 Web 邮箱中接收邮件。在 Outlook Express 主界面单击工具栏中“发送/接收”按钮旁的下拉按钮，在弹出的菜单中选择“接收全部邮件”命令，Outlook Express 就会检查并接收邮箱中的邮件，如图 9-76 所示。

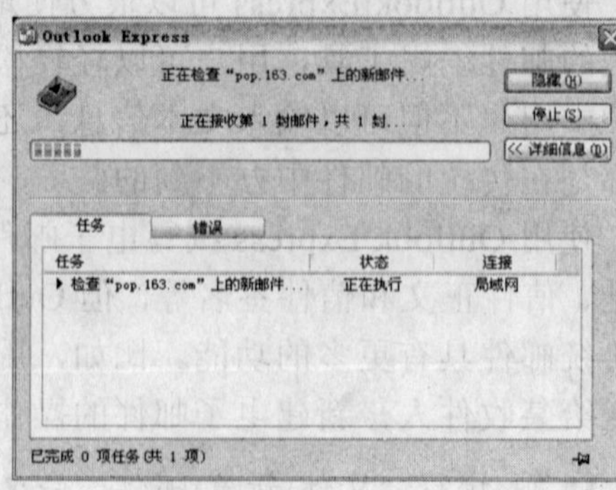


图 9-76　接收邮件

### 2．阅读邮件

接收完毕后，收件箱中就会显示接收到的新邮件。在“收件箱”文件夹中，用户可以根据 Outlook Express 所给出的一些特殊符号来辨别邮件的类别，如邮件的优先级、是否有附加文件、邮件已读还是未读等，使用户可以有选择地阅读和处理邮件。在“收件箱”文件夹中，单击一个邮件项目，下面的预览窗格中即会出现该邮件的正文，用户可以拖动滚动条进行预览。

如果要打开一封邮件，在该邮件项目上双击鼠标左键即可。邮件上部显示出邮件的发件人、收件人、发送时间和主题，下面的文本框显示邮件正文，如图 9-77 所示。

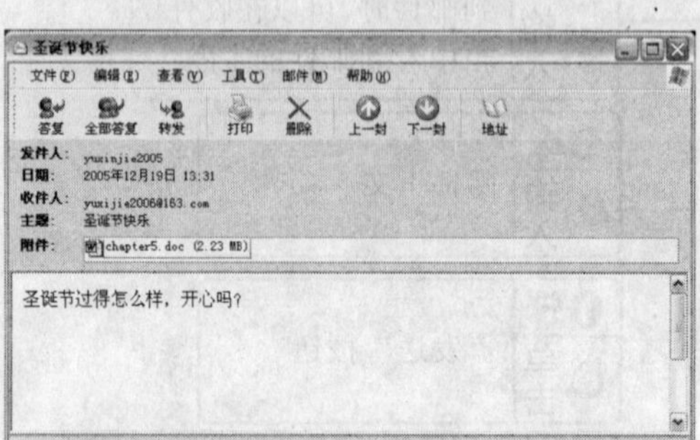


图 9-77　阅读邮件

在邮件窗口中可以阅读、打印、另存或删除邮件。如果用户需要查看有关邮件的所有信息，如发送邮件的时间等，可执行“文件\属性”命令，在打开的对话框中进行查看。

### 3．答复和转发邮件

收到一封邮件后，可以向该邮件的发件人发出答复，也可以将答复发送给该邮件的“收件人”和“抄送”文本框中的全部收件人。对于含有公众事宜的邮件，如果需要，还可以转发给其他有关的人员。

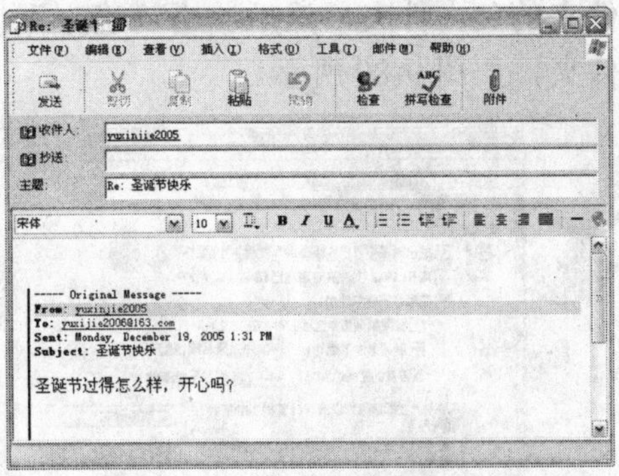

图 9-78　新邮件窗口

答复发件人时，如果当前打开了邮件，单击邮件窗口工具栏上的“答复”按钮，开启一个新的邮件窗口，如图 9-78 所示。所收邮件的发件人的地址显示在答复邮件的“收件人”框中。在标题栏中显示“Re（答复）”字样并显示原件的主题。文本框中显示原始邮件的各种信息。

答复邮件时，在正文区中的原件顶部输入文字即可。如果用户需要答复全部发件人、收件人以及抄送的联系人，则要单击工具栏上的“全部答复”按钮。回复邮件时，会以原始邮件的语言编码来发送。如果在回复中更改了语言编码，则原始字符可能无法正确显示，除非以 HTML 格式发送邮件，并且接收程序可以读 HTML 格式的邮件。此外，用户也可以使用 Unicode 来发送邮件，但并非所有的邮件和新闻组读程序都可以显示 Unicode 邮件。

如果要在一封邮件中使用不同的编码，可在邮件窗口中执行“格式\编码”命令，然后选择所需使用的语言编码。

你问我答

**什么是 Unicode？**

Unicode 是由多个公司联合制订的一套可以适用于全世界所有国家的字符码。

### 4．删除邮件

对于一些没有保存价值的邮件，可将其删除。这样，不但有利于“收件箱”的管理，还可以减少对硬盘中空间的占用。

删除邮件的方法很简单，只要在邮件列表中选择一封邮件，单击工具栏上的“删除”按钮就可以了。这时，邮件将被转移到“已删除邮件”文件夹中。如果要恢复已删除的邮件，可打开“已删除邮件”文件夹，然后将邮件拖回到收件箱或其他文件夹中。

如果希望在退出 Outlook Express 时将“已删除邮件”文件夹中的邮件清除，可执行“工具\选项”命令，打开“选项”对话框，单击“维护”选项卡，勾选“退出时清空‘已删除邮件’文件夹中的邮件”复选框即可，如图 9-79 所示。

如果要手工清除所有的已删除邮件，可执行“编辑\清空‘已删除邮件’文件夹”命令。

为了便于邮件管理，用户可以在 Outlook Express 中添加或删除文件夹，并可以很方便地在文件夹之间进行切换。

如果要添加文件夹，执行“文件\文件夹\新建”命令，打开“创建文件夹”对话框，在“文件夹名”文本框中输入名称，并在“选择新建文件夹的位置”列表框中选择一个新文件夹的父文件夹，然后单击“确定”按钮，在文件夹列表的相应位置即会出现一个新文件夹，如图 9-80 所示。

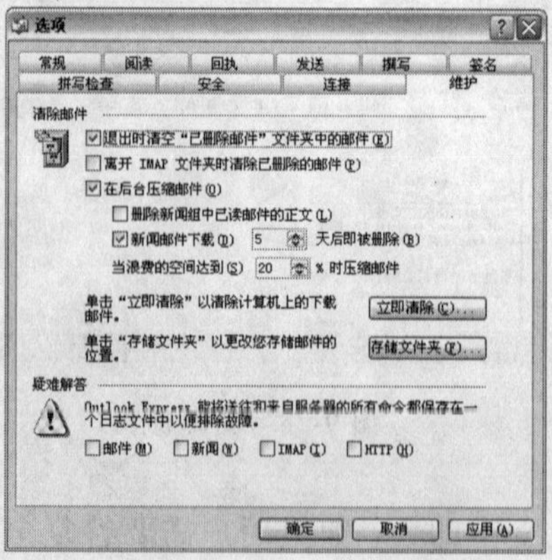

图 9-79 “维护”选项卡

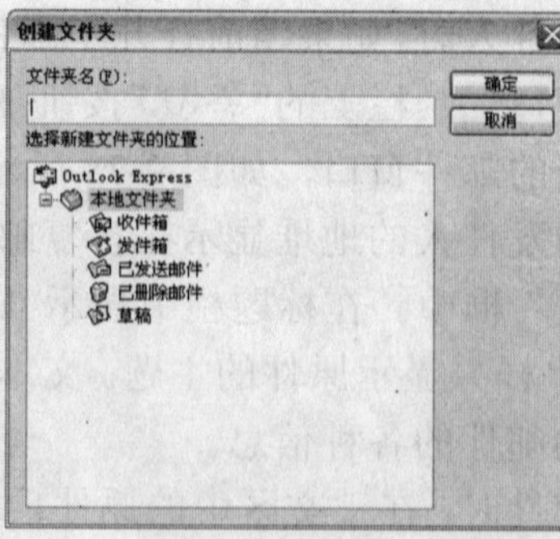

图 9-80 新建文件夹

创建一个文件夹后，如果要删除它，可以在文件夹列表中选定该文件夹，然后执行“文件\文件夹\删除”命令。此外，还可以对创建的文件夹进行重命名和移动操作。

用户只能对自己创建的文件夹进行删除、重命名和移动操作，而对于 Outlook Express 内置的“收件箱”、“发件箱”、“已发送邮件”或“草稿”这些文件夹就不能进行这些操作。

如果用户要从一个文件夹切换到另一个文件夹，只需单击文件夹列表中的目标文件夹名称。

**你问我答**

**在 Outlook 中如何才能拒绝接收某个邮箱发来的邮件呢？**

在收件箱中选中要阻止的这个邮箱发来的电子邮件，然后执行“邮件\阻止发件人”命令即可。

## 9.7 网络聊天

网络聊天目前已成为上网用户最常用的交流方式，其中腾讯 QQ 的使用最为广泛，用户可以使用 QQ 方便地与好友进行在线交流、传输文件、手机短信息服务等功能。

### 9.7.1 免费申请 QQ 号码

在电脑中安装 QQ 软件之后，如果是第一次使用，用户还需要申请属于自己的 QQ 号码，免费申请 QQ 号的具体操作步骤如图 9-81～图 9-87 所示。

**01** 执行“开始\所有程序\腾讯软件\腾讯 QQ”命令，打开“QQ 用户登录”面板。

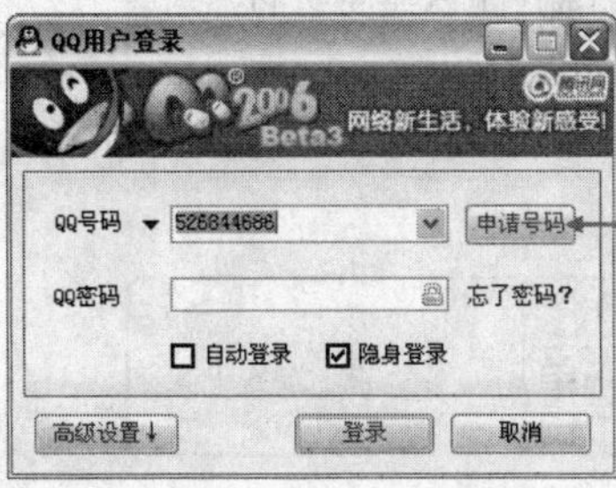


**02** 单击 “申请号码”按钮

图 9-81 “QQ 用户登录”面板

**03** 单击 免费申请号码图标

**04** 单击 “下一步”按钮

图 9-82 单击免费申请号码图标

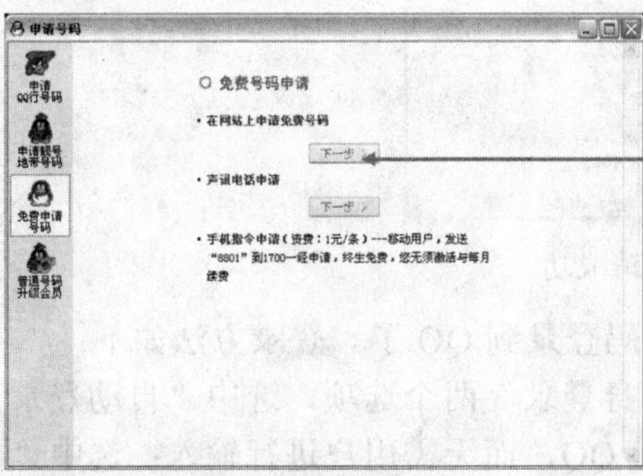


**05** 单击 “在网站上申请免费号码”下方的“下一步”按钮

图 9-83 选择申请方式

**06** 单击 “我同意”按钮

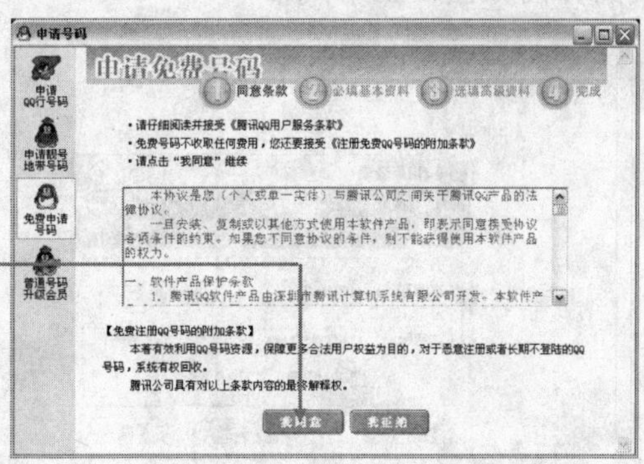


图 9-84 同意 QQ 用户服务条款

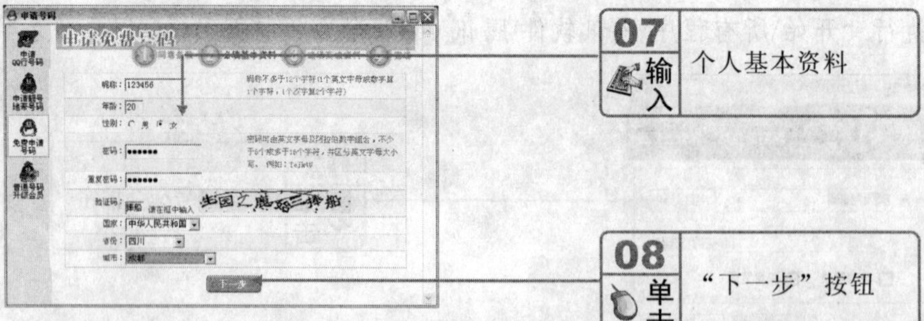


图 9-85　填写个人基本资料

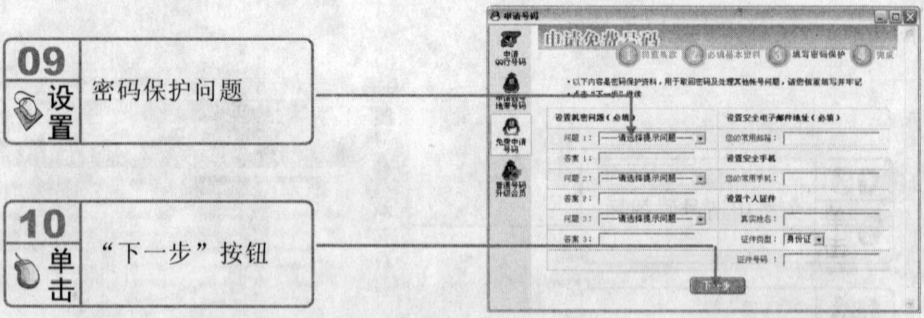


图 9-86　设置密码保护问题

图 9-87　申请成功

申请成功后，就可以使用申请到的 QQ 号码登录到 QQ 了。登录方法如下：

在密码输入栏下方有“自动登录”与“隐身登录”两个选项，选中“自动登录”选项，在下次打开 QQ 登录框时，会自动登录到 QQ，而无需用户进行输入；选中“隐身登录”选项，则登录 QQ 时，将以隐身的状态登录。用户可以根据自身情况进行选择。登录后的界面如图 9-89 所示。

图 9-88　输入 QQ 号码与密码

图 9-89　登录后的界面

| 你问 | 我答 |
|---|---|

**最小化 QQ 面板后，如何恢复？**

登录到 QQ 后，任务栏通知区域中就会显示相应的图标，双击该图标即可恢复显示最小化后的 QQ 面板。

## 9.7.2 查找并添加好友

登录到 QQ 后，在 QQ 好友列表中，只有一个用户自己的头像，此时要想与其他 QQ 用户进行聊天，就需要将他们添加到 QQ 好友列表中。单击 QQ 面板右下角的“查找”按钮，打开如图 9-90 所示的“查找/添加好友”对话框。

如果事先已经知道了好友的 QQ 号码、昵称等信息，便可以通过“精确查找”，将其快捷地添加到 QQ 中。其具体的操作步骤如图 9-90～图 9-92 所示。

**01** 在 QQ 面板中单击“查找”按钮，将打开“QQ 2006 查找/添加好友”对话框。

**02** 点选 “精确查找”单选项

**03** 输入 好友的 QQ 号码

**04** 单击 “确定”按钮

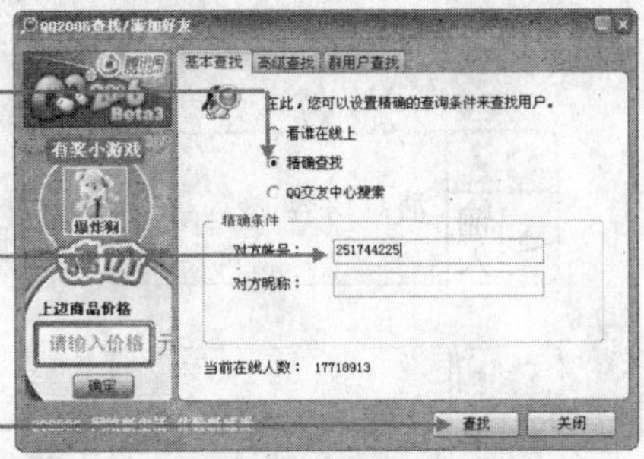


图 9-90 “QQ 2006 查找/添加好友”对话框

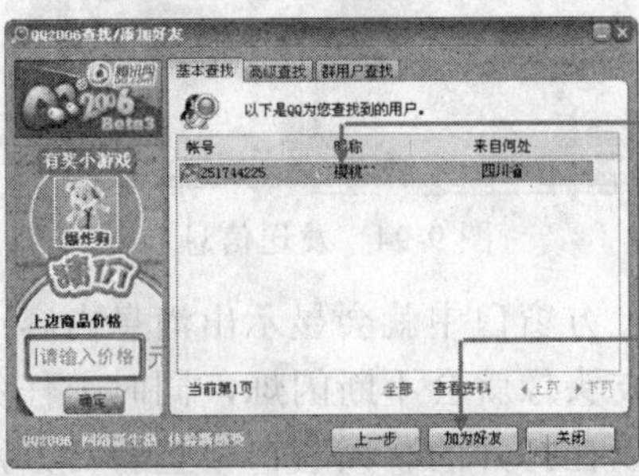


图 9-91 查找好友

**05** 单击 要添加的好友

**06** 单击 “加为好友”按钮

**07** 输入 身份验证信息

**08** 单击 “确定”按钮

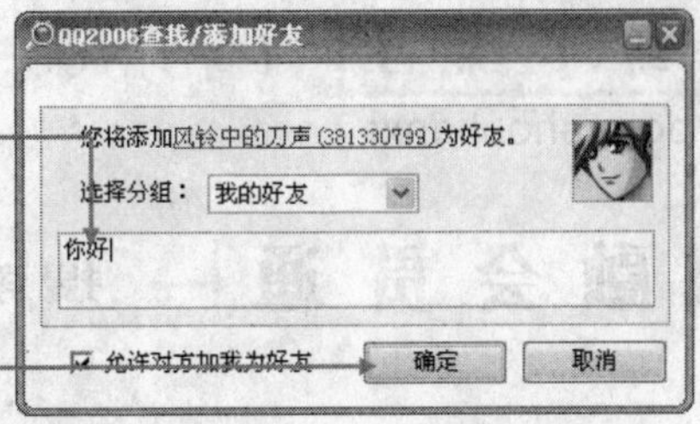


图 9-92 输入身份验证信息

**09** 此时就会向对方发送请求，如果对方同意加为好友的话，就会返回如图 9-93 所示的消息框。

图 9-93　消息框

## 9.7.3 收发即时信息

收发即时信息是 QQ 最基本的功能，QQ 提供了两种方式进行聊天，"消息模式"和"聊天模式"，此外，用户还可以即时地看到聊天记录，使用 QQ 在线收发消息非常简单。与好友进行聊天的具体操作步骤如下：

**01** 在 QQ 好友列表中添加好友后，用鼠标双击好友头像，打开如图 9-94 所示的聊天窗口。

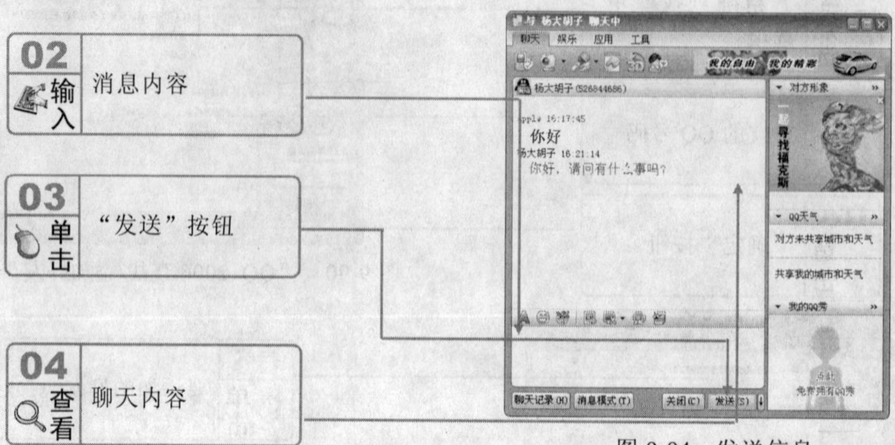


图 9-94　发送信息

对方回复消息后，如果没有关闭聊天窗口，则上方窗口中就会显示出消息内容；如果已经关闭聊天窗口，那么 QQ 好友列表中的该好友头像就会不断闪烁，同时，任务栏中的 QQ 图标也会不断闪烁。双击闪烁头像，就可以在打开的聊天窗口中查看对方发来的信息。

**动 手 练 习** dongshoulianxi　申请一个 QQ 号码并登录到 QQ 后添加一个好友，与好友进行聊天。

## 融 会 贯 通 — 搜索并下载软件

当用户如果需要某个软件但不知道该软件的下载地址时，就可以使用搜索引擎进行搜索，搜索到之后通过下载软件进行快速的下载，这要比用户手动在网络中查找要方便得多。搜索并下载软件的方法如下：

**01** 在浏览器地址栏中输入 www.google.com 并按下回车键，打开 Google 搜索引擎。

**02** 在搜索栏中输入“要下载软件的名称+空格+下载”，然后单击“google 搜索”按钮，如图 9-95 所示。

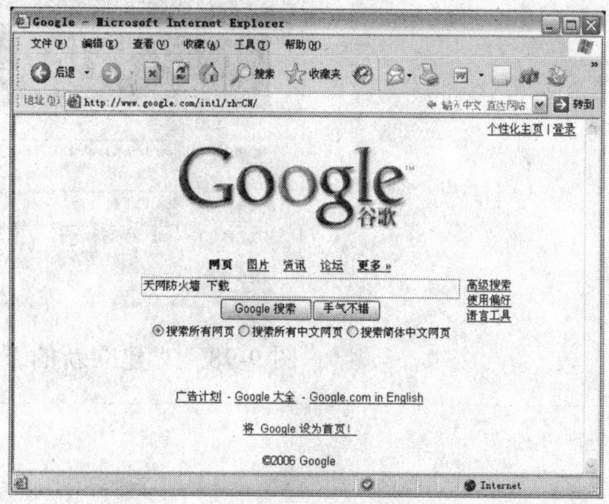


图 9-95　Google 搜索页面

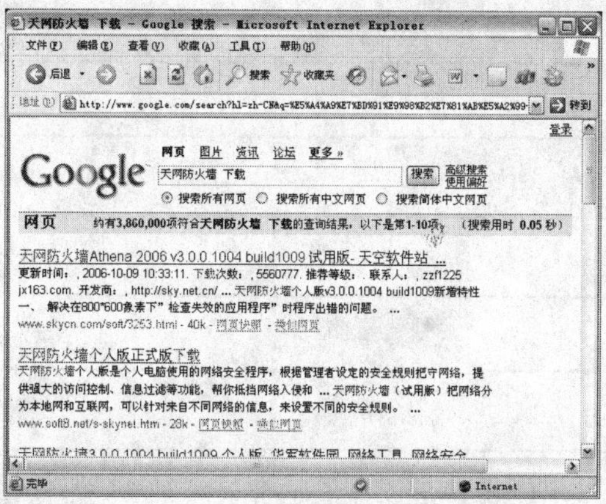


图 9-96　搜索结果

**03** 稍等片刻后，google 就会在页面中返回搜索结果，如图 9-96 所示。

**04** 选择并单击某个搜索结果链接后，即可进入对应的下载页面，如图 9-97 所示。

**05** 在接着打开的下载页面中用鼠标右键单击下载链接，在弹出的菜单中选择“使用迅雷下载”选项。

**06** 迅雷启动后，会自动弹出“建立新的下载任务”对话框，在对话框中设置文件的保存路径和保存名称，然后单击“确定”按钮即可开始下载，如图 9-98 所示。

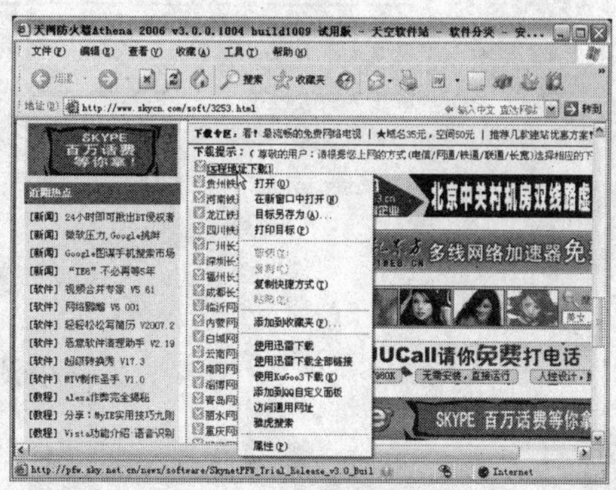


图 9-97　下载页面

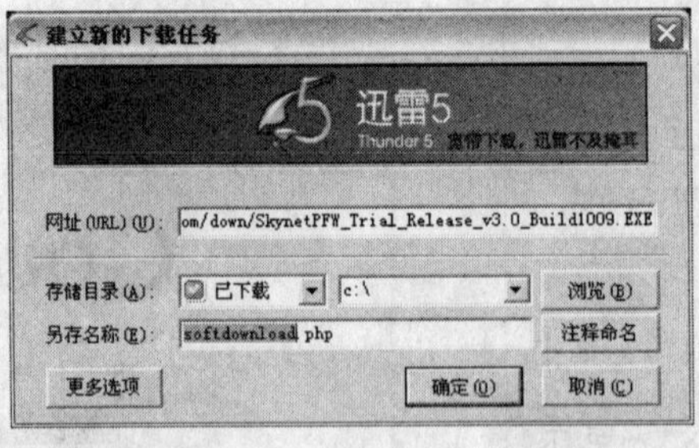


图 9-98 “建立新的下载任务”对话框

阅读笔记 Note

年

月

日

小测试答案 ●●●●● （请翻转阅读答案）

1. ABCD 2. B 3. B

Study

CHAPTER

【第 10 章】

# 配置和使用局域网

**内容导读**

1．本章需要了解的概念：

局域网　网络协议

2．本章需要掌握的操作：

组建和配置局域网

3．本章需要提高的内容：

共享网络资源

10

# 10.1 建立局域网

如果有多台电脑的话，用户可以将这些电脑组建为一个小型局域网，这样即可实现多台电脑之间的资源共享，方便用户的使用，如果某台电脑连接 Internet，还可以实现多台电脑的网络共享。

## 10.1.1 安装硬件设备

网络适配器又称为网卡，它是组建局域网不可缺少的连接设备。网卡的主要工作就是接收网络上传来的数据包,并将本地计算机上的数据包发送到网络中。

安装网卡非常的简单。用户将网卡插入到主板的 PCI 插槽中，重新启动计算机后，Windows XP 会自动搜索到网卡，并提示用户安装它的驱动程序。如果用户的网卡驱动程序是由厂商特别提供的，可以通过随网卡附赠的光盘或软盘安装网卡的驱动程序。

**01 小 测 试**

多台组建局域网并共享 Internet 需要的设备有（　　）。

A. 路由器　　B. Modem　　C. 集线器　　D. 网卡

## 10.1.2 组建局域网

正确安装好网卡及其他所需硬件后，打开局域网内的电脑和其他网络设备，即可开始动手组建局域网了，具体的组建步骤如图 10-1～图 10-8 所示。

**01** 首先，将局域网内一台电脑与 Internet 相连接，局域网内的所有电脑便都可以通过该电脑访问 Internet 了。我们把这台电脑看作是服务器。

**02** 在直接连接到网络电脑外的其他电脑中执行“开始\所有程序\附件\通讯\网络安装向导”命令，启动“网络安装向导”。

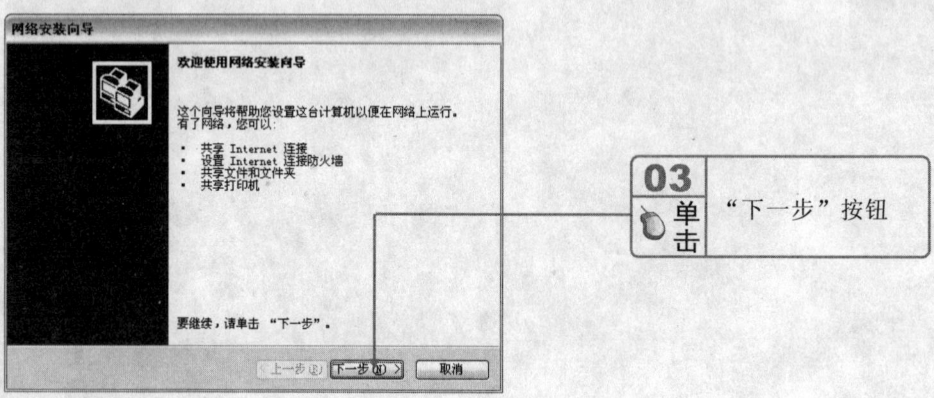


图 10-1　“网络安装向导”对话框

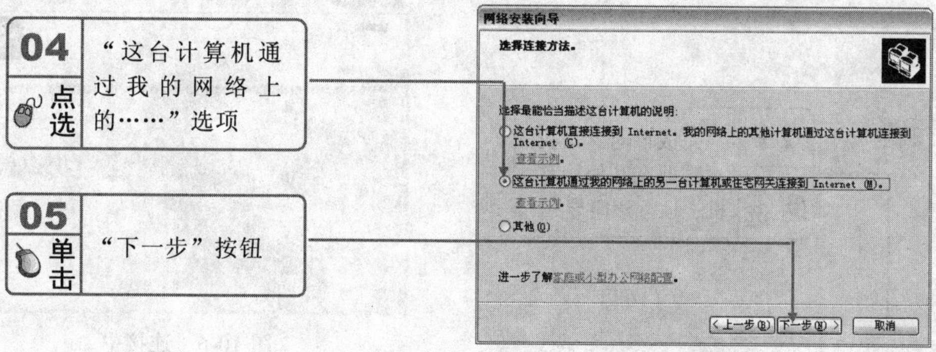


图 10-2　“选择连接方法”对话框

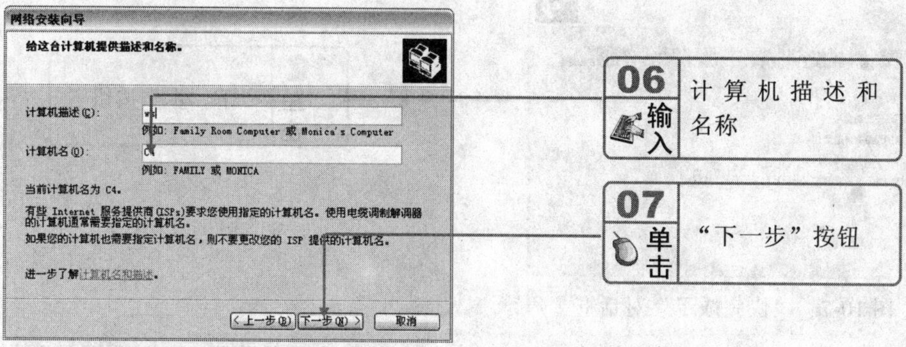


图 10-3　“修改这台计算机提供描述和名称”对话框

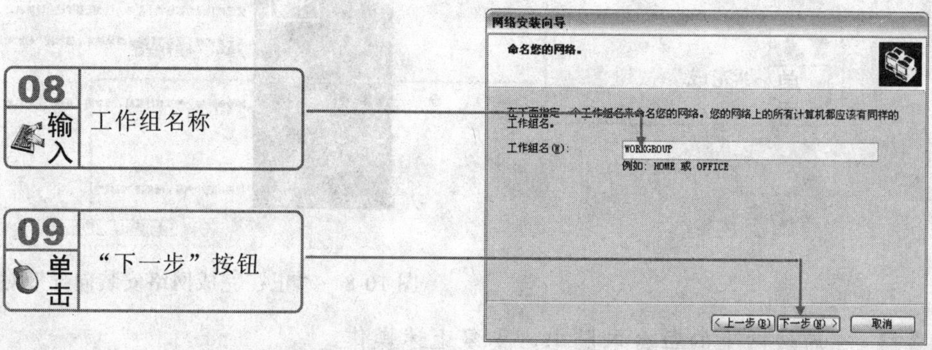


图 10-4　“命名您的网络”对话框

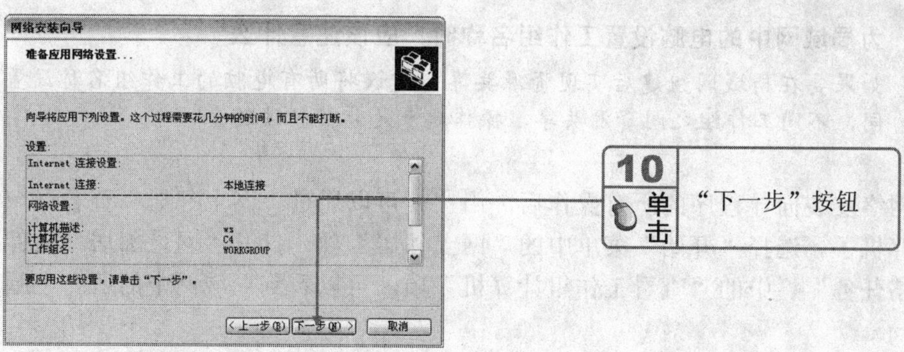


图 10-5　“准备应用网络设置”对话框

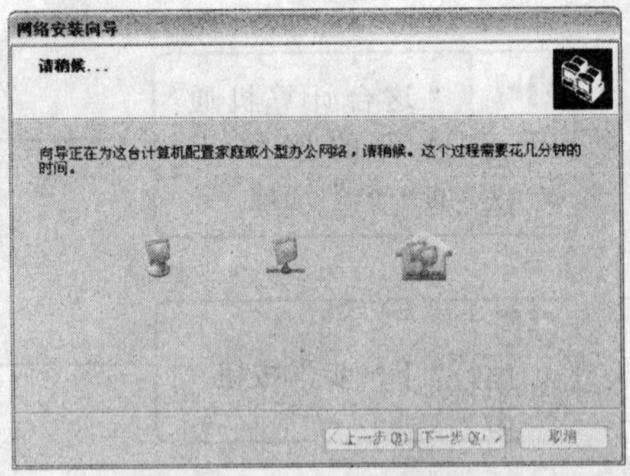


图 10-6　连接中

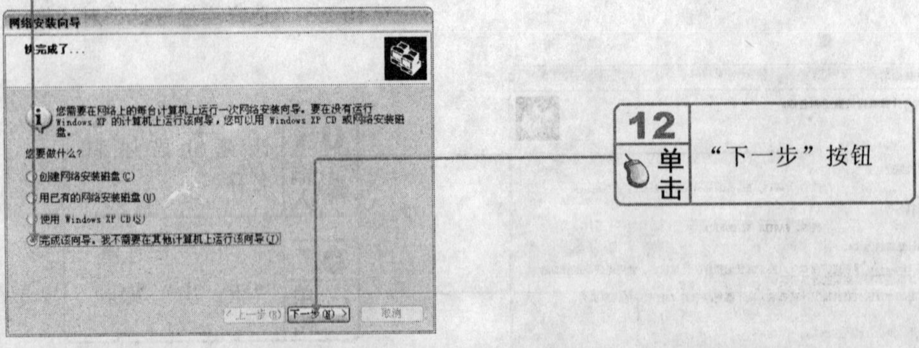


图 10-7　"快完成了"对话框

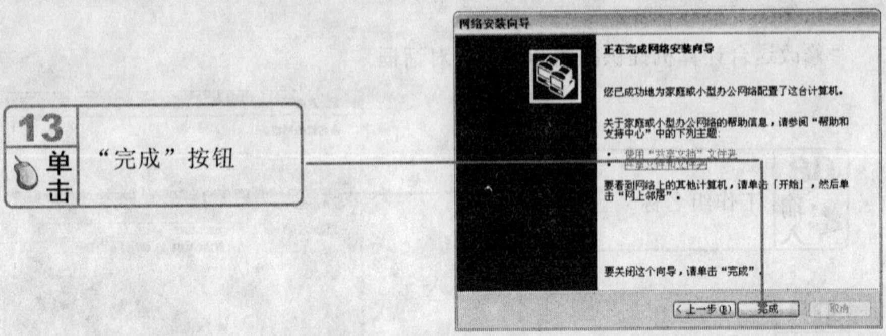


图 10-8　"正在完成网络安装向导"对话框

**14** 在局域网上的每台电脑中，重复上述操作。

**你问我答**

**为局域网中的电脑设置工作组名称时，应该注意什么？**

如果要在局域网组建后实现资源共享，建议将所有电脑的工作组名称设置为相同，不同工作组之间资源共享，操作起来是非常繁琐的。

完成网络安装向导程序的所有操作后，用户就可以通过"网上邻居"查看局域网内的所有计算机了。选择"开始"菜单中的"网上邻居"项，打开"网上邻居"文件夹，选择"网络任务"栏中的"查看工作组计算机"项，可以看到局域网中的所有电脑，如图 10-9 所示。

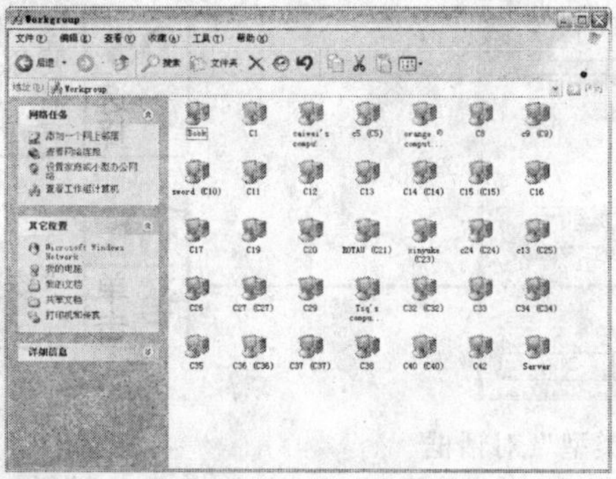

图 10-9　“网上邻居”窗口

如果局域网内的一台电脑提供了共享的 Internet 连接，那么网络内的电脑都可以通过该计算机连接到 Internet 上。用户要检查局域网内所有电脑的 Internet 连接是否正常，可以打开每台电脑的 Internet Explorer 浏览器，如果可以实现 Web 页的访问任务，说明服务器提供的共享 Internet 工作正常。

## 10.1.3　添加网络组件

在运行“网络安装向导”程序后，默认情况下将安装并启用常用服务、协议和网络组件。用户也可以自定义进行安装与配置，手动配置网络组件的具体操作步骤如图 10-10～图 10-13 所示。

**01** 执行“开始\控制面板”命令，然后在“控制面板”窗口中双击“网络连接”图标，打开“网络连接”窗口。

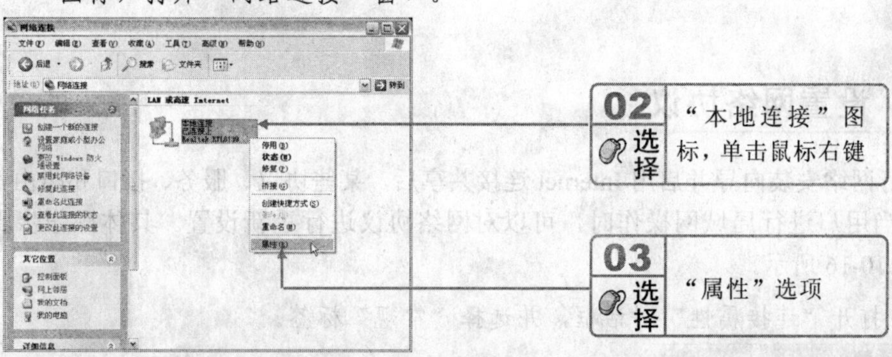


图 10-10　“网络连接”窗口

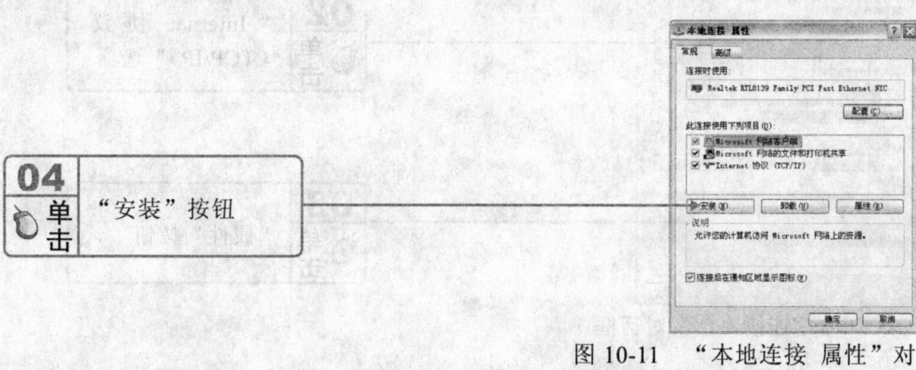


图 10-11　“本地连接 属性”对话框

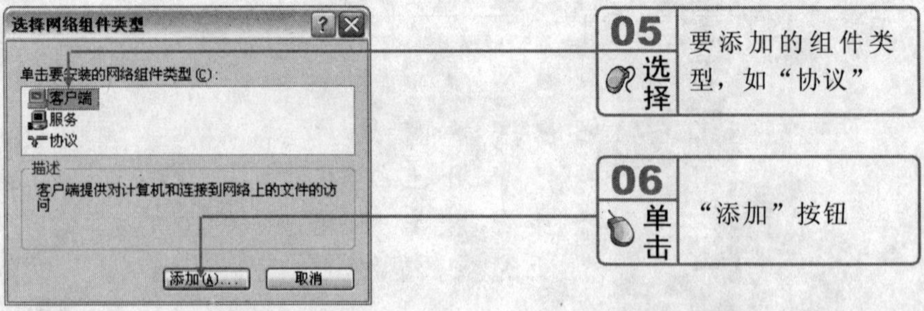


图 10-12 “选择网络组件类型”对话框

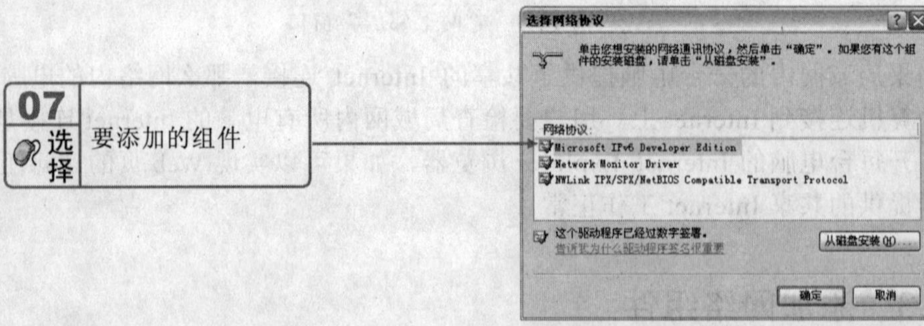


图 10-13 “选择网络协议”对话框

**08** 选择要安装的项目后，依次单击“确定”按钮即可。

> **你问我答**
>
> **组建网络时，电脑中必须安装的协议有哪些？**
>
> 如果只是用于资源共享，一般只需安装 TCP/IP 协议即可，该协议是 windows 默认安装的，如果要进行局域网游戏，在需要安装 IPX/SPX 协议。

### 10.1.4 设置网络协议

在运行网络安装向导并启用 Internet 连接共享后，某些协议、服务、接口和路由都将自动配置。当用户进行局域网操作时，可以对网络协议进行重新设置。具体操作步骤如图 10-14～图 10-16 所示。

**01** 打开“连接属性”对话框，并选择“常规”标签。

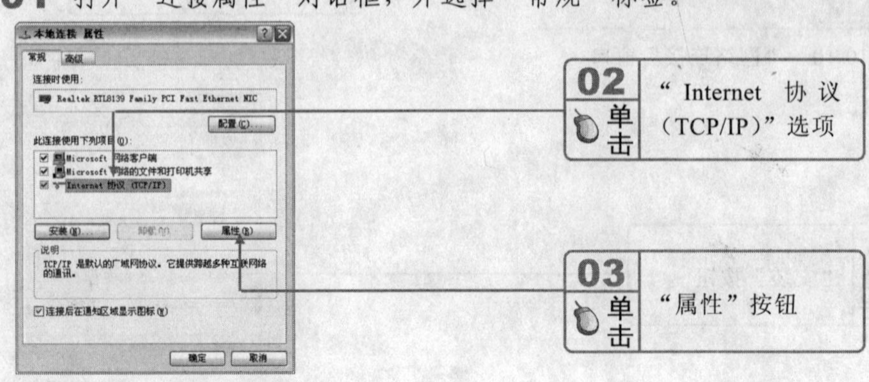


图 10-14 “本地连接属性”对话框

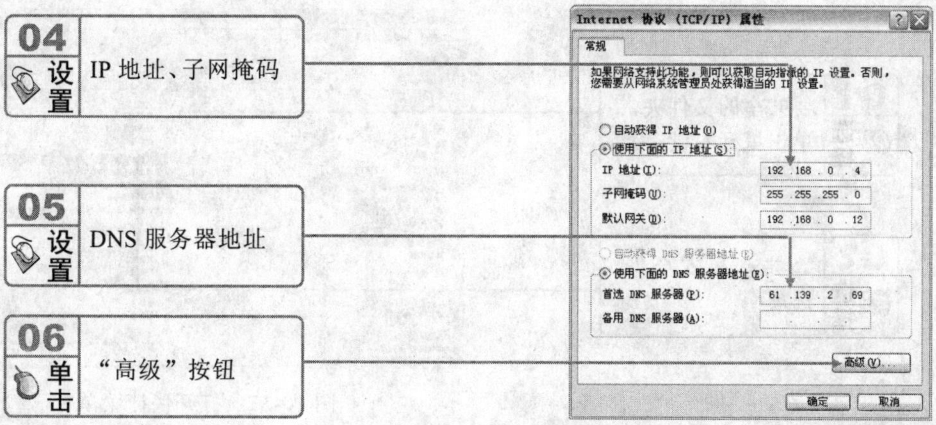


图 10-15　“Internet 协议（TCP/IP）属性”对话框

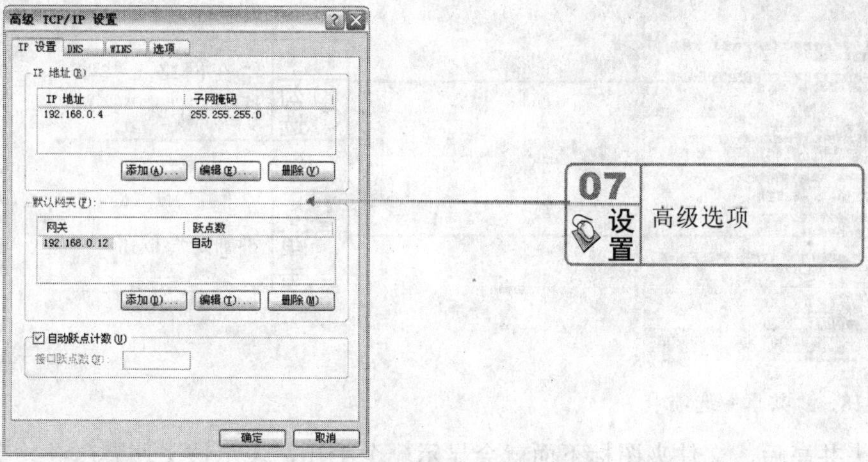


图 10-16　“高级 TCP/IP 设置”对话框

**08** 设置完成后，单击“确定”按钮关闭所有对话框即可。

| 动手练习 dongshoulianxi | 自己动手组建并配置局域网。 |
|---|---|

## 10.2 共享网络资源

局域网连接完成之后，就可以将电脑中的资源进行共享，包括共享文件（文件夹）、共享网络打印机等，这样网络中的其他电脑用户就可以直接访问共享资源了。

### 10.2.1 共享文件及文件夹

将文件或文件夹共享后，局域网中其他电脑用户就可以直接访问该文件夹或者查看文件，共享文件的具体操作方法如图 10-17、图 10-18 所示。

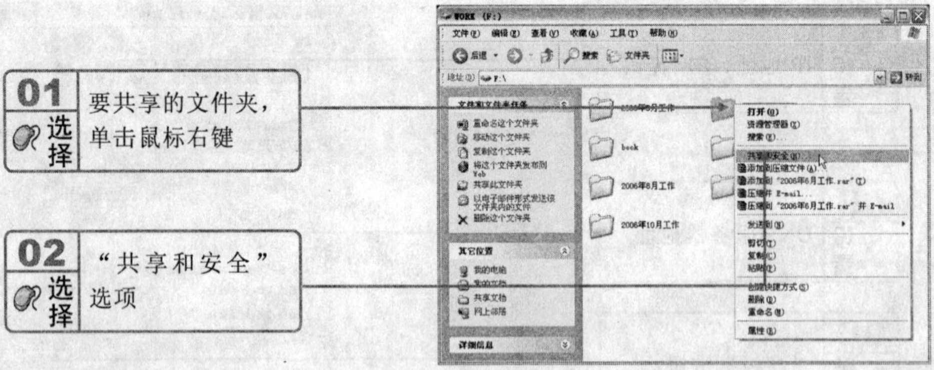


图 10-17　打开快捷菜单

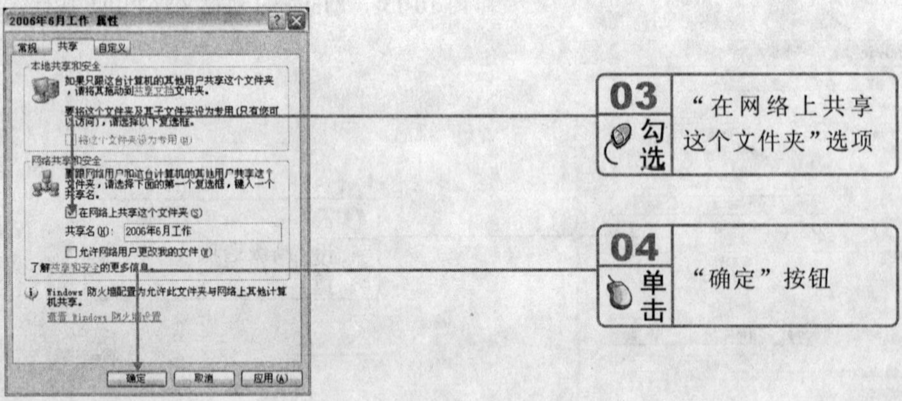


图 10-18　“共享”选项卡

将文件夹共享后，文件夹图标下面就会显示一个手托，表示该文件夹已经共享，如图 10-19 所示。此时局域网中的其他用户即可通过“网上邻居”对该文件夹进行访问。

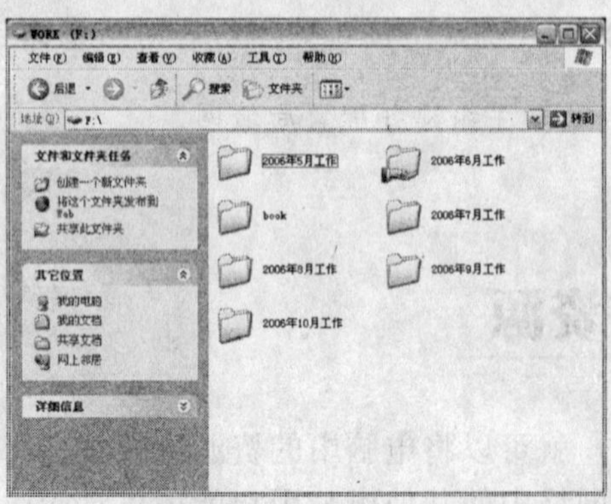

图 10-19　共享后的文件夹

**你问我答**

**为何无法修改共享文件夹中的内容？**

可以查看共享文件而无法对文件进行修改，这时因为共享用户不允许其他网络用户修改文件，如需要修改，只需在“共享”选项卡中选中“允许网络用户更改我的文件”选项即可。

> **02 小 测 试**
>
> 文件或文件夹在共享后，其图标有何变化（　　）。
>
> A. 显示手托状　　B. 图标颜色改变　　C. 显示打开状　　D. 无变化

## 10.2.2 共享打印机

如果局域网内有一台打印机，而又不是连接在你的机器上，要打印文件怎么办？是把文件传到有打印机的机器上，再打印吗？既然能把文件传到对方的电脑上，那可不可以把文件直接传到打印机上打印呢？答案是肯定的。通过设置打印机共享，可以实现网络打印。

### 1. 共享打印机

要使局域网中的其他电脑使用置顶打印机，就必须对该打印机进行共享设置，共享打印机的具体操作方法如图 10-20、图 10-21 所示。

**01** 在连接打印机的电脑中执行“开始\打印机和传真”命令，打开“打印机和传真”窗口。

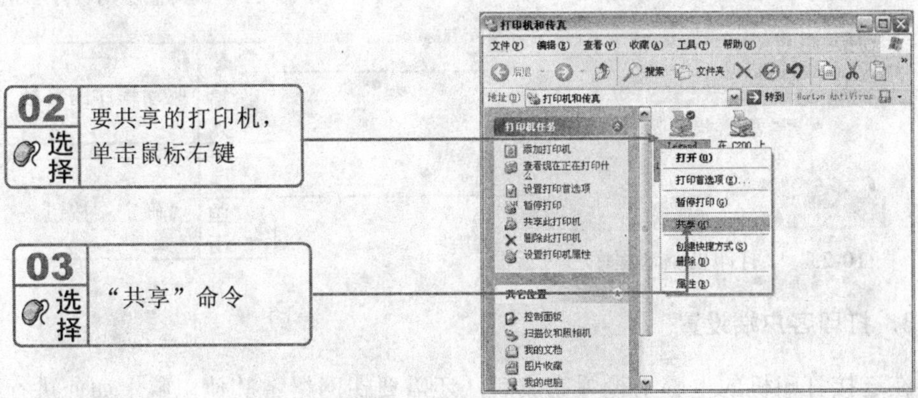


图 10-20　“打印机和传真”窗口

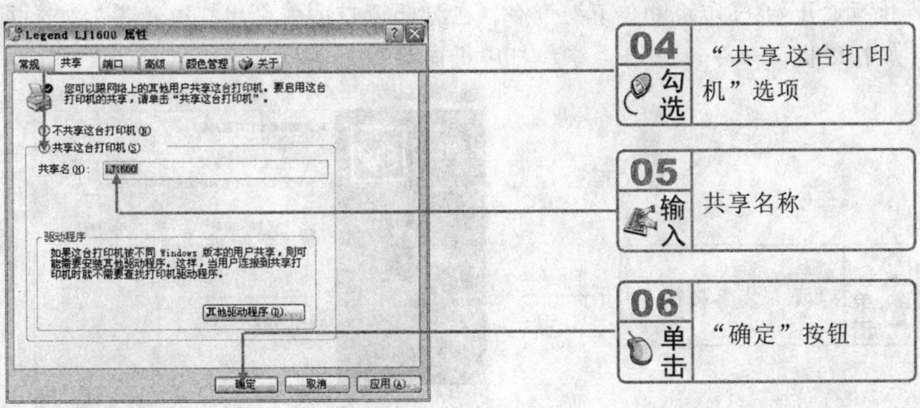


图 10-21　“共享”选项卡

### 2. 自动安装打印机驱动程序

Windows XP 还为共享打印机的用户提供了一个人性化的设置，如果这台打印机被不同 Windows 版本的用户共享，Windows XP 可以自动为这些 Windows 版本的用户提供驱动程序的安装。假如局域网中有一台使用 Windows 98 的用户，那么他通过局域网使用这台打印机就需要安装打印机的驱动程序，这时提供打印机共享的电脑可以自动把打印机的驱动程序传到 Windows 98 的机器上安装。具体设置步骤如图 10-22、图 10-23 所示。

**01** 在“共享”选项卡中单击“其他驱动程序”选项，打开“其他驱动程序”对话框。

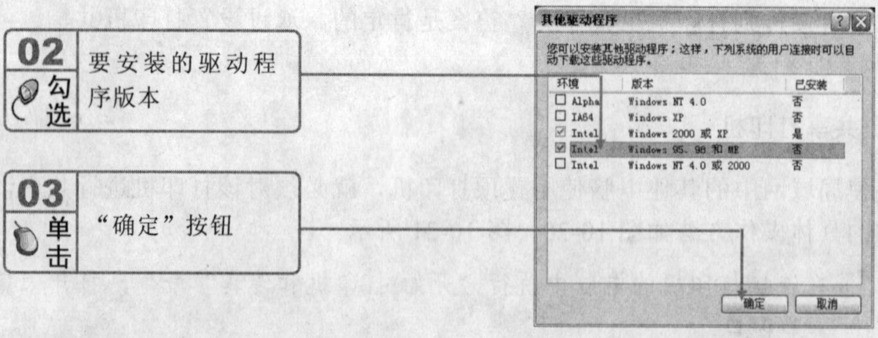


图 10-22 “其他驱动程序”对话框

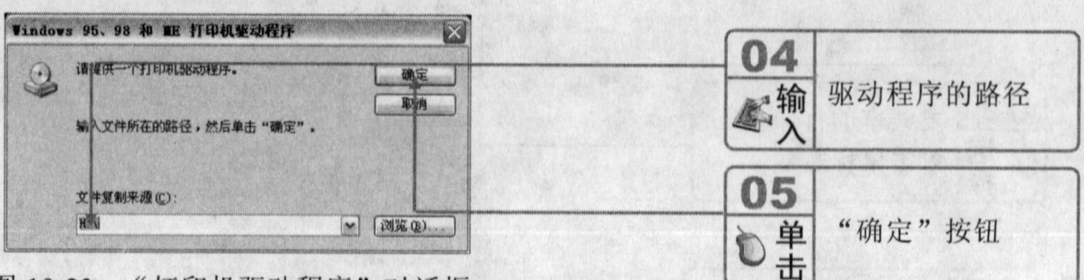


图 10-23 “打印机驱动程序”对话框

### 3. 打印客户端设置

在连接打印机的电脑上设置完成后，还需要在网络中其他电脑上如何进行设置才能使用共享的打印机，设置方法如图 10-24～图 10-26 所示。

**01** 执行“开始\打印机和传真”命令，在打开窗口的左侧“打印任务”中选择“添加打印机”命令，弹出“添加打印机向导”对话框。

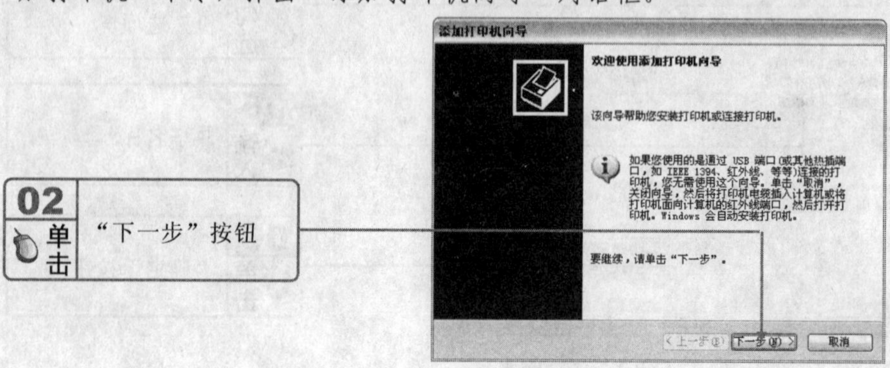


图 10-24 “添加打印机向导”对话框

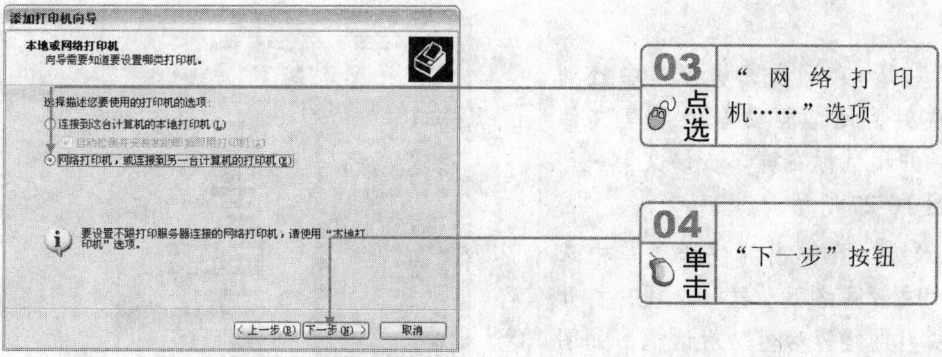


图 10-25 "本地或网络打印机"对话框

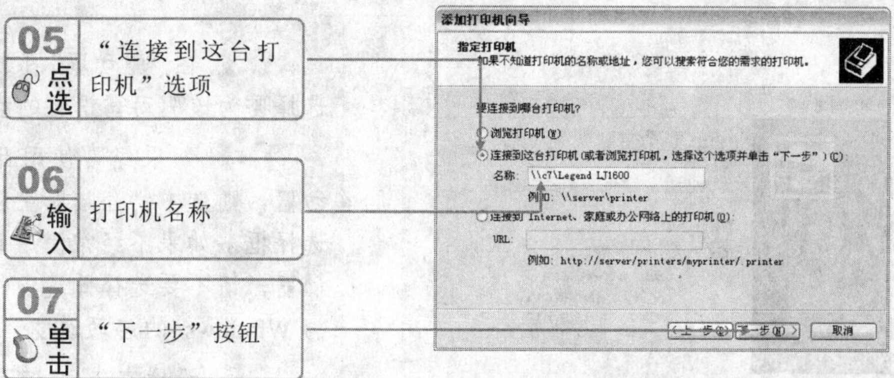


图 10-26 "指定打印机"对话框

**08** 设置完毕，单击"下一步"按钮，这时会弹出一个系统警示，单击"是"按钮确认。在弹出的"安装完成"对话框中，单击"完成"按钮，即可完成全部设置了。现在，就可以像使用本地打印机一样使用网络打印机了。

**你问我答**

**打印机名称应该如何输入？**

在输入打印机名称时，需要知道连接打印机的电脑在局域网上的名称，以及打印机的共享名，其格式是"\\提供打印服务的主机\打印机共享名"。

**动手练习 dongshoulianxi** 将电脑中"我的文档"文件夹设置为共享，如果连接打印机的话，可以将打印机在局域网中共享。

## 融会贯通 — 映射网络驱动器

在网络中资源共享后，用户如果访问某个共享资源，必须通过网上邻居进行访问，如果经常访问某个共享资源，在操作上就比较繁琐，这时就可以将该共享文件夹映射为网络驱动器，这样即可像使用本机磁盘一样进行使用和访问了。映射网络驱动器的具体操作方法如下：

**01** 在网上邻居窗口中找到要映射为网络驱动器的共享文件夹，并用鼠标右键单击该文件夹，如图 10-27 所示。

**02** 在弹出的快捷菜单中选择“映射网络驱动器”选项，打开“映射网络驱动器”对话框，如图 10-28 所示。

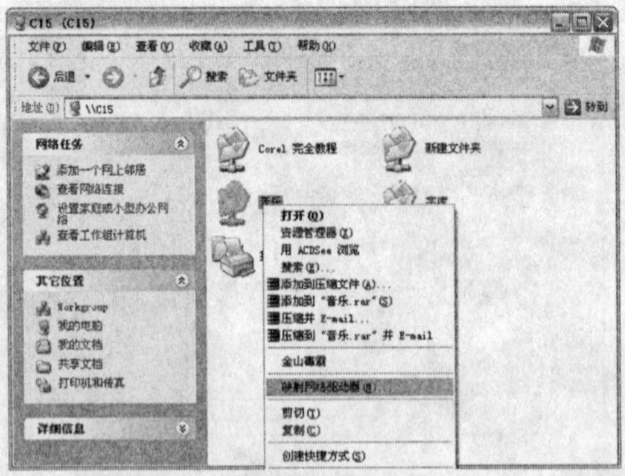

图 10-27　选择“映射网络驱动器”

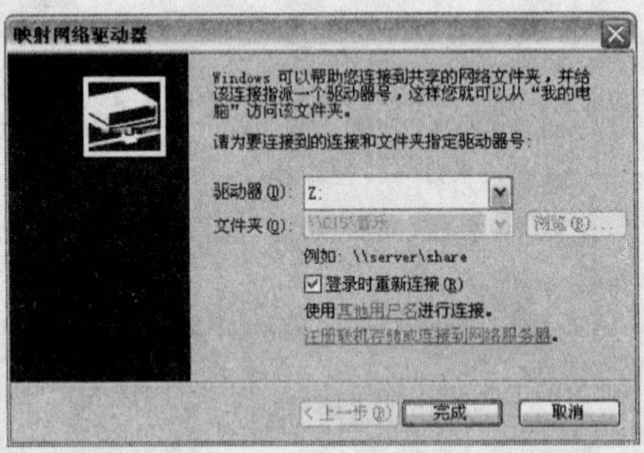

图 10-28　“映射网络驱动器”对话框

**03** 在“驱动器”下拉列表中选择要为该驱动器设置的盘符号。

**04** 如果经常使用此网络驱动器，则选中“登陆时重新连接”选择框。如果不经常使用此网络驱动器，请不要选择此选项，以免影响 Windows 的启动速度。

**05** 设置完成后，在我的电脑窗口中即可看到该驱动器，并可以像本机磁盘一样进行使用了，如图 10-29 所示。

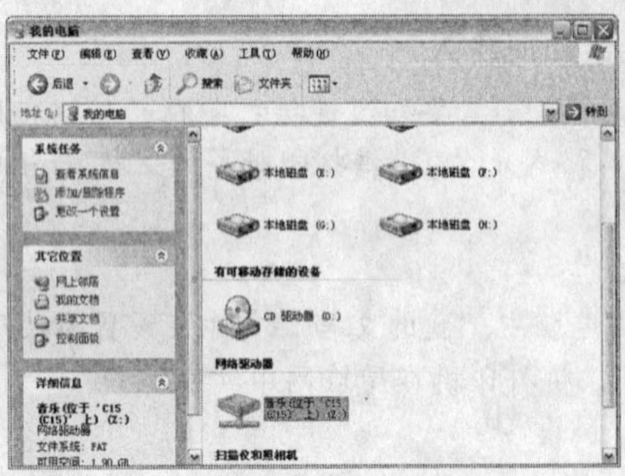

图 10-29　查看网络驱动器

**小测试答案** ●●●●●　（请翻转阅读答案）

1. ACD　2. A

Study

CHAPTER

【第 11 章】

# 系统管理与维护

**内容导读**

1. 本章需要了解的概念:

   磁盘碎片　备份

2. 本章需要掌握的操作:

   磁盘清理、碎片整理与检查错误

3. 本章需要提高的内容:

   系统还原

11

## 11.1 磁盘清理

在电脑中运行各种程序以及不断的读写数据后，磁盘中就会产生一些临时文件和无用的死链接文件，这些文件不但会占据部分磁盘空间，而且还会影响到系统的运行速度，使用 windows XP 中提供的“磁盘清理”功能，用户可以方便的清理电脑中无用的文件，具体操作方法如图 11-1～图 11-5 所示。

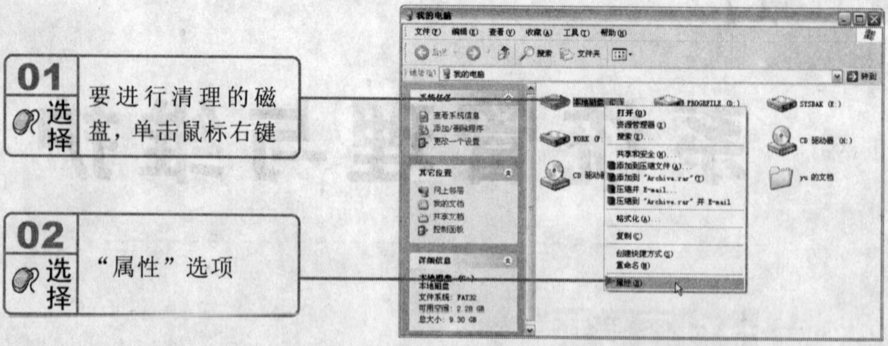


图 11-1 “我的电脑”窗口

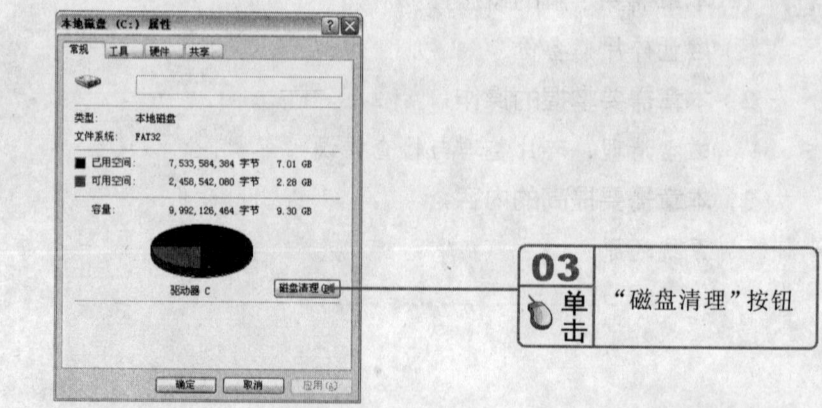


图 11-2 “本地磁盘属性”对话框

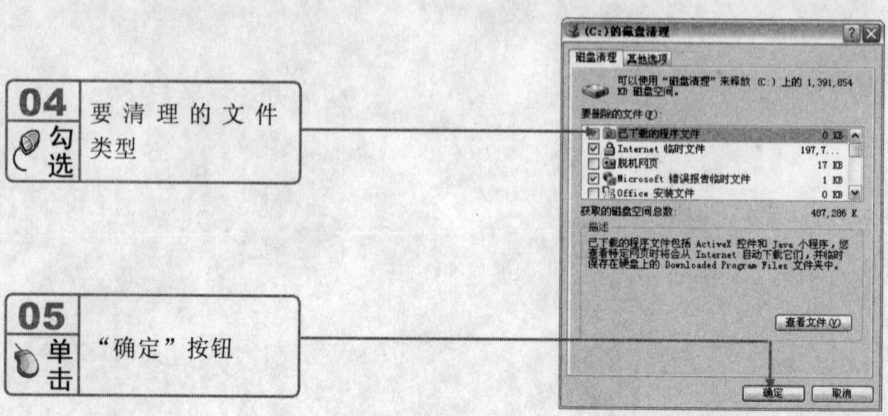


图 11-3 “磁盘清理”对话框

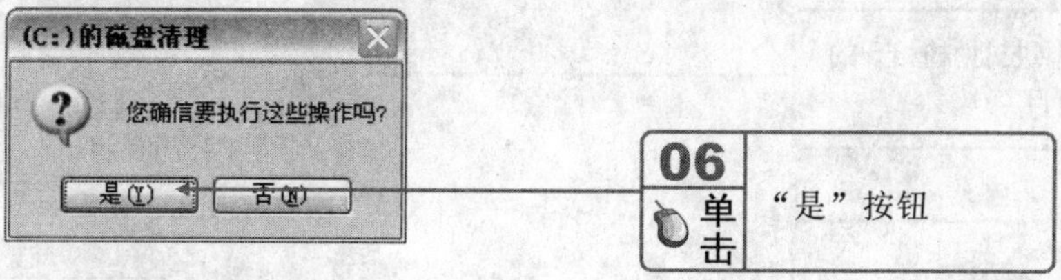


图 11-4　提示框

图 11-5　磁盘清理中

**你问我答**

**是否需要对所有磁盘都进行清理？**

磁盘清理的用途主要有两个，一是释放磁盘空间，二是提高系统运行速度，一般来说，磁盘清理并不会释放多少磁盘空间，因此用户只需对系统盘进行清理即可。

## 11.2 检查磁盘错误

每隔一段时间后，用户应该对磁盘进行全面的检查，包括对文件系统的检查和对磁盘扇区的检查，这样可以及时的发现错误并进行修复，避免磁盘中的重要文件出现无法读取或者丢失的情况发生。检查磁盘错误的具体操作方法如图 11-6、图 11-7 所示。

**01** 用鼠标右键单击要进行检查的磁盘图标，在弹出的菜单中选择“属性”选项，打开“磁盘属性”对话框。

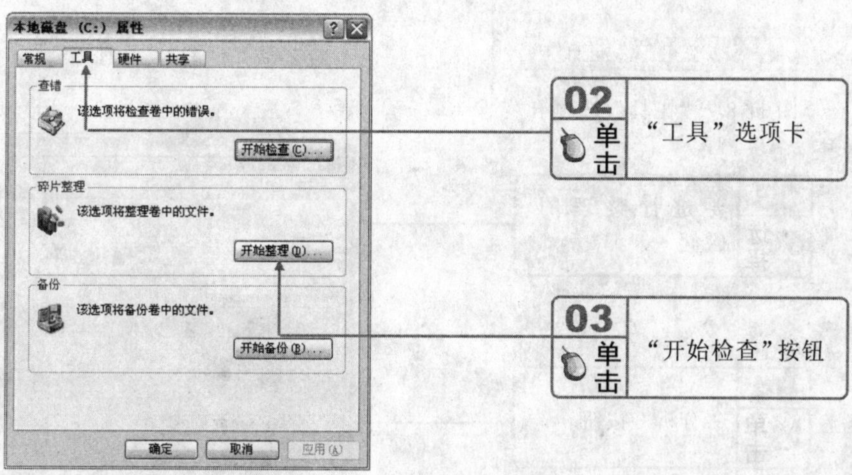


图 11-6　“磁盘属性”对话框

**04 勾选** 要进行检查的项目

**05 单击** “开始”按钮

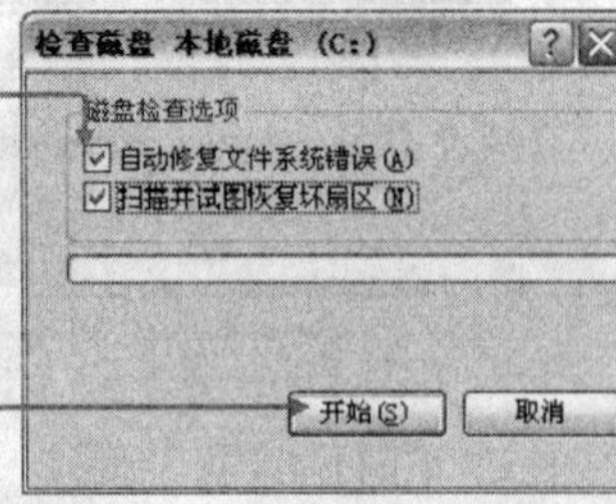


图 11-7 “检查磁盘”对话框

## 11.3 磁盘碎片整理

在不断的对电脑进行读写过程中，磁盘中就会产生很多的文件碎片，而系统在读取这些零散文件时，就需要耗费更多的时间，因此用户需要在电脑使用一定时间后，对磁盘中的碎片进行一次整理。具体操作方法如图 11-8～图 11-12 所示。

**01** 在“我的电脑”窗口中用鼠标右键单击要进行碎片整理的磁盘，在弹出的菜单中选择“属性”选项，并在打开的“磁盘属性”对话框中选择“工具”选项卡。

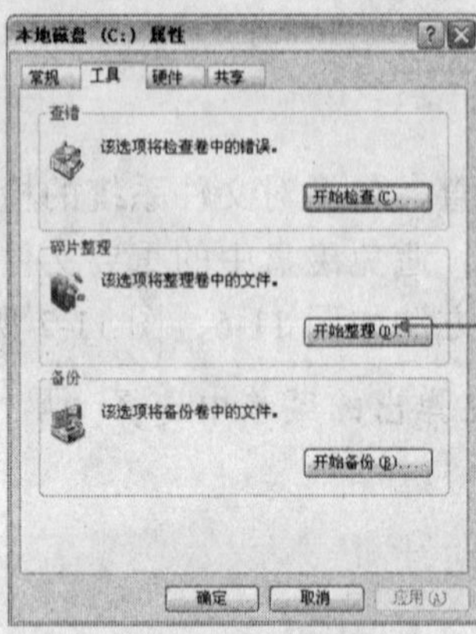


**02 单击** “开始整理”按钮

图 11-8 “工具”选项卡

**03 选择** 要进行整理的磁盘

**04 单击** “分析”按钮

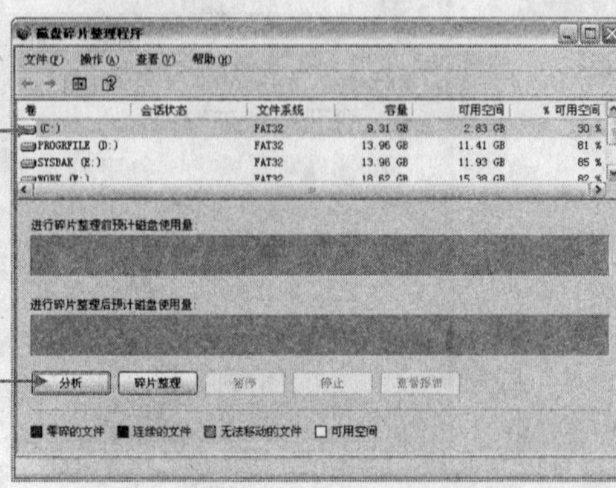


图 11-9 “磁盘碎片整理程序”对话框

图 11-10 “磁盘碎片整理程序”对话框

图 11-11 整理进行中

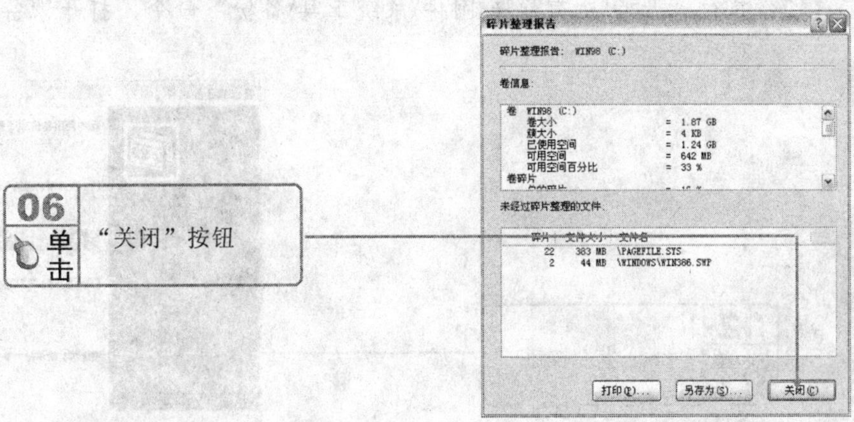


图 11-12 “碎片整理报告”对话框

**你问我答**

**系统进行分析后，提示不需要进行磁盘整理，这时是否可以继续进行整理？**

可以，系统的分析功能会自动判断磁盘是否需要整理，当分析提示不需要整理时，不等于磁盘中不存在零散文件，因此用户可以直接点击“磁盘清理”按钮进行清理。

**动手练习** dongshoulianxi

电脑使用一段时间后，对系统盘和频繁读写文件的盘符进行碎片整理。

> **01 小 测 试**
>
> 在“磁盘碎片整理”对话框中，图表中的绿色表示（　　）。
>
> A. 零碎的文件　　B. 连续的文件　　C. 无法移动的文件　　D. 可用空间

## 11.4 备份与恢复磁盘数据

磁盘备份是指将磁盘上重要的数据复制一份到其他位置备用，这样即使当原数据受损而无法使用时，就可利用备份数据来进行恢复。磁盘备份不同于复制，复制一般针对小型数据或文件，对大型数据或文件来说，磁盘备份程序是非常实用的辅助工具。

### 11.4.1 备份数据

数据的备份可以帮助用户保护数据，防止由于硬件或软件故障引起的数据丢失。当硬盘上的数据被破坏后，用户可以从备份的副本中还原数据。通过 Windows XP 中的备份工具可以轻松的对磁盘进行备份。以备份用户自定义指定的文件为例，其具体操作方法如图 11-13～图 11-20 所示。

**01** 执行“开始\所有程序\附件\系统工具\备份”命令，打开“备份或还原向导”对话框。

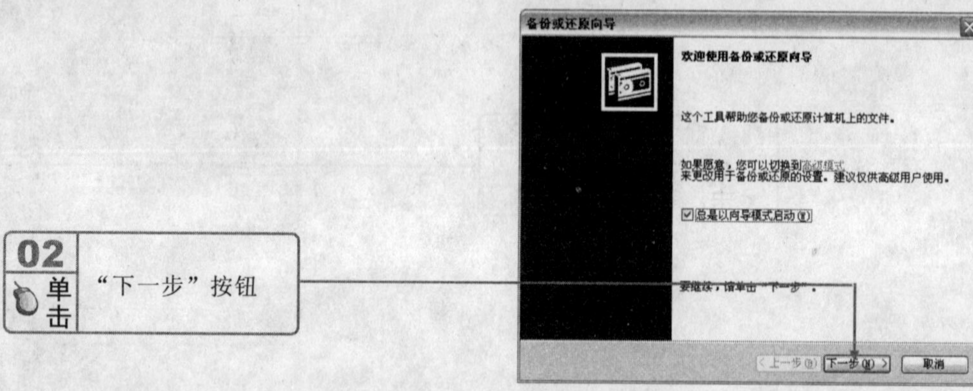


图 11-13　“备份或还原向导”对话框

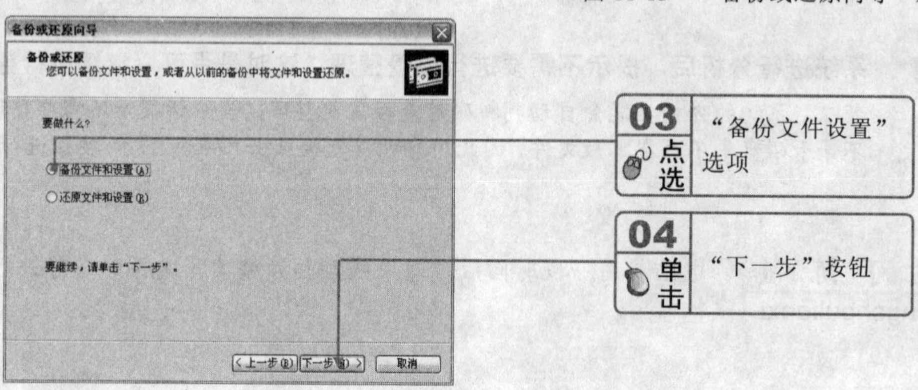


图 11-14　“备份或还原”对话框

05 选择 “让我选择要备份的内容”选项

06 单击 “下一步”按钮

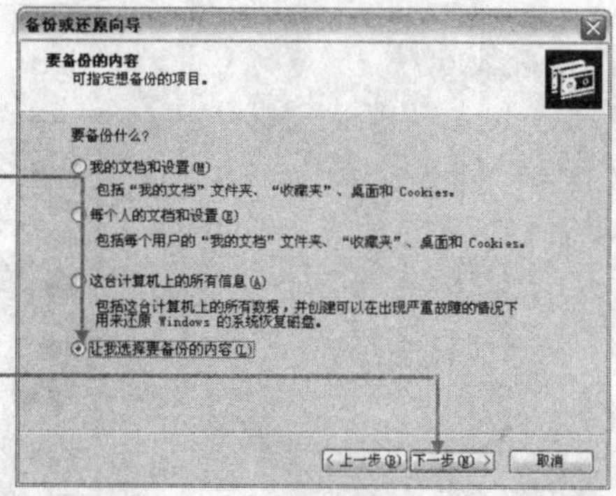


图 11-15　“要备份的内容”对话框

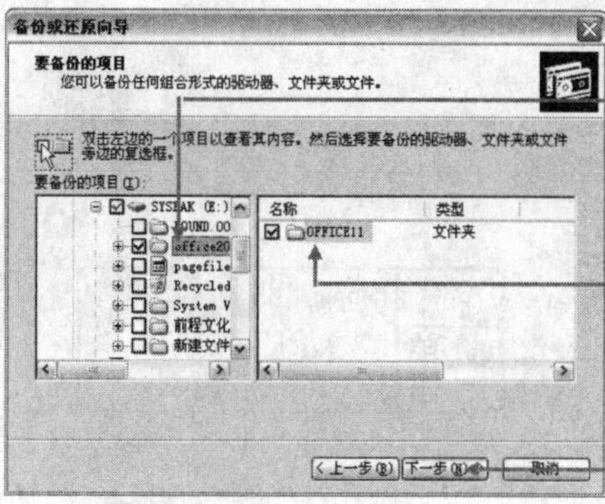


07 选择 备份项目所在目录

08 选择 要备份的文件或文件夹

09 单击 “下一步”按钮

图 11-16　“要备份的项目”对话框

10 设置 备份路径与名称

11 单击 “下一步”按钮

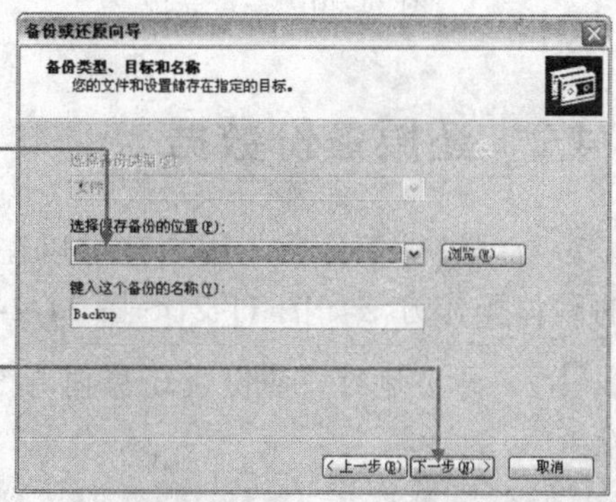


图 11-17　“备份类型、目标和名称”对话框

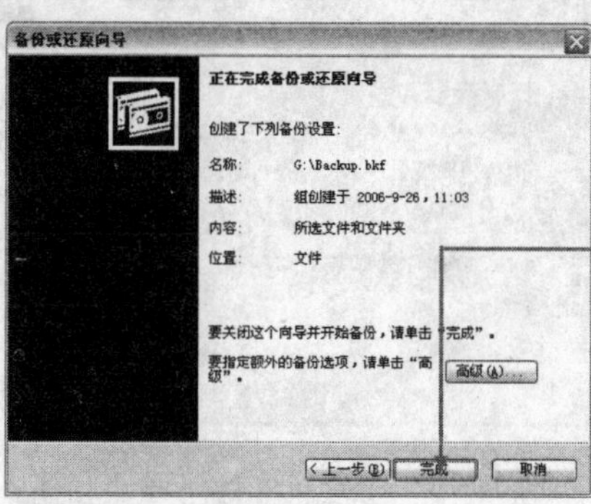


12 单击 “完成”按钮

图 11-18　“完成备份向导”对话框

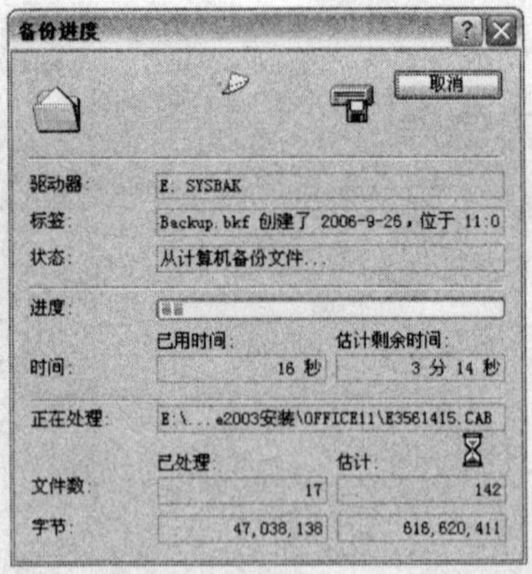


图 11-19　备份进行中

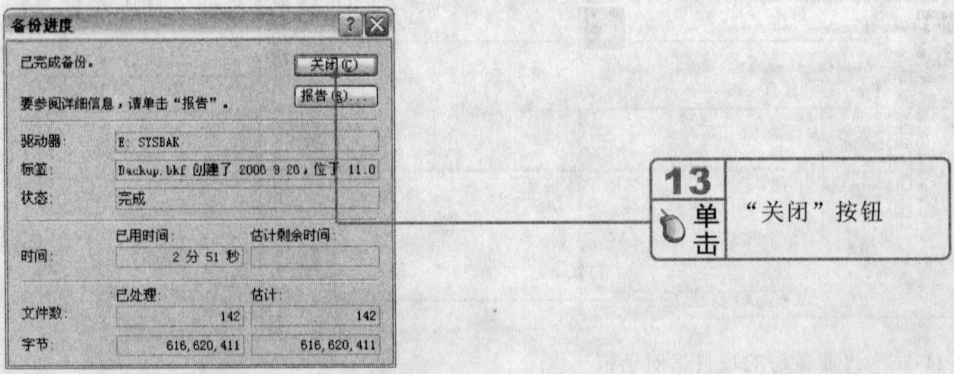


图 11-20　备份完成

## 11.4.2 还原备份数据

对数据进行备份后，用户就可以在任何时间将备份的内容进行恢复了，恢复备份数据的具体操作方法如图 11-21～图 11-24 所示。

**01** 再次运行“备份或还原向导”，单击“下一步”按钮后打开“备份或还原向导”对话框。

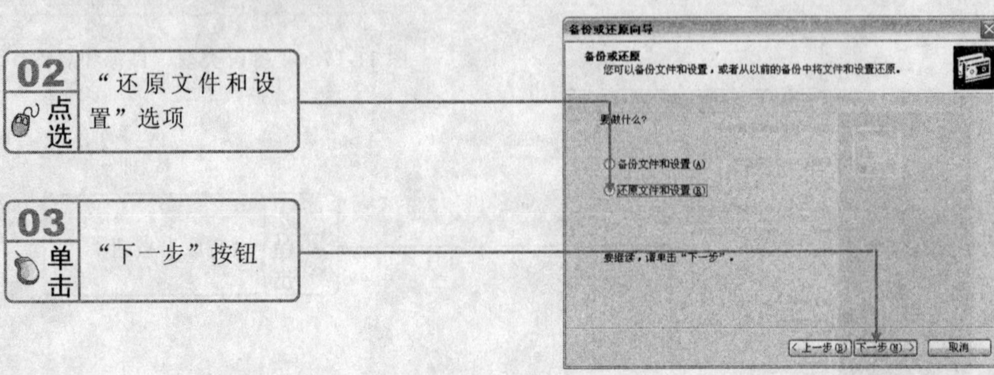


图 11-21　“备份或还原向导”对话框

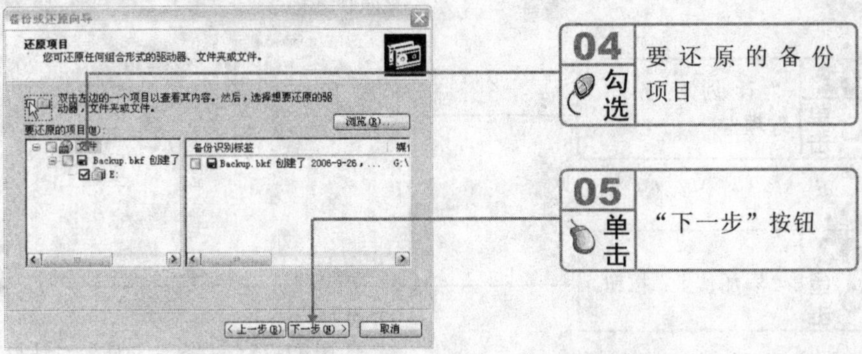


图 11-22 “还原项目”对话框

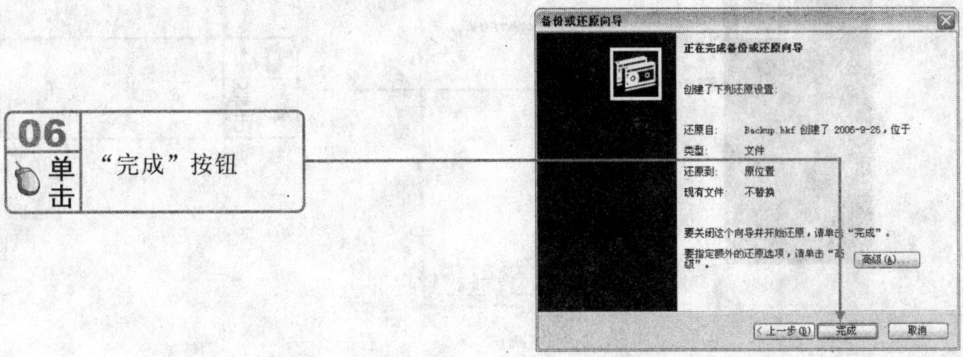


图 11-23 “正在完成备份或还原向导”对话框

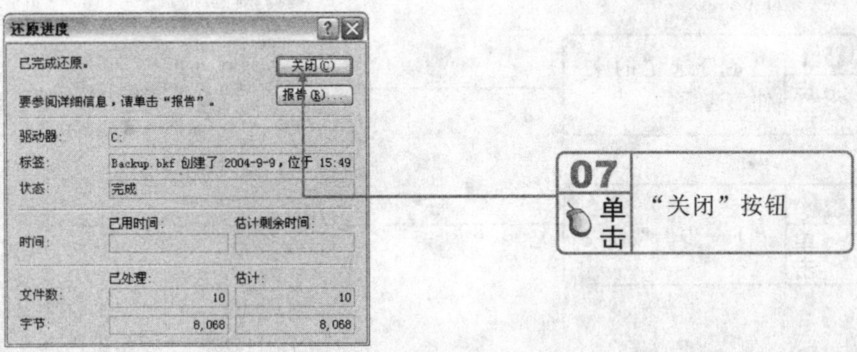


图 11-24 还原完成

## 11.4.3 设置备份计划

除手动进行备份外，用户还可以为指定数据设置备份计划，让系统的指定时间内自动对数据进行备份，如果用户经常对某些重要数据进行编辑，就可以使用该功能定期备份数据。设置备份计划的具体操作方法如图 11-25～图 11-36 所示。

**01** 在“数据备份向导”对话框中单击“高级模式”按钮，切换到“备份工具”对话框。

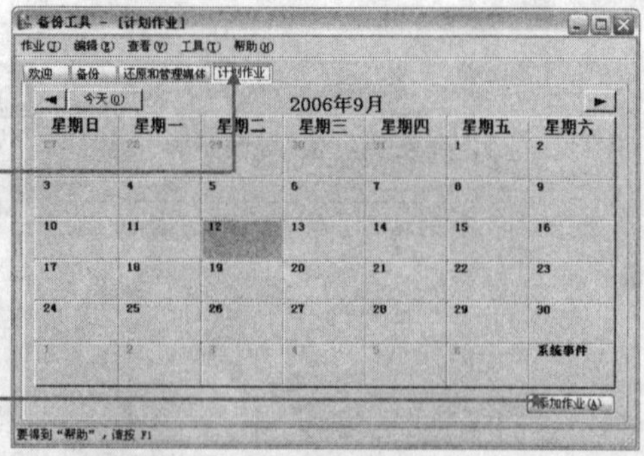


02 单击 "计划任务"选项卡

03 单击 "添加作业"按钮

图 11-25 "备份工具"对话框

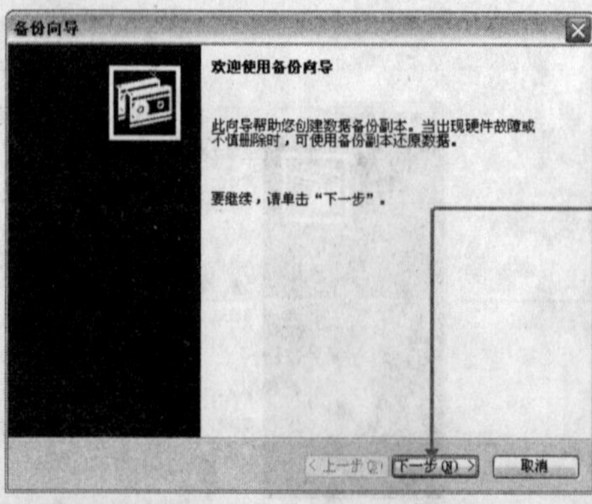


04 单击 "下一步"按钮

图 11-26 欢迎使用系统备份向导

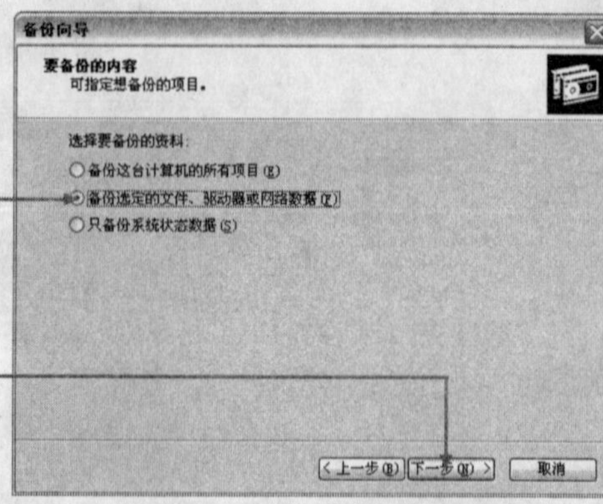


05 点选 "备份选定的文件"选项

06 单击 "下一步"按钮

图 11-27 "要备份内容"对话框

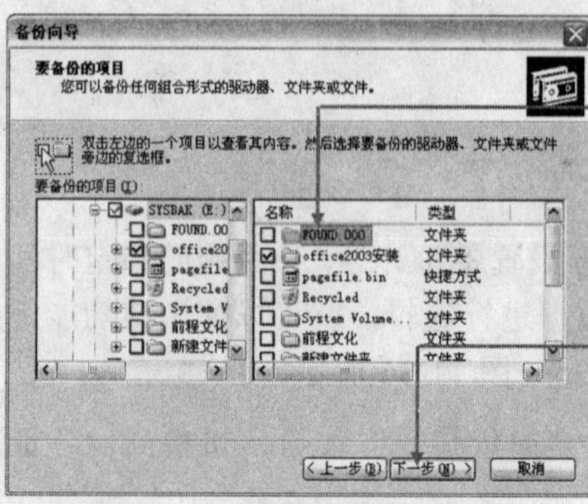


07 选择 要备份的文件或文件夹

08 单击 "下一步"按钮

图 11-28 "要备份的项目"对话框

09 设置 备份路径和名称

10 单击 “下一步”按钮

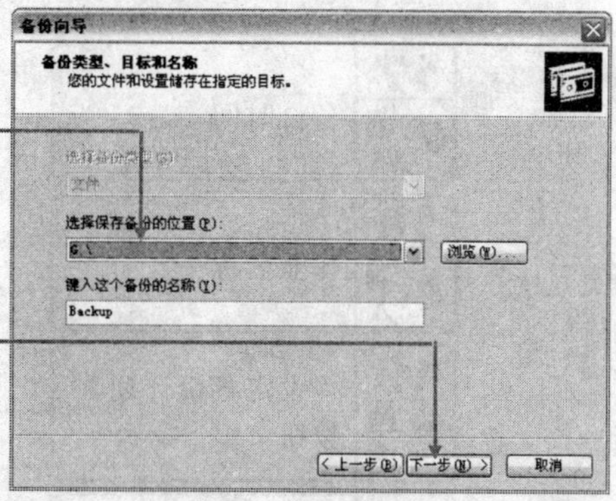


图 11-29 “备份路径、目标和名称”对话框

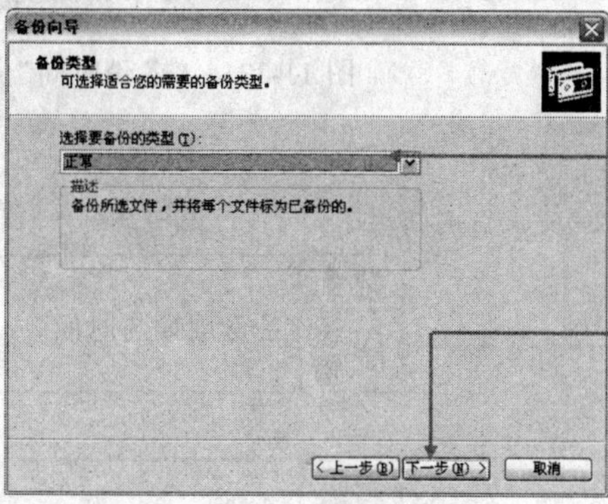


11 选择 备份类型

12 单击 “下一步”按钮

图 11-30 选择备份类型

13 选择 备份方式

14 单击 “下一步”按钮

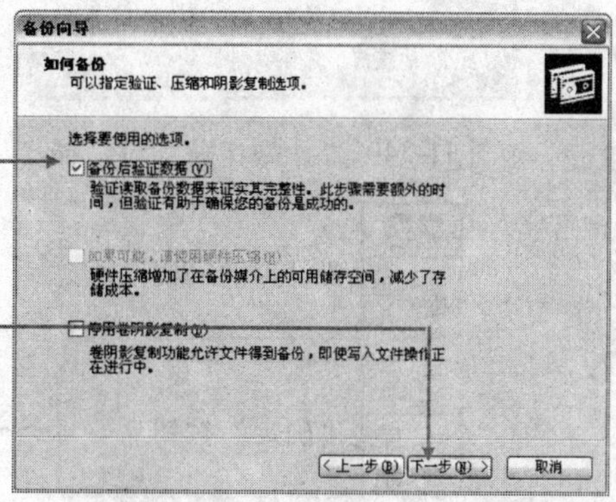


图 11-31 “如何备份”对话框

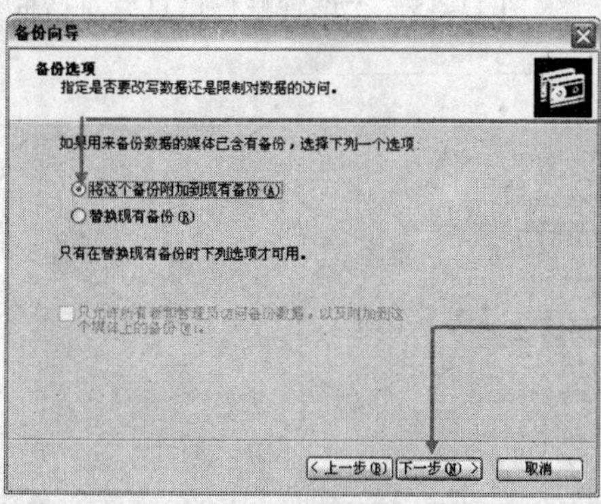


15 选择 “将这个备份附加到现有备份”选项

16 单击 “下一步”按钮

图 11-32 “备份选项”对话框

**17 选择** 备份时间

**18 输入** 作业名称

**19 单击** “设定备份计划”按钮

**20 单击** “下一步”按钮

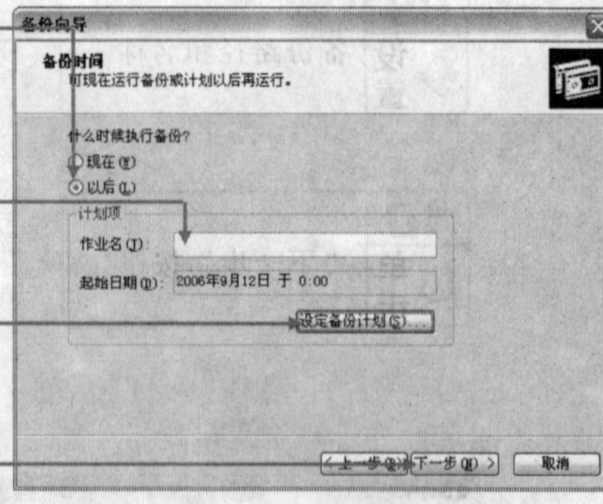


图 11-33 “备份时间”对话

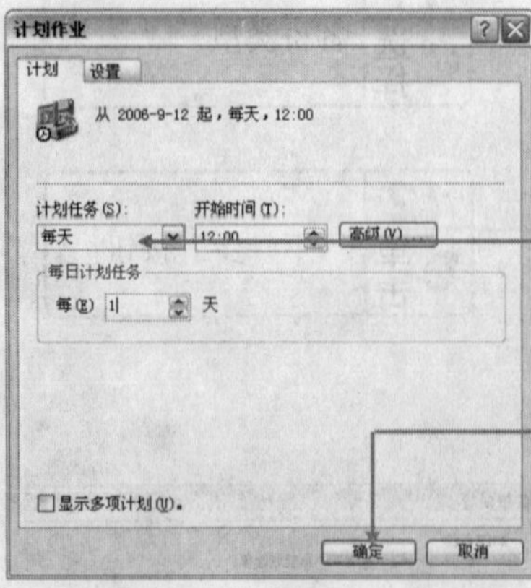


**21 设置** 备份周期与时间

**22 单击** “确定”按钮

图 11-34 “计划作业”对话框

**23 输入** 要设置的密码

**24 单击** “确定”按钮

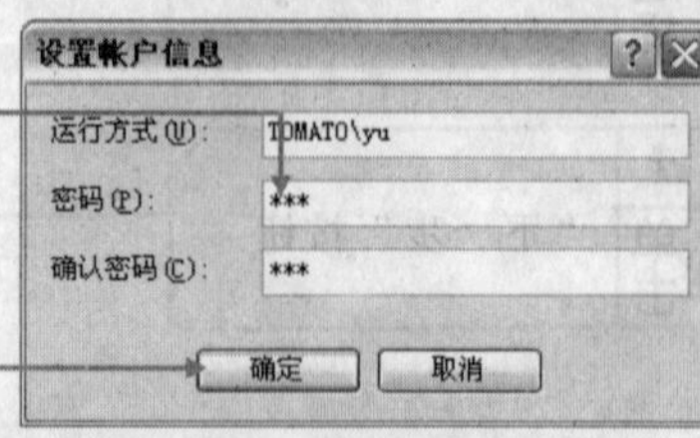


图 11-35 “设置账户信息”对话框

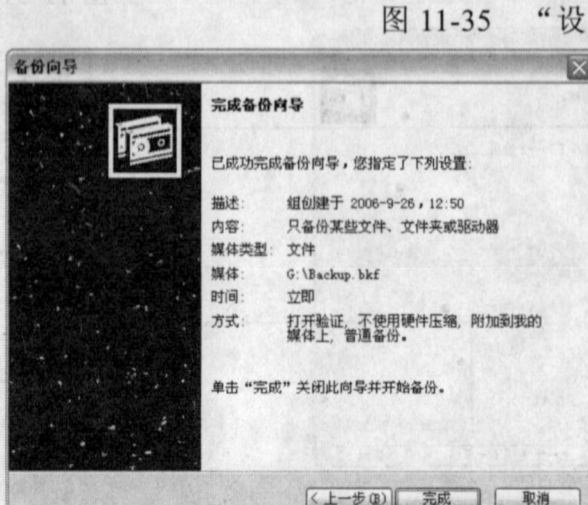


图 11-36 “完成备份向导”对话框

| **动 手 练 习** dongshoulianxi | 通过计划任务周期性的对电脑中的某些文件进行备份，也可以尝试将备份的内容进行还原。 |
|---|---|

**02 小 测 试**

下列哪个功能可以释放磁盘空间（　　）。

A. 磁盘清理　　B. 碎片整理　　C. 错误检查　　D. 备份磁盘

# 11.5 系统还原

系统还原是 Windows XP 中的一个新增功能，使用该功能可以方便的将系统恢复到指定的时间，当系统出现未知的故障时，就可以使用系统还原功能进行还原。

## 11.5.1 创建还原点

在电脑中安装了 Windows XP 后，就可以对系统还原进行备份设置，也就是创建还原点，创建还原点后，就可以将系统恢复到任意一个创建还原点时的状态。创建系统还原点的具体操作方法如图 11-37～11-39 所示。

**01** 执行“开始\所有程序\附件\系统工具\系统还原”命令，打开“系统还原”窗口。

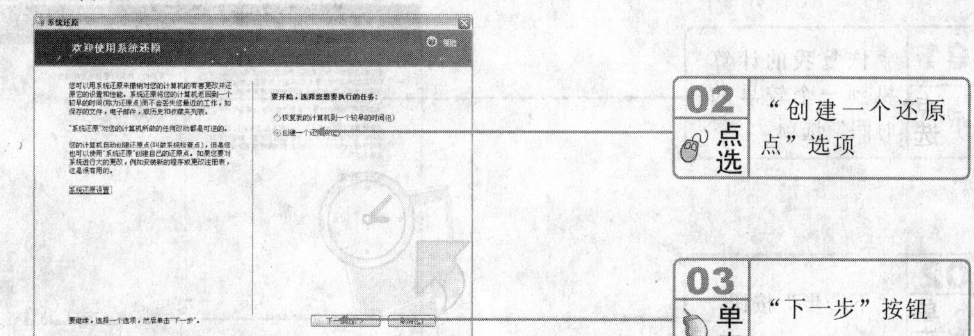


图 11-37　“欢迎使用系统还原”窗口

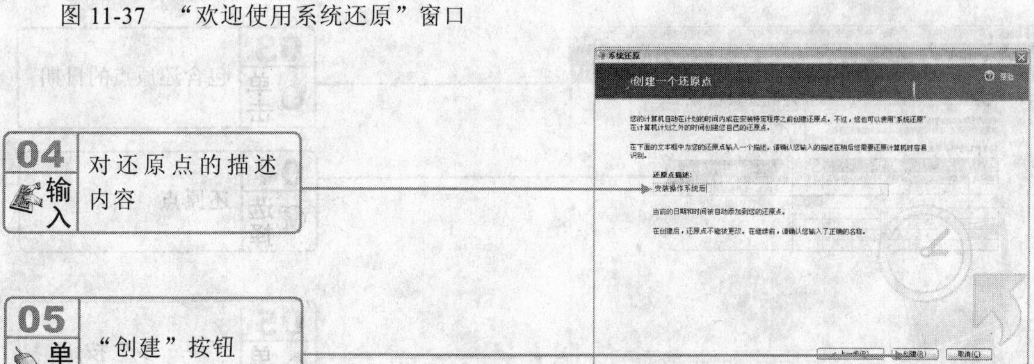


图 11-38　“创建一个还原点”窗口

图 11-39　“还原点已创建”窗口

**你问我答**

**将某些文件删除后，是否可以通过系统还原进行恢复呢？**

如果不慎将系统文件删除，但可以进入系统的话，就可以使用系统还原功能进行恢复，但如果是其他文件，是无法进行恢复的。

## 11.5.2 还原系统

创建还原点后，用户随时可以将操作系统还原到一个较早的时间，还原方法如图 11-40～图 11-42 所示。

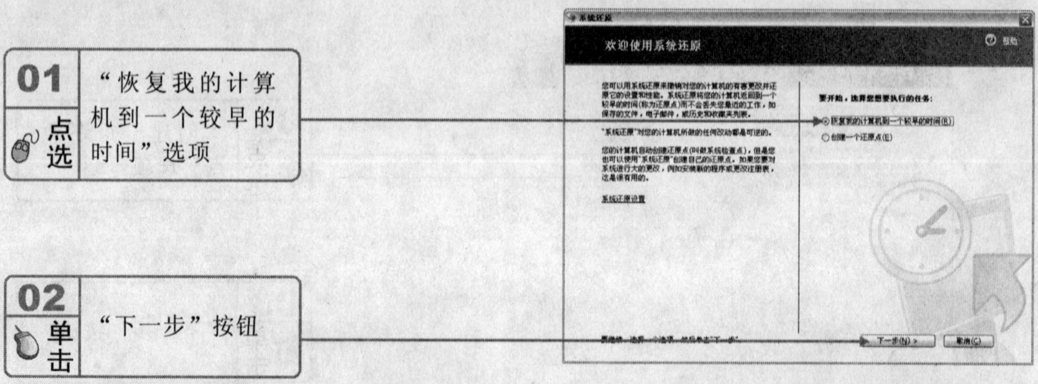


图 11-40　“欢迎使用系统还原”窗口

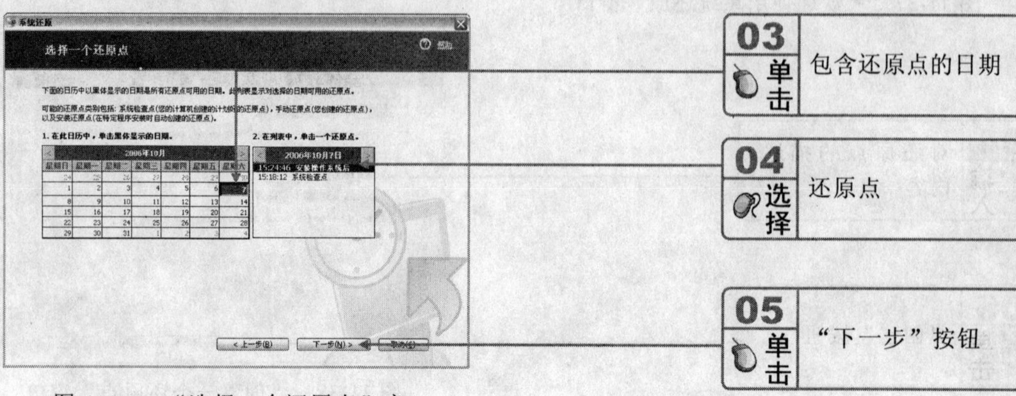


图 11-41　“选择一个还原点”窗口

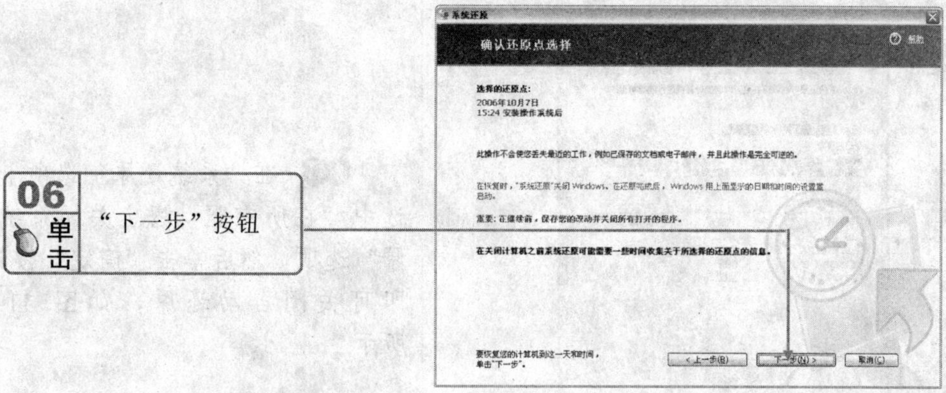


图 11-42 “确认还原点选择”对话框

**07** 接着系统就会自动进行还原并重新启动电脑，启动后就可以发现系统已经还原到创建还原点时的状态了。

## 融会贯通 — 关闭系统还原

“系统还原”功能是 Windows XP 新增的重要功能，它可以在 Windows 运行出现问题后还原操作系统。但是开启该功能会让硬盘处于高度繁忙的状态，而且还会占用不少的内存资源。对于一些使用 Windows XP 系统比较熟悉的用户来说，可以将这项功能关闭，以提高系统性能。关闭方法如下：

**01** 执行“开始\所有程序\附件\系统工具\系统还原”命令，打开“系统还原”窗口，如图 11-43 所示。

**02** 单击窗口左侧的“系统还原设置”选项，打开“系统属性”对话框中的“系统还原”选项卡。

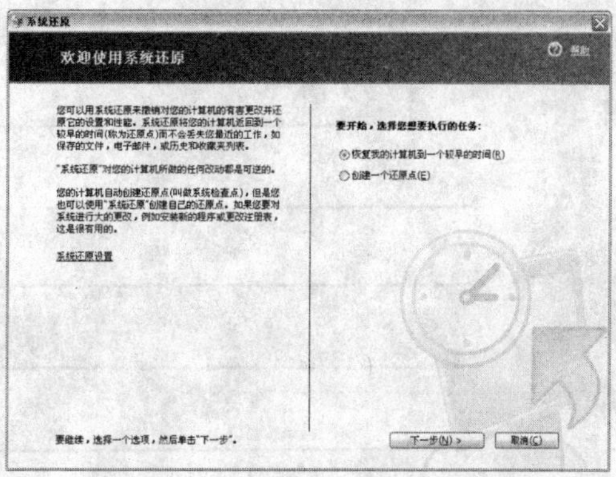


图 11-43 “系统还原”窗口

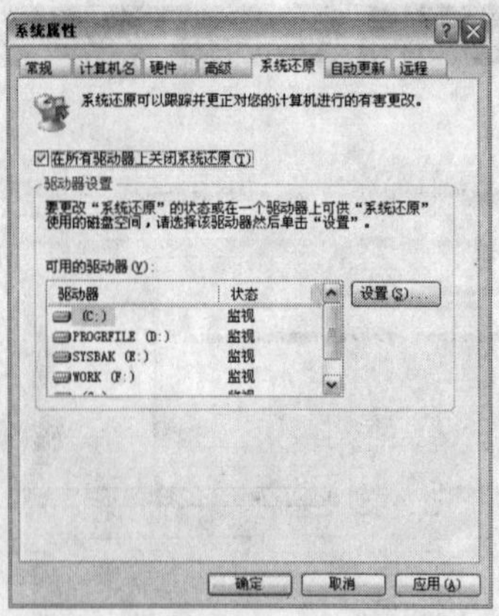


图 11-44　“系统还原”选项卡

**03** 在“系统还原”选项卡中选中“在所有驱动器上关闭系统还原”选项，然后单击“确定”按钮，即可关闭自动还原，如图 11-44 所示。

阅读笔记　Note

年

月

日

小测试答案　　（请翻转阅读答案）

1. C　　2. A

Study

CHAPTER

【第 12 章】

# 系统安全防护

**→内容导读**

1. 本章需要了解的概念：

   电脑病毒　木马程序

2. 本章需要掌握的操作：

   自动更新与安装补丁

3. 本章需要提高的内容：

   保障网络安全的方法

12

## 12.1 预防电脑病毒

在用户使用电脑过程中，必须要考虑到系统的安全问题。随着电脑的广泛应用，对电脑安全产生威胁的因素也越来越多，根据其运行机制以及原理的不同，可以概括为电脑病毒和木马程序两个方面。

电脑病毒是指带有恶意指令的程序，一旦电脑感染了病毒，就会隐藏在系统中不断的感染内存或硬盘中的程序，只要满足了一定的条件，就会进行发作，轻则导致电脑的运行速度变慢，重则损坏电脑数据，甚至损坏电脑硬件。

木马程序则是一种恶意的远程控制程序，能够控制或操纵远程电脑，一般由本地和远程两部分程序组成，这类程序一般通过电子邮件传送或冒充可下载文件，用户一旦将程序下载到电脑中，程序就会自动运行并对注册表或者启动文件进行修改，而一旦电脑接入网络，黑客就可以对电脑进行远程控制，随意查看、修改、拷贝或删除电脑中的文件，甚至使电脑重启或关闭。

### 12.1.1 电脑病毒分类

电脑病毒是一段程序，具有强大的自我复制和传播力，从目前的大多数病毒来看，电脑病毒不是独立存在的，而是附着或寄生在其他可执行程序中，具有很强的隐蔽性和破坏性。根据其感染途径，可以将病毒分为以下几个类型：

#### 1．宏病毒

宏病毒是利用宏语言编制的病毒，该病毒充分利用宏命令的强大系统调用功能，实现对操作系统的破坏。宏病毒仅向 Word、Excel 和 Access、PowerPoint、Project 等办公自动化程序编制的文档进行传染，而不会传染给可执行文件。

蠕虫病毒也属于宏病毒范围。蠕虫病毒能通过网络邮件系统快速自动扩散传播，在短时间内造成大面积网络阻塞。蠕虫病毒一般可分为邮件蠕虫、漏洞蠕虫及传统蠕虫病毒 3 类。

#### 2．可执行文件病毒

可执行文件病毒主要是感染可执行文件(对于 DOS 或 Windows 来说是感染 COM 和 EXE 等可执行文件)。被感染的可执行文件在执行的同时，病毒被加载并向其他正常的可执行文件传染。

#### 3．引导型病毒

引导型病毒主要是感染软盘、硬盘的引导扇区或主引导扇区。在用户对软盘、硬盘进行读写动作时进行感染。

#### 4. Internet 语言病毒

随着 Internet 的发展，Java、VB 和 ActiveX 网页技术逐渐被广泛使用，同时有人便利用 Java、VB 和 ActiveX 的特性来撰写病毒。这些病毒虽然从现在的发展情况来看并不能破坏硬盘上的资料，但是如果用户使用浏览器来浏览含有这些病毒的网页，使用者就会在不知情的状态下，让病毒进入机器并进行复制，并通过网络窃取宝贵的个人信息或使电脑系统资源利用率下降，造成死机等现象。

**01 小 测 试**

哪类病毒是以可执行文件为主要感染对象（　　）。

A. 宏病毒　　B. 可执行文件病毒　　C. 引导型病毒　　D. internet 语言病毒

#### 5. 混合性病毒

混合型病毒是以上几种病毒的混合，其目的是为了综合利用以上 3 种病毒的传染渠道进行破坏。混合型病毒不仅可以传染可执行文件而且还会传染硬盘引导区，被这种病毒传染的系统用 Format 命令格式化硬盘都不能完全清除病毒。

## 12.1.2 电脑病毒的特点

虽然有很多类型病毒，但归纳起来，病毒都具有以下特点：

- 寄生性：病毒通常是依附于其他文件而存在的。
- 传染性：指病毒在一定条件下自我复制，对文件或系统进行非法操作，使之成为新的传染源。
- 隐蔽性：指病毒的存在、传染和对数据的破坏过程不易为电脑操作人员发现。
- 触发性：指病毒的发作一般都需要一个激发条件，可以是日期、时间或程序的运行次数等。

**02 小 测 试**

电脑病毒的特征主要有（　　）。

A. 寄生性　　B. 传染性　　C. 隐蔽性　　D. 触发性

## 12.1.3 电脑病毒的预防措施

电脑病毒从广义上讲是指能够通过自身复制传染而引起电脑故障，破坏电脑数据的一种程序。电脑病毒不是独立存在的，而是寄生在其他可执行程序中，具有很强的隐蔽性和破坏性，一旦工作环境达到病毒发作的要求，就会影响电脑的正常工作，甚至使整个系统瘫痪。

我们可以在电脑没有中病毒之前做一些防范措施预防，就像我们打预防针防范感染病毒一样。一般防范病毒的应采取以下几种措施。

（1）用常识进行判断。决不打开来历不明邮件的附件或你并未预期接到的附件。

对看来可疑的邮件附件要自觉不予打开。

（2）安装防病毒产品并保证更新最新的病毒定义码。建议至少每周更新一次病毒定义码，因为防病毒软件只有最新才最有效。

（3）当首次在计算机上安装防病毒软件时，一定要花费些时间对机器做一次彻底的病毒扫描，以确保它尚未受过病毒感染。领先的防病毒软件供应商现在都已将病毒扫描作为自动程序，当用户在初装其产品时自动执行。

（4）确保计算机对插入的软盘、光盘和其他的可插拔介质以及对电子邮件和互联网文件都会做自动的病毒检查。

（5）不要从任何不可靠的渠道下载任何软件。但是因为通常我们无法判断什么是不可靠的渠道，所以比较保险的办法是对安全下载的软件在安装前先做病毒扫描。

（6）不要用共享的软盘安装软件，或者是复制共享的软盘。这是导致病毒从一台机器传播到另一台机器的方式。

（7）使用基于客户端的防火墙或过滤措施。如果你使用互联网，特别是使用宽带，并总是在线，那就非常有必要用个人防火墙保护你的隐私并防止不速之客访问你的系统。

做到以上几点，防范一般的病毒应该不成问题了。

## 12.2 安装系统补丁

为系统升级，就是给系统打补丁。大家都知道，几乎每隔一段时间就可以得知 Windows 或者是某个应用程序出现问题，与之相应的就是又有修正补丁出现。也正是由于这个原因，有人戏称使用电脑就是不断地打补丁，不断地进行升级。实际上，我们在使用电脑过程中也的确会遇到各种稀奇古怪的问题，这些问题有时并不都是因为操作不当而造成，有些是因为系统或软件本身的缺陷所致，为此软件厂商往往会推出一系列补丁程序来加以解决。因而如果想让自己的电脑运行地更加稳定、更加安全，那么在日常维护中千万别忘记进行系统升级。

系统升级包括两个方面：一个是操作系统的升级；另一个是应用软件的升级。下面我们就先来介绍如何给 Windows 操作系统打补丁。

任何一个软件产品都会有或多或少的毛病，何况是复杂程度超乎常人想象的 Windows 操作系统。在 Windows 系统产生时，就有着数以万计的漏洞，只不过这些漏洞渐渐才被微软自己和世界各地的人们所发现。微软的补丁就是为了弥补这些漏洞，作为产品的售后服务而产生的。

### 12.2.1 补丁的作用

为系统打补丁有以下几个目的：

（1）增强系统安全性。这个也是很多人最看重的，因为现在黑客越来越多，病毒也越来越多，打了最新的补丁就会减少系统被攻击的可能性。而且我们统称的系统补丁不光是 Windows 本身的补丁，也包括其相关软件的补丁，例如 IIS、Outlook 等。

（2）提高系统可靠性和兼容性。很多补丁都具有这两种功能，还可使系统更稳定。

（3）实现更多的功能。补丁中有很多实用的小软件，这些都是微软推荐用户添加的。

## 12.2.2 补丁的安装

Service Pack（简写为 SP）是微软每过一段时间就会推出的补丁包的集合软件，而且 SP 后面的版本已经包含了前面版本的内容，也就是说如果安装了最新的 SP3，就不用安装 Sp1 和 Sp2 了。不过，微软还会经常推出小的补丁包——Hotfix，我们常常见到一些网站建议升级到 Q××××××（×是一些数字），那就是 Hotfix。这些小补丁包虽然都包含在 SP 中，不过毕竟 SP 的发行不够及时（中文版更是如此），所以建议大家经常到微软官方网站去下载最新的 Hotfix。

**你问我答**

**在安装补丁时需要注意什么，如何安装呢？**

安装补丁之前，应该把杀毒软件都关闭，并且做好重要数据的备份。补丁的安装过程很简单，双击你得到的补丁包就可以了。安装后需要重新启动电脑。

对于 9x 内核的用户，因为系统相对简单，本身漏洞少，补丁只是一个安装文件的形式。

除了可以用 SP 和 Hotfix 来升级系统外，微软还提供了一个打补丁方式。用户可以通过 Windows Update 实现安装补丁的功能，执行“开始\所有程序\Windows Update”命令，即可启动 Windows Update。

Windows Update 是 Windows 的联机扩展功能，连上 Internet，然后点击 Windows Update，IE 浏览器会自动弹出并进入升级站点，如图 12-1 所示。点击“扫描更新”，将检查 Windows XP 组件并列出现有的全部升级项目。选择所希望的升级项目后，这些项目将被下载并安装到电脑中（有时需要重启系统）。

图 12-1 Windows Update 界面

用户可以通过其他途径获取补丁文件，然后进行安装，下面以安装 Windows XP 最新修补程序（KB923996）为例，其具体安装方法如图 12-2～图 12-5 所示。

**01** 从网络中下载该修补程序的安装文件，然后双击文件图标运行安装向导。

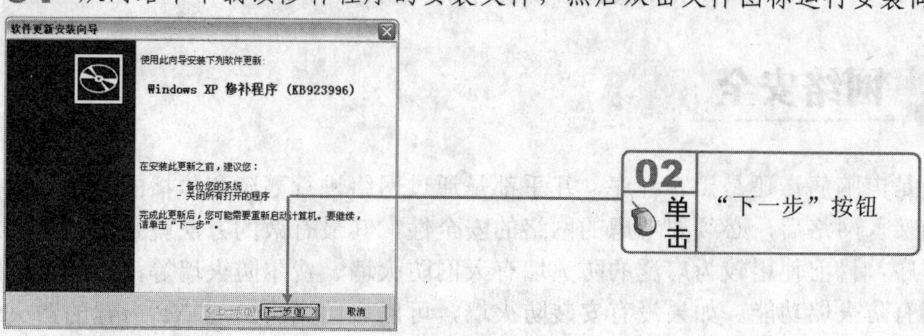


图 12-2 安装向导

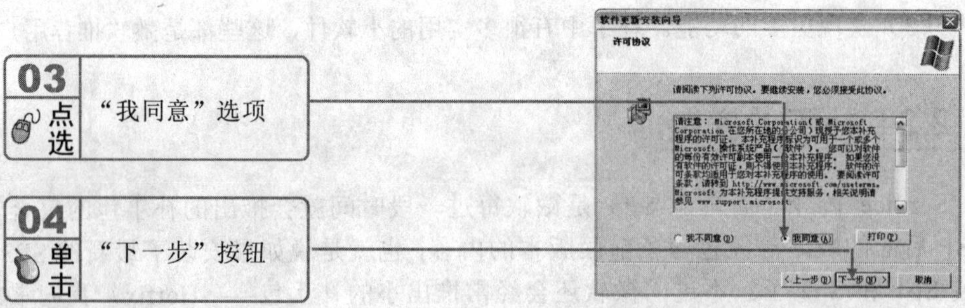


图 12-3　阅读许可协议

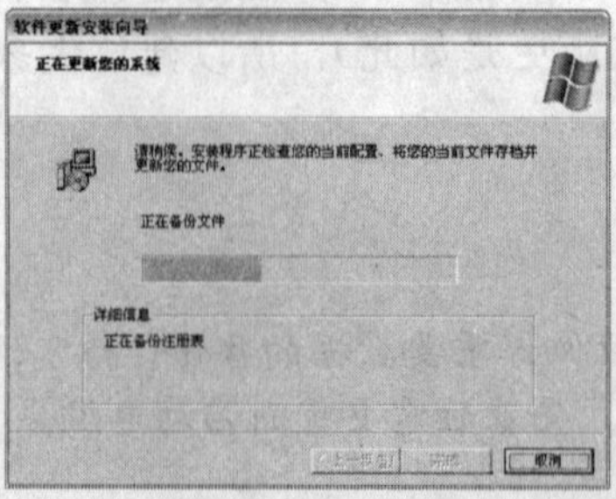

图 12-4　安装进行中

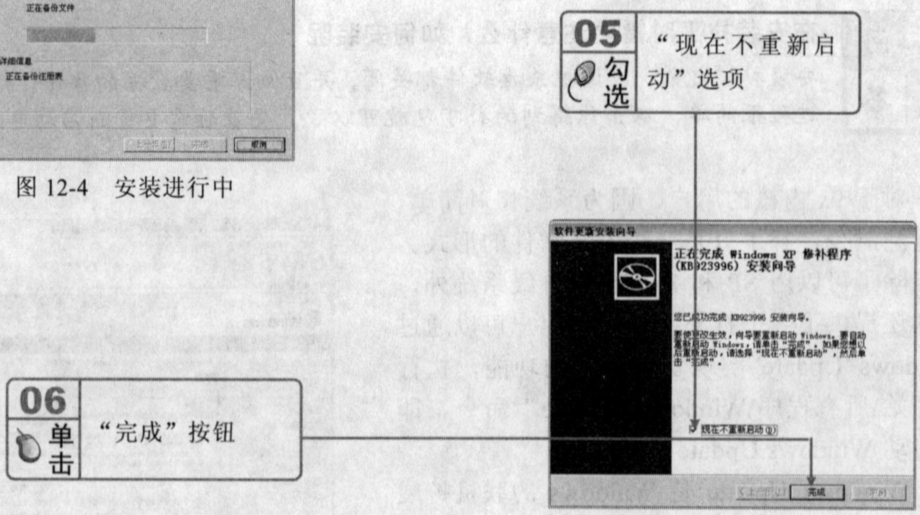


图 12-5　安装完毕

## 12.2.3 安装补丁程序的注意事项

在运行补丁程序之前一定要认真阅读有关的说明文档，最好能够将相关的源文件进行备份，以免造成错误，丢失重要数据或者导致程序无法使用。在使用补丁程序前要先关闭相关的程序，如果这些程序在 Windows 2000/XP 中会自动作为服务项目运行，还要把这些服务项目关闭，否则无法完成补丁程序的应用。

# 12.3 网络安全

无论是电脑病毒还是黑客程序，几乎都是通过网络进行蔓延和传播的，因此用户在使用电脑接入网络后，必须要考虑的网络的安全性，其最有效的方法就是安装防火墙以及杀毒程序，目前使用较为广泛的防火墙有天网防火墙、费尔防火墙等，一些杀毒软件也同时具有防火墙功能。如果没有安装防火墙，可以启动 Windows XP 内置的防火墙，具体操作方法如下：

**01** 在“控制面板”窗口中双击“Windows 防火墙”命令，打开如图 12-6 所示的“Windows 防火墙”对话框。

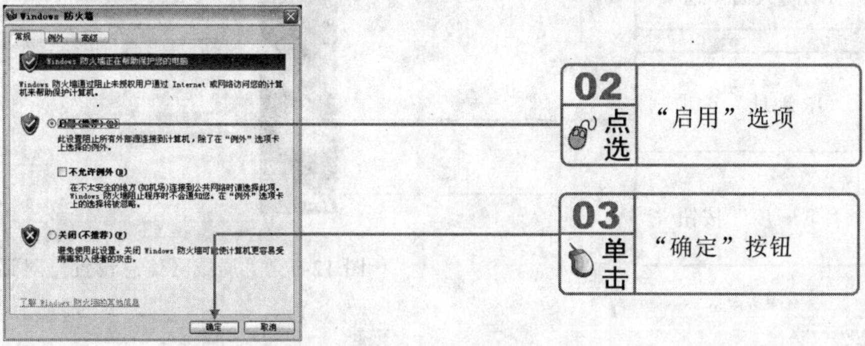


图 12-6　“Windows 防火墙”对话框

除使用防火墙外，杀毒软件也是必须要安装的，常用的杀毒软件有江民 KV2006、金山毒霸、瑞星杀毒，以及著名的诺顿杀毒软件等，用户可根据自己的情况进行安装。下面以天网防火墙为例，来讲解防火墙的使用方法。

## 12.3.1 配置防火墙

在电脑中安装天网防火墙后，如果是第一次运行，则会弹出设置向导对话框，用户可以根据自己的实际情况对天网防火墙进行相关配置，其具体操作方法如图 12-7～图 12-11 所示。

**01** 执行“开始\所有程序\天网防火墙\天网防火墙”命令，弹出“天网防火墙设置向导”对话框。

图 12-7　“天网防火墙设置向导”对话框

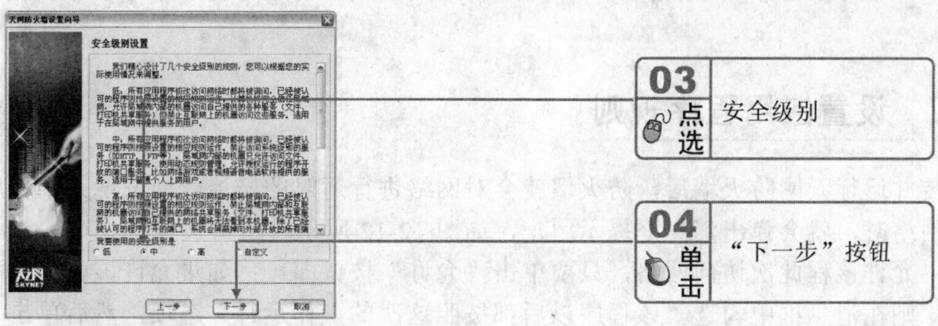


图 12-8　“安全级别设置”对话框

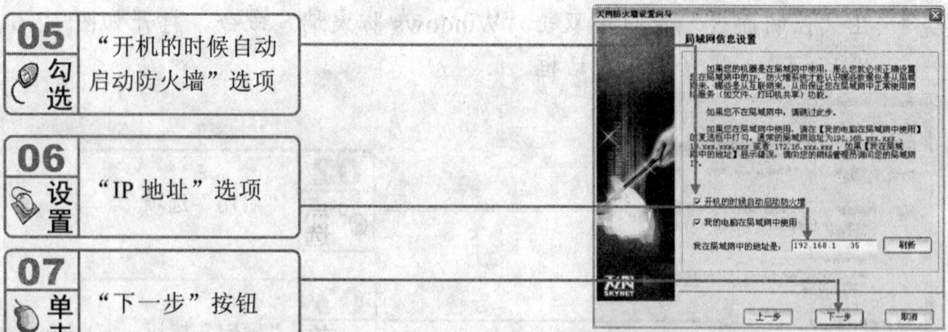


图 12-9 “局域网信息设置”对话框

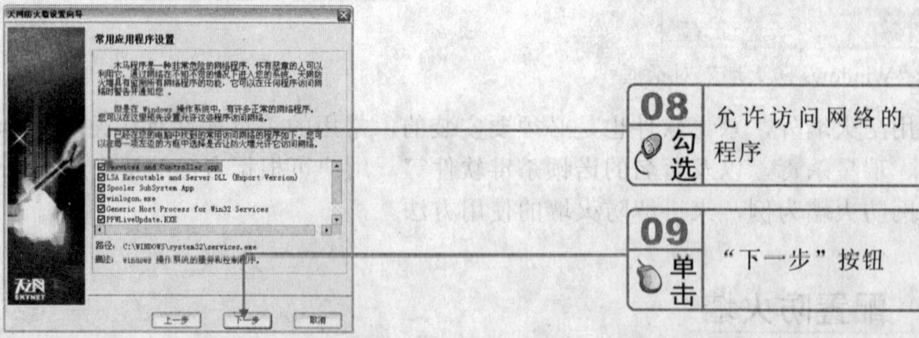


图 12-10 “常用应用程序设置”对话框

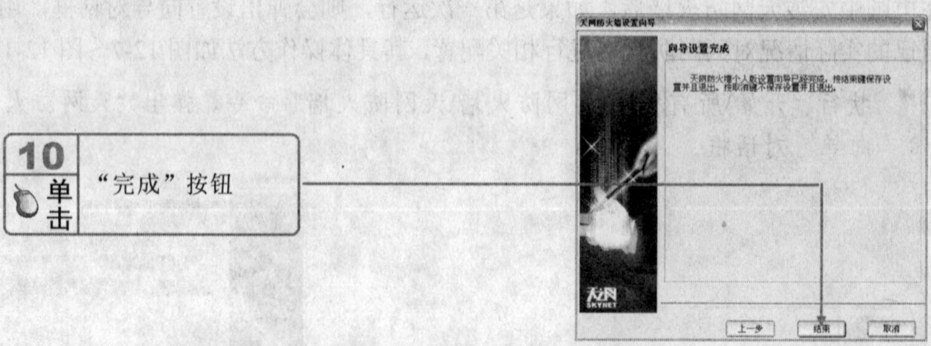


图 12-11 “向导设置完成”对话框

**你问我答**

**在选择安全级别时，不同的安全级别有何差异？**

天网防火墙预置了高、中、低三个安全级别，在安全级别选择界面上方的列表框中对不通的级别有着详细的介绍，用户可以对应自己的实际情况选择安全级别。

## 12.3.2 设置应用程序规则

安装并运行天网防火墙后，防火墙就会对网络进行适时的监控，当发现某个程序试图访问网络时，就会弹出消息框提示用户，如图 12-12 所示。

如果允许该程此次访问网络，只要单击“允许”按钮即可；如果允许该程序永久访问网络，则在消息框中勾选“该程序以后都按照这次的操作运行”选项，然后单击“允许”按钮即可。

设置应用程序规则后，用户可以防火墙界面中单击“应用程序规则”按钮，在切换到的界面中查看所有的应用程序规则，如图 12-13 所示。

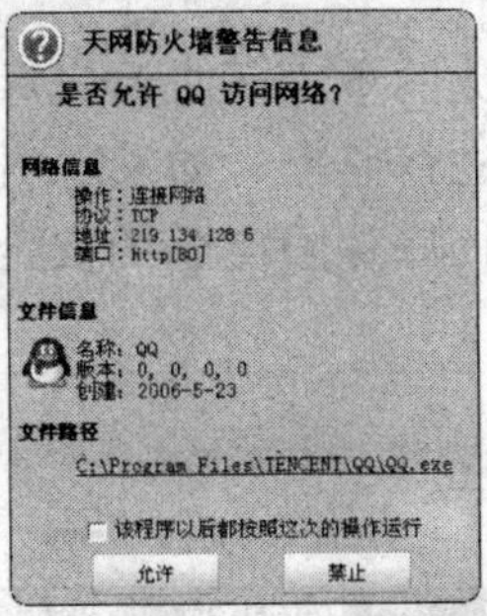


图 12-12　消息框

图 12-13　查看应用程序规则

## 12.4 自动更新

自动更新是 windows XP 中的一个新增功能，如果电脑接入网络，则可以通过该功能适时通过网络对当前系统进行更新，使系统始终保持在最新状态，这样可以有效的避免绝大多数安全隐患。启用自动更新的具体操作方法如下：

**01** 执行“开始\控制面板”命令，在打开的“控制面板”窗口中双击“自动更新”图标，打开如图 12-14 所示的“自动更新”对话框。

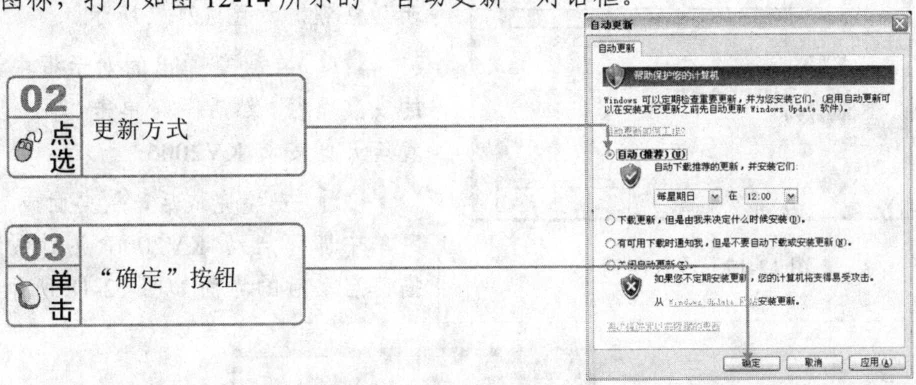


图 12-14　“自动更新”对话框

启动自动更新后，Windows XP 就会自动通过网络下载更新文件，同时在任务栏通知区域中显示更新信息，如图 12-15 所示。

图 12-15　查看更新信息

下载完毕后，当用户关闭计算机时，Windows 就会提示用户正在安装更新文件。

**动手练习** dongshoulianxi　启用 windows XP 的自动更新功能，让系统随时都保持在最新状态。

## 融会贯通——为电脑安装杀毒软件

在使用电脑过程中，感染电脑病毒是不可避免的事，而防治病毒最有效的方法。在电脑中安装杀毒软件，杀毒软件可以随时对系统进行监控，如发现病毒就会提醒用户清除病毒，并且可以对系统进行完全的扫描，从而彻底保障电脑的安全。以江民 KV2006 为例，在电脑中安装杀毒软件的操作方法如下：

**01** 购买江民 KV2006 杀毒软件，双击安装程序即可运行安装向导，如图 12-16 所示。

**02** 单击安装向导对话框中的“下一步”按钮，在弹出的“用户许可协议”对话框中继续单击“下一步”按钮。

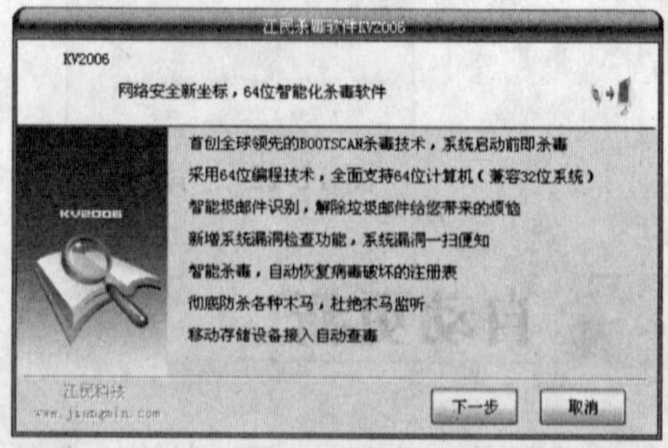


图 12-16　安装向导

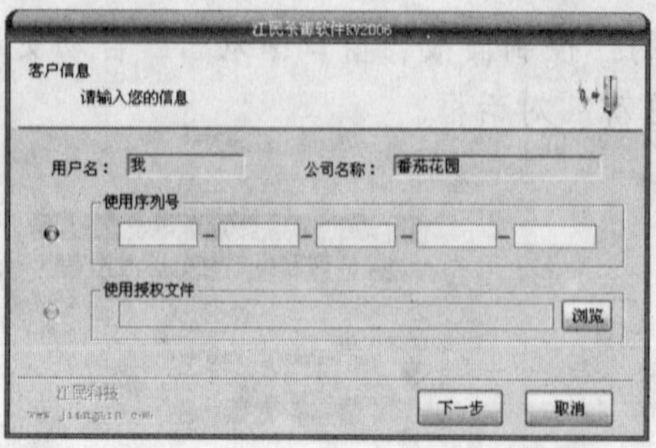


图 12-17　输入序列号

**03** 在弹出的“客户信息”对话框中输入产品安装序列号，然后继续单击“下一步”按钮，如图 12-17 所示。

**04** 在接着弹出的对话框中设置程序的安装路径，然后不断单击“下一步”按钮，直至开始安装 KV2006。

**05** 安装完成后，从桌面或者“开始”菜单中即可启动 KV2006 并对系统进行扫描，启动后的界面如图 12-18 所示。

图 12-18　KV2006 界面

小测试答案　　（请翻转阅读答案）

1. B　2. ABCD

Study

CHAPTER

【第 13 章】

# Windows 注册表

**→内容导读**

1．本章需要了解的概念：

注册表和根键

2．本章需要掌握的操作：

注册表的基本操作方法

3．本章需要提高的内容：

常用的注册表设置

13

# 13.1 了解注册表

注册表是 Windows 中的一个关联数据库，用来存储计算机软硬件的各种配置信息。其中记录了用户安装在计算机上的软件和每个程序的相关信息，用户可以通过注册表调整软件的运行性能，检测和恢复系统错误，定制程序等。系统管理员还可以通过注册表来完成系统的管理。因而用户只要掌握了注册表，即掌握了对计算机配置的控制权，通过注册表即可将自己计算机的工作状态调整到最佳。

## 13.1.1 注册表的结构

在使用注册表编辑器之前，用户首先需要了解注册表的数据结构，主要包括注册表的显示方式、主键与子键、键值项数据的类型等等。

在 Windows 系统中，注册表是采用“关键字”及其“键值”来描述与定义登录项及其数据。所有的关键字都是以“HKEY”作为前缀开头。关键字可以分为两类：一类是由系统定义的；另一类是由应用程序定义的，根据用户所安装的软件不同，其项目也不相同。在 Windows 中打开注册表编辑器，即可看到注册表中的关键字，如图 13-1 所示。

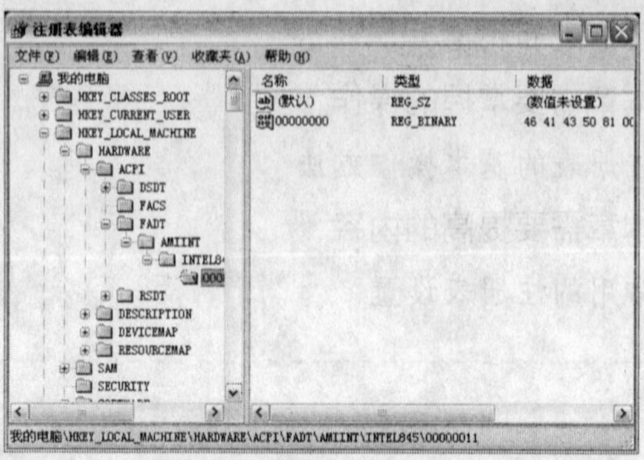

图 13-1 注册表编辑器

注册表编辑器类似于资源管理器内的目录结构，在左侧窗口中，所有的数据都以键和子键的方式组织起来，并通过树状结构显示。每个键都包含有一组特定的信息，其键名与其所包含的信息相关。

## 13.1.2 注册表的根键

注册表主要由“根键”“主键”“子键”“键值”等组成。每个根键中都包含了很多“主键”“子键”等。Windows XP 注册表中包括 5 大根键，启动注册表编辑器后，在左侧窗口中即可看到这 5 大根键，如图 13-2 所示。

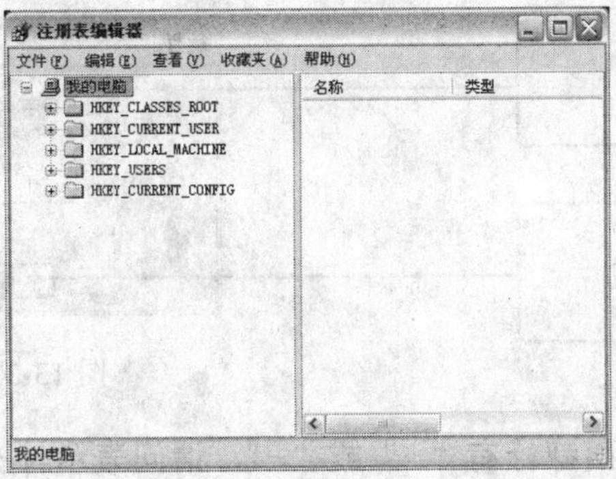


图 13-2　注册表的根键

**你问我答**

**在注册表左侧窗口中各根键的功能是什么？**

各根键的功能及含义如下：

- HKEY_CLASSES_ROOT：该根键定义了系统中所有已经注册的文件扩展名、文件类型、文件图标等信息，展开该根键后，将可以看到很多类似“.rar”、“.bmp”这样的子键。
- HKEY_CURRENT_USER：定义了当前用户的所有权限，其实际相当于HKEY_USER\.Defalut 下面的部分内容，其中包含了当前用户的登录信息。
- HKEY_LOCAL_MACHINE：定义了本地计算机（相对网络环境而言）的软硬件的全部信息。当系统的配置和设置发生变化时，其下面的登录项也会随之改变。
- HKEY_USERS：定义了所有的用户信息，其中的部分分支将映射到 HKEY_CURRNET_USRE 关键字中，其大部分设置都可以通过控制面板来修改。
- HKEY_CURRENT_CONFIG：定义了计算机的当前配置情况，如显示器、打印机等外设及其设置信息等。

**01 小测试**

下列哪个根键中定义了当前用户的权限（　　）。

A. HKEY_CLASSES_ROOT　B. HKEY_CURRENT_USER　C. HKEY_USERS

# 13.2 注册表操作

通过注册表可以对系统进行更详尽的设置，这都需要在注册表编辑器中进行，下面我们来讲解注册表的基本操作方法。

## 13.2.1 启动注册表编辑器

对注册表进行任何操作之前，都需要先启动注册表编辑器，其具体操作方法如下：

**01** 执行“开始\运行”命令，打开如图 13-3 所示的“运行”对话框。

**02 输入** regedit

**03 单击** “确定”按钮

图 13-3 “运行”对话框

**你问我答**

**在每个分支前面都标有“+”或“-”，请问表示什么？**

注册表编辑器打开后，在左侧窗口中会显示所有的根键，单击根键前面的“+”，即可将其展开并查看其中的子键，如果子键中还包含下一级子键，则同样在子键前面会显示“+”，单击“+”号，即可将依次展开并查看其中的子键。同时“+”号就会变为“-”号。

## 13.2.2 查找子键

在注册表中包含了成千上万个子键，用户在需要修改某个子键时，如果逐一展开进行查找，就会非常的烦琐。使用注册表编辑器提供的“查找”功能，即可快速查找到某个置顶的子键、键值。以查找子键“ActivatingDocument”为例，其具体操作方法如下：

**01** 在注册表编辑器窗口中执行“编辑\查找”命令，打开“查找”对话框，如图 13-4 所示。

**02 输入** 要查找的子键名称

**03 选择** 要查找内容的类型

**04 单击** “查找下一个”按钮

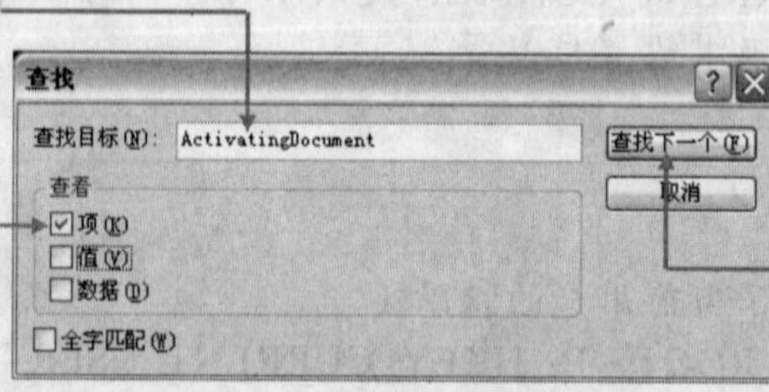


图 13-4 “查找”对话框

**05** 此时会自动搜索注册表，搜索到相应的子键之后，就会展开该子键所在的位置，并将找到的子键选中，如图 13-5 所示。

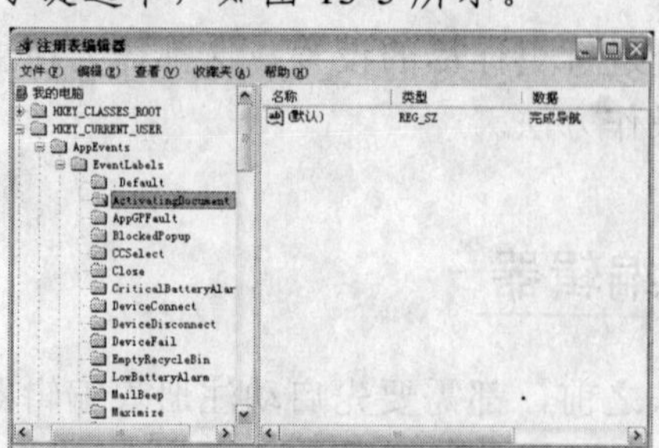

图 13-5 搜索子键

**你问我答**

**在“查找”对话框中，三个“查看”选项分别有什么用途？**

通过勾选“查看”项目中的“项”、“值”、“数据”复选框，可以设定要查找的类型，如要查找子键，则勾选“项”选项；如果要查找键值，则勾选“值”选项，如果要查找键值数据，则勾选“数据”选项。用户在搜索时，如果不能确定要搜索的类型，可以将这三项全部选中进行搜索。

**02 小 测 试**

如果仅需要查找键值数据，则应该在“查找”对话框中勾选（　　）。

A. 项　B. 值　C. 数据　D. 所有选项

## 13.2.3 修改键值项

对注册表所进行的大部分修改都是指对已有键值项或键值进行修改，通过注册表编辑器可以方便地进行修改。其具体操作方法如下：

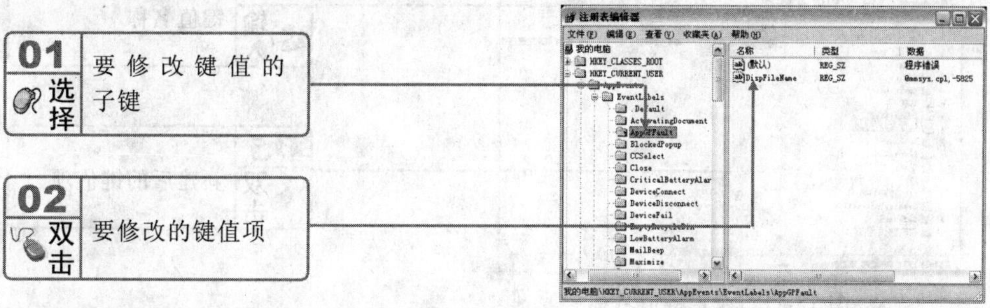


图 13-6　查找键值项

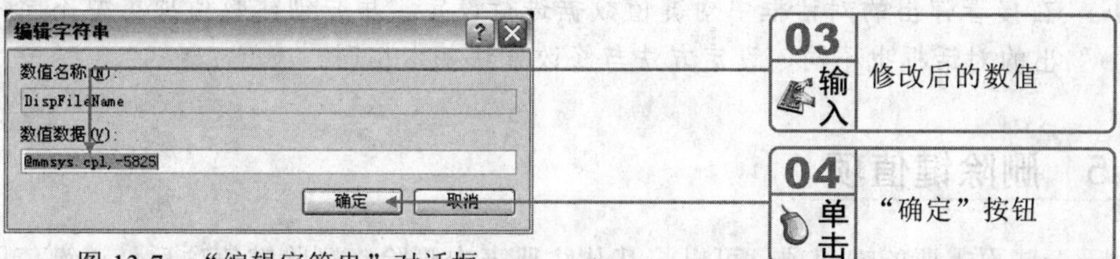


图 13-7　“编辑字符串”对话框

上面所示为修改键值为字符串的子键项，在注册表中的键值有三种类型，即字符串、二进制以及 DWORD，其修改方法基本相同，不同之处在于修改时打开的对话框会根据数值类型的不同而不同，如图 13-8、图 13-9 分别所示为修改二进制值及 DWORD 值时的对话框。

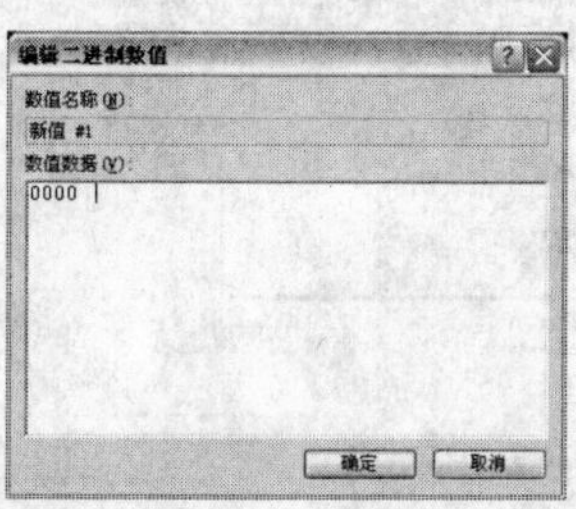


图 13-8　“编辑二进制值”对话框

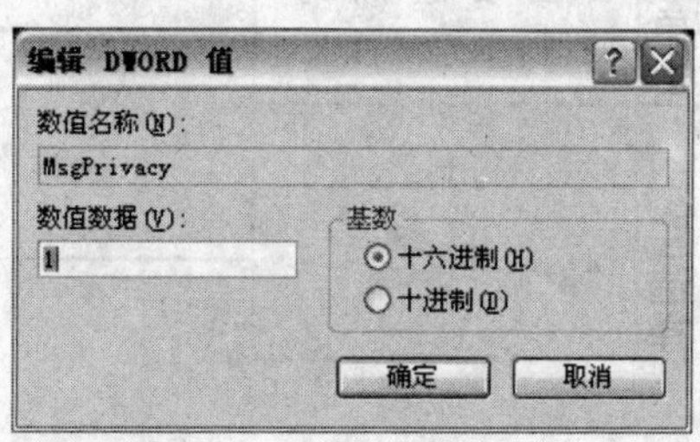


图 13-9　“编辑 DWORD 值”对话框

## 13.2.4 新建键值项

并不是所有的设定都可以通过修改注册表的键值来实现，有时用户需要根据实际情况来新建子键或键值项，其具体操作方法如图 13-10、图 13-11 所示。

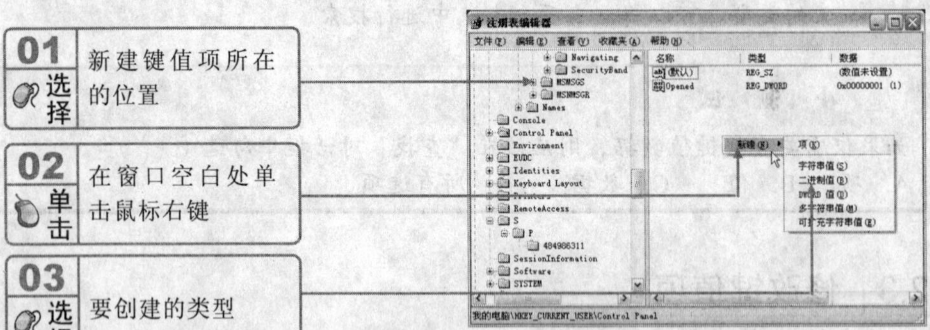


图 13-10 新建子键或键值项

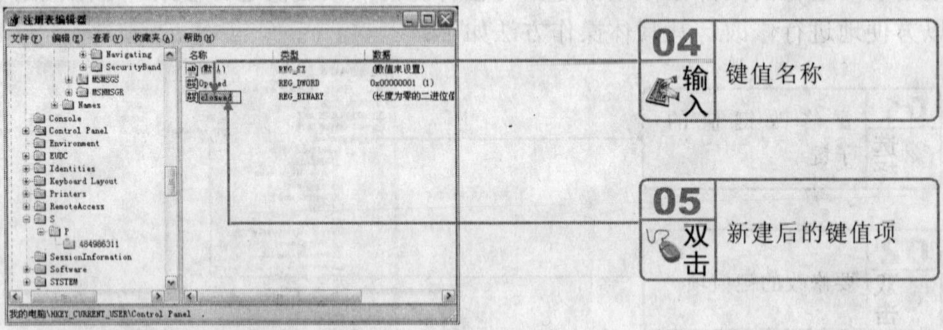


图 13-11 设定键值名称

**06** 在接着弹出的对话框中对键值数据进行设定，用户创建数值项类型不同，弹出的对话框也不同，设定方法与修改方法基本相同。

## 13.2.5 删除键值项

对于一些不需要的键值项，可以将其从注册表中删除，删除键值项后，该键值所设定的功能也将无效，因此对于系统预置的键值，建议普通用户不要尝试去删除。删除键值的具体操作方法如图 13-12、图 13-13 所示。

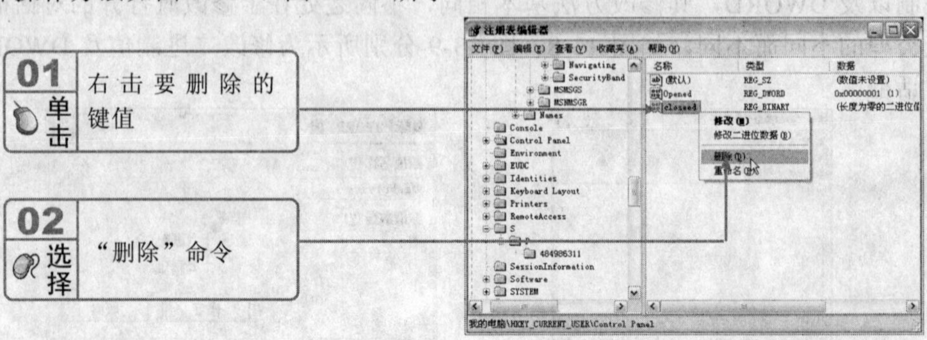


图 13-12 删除键值

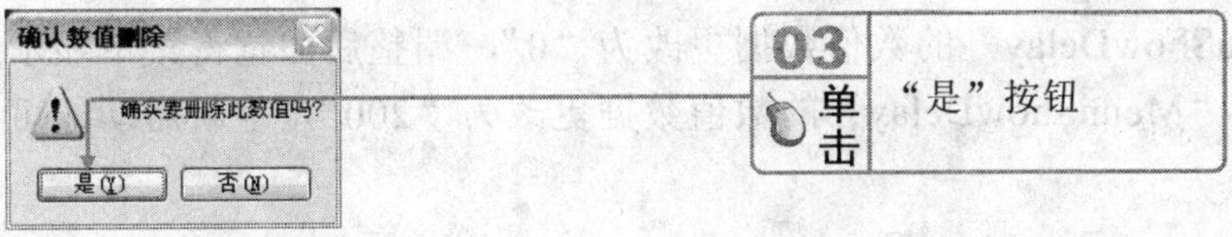


图 13-13 确认删除

**动手练习** dongshoulianxi　启动注册表编辑器，并熟练掌握注册表的各种操作。

# 13.3 注册表应用

了解了注册表的设置和操作方法之后，就可以通过注册表来实现对系统的设置了，由于注册表关联着整个系统，因此几乎可以通过注册表对系统的方方面面进行设置，在这里我们仅讲解一些常用的操作系统设置。

## 13.3.1 系统优化设置

通过注册表可以实现对系统核心性能、文件系统、以及硬件进行相应的优化，下面介绍一些常用的系统优化设置。

### 1．加快开关机速度

在注册表编辑器中依次展开“HKEY_CURRENT_USER \Control Panel\ Desktop”子键，将字符串值“HungAppTimeout”的数值数据更改为“200”，将字符串值“WaitToKillAppTimeout”的数值数据更改为“1000”，如图 13-14 所示。

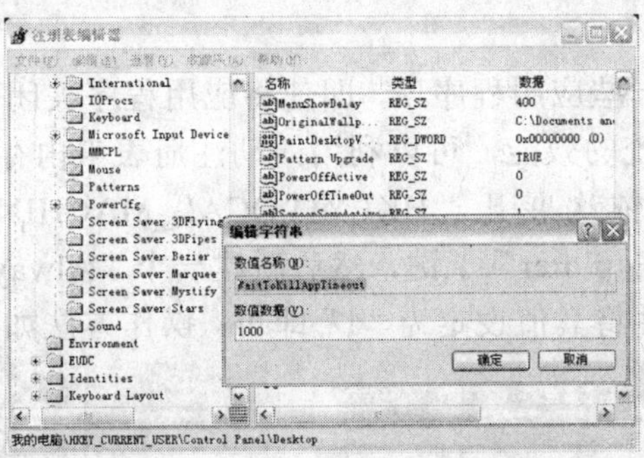


图 13-14 更改“WaitToKillAppTimeout”数值

然后展开“HKEY_LOCAL_MACHINE\ System\ CurrentControlSet\Control”，将字符串值“HungAppTimeout”的数值数据更改为“200”，将字符串值“WaitToKillServiceTimeout”的数值数据更改 1000 即可。

### 2．加快菜单显示速度

在注册表编辑器中依次展开“HKEY_CURRENT_USER\Control Panel\Desktop”子键，

将字符串值“MenuShowDelay”的数值数据更改为“0”，调整后如觉得菜单显示速度太快而不适应者可将“MenuShowDelay”的数值数据更改为“200”，重新启动即可，如图13-15所示。

图 13-15　更改“MenuShowDelay”数值

### 3．提高 XP 的响应速度

在注册表编辑器中依次展开“HKEY_CURRENT_USER\Control Panel\Desktop 子键，修改 HungAppTimeout 值。HungAppTimeout 值表示系统要求用户手工结束被挂起任务的时间极限，默认值 5000，类型为 REG_SZ，减小该值可以降低系统在某些特殊情形下的响应延迟，如可以把该值设置为 1000。

**你问我答**

**对 Windows XP 的响应速度进行调整后，为何某些软件无法运行？**

调整该键值时应当注意：如果在你的系统上，某些软件的运行速度本来就很慢，把该键值设置得太小可能使 XP 误认为正在运行的软件已经被挂起。如果出现这种情况，你可以逐步增加 HungAppTimeout 值，每次增加 1000，直到 XP 不再把正在运行的软件误认为“停止响应”。

### 4．释放系统内存

在 Windows 中运行一些应用程序后，即使将应用程序关闭，但是内存可能还存在一些 DLL 文件而影响了系统的效能，可以利用改动注册表来内存中的 dll 资料。

在注册表编辑器中依次展开“HKEY_LOCAL_MACHINE\SOFTWARE\Microsoft\Windows\CurrentVersion\Explorer”子键，然后新建一个“AlwaysUnloadDll”键值项，键值类型为“字符串值”，并将其值设定为“1”即可。操作方法如图 13-16、图 13-17 所示。

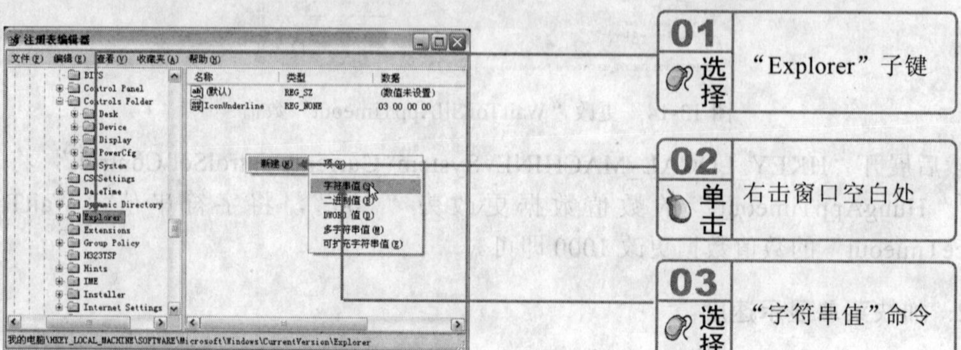


图 13-16　新建字符串值

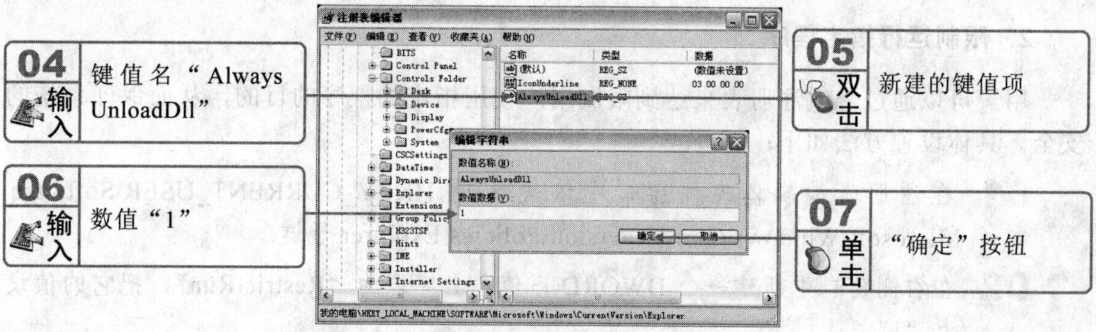


图 13-17　设定键值

#### 5. 利用 CPU 提高系统效能

在注册表编辑器中依次展开“HKEY_LOCAL_MACHINE\SYSTEM\CurrentControlSet\Control\SessionManager\MemoryManagement”子键，在右边窗口中将“SecondLevelDataCache”的数值数据更改为与 CPU 二级缓存相同的十进制数值，如 CPU 的二级缓存为 512KB，数值数据更改为十进制数值 512 即可。

## 13.3.2 系统安全设置

通过对注册表的设置可以禁用系统的某些功能或者禁止显示某些系统设置选项，从而让其他用户无法擅自对系统进行设置，提高系统的安全性。

#### 1. 禁用控制面板

由于通过控制面板可以对系统中的绝大部分软硬件进行设置和控制，因此为了防止其他人随意通过控制面板对系统进行非法修改，用户可以屏蔽其他用户对“控制面板”的访问，具体设置方法如下：

**01** 在“运行”对话框中输入“regedit”命令，并按下“确定”按钮，打开注册表编辑器。在左侧窗口中依次展开“HKEY_CURRENT_USER\Software\Microsoft\Windows\CurrentVersion\Policies\System”子键。

**02** 在右侧窗口中新建一个 DWORD 值，并命名为 NoDispCPL，然后双击该键值项，在弹出的对话框中将其值设置为“1”，单击“确定”按钮即可，如图 13-18 所示。

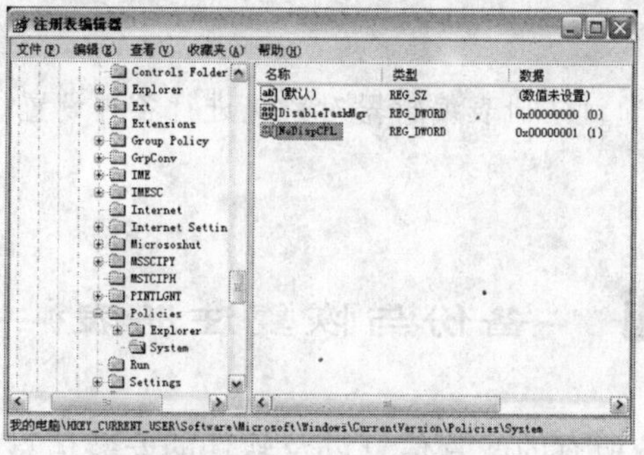

图 13-18　新建 NoDispCPL 值

2．限制运行指定程序

用户可以通过修改注册表来达到限制用户使用指定的程序的目的，从而保证系统的安全。具体设置方法如下：

**01** 在注册表编辑器左侧窗口中依次展开 HKEY_CURRENT_USER\Software\Microsoft\Windows\CurrentVersion\Policies\Explorer 子键。

**02** 在右侧窗口中新建一个 DWORD 串值，名字取为“RestrictRun”，把它的值设为“1”。

在 RestrictRun 的主键下分别添加多个字符串值，然后将字符串的值设置为允许用户使用的程序名，如 word.EXE、notepad.EXE、write.EXE，则用户只能使用 word、记事本、写字板了。

3．禁止对桌面进行任意设置

对桌面项进行设定后，为了防止其他用户擅自对桌面项进行添加或者删除等修改，可以通过注册表来锁定桌面项，其具体操作方法如下：

**01** 在编辑窗口中依次展开 HKEY_USERS\Software\Microsoft\Windows\Curent Version\Polioies\Explores 键值。

**02** 在右侧窗口中用鼠标双击“No Save Setting”子键，并将其键值从 0 改为 1，然后重新启动电脑即可。

4．禁用 MS-DOS

通过 MS-DOS 方式可以对突破系统的多种限制对系统进行方法或者修改，这时就可以通过注册表来禁止使用 MS-DOS，具体方法如下：

**01** 在注册表左侧窗口中依次展开“HKEY_CURRENT_USER\Software\Microsoft\Windows\CurrentVersion\Policies\WinOldApp ”子键，如果 WinOldApp 子键不存在，用户可以新建。

**02** 在注册表的右侧窗口中单击右键选择“新建\DWORD 值”命令，新建一个名为“Disabled”的键值，双击该键值，在弹出的“编辑 DWORD 值”对话框中输入“1”，确定后退出注册表并重新启动计算机即可。

**动手练习 dongshoulianxi** 通过注册表编辑器对系统进行各种设置。

## 融会贯通——备份与恢复注册表

注册表中记录了系统所有的配置信息以及软件的安装信息等，如果注册表一旦损坏或者配置错误，就有可能导致系统的完全崩溃，或者部分功能无法使用，因此用户可在日常使用中以及在对注册表进行各种配置前，先将注册表进行备份，以备出现错误后进行恢复。备份与恢复注册表的具体操作方法如下：

**01** 在注册表编辑器中执行“文件\导出”命令，打开如图 13-19 所示的“导出注册表文件”对话框。

**02** 在对话框中选择备份路径并设置备份名称后，单击“保存”按钮，即可将注册表备份到指定位置。

图 13-19 “导出注册表文件”对话框

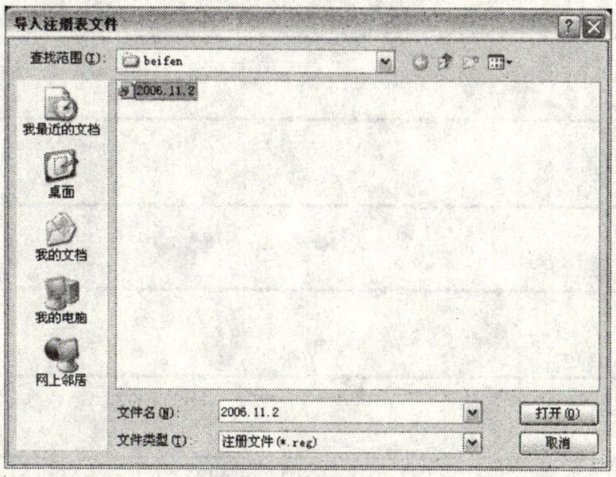


图 13-20 “导入注册表文件”对话框

**03** 当注册表出现损坏时，就可以使用备份文件进行恢复，打开注册表编辑器，执行“文件\导入”命令，弹出如图 13-20 所示的“导入注册表”对话框，

**04** 在对话框中选中之前的备份文件后，单击“打开”按钮即可进行恢复，如图 13-21 所示。

图 13-21 导入注册表文件

阅读笔记 Note

年

月

日

小测试答案 ●●●●●　　（请翻转阅读答案）

1. B　　2. C